Marcel Haedrich

Coco Chanel

Geheimnis eines Lebens

Bei
Lothar Blanvalet

Aus dem Französischen übertragen von
Werner von Grünau
Titel des Originals »Coco Chanel secrète«

Schutzumschlag und Einbandschrift wurden vom
Atelier Bossin & Jahn in Berlin entworfen
Aus der Garamond Monophoto bei Fotosatz Tutte in
Salzweg bei Passau gesetzt
und im Herbst 1972 bei der Süddeutschen Verlagsanstalt
in Ludwigsburg gedruckt
ISBN 3 7645 2821 4 Printed in Germany

Chanel hat eine
feminine Persönlichkeit
geschaffen,
für die Paris vor ihr
kein Beispiel kannte.
Maurice Sachs

Für *Andrée*,
in
Ermangelung *eines*, eine.

Voller Dankbarkeit
meinem Freund
Hervé Mille.
Ohne ihn,
ohne seine Mitarbeit
hätte dieses Buch
nicht
geschrieben werden können.

1

»Die Menschen, um die sich eine Legende rankt, sind auch selber diese Legende«

Ich habe Coco Chanel 1958 kennengelernt. Sie war 75 Jahre alt. Ein ehrwürdiges Ungeheuer. Siegesbewußt zwang sie ihren Stil der ganzen Welt auf. Da ihr im Leben alles gelungen war, bat ich sie, mir ihre Siege aufs Tonband zu erzählen. Sie murmelte ins Mikrofon: »Ich weiß nicht einmal, ob ich glücklich gewesen bin.«

Sie sagte: »Jeden Tag vereinfache ich etwas, da ich jeden Tag etwas dazulerne.« Sie sagte: »Wenn ich nichts mehr erfinde, bin ich erledigt.« Sie sagte: »Diese Frau weiß alles, was sich lernen läßt, aber nichts von dem, was man nicht lernen kann.« Sie sagte: »Die Jugend ist etwas sehr Neues, vor zwanzig Jahren hat man von ihr nicht gesprochen.« Sie sagte auch noch: »Allein die Wahrheit kennt keine Grenzen.« Und dieses: »Ich bin nur noch auf eins neugierig: auf den Tod.«

Aus der Flut der Worte suchte ich mir die Goldkörner heraus. Nicht alle. Sie sprach schnell, und man mußte sich an ihre dumpfe Stimme gewöhnen. Ich fand sie zu stark geschminkt, ein aggressives Make-up

mit allzu roten Lippen, zu breiten und zu schwarzen Augenbrauen, und auch ihre Haare waren zu dunkel gefärbt. Für mich war sie zunächst folgendes: eine fast abstoßend geschminkte alte Dame, die redete und redete. Sie war zwei Jahre älter als meine Mutter. Daran mußte ich denken, denn ich fragte mich: Was machst du eigentlich bei Coco Chanel, du, kleiner Mann aus der Provinz? Sie schüchterte mich ein. Ich machte die Ohren auf. Wenn man bei ihr eintrat, versank man in einem Monolog.

Auch die Augen machte ich auf. Ich war bei einem Denkmal zu Besuch. Was weiß man schon vom Eiffelturm? Von Coco Chanel hatte ich eine ebenso konventionelle Vorstellung. Ich wußte, daß sie sehr schön gewesen war und ein Löwe der *Belle Epoque* sie aus Moulins, einer Garnison der Kavallerie, nach Paris gebracht hatte, wo sie zur Emanzipation der Frauen beitrug, indem sie sie aus ihren Korsetts herauszerrte; daß sie einen Stil und Parfüms kreiert hatte; daß der Herzog von Westminster sie mit Juwelen bedeckt (acht Meter Perlen, Smaragde und Brillanten schaufelweise) und sie das Schwarz, die kurzen Haare, den unechten Schmuck und dergleichen lanciert hatte.

Coco Chanel! Ich befand mich in ihrem Salon, in der Höhle Ali Babas, in Gegenwart der Schätze Golkondas, der Wandschirme aus Koromandelholz, von Perlmutter, Ebenholz und Elfenbein, von Hirschkühen und Löwen, Gold und Kristall, von Masken, einer Wand von kostbaren Büchern, Lampenglocken, umgeben von etwas Magischem, einem Parfüm von Tuberosen – das war Byzanz und der Palast der chinesischen Kaiser, das Ägypten des Ptolemäus und in den Spiegeln über dem Kamin eine Ahnung von Griechenland mit einer Venus aus dem 4. Jahrhundert, an sie geschmiegt eine Art Eber, ein phantastisches, wildes Tier, ferner ein Meteorstein, aus den Abgründen des Himmels vor Tausenden von Jahren in der Mongolei abgestürzt, dies alles ineinander verschmolzen, miteinander verwoben und geordnet in einer von Cocos Geschmack auf wunderbare Weise im Gleichgewicht gehaltenen Unordnung. Eine Pracht. Für mich zuviel. Kann man dort überhaupt leben? Auf dem Diwan schlafen und lieben? Die gleichen Fragen hatte ich mir in den Gemächern der Borgias im Vatikan gestellt: Konnte man in einer solchen Herrlichkeit wirklich atmen, essen, trinken und zärtlich sein? In dieser Umgebung? Behält der Papst

sein Käppchen auf seinem Schädel, wenn er sich rasieren läßt? Coco setzte niemals ihren Hut ab, war bei sich selber im Museum Chanel zu Besuch.

An diesem Tag (meine ersten Notizen tragen das Datum des 1. August 1959) war es ein flacher Strohhut mit breiter Krempe, auf dem vorn ein großes Schmuckstück steckte. Sie trug ein Kostüm aus sehr leichtem Stoff, fast weiß mit einer zarten Tönung hellen Goldes. Sie zog an ihrer Jacke. Während des Sprechens hörte sie nicht zu rauchen auf.

»Wenn dieser ganze Tumult vorbei ist, werde ich einige Modelle neu entwerfen«, erklärte sie.

Ich hatte mir soeben ihre Kollektion angesehen und mit Hervé Mille, es war Samstag, einer Vorführung für Einkäufer beigewohnt. Ich war damals Chefredakteur von *Marie-Claire,* kümmerte mich aber überhaupt nicht um die Mode, denn ich war überzeugt, davon nichts zu verstehen; außerdem interessierte sie mich nicht. Für diesen Teil unseres Blattes hatten wir unsere Damen, bezaubernde Geschöpfe, naiv und pervers, einschmeichelnd und erbarmungslos, groß in ihrem Reich, denn sie konnten von Dior oder Bérard als Christian, von Fath als Jacques und von Balmain als Pierre sprechen (dieser liebe Pierre modelt seine hübsche Madame um). Wenn man sie bei einer Kollektion versammelt sah, diese Damen von den Zeitungen und Zeitschriften, konnte man die Mode nur voller Verwunderung betrachten. Dennoch dienten sie ihr, so wie die Vestalinnen das Feuer auf den Altären Roms unterhielten, mit der gleichen Ergebenheit und Überzeugung, häufig ebenso keusch wie die Vestalinnen – nicht aus tiefem Glauben, sondern aus Notwendigkeit –, daher nervös, reizbar, parfümiert und in dieser Zeit, die ich heraufbeschwöre, noch sehr gepanzert. Sie befolgten eine strenge Diät und verstanden nur noch, in Kalorien zu rechnen. Man konnte sie, wenn sie enttäuschten, nicht wie die Vestalinnen lebendig begraben.

Coco sagte:

»... Eine Philosophie der Mode? Das verstehe ich nicht, das besagt überhaupt nichts. Eine Mode für die Jungen? Das ist ein Pleonasmus; es gibt doch keine Mode für die Alten. Was soll das heißen, eine junge Mode? Daß man sich wie ein kleines Mädchen anzieht? Es gibt nichts

Dümmeres, nichts, was einen älter machen könnte. Man bringt alles durcheinander. Die Mode ist zuweilen dumm; das vergißt man. Man vergißt es auch, wenn sie nicht hübsch ist. Ich würde die Couturiers gern fragen: Was ist das, die Mode? Erklären Sie mir das. Nicht ein einziger würde etwas Gescheites antworten. Ich weiß auch keine Antwort. Die Mode eines Landes besteht in der Art und Weise, in der man dort lebt, in der man sich in diesem Land anzieht. Man tut alles nur Mögliche, um die Französinnen daran zu hindern, sich so anzuziehen, wie man sich in Frankreich anzieht. Die Couturiers wollen ans Ausland verkaufen, an nichts anderes denken sie, und da sie sich für sehr bedeutend halten ...«

Ich sage es nicht mit der Absicht, einen Überraschungseffekt zu erzielen: Ich mußte aus allen möglichen Gründen bei ihr an Mossadegh denken, und vor allem aus dem einen Grund, daß ich genauso überrascht war, mich bei ihr zu befinden, in ihrem prächtigen Salon, wie ich es damals in Teheran gewesen war, als ich die klosterähnliche Zelle Mossadeghs betrat, weiß getüncht und als Dekoration nichts weiter als eine stählerne Armbanduhr, die an einem über dem Nachttisch in die Mauer geschlagenen Nagel hing.

Teheran bedeutete die Revolution. Die Zeitungen in Paris verkündeten in acht Spalten, daß das Blut in den Straßen floß. Vor allem aber floß *Wodka-Lime* durch die Kehlen der aus der ganzen Welt herbeigeeilten Journalisten.

Es war Sommer, und es herrschte eine große Hitze.

Mossadegh erklärte mir auf französisch die moralischen Hintergründe der Erdölkrise. Anfänglich verstand ich ihn ebensowenig wie Mademoiselle Chanel. Er sprach zwar weniger schnell als sie, aber ebenso wie sie verlor er sich in Abschweifungen. Man glaubte ihn schon weit weg vom Erdöl, da er ein Gedicht Zoroasters über den Kampf des Lichtes gegen die Finsternis rezitierte. Damit kündigte er lediglich das an, was sich dort vollzog: eine gerechtere Umverteilung der Reichtümer der Welt, und diese nicht etwa mehr dank der aufreizenden Barmherzigkeit des Westens, sondern herbeigeführt durch die Erhöhung

der Preise für Erdöl und andere Grundstoffe, die wir der Dritten Welt abnahmen.

Die Politik, die das Gegenteil von Realismus ist, kann nur etwas taugen, wenn sie mit der Moral ihrer Zeit übereinstimmt, die es einer möglichst großen Zahl von Menschen erlaubt, miteinander zu leben. Das war die ernste Wahrheit, die Mossadegh mich lehrte, während ich ihm, auf seinem Bettrand sitzend, zuhörte, glücklich und stolz, unter zweihundert Kollegen ausgewählt worden zu sein, um seine Wahrheit zu vernehmen.

Die Chanel stellte mich vor die gleiche Aufgabe wie Mossadegh: in der Flut der Worte das Gold zu finden. Während sie sprach, hielt sie einen mit ihrem Blick ebenso fest wie eine Nadel, die ein Insekt aufspießt: Hören Sie mir zu? Haben Sie mich verstanden? Es sind keine leeren Geräusche, die von meinen blutenden Lippen kommen. Ich habe viel zu sagen. Man hört mir nicht mit genügender Aufmerksamkeit zu. Man glaubt, daß ich rede, um die Stille meines Lebens auszufüllen. Sie, ein Elsässer, Sie scheinen die Fähigkeit zu haben, zuzuhören. Setzen Sie sich näher zu mir. Von jetzt an sind wir Freunde.

Ist das Erdöl wirklich so weit von der Mode entfernt? Auch auf diesem Kampfplatz trachtet das Geld auf Kosten der Moral nach Siegen.

»Wenn man Redakteur einer Modezeitschrift ist, kann man sich nicht mit dem schlechten Geschmack abfinden«, sagte Mademoiselle Chanel.

Damit drangen wir zum Kern unseres ersten Zusammentreffens vor, das Hervé Mille für mich herbeigeführt hatte, einer der ältesten Freunde Cocos, der seit ihrer Rückkehr (ihres *Comeback*) in die Rue Cambon unaufhörlich Lanzen für sie brach.

Man stelle sich den Aga Khan vor, den früheren, den Dicken, wie er von der Waage heruntersteigt, auf der jedes Jahr sein Gewicht in Brillanten festgestellt wurde, um seinen Gläubigen nahezulegen, ihm auf mehr als hundert Kilo Brillanten noch zehn oder zwanzig Karat zuzuschanzen.

Die *Grande Mademoiselle* reagierte folgendermaßen: Ihre neue Winterkollektion sei ein Triumph, und dennoch müsse sie trotz einer Flut

von Lobesworten (erwarteten, verachteten, notwendigen und nutzlosen Worten) voller Gereiztheit eine gewisse Reserviertheit gegenüber dem unvermeidlichen Chanelkostüm feststellen. Wer sind diese Journalisten, die mich schlechtmachen? Sie, die nichts verlangte, wenn man ihr alles gab, wunderte sich darüber, daß es so wenig war.

Am Vorabend der Premiere ihrer Kollektion hatte sie die Romanschriftstellerin Edmonde Charles-Roux, zur Zeit Chefredakteurin von *Vogue,* in »etwas Abscheulichem« gesehen. Das war ohne weiteres verständlich: im Kleid eines anderen Modehauses.

»Warum ziehst du so etwas an, Edmonde?«

»Man hat es mir geschenkt.«

»Ein Grund mehr, es nicht zu tragen.«

Die Boshaftigkeit und das Lächeln verwischten ihr Alter. Sie hatte sehr hübsche Knie, schön rundlich, die sie unablässig mit ihrem schmalen Rock zu bedecken suchte, da sie sie unaufhörlich übereinanderschlug, um sie dann unter ihren Händen zu verbergen.

»Wenn ich Modejournalistin wäre, würde ich mich, um an Kollektionen teilzunehmen, mit der größten Sorgfalt anziehen.«

Das Auge, eine von goldenen Pailletten umrandete schwarze Nadel, stellte die Frage: Nicht wahr, wären Sie eine Frau, würden Sie, wenn Sie meine Kollektion besuchten, in Chanel kommen?

Der Kammerdiener brachte Blumen. Von wem? Sie warf einen Blick auf die Karte und verzog das Gesicht: Avedon, der berühmte amerikanische Fotograf.

»Was für ein Dummkopf!« sagte sie und machte ein Gesicht, bei dem sich ihr Mund verzerrte.

Sie ließ den Strauß in das Nebenzimmer bringen, das sie als Friedhof bezeichnete:

»Dort kommen die Blumen der Leute hin, die ich nicht mag.«

Dennoch waren einige in ihrem Salon geblieben.

»Die anderen, die Blumen der Leute, die ich mag, behalte ich, sogar verwelkt.«

Warum die Ungnade des Friedhofs für Avedon? Er sicherte ihr eine Reportage für *Harper's Bazaar* mit einem Text von Truman Capote, wobei er erlesene Modelle, die von Audrey Hepburn getragen wurden, fotografierte. Für Amerika blieb die Pariser Mode ein Ereignis. Die

Zeitschriften rissen sich um begabte Leute, die darüber berichteten. Dafür nun einen Truman Capote mobilisieren! Ich dachte: Die haben aber Geld. Coco ließ die Brieftasche des Schriftstellers kalt, aber die Schauspielerin war es, die sie ärgerte. Konnte sie es hinnehmen, daß Audrey Hepburn, die in der Stadt von Givenchy gekleidet herumlief, etwas von Chanel vorführte?

»Warum hat man dazu eine Ausländerin gebeten?« meinte sie murrend. »Gibt es denn in Frankreich keine hübschen Mädchen?«

Meine Augen waren noch von den für den Winter kreierten Wunderdingen erfüllt: Kostüme aus Tweedstoffen, die so leicht waren wie Eiderdaunen, atemberaubende, traumhaft schöne Abendkleider, schwarzer Samt, Spitzen. Auf jedes Modell zehn beglückende Zugaben.

Cocos Kleider, so äußerte der Drehbuchautor François Reichenbach, sind die Musik der »Großen«. Man findet immer das, was man erwartet, und darüber hinaus eine Überraschung.

Marie-Claire veröffentlichte zweimal jährlich die Vorschriften der Couturiers und analysierte sie mit einer Gewissenhaftigkeit, die aus der heutigen Entfernung sehr rührend wirkt: runde Kragen, breite Schultern, hochangesetzte Taille, hervorgehobener Busen, Röcke bis zum Knie, gerade Mäntel, schräge Kleider und was weiß ich noch, was alles. Das alles rieselte von den Lippen unserer Damen herab, und man mußte sich unter der Strafandrohung, sonst als altmodisch angesehen zu werden – welches Unglück, welche Schande für eine Frau! –, ihr unterwerfen. Die Eleganz hing von einem Saum ab. Aber schon im Jahr 1959 stellte es sich nach vier Jahren Chanel heraus, daß dies alles keinen Sinn mehr hatte, weil der Stil Chanel diese Mode umgebracht hatte.

Wer aber wußte das?

Die in erster Linie keine Ahnung davon hatten, waren die Couturiers, die sie zu kreieren glaubten.

Mademoiselle Chanel gab vor, sie zu verachten. Dennoch war diese gebieterische Herrscherin, die ihrer selbst so sicher zu sein schien, die Unruhe selber. Sie sollte ihr Leben damit verbringen, auf dem Seil zu zittern, das sie über den von ihr selber geschaffenen Abgrund gespannt hatte. Je länger ich sie kannte, um so mehr wünschte ich mir, sie besser kennenzulernen. Bei jedem Besuch erschien sie mir pathetischer, häu-

fig sogar bemitleidenswert, von einem Geheimnis vergiftet, von dem sie nichts mehr wußte. Sie sagte:

»Ich habe keine Zeit zum Leben gehabt. Das hat niemand begriffen. Ich weiß nicht einmal, ob ich sehr glücklich gewesen bin. Ich habe viel geweint, mehr, als die Menschen im allgemeinen weinen. Inmitten großer Liebschaften bin ich sehr unglücklich gewesen.«

Es folgte dieser bewunderungswürdige Satz, bei dem man kaum die Zeit fand, ihn aus den anderen herauszuhören:

»Auch die großen Liebschaften muß man ertragen.«

Sie gewöhnte sich an mich. Sie sprach mir gegenüber sehr ungezwungen:

»Ich erinnere mich nur, in einem Leben, das nach außen so glänzend schien, unglücklich gewesen zu sein«, vertraute sie mir beim dritten oder vierten Mal, als ich sie sah, an.

»Ich habe stets unter Zeitdruck gelebt«, erklärte sie, »zunächst einmal, weil ich das Haus Chanel niemals habe verlassen wollen, das einzige, was mir gehörte und woran niemand sonst beteiligt war, der einzige Ort, an dem ich mich wahrhaft glücklich fühlte. Dort hat man mich niemals geärgert. Alles, was ich anfaßte, wurde ein Erfolg. Ich brauchte nur danach zu fragen, wenn ich Geld brauchte. Ich sah immer nur Lächeln. Niemand hätte es gewagt, mir Unannehmlichkeiten zu bereiten.«

Man vergaß ihr Alter. Man ließ sich von ihren Augen einfangen, es waren die einer anspruchsvollen Bettlerin. Fast auf ein Kilo genau wog sie ebensoviel wie mit zwanzig Jahren. Warum stiftete sie bezüglich ihres Alters Verwirrung?

Bei unserer ersten Begegnung sprach sie mir von einem jungen Amerikaner, der sie soeben besucht hatte. Sie beschrieb ihn mir: enge Hosen, lange Beine, eine geradegeschnittene Jacke mit drei geschlossenen Knöpfen.

Als man ihn ihr anmeldete, fielen bei seinem Namen Coco vernachlässigte Freunde ein – »langweilige Leute, aber immerhin, in den Vereinigten Staaten, war ich nicht böse, ihnen zu begegnen«. Wie einsam sie doch war mit ihren kleinen Gewissensbissen!

»Lassen Sie ihn heraufkommen«, sagte sie zum Hausmeister.

Sie erzählte mir ihre Geschichten entsprechend ihrer zeitlichen Di-

mension. Während der Zeit, die sie dem jungen Mann ließ, die Treppe hinaufzusteigen, äußerte sie ihre Mißbilligung Amerikas: »Das Land ist erledigt, denn es kennt nur noch die Annehmlichkeiten des Lebens, und die Reichen kaufen dort Bilder, um ihr Geld anzulegen. Sie kleben sie übereinander, das dient ihrer Publizität, denn alle Welt weiß sofort, daß man einen Renoir gekauft hat.«

Hingegen hatte Deutschland den Luxus entdeckt:

»Ich bin in Schlössern in Deutschland gewesen. Da gibt es noch einen Lakai, der hinter Ihrem Stuhl steht. Das Silber ist prachtvoll, wenn auch zu schwer, aber das ist noch Luxus. In Frankreich ist alles so halb und halb. In Frankreich wird alles so amerikanisch. Welch ein Irrtum, den Luxus zu opfern! Amerika, das ist nichts weiter als immer wieder ein neues Dingsda.«

Abschweifung beendet. Der junge Amerikaner in engen Hosen betritt den Salon. Coco empfängt ihn:

»Sie sind der Sohn von Madame ...«

»Nein«, antwortet er (sie übernimmt seine Rolle), »wir haben den gleichen Namen, aber sind nicht von der gleichen Familie.«

»Was kann ich also für Sie tun?«

»Nun, die Sache ist die, Mademoiselle, wir sind zu zweit; mein Freund und ich (... ich habe seinen Namen vergessen), wir revolutionieren die Kunst des Interviews.«

»Tatsächlich?«

»Ja, Mademoiselle. Wir stellen nur noch drei Fragen, denn nach drei gut gewählten Fragen wissen wir, wenn man uns antwortet, alles, was wir wissen wollen.«

»Das klingt nicht schlecht.«

»Sind Sie einverstanden, mir zu antworten, Mademoiselle?«

»Nehmen Sie Platz, Monsieur.«

»Sie sind also einverstanden?«

»Das weiß ich noch nicht. Ich habe sehr wenig Zeit. Beeilen Sie sich.«

»Wie alt sind Sie, Mademoiselle?«

»Das geht Sie nichts an.«

»Das ist keine Antwort, Mademoiselle.«

»Da haben Sie recht, Monsieur. Da ich Ihnen eine Antwort versprochen habe, muß ich sie Ihnen auch geben. Ich sage Ihnen also, daß

mein Alter von den Tagen und den Personen abhängt, mit denen ich zusammen bin.«

»Das genügt mir vollkommen, Mademoiselle.«

»Warten Sie, Monsieur, meine Antwort ist noch nicht beendet, Sie bedarf noch einer Vervollständigung.«

Sie wandte sich Hervé und mir zu und erklärte:

»Mich stach der Hafer, verstehen Sie das?«

Dann kehrte sie zum jungen Amerikaner zurück:

»Wenn ich mich langweile, fühle ich mich sehr alt, und da ich mich mit Ihnen sehr langweile, werde ich in fünf Minuten tausend Jahre alt sein, wenn Sie nicht sofort von hier verschwinden.«

Kein junger Amerikaner mehr. Die anderen Fragen, um alles über Coco zu erfahren? Sie waren dem Betreffenden in der Kehle steckengeblieben. Adieu, junger Mann, ach, Sie wissen doch, in den Vereinigten Staaten sind diese Dinge völlig an der Tagesordnung, die Journalisten können alles verlangen.

Ich amüsierte mich damals sehr mit einem Tonbandgerät, das Roswell Keller, ein amerikanischer Designer, mir geschenkt hatte. So hatte ich auch mit einem sehr glücklichen Ergebnis Brigitte Bardot interviewt. Coco zögerte:

»Ich erzähle sonst was«, erklärte sie.

Ich suchte sie nun häufig auf, gewöhnte mich an ihr Make-up, ihre Stimme und hörte ihr aufmerksamer zu. Eines Abends traf ich sie auf ihrem Diwan schlafend an, den Hut über die Augen gesenkt, den Rock über die Knie gezogen, die Hände auf dem Magen gefaltet und einen Daumen durch eins ihrer Kolliers gezogen. Sie trug nun Tweed und keine Schantungseide mehr. Es waren Monate verstrichen, es war Winter, Februar, nach einer anderen Kollektion. Ich hatte sie bereits beglückwünscht. Ich kam zurück, um mit ihr zu Abend zu essen. Ich vernahm gedämpfte Musik – Wagner. Ich war eingetreten, überzeugt davon, daß sie mich nicht hatte anklopfen hören. Sie schlief. Man konnte also doch auf ihrem Paradediwan schlafen. Überall standen Gläser, ein Geruch nach abgestandenem Champagner und Zigarettenstummel in den Aschenbechern. Man hatte nichts abgeräumt, um sie nicht zu wecken.

Bevor ich mich hatte zurückziehen können, schlug sie die Augen auf.

»Bleiben Sie.«

Sie hatte sich aufgerichtet, hob ihre Beine auf den Diwan und zog dabei an ihrem Rock.

»So«, murmelte sie, »die Berühmtheit, das ist sie: die Einsamkeit.«

Jeden Abend taumelte sie, wenn die Zeit des Schlafens nahte, auf einen Abgrund zu, vielleicht weil sie in Schlaf sank, wie man wahrscheinlich im Tod untergeht. Alle, die mit ihr aßen, kannten die Szene:

»Es ist schon spät, Mademoiselle. Sollten Sie nicht lieber ...«

Sie hörte es gar nicht. Schließlich stand man auf. Sie bemerkte es nicht. Sie sprach weiter und zupfte dabei den Rocksaum auf ihren rundlichen Knien zurecht.

»Man müßte jetzt ... Glauben Sie nicht, Mademoiselle ...«

Sie sprudelte ihren Bericht oder ihre vertrauliche Mitteilung oder ihre Klage oder ihre Beschuldigungen hervor.

»Nun gut«, erklärte sie schließlich seufzend, »es ist Zeit zum Schlafen. Morgen wartet die Arbeit.«

Sie erhob sich. Sie zog ihr Halstuch zurecht, rückte an ihrem Hut und setzte sich wieder hin. Sie nahm ihre Handtasche, öffnete sie, tat ein paar Dinge hinein, holte sie wieder hervor und betrachtete Tabletten, ihre Brillen, drei Paar, eine zum Lesen, eine, um in die Ferne zu sehen, und die dritte für das Kino, ihre Zigarettenspitze, ganz neue, viermal gefaltete Zehnfrancscheine für ihre Trinkgelder, einige Briefe, die sie im Laufe des Tages erhalten hatte und die sie entfaltete, um sie zu lesen, sie dann wieder zusammenzulegen und sie in ihre Umschläge zurückzustecken. Schritt um Schritt drängte man sie zur Tür. War schlechtes Wetter, erwartete sie ihr Regenmantel auf einem Sessel in der Diele. Man stieg mit zahlreichen Aufenthalten die Treppe hinunter, wobei sie ständig ihren Monolog fortsetzte, und dann stand man in der Rue Cambon. Der kurze Weg bis zum Hotel Ritz mit Unterbrechungen vor dem endgültigen Stehenbleiben vor der Drehtür des Hotels, wo sie die Nacht zu verbringen entschlossen schien, ohne noch das geringste Zeichen von Müdigkeit zu verraten, während man sich selber die Beine in den Leib stand. Es wurde einem unmöglich, ihr noch weiter zu folgen, ihr zuzuhören und zu behalten, was sie einem erzählte. Völlig erschöpft verabschiedete man sich von ihr.

In meinen Notizen mit dem Datum des 9. Februar 1960 finde ich jene Äußerung mir gegenüber wieder, die sie vor der Drehtür des Ritz von sich gab:

»Das Eis zwischen uns ist gebrochen. Sie werden wiederkommen. Sie werden mir Fragen stellen, und ich werde darüber nachdenken. Ich habe mir Notizen gemacht und werde sie wieder durchlesen.«

Den ganzen Abend hindurch hatte sie sich dem Tonband anvertraut. Ich bat sie, mir ihr Leben zu erzählen. Aber sie machte einen Rückzieher:

»Wenn es etwas gibt, das niemanden interessiert, so ist es das ganze Leben eines Menschen. Würde ich ein Buch über mein Leben schreiben, dann müßte ich mit morgen beginnen. Nicht sofort würde ich von dem erzählen, was ich früher durchlebt habe, meine Kindheit, meine Jugend. Zunächst muß man sein Urteil über die Epoche, in der man lebt, abgeben. Das ist logischer, das ist neuartiger und amüsanter.«

Ihrem Leben gegenübergestellt, erinnerte sie mich an ein Kätzchen vor einem Wollknäuel, das an dem Faden zieht, das Knäuel beginnt zu rollen, das Kätzchen entflieht erschreckt, entfernt sich, beobachtet, kehrt beruhigt zurück, streckt eine Pfote vor und zieht nochmals.

»Ich rede in Maximen«, erklärte sie, »ich habe sie zu Hunderten niedergeschrieben.«

Ein amerikanischer Verleger drängte sie, ihm ein Buch mit Ratschlägen für die Frauen zu schreiben.

Ich protestierte:

»Sie haben Wichtigeres zu tun.«

»Doch, doch, ich werde dieses Buch mit Ratschlägen schreiben, danach wird man weitersehen.«

Und sie fügte hinzu:

»Ich möchte etwas hinterlassen.«

Der amerikanische Verleger bot ihr einen hohen Vorschuß an.

»Ich brauche kein Geld«, erklärte sie. »Ich hinterlasse schon so genug. Ich kann ja nicht einmal das ausgeben, was ich verdiene.«

Sie aß ein hartes Ei und schnipselte mit ihrem Messer an dem Eiweiß herum, obwohl die Schale bereits entfernt war. Mir servierte man gebratenes Huhn:

»Nehmen Sie das Bein? Als ich klein war, habe ich immer das untere

Stück davon bekommen, weil ich die anderen Stücke den Erwachsenen lassen mußte. Heute will ich es nicht mehr haben.«

Sie las einige ihrer Lebensregeln vor, die sie, wie sie es präzisierte, bei Maggie van Zuylen in New York niedergeschrieben hatte. Sie hatte ihren Sonntag damit verbracht, sie »unter einem Haufen anderer« auszuwählen. Ich hatte dieser Lektüre nicht genügend Aufmerksamkeit geschenkt, weil ich den Lebensregeln Coco Chanels weniger Bedeutung beimaß als ihren Erinnerungen. Da irrte ich, weniger bezüglich der Lebensregeln als in bezug auf sie. Sie wollte mir beibringen, in welchem Ton von ihr zu sprechen sich gehörte. Es lief auf die Musik hinaus, die sie sich wünschte, auf die große Oper, die sie, wie sie es sich erträumte, hinterlassen wollte. Ich habe es begriffen, als das Tonband die Szene wiedergab, die sich in meiner Erinnerung verwischt hatte, jedoch mir sogleich klar vor Augen stand, sogar mit einer Genauigkeit, durch die, allzu spät, die Bedeutung dessen, was Coco damals an Wesentlichem über sich selber der Nachwelt übergab, unterstrichen wurde. Ich lasse nun einige Lebensregeln von Mademoiselle Chanel folgen, die an jenem Abend verlesen wurden:

Das Glück besteht darin, seinen Gedanken in die Wirklichkeit umzusetzen.

Man kann den Gedanken nach dem Leben verfolgen, um ihn im Tode zu verwirklichen.

Abgesehen von den materiellen Dingen brauchen wir keine Urteile, sondern Zustimmung.

Für diejenigen, die nichts von Kunst verstehen, offenbart sich die Schönheit in der Poesie.

Als sie diese Gedanken erneut las, während sie sie in einem alten Heftchen ankreuzte, um die Langeweile eines Sonntags zu überwinden, mußte sie Mitleid mit sich selber gehabt haben. Wie gut das alles war, was sie da geschrieben hatte, wie wenig Mühe man sich doch gegeben hatte, sie zu verstehen! Wer hatte denn gewußt, daß dieses Feuer auch in ihr brannte?

In Anwesenheit von Hervé Mille, ihrem Bruder Gérard und mir war sie, als sie diese Lebensregeln laut vorlas, nicht mehr so sicher, etwas für die Ewigkeit geschrieben zu haben. (Dabei hatte man ihr gegen-

über an Zustimmung nicht gegeizt.) Sie las immer schneller, ohne uns anzusehen.

Man muß die Menschen fürchten, die Geist und doch nur geringes Urteilsvermögen besitzen. Wir sind von ihnen umgeben.

War das auf uns gemünzt, in denen sie Skeptiker vermutete? Es folgte ein Gedanke über sie selber:

Gewiß habe ich Fehler und Schwächen, aber weil ich auch Besseres in mir trage, eine Neigung zu Gerechtigkeit und Wahrheit, habe ich meine Freunde gereizt und ihren Zorn geweckt.

Noch dieses, was sie betraf:

Jede Überlegenheit wirkt im Grunde isolierend. Sie zwingt dazu, seine Freundschaften und Bekanntschaften auszuwählen.

Warum? Man hätte ihr diese Frage stellen können, ihr, die gesagt hatte: Ich esse lieber mit einem Clochard zu Mittag, der mich amüsiert, als mit reichen Leuten, die mich langweilen. Im übrigen scheint es mir, daß ich sie den Kopf nach Verlesen dieses Gedankens heben sehe, während ich sie (dank dem Tonband) die folgende Bemerkung machen höre:

»Ich muß mich damals, als ich dies niederschrieb, in Amerika sehr gelangweilt haben.«

Sie las noch weiter:

Die größte Schmeichelei eines Wesens für ein anderes liegt in der Wollust und nur in der Wollust, denn die Vernunft ist nicht daran beteiligt, und es kann sich auch nicht um ein Verdienst handeln, und das Ganze gilt auch nicht dem Wert des anderen, sondern dem Wesen selber.

»Nicht schlecht«, bemerkte sie, »von Zeit zu Zeit schreibe ich Sachen, die mich selber überraschen.«

Ich fand sie in ihrem Repertoire mit knallender Peitsche, wenn sie

instinktiv ihre Wahrheiten über die Hürden hetzte, ohne sich darum zu kümmern, ihnen eine Form zu verleihen, überzeugender: Man gewöhnt sich an die Häßlichkeit, niemals an die Nachlässigkeit. Bei einer Frau bedeutet Nachlässigkeit, weder parfümiert noch sauber zu sein. Ich liebe sehr die Parfüms. Ich liebe die gepflegten parfümierten Frauen. Es ist abscheulich, wenn sie nach Nachlässigkeit riechen.

Und gehörte es sich dennoch nicht, dieses literarische Bemühen zu bewundern, das sie sich aus Selbstachtung auferlegte?

In der Gesellschaft ist ein Heiliger ebenso wenig nützlich wie in der Wüste. Wenn die Heiligen, die in der Wüste leben, unnütz sind, so sind diejenigen, die in der Gesellschaft leben, häufig gefährlich.

Die Furcht vor Gott hindert diejenigen am Sündigen, die es sich nicht allzusehr wünschen oder die nicht imstande dazu sind.

Die Schätze der göttlichen Barmherzigkeit beruhigen sogar die Verbrecher, die allen Anlaß zu der Hoffnung haben, an ihnen ebenso wie die anderen beteiligt zu werden.

Nachdem sie uns diese drei Maximen vorgelesen hatte, fragte sie uns: »Woran habe ich gedacht, als ich dies schrieb?«

Ohne uns die Zeit zu lassen, ihr Erklärungen zu nennen, fuhr sie fort, zunächst mit dem, was sie durch ein Lachen unterstrich:

Meine Freunde, es gibt keine Freunde.

Und dann dies als Finale:

Da man alles im Kopf hat, darf man ihn nicht verlieren.

»So«, sagte sie, »das habe ich auf die letzte Seite meines Heftchens geschrieben. Bestimmt war ich mit jemandem zusammen, der mich langweilte. Ich tat so, als machte ich mir Notizen.«

Unsere zustimmenden Worte, unsere Komplimente vermochten sie nicht zu beruhigen: »Ich habe meinen Sonntag damit verbracht, Papierkram zu zerreißen, ich habe mir mit dieser kleinen Arbeit, die alle Welt für unnütz halten wird, entsetzliche Mühe gegeben.«

Dieser Vorwurf war auf mich gezielt. Alle Welt, das war ich, das begreife ich nun mit einer Verspätung von zehn Jahren, ich, der ich es ihr zur Aufgabe gemacht hatte, ihre Lebensgeschichte zu erzählen. Nicht unbedingt mir. Ich kannte sie bereits zur Genüge, um die Schwierigkeiten einer solchen Aufgabe zu ermessen. Sie hatte es schon versucht, sie hatte bereits mit Louise de Vilmorin, mit Gaston Bonheur, Georges Kessel, Michel Déon und mit vielen anderen angefangen. Sie schonte keinen, als sie davon sprach, und es fiel mir nicht schwer, auch das zu hören, indem ich mich in diese Lage versetzte, was sie nach dem Zusammenbruch eines erneuten Versuchs einer literarischen Zusammenarbeit von mir sagen würde. Im übrigen sollte ich noch begreifen, daß es mehr als nur einer unerschöpflichen Geduld bedurfte, um, gemeinsam mit Coco, von Coco zu erzählen.

Worin besteht die Wahrheit eines Lebens? In der Geburtsurkunde? In Daten? In den Tauf- und Impfscheinen?

Sie sagte:

»Die Menschen, um die sich eine Legende rankt, sind auch selber diese Legende.«

Darum gab sie sich eine solche Mühe mit der Bildung eines Mythos Chanel, und wenn sie dabei ein Maximum an Verwirrung erzeugte: Ich bin nicht mehr jene, die ich war. Ich bleibe die, zu der ich geworden bin.

Warum auch nicht? Das ist eine ergreifende Willensäußerung, die man im übrigen für andere zuläßt, für Persönlichkeiten, denen man automatisch eine gewisse Konvention zuerkennt – Wissenschaftlern, Marschällen und Politikern.

Chanel, Kreation Chanel, das ist sie einzig und allein, aus sich selber geboren, mit ihren eigenen Händen aus ihrem eigenen Lehm geformt. Chanel, nichts weiter, auf jeden Fall nichts weniger.

Ziehst du dein Chanel an? Wer sonst hat seinen Namen einem Kostüm gegeben? Sie ist ihrem Stil und ihrer Länge immer treu geblieben. Die Übertreibungen der Mode haben es dazu gebracht, daß das Vernünftige und das Dezente von jetzt an Chanel bedeuteten und es so auch

bleiben sollte. Chanel ist ein Synonym für Zurückhaltung, guten Geschmack und Sinn für Maß geworden. Chanel existiert ebenso wie das Klassische: Man macht es *à la* Chanel.

»Wenn sich meine Frau bei Ihnen anzieht, bin ich beruhigt«, hat eines Abends anläßlich eines Essens im Elysee-Palast Präsident Pompidou Mademoiselle Chanel anvertraut.

Sie ist mit der Gewißheit aus der Welt geschieden, zu einem Moralgesetz geworden zu sein, das hat man ihr in der Kirche La Madeleine, ihrem letzten Aufenthalt in Paris, mit Weihrauch und Weihwasser bestätigt.

Was das übrige angeht, ihr Leben ... Als Hervé Mille um das Jahr 1935 herum ihre Bekanntschaft machte und ihr ohne Umschweife von *Marie-Claire* sprach, die mit einer Auflage von fast einer Million Exemplaren einen atemberaubenden Aufschwung nahm, erklärte sie ihm:

»Die Kundinnen von Chanel lesen sehr luxuriöse Zeitschriften, *Vogue, Harper's Bazaar*. Diese Zeitschriften bringen unsere Werbung. Die populären Zeitschriften mit großer Auflage sind besser. Sie bilden unsere Legende. Wenn meine Kundinnen bei mir eintreten, möchten sie gern die Schwelle eines Ortes der Verzauberung überschreiten, vielleicht empfinden sie dabei eine ein wenig vulgäre Befriedigung, die sie aber entzückt: eine Privilegierte zu sein, die zu einem Teil dieser Legende wird. Für sie liegt darin ein weit größeres Vergnügen als etwa darin, noch ein Kostüm zu bestellen.«

Coco erklärte abschließend:

»Die Legende ist die Sanktionierung der Berühmtheit.«

Um die ihre zu weben, wurde sie zu Penelope: In der Nacht trennte sie alles auf, was sie soeben beendet hatte, um unermüdlich von neuem zu beginnen. Auf welche Wahrheit zu bewegte sie sich? Und um sie mit wem zu teilen?

2

»Ich war eine kleine Gefangene meiner Familie«

Lag es daran, daß ich Elsässer war und sie aus der Auvergne stammte und ich wie sie arm geboren war? Das Eis war zwischen uns gebrochen. Sie erzählte mir von ihrer ziemlich schweren Kindheit: Mit sechs Jahren hatte sie ihre Mutter verloren; ein Vater, der sie vergaß, um sich in Amerika ein neues Leben aufzubauen; strenge Tanten; die erste Kommunion; das erste Kleid. All das, was sie noch keinem Menschen anvertraut hatte.

Unter den zahlreichen Journalisten, vor allem Amerikanern, die ihr die Vertrauensfrage stellten, nämlich die nach dem Alter, befand sich auch E. Hauser von der *Saturday Evening Post*. Er erhielt keine Antwort.

Das Alter? So etwas hörte sie gar nicht. Von diesem Schweigen ein wenig verwirrt, das er nicht zu deuten verstand, gab E. Hauser seine zweite Breitseite ab:

»Wo sind Sie geboren?«

Schließlich wird, so dachte er, sobald ich ihren Geburtsort kenne,

nichts leichter sein, als im Archiv des Standesamtes der Bürgermeisterei nachzuforschen.

»Ich bin auf Reisen geboren«, antwortete sie.

Sie hat mir folgendes erzählt:

»Mein Vater war nicht da. Meine Mutter wollte zu ihm, eine arme Frau. Es ist eine traurige Geschichte, sehr langweilig, man hat sie mir so oft erzählt ... Meine Mutter wurde von einem Unwohlsein ergriffen. Ich nehme an, bei der Mode jener Zeit sah man ihr nicht an, daß sie ein Kind bekommen würde. Einige Leute haben ihr sehr freundlich geholfen; sie haben sie mit zu sich nach Hause genommen und einen Arzt kommen lassen. Meine Mutter aber wollte nicht bleiben.

›Morgen haben Sie wieder einen Zug‹, erklärten ihr die Leute, um sie zu beruhigen. ›Morgen werden Sie schon mit Ihrem Mann zusammentreffen.‹

Der Arzt stellte fest, daß meiner Mutter überhaupt nichts fehlte:

›Sie wird ein Kind bekommen!‹

Daraufhin wurden die Leute, die bis dahin so nett waren, wütend. Sie wollten sie auf die Straße setzen, aber der Arzt verlangte, daß sie sich um sie kümmerten. Da haben sie sie ins Krankenhaus gebracht, in dem ich geboren wurde. Eine Nonne wurde meine Patin.«

Coco war anfänglich ein schwächliches Baby. Würde es überleben? Es schien aus Vorsichtsgründen geboten, ihr eine Nottaufe zu geben, bei der die Anwesenheit eines Pfarrers nicht erforderlich ist. Welcher Vorname? Die Mutter schien an das alles nicht gedacht zu haben. Vielleicht konnte sie sich nicht richtig von der Entbindung erholen (die nächste wurde sehr schwierig).

Coco erzählte:

»Die Nonne, die sich um mich kümmerte, hieß Gabrielle Bonheur. Da sie nicht sehr viel Phantasie besaß, hat sie mir als Vornamen ihren Vor- und Familiennamen gegeben. Ich hieß also Gabrielle Bonheur

Chanel. Ich wußte es nicht, ich habe es lange Zeit nicht gewußt. Den Taufschein braucht man doch nie. Während des Krieges habe ich mir meine Papiere kommen lassen, weil man um alles fürchtete. Bei meiner ersten Kommunion kannte man mich. Der Pfarrer, der mich den Katechismus lehrte, dachte nicht daran, meinen Taufschein zu verlangen.«

Bis auf das fehlende Geburtsdatum entspricht dieser Bericht dem, was man schon wußte. Das alles hat sich am 19. August 1883 in Saumur abgespielt, das läßt sich nicht mehr übersehen: Die Zeitungen der ganzen Welt haben es, als ihr Tod bekannt wurde, gedruckt.

Ich habe einen Geburtsschein in Händen gehalten, den das Standesamt von Saumur Mademoiselle Chanel ausgehändigt hatte. Der Name des Vaters: Henri Chasnel, mit einem *s*, das inzwischen verschwunden ist.* Die Mutter: Eugénie Jeanne Devolles. Das Geburtsjahr: dreiundneunzig, jedoch mit einer ungeschickt eingefügten Neun, mit grüner Tinte auf der schwarzen Tinte der Acht, die noch zu erraten ist.

Was war der Beruf ihrer Eltern? Kaufmannsleute, hieß es in der Geburtsurkunde des Standesamtes von Saumur. Wohnsitz in Saumur. Sie sagte dazu:

»Die Familie meines Vaters stammte aus Südfrankreich, aus der Gegend von Béziers. Man lebte ziemlich in den Tag hinein. Es wurde mit Wein spekuliert. Während eines Jahres verdiente man damit viel Geld, und im nächsten Jahr herrschte Armut. Meine Familie hat sich im gleichen Jahr wie die von Pierre Reverdy ruiniert.«

Pierre Reverdy war ein Dichter, den sie liebte. Gern hätte sie seinem wenig bekannten Talent zum Ruhm verholfen. Sie schätzte ihn höher ein als Cocteau, dem sie es verübelte, daß er ihn überschattete.

Sie erzählte:

* Tatsächlich muß es sich um einen Fehler beim Abschreiben handeln. Der Vater hieß Chanel ohne »s«. (Siehe Seite 50.)

»Man kaufte den Wein vom Erzeuger. Wenn man ihn für zwei Sous einkaufte und für drei Sous weiterverkaufte, war es das große Glück. Und wenn man ihn für drei Sous einkaufte und ihn für einen Sou wieder losschlug, war es der große Reinfall. In diesem Jahr gab es so viel Wein, daß man ihn weggoß. Eine Schwemme! Ich war noch ein Kind und hörte die anderen sagen: Es ist entsetzlich, es gibt zuviel, das ist ein Elend! In einem solchen Land kann man nicht bleiben, erklärte meine Großmutter, es ist ein Elend. Gehen wir woandershin. Das alles in fröhlichem Ton, so wie die Menschen des Südens sind. Alle waren trotzdem zufrieden.«

Beruf des Vaters, wir haben es behalten: Kaufmann. Die Mutter: Kaufmannsfrau. Man muß noch hinzufügen: ambulante Händler. Sie zogen von der Stadt ins Dorf, vom Markt zum Jahrmarkt, waren stets unterwegs. Zu jener Zeit gab es viele von ihnen. Kaufleute zweiten Grades, die kein eigenes Haus besaßen. Zuweilen verschwanden sie, ohne eine Adresse zu hinterlassen. Ein rollender Stein setzt kein Moos an, heißt es im Sprichwort. Die Sprichwörter behielten eine gewisse Bedeutung.

Coco erzählte:

»Mein Vater war ein sehr junger Mann. *Ich weiß nicht, was er war.* (Kein Weinhändler in Béziers, wie sie es soeben erklärt hatte? Oder in Nîmes, wie Reverdys Eltern?) Mit sechs Jahren prägt es sich nicht so ein. Man hat einen Vater, man liebt ihn sehr, und man denkt, daß er sehr gut ist.«

Und sie fügte hinzu:

»Er war nicht sehr gut, das ist alles ...«

Sie sagte:

»Mein Vater hatte eine Mordsangst davor, man könnte mich Gaby nennen (die Verkleinerungsform von Gabrielle). Er nannte mich vorläufig Petit Coco, bis man etwas anderes gefunden haben würde. Den Namen Gabrielle, den er nicht ausgesucht hatte, mochte er ganz und gar nicht; und recht hatte er. Bald verschwand das Wörtchen *Petit*,

und ich nannte mich Coco. Es war grotesk, ich hätte mich gern davon befreit, aber das ist mir nie gelungen.«

So wurde aus Gabrielle Coco, und das ist die offizielle Version aus dem Mund von Mademoiselle Chanel. Sie erinnerte sich daran, darunter gelitten zu haben, von ihren Tanten, die sie nach dem Tod ihrer Mutter aufnahmen, als sie sechs Jahre alt war, Gabrielle genannt zu werden.

Sie erzählte:

»Ich war kein bequemes Kind. Wenn ich das Zimmer betrat, in dem sich meine Tanten aufhielten, habe ich die Tür hinter mir geschlossen, indem ich sie mit dem Fuß kräftig ins Schloß warf.

›Gabrielle‹, sagte eine meiner Tanten, ›du gehst jetzt wieder hinaus und kommst schön artig wieder herein, ohne mit der Tür zu knallen.‹

Ich habe gehorcht, bin hinausgegangen, wieder hereingekommen, aber ich konnte die Tür nicht schließen. Ich bin in Schluchzen ausgebrochen.

›Warum weinst du so sehr, Gabrielle?‹ fragte eine meiner Tanten.

Sie konnte meinen Kummer nicht begreifen.

›Wir haben dich doch gar nicht so sehr getadelt‹, sagte sie.

Darauf antwortete ich: ›Ich weine doch nicht, weil Sie mich getadelt haben, Tante, sondern weil man mich hier Gabrielle nennt. Zu Hause nannte man mich Coco.‹«

Sie sagte:

»Man hätte mich zum Lachen gebracht, wenn man mir vor dem Krieg erzählt hätte, man würde mich Coco Chanel nennen. Mademoiselle Chanel hatte viertausend Arbeiterinnen unter sich und wurde von dem reichsten Mann Englands geliebt. Jetzt bin ich Coco Chanel. Coco! Das ist trotz allem nicht mein Name. Meine Freunde können mich so nennen. Man hält mich auf der Straße an: Sie sind doch wohl Coco Chanel? Wenn ich Autogramme gebe, schreibe ich Coco Chanel. In der vorigen Woche ist in einem Zug aus Lausanne der ganze Waggon an mir vorbeidefiliert. Im Geschäft nennt man mich Mademoiselle, das ist selbstverständlich. Ich will doch nicht, daß man mich im Haus Chanel Coco nennt.«

Sie war nicht wenig stolz darauf, auf der Straße als Coco angeredet zu werden, in Amiens, während sie nach Holland fuhr, um sich im Schloß Haar mit ihrer Freundin Maggie van Zuylen zu treffen; das war nach Sues, es gab Schwierigkeiten mit der Lebensmittelbeschaffung und starke soziale Unzufriedenheit. Ihr Cadillac war zwischen den Streikenden eingekeilt. Einer von ihnen beugte sich durch ein herabgelassenes Fenster vor:

»Und du, du hast wohl Moneten?« fragte er aggressiv.

Eine Frau rief ihn zur Ordnung:

»Laß sie in Ruhe, erkennst du sie denn nicht? Das ist doch Coco Chanel! Die hat sich ihr Geld selber verdient.«

Sie hat mir von der Ehe ihrer Eltern erzählt:

»Meine Mutter hatte einen Bruder, und dieser elende Kerl, der nur diese Schwester hatte, hat sie meinem Vater gegeben. Beim Militär waren sie gute Freunde geworden. Er hat zu meinem Vater gesagt:

›Ich habe eine reizende Schwester, ich glaube, sie wird dir gefallen.‹

Mein Vater, der ein sehr munterer Bursche war, hat sich nach seiner Militärzeit das Mädchen angesehen. Er kehrte zu Fuß nach Hause zurück und einen Teil des Weges zusammen mit seinem Kameraden, der ihn mit sich nach Hause nahm. Und dort hat mein Vater die Schwester seines Kameraden geheiratet, die er selbstverständlich zugrunde gerichtet hat. Das alles habe ich durch Lauschen an den Türen erfahren.«

Ihr Vater leistete seinen Militärdienst in der Gegend von Lyon ab. Um in den Süden zurückzukehren, hätte er die Eisenbahn nehmen können. Aber wozu denn! Zwei gute Freunde auf den Landstraßen, das erinnerte an die Kameraden von der Tour de France. Was trugen sie auf ihrem Körper? Die abgetragenen Kleidungsstücke der Republik, die ihre Feldflasche mit einem herben Rotwein gefüllt hatte. Ein kräftiger Imbiß in ihrem Brotbeutel, Kommißbrot und Sardinen. Die Auvergne, das war wahrhaftig kein allzu großer Umweg, um nach Nîmes zu ge-

langen. Vielleicht war es noch Sommer, und die beiden Freunde schliefen unter freiem Himmel. Sie halfen auch bei den Bauern aus, um die Ernte vor einem Gewitter einzubringen. Dafür gab man ihnen einen Schlag Suppe. Wunderbar! Besser als der übliche Fraß. Sie stießen sich gegenseitig mit den Ellbogen zwischen die Rippen. Das Leben war schön. Und wenn du erst einmal meine Schwester siehst! In den Augen von Cocos Vater flammte das Feuer der Leidenschaft auf. Er ist mein Kamerad, dachte der Kamerad, und er wird mein Bruder sein. So hat Coco die Geschichte erzählt.

Dabei gab es eine Eisenbahn von Lyon bis Nîmes am rechten Flußufer der Rhone; sie wurde von der P. L. M. betrieben. Und das Militär gab an die in die Heimat entlassenen Soldaten Freifahrscheine aus.

Die Ehe kam zustande, so wie es sich der Kamerad aus der Auvergne gewünscht hatte. Dieser Chanel konnte einem schon gefallen, wenn er es darauf anlegte, ein Kerl voll Saft und Kraft, fröhlich, wie es die Leute aus dem Süden sind. Sein Lachen zerriß das Grau des Alltags, in dem sich Cocos Mutter verzehrte. *Die arme Jeanne*. Sie wurde von der Tuberkulose dahingerafft.

Coco sagte dazu:

»Ich war sechs Jahre alt. Meine Tanten sind gekommen. Es waren im übrigen gar nicht meine richtigen Tanten, sondern Kusinen ersten Grades meiner Mutter. In der Provinz kam so die ganze Familie zusammen, wenn jemand gestorben war. Es war ein Ereignis. Man kam, um zu erfahren, was sich eigentlich zugetragen hatte. Alles wurde in Augenschein genommen. Ich begriff, daß, um mich mitzunehmen, gefeilscht wurde. Eines schönen Tages hat man mich in den entlegensten Winkel der Auvergne verfrachtet. Meine Tanten waren anständige Leute, aber ganz und gar nicht zärtlich. In diesem Haus wurde ich nicht geliebt. Ich fand keinerlei Zärtlichkeit. Kinder leiden unter solchen Verhältnissen.«

Ich fand keinerlei Zärtlichkeit. An diesem Abend hatten wir bei Tisch, bevor sie sich dem Tonband anvertraute, von einer Zeitungsnachricht gesprochen, die auf den ersten Seiten stand. Es handelte sich um bei

ihrer Geburt in einer Klinik vertauschte Kinder. Zwillinge, von denen der eine, von seinem Bruder getrennt, der Mutter eines einzelnen Sohnes anvertraut worden war. Diese Mutter wollte den Zwilling, den man ihr versehentlich gegeben hatte, nicht mehr herausrücken. Ihr Blut sprach nicht die gleiche Sprache wie ihr Herz. Sie zog es vor, den Zwilling zu behalten, der gar nicht von ihr war. In der Presse kam es dadurch zu einem gewaltigen Wirbel.

»Es ist erschütternd«, meinte Coco dazu, »ich werde diesen kleinen Jungen, den niemand mehr haben will, adoptieren. Unter der Bedingung, daß es nicht bekannt wird. Ich will nicht, daß dies seinen Weg in die Öffentlichkeit nimmt.«

Sie fügte noch hinzu:

»Ich werde ihn in die beste Schule in der Schweiz in Pension geben.«

Ich kannte sie erst wenig und entsinne mich meiner Reaktion: Sie hat kein Herz. Die Sache war bald vergessen.

»Trotz allem schulde ich meinen Tanten viel«, räumte sie ein. »In einem Aufwallen von Freundlichkeit haben sie sich beim Tod meiner Mutter dazu verpflichtet, eine der Kleinen zu sich zu nehmen. Das war ich.«

Eine der Kleinen. Ich habe sie immer nur von einer Schwester sprechen hören, jünger als sie, Antoinette, die sie sehr liebte und die mit dreißig Jahren auf tragische Weise sterben sollte. Dennoch ist es unmöglich, daß sie ihre ältere Schwester vergessen haben sollte, Julia-Berthe, die gleichfalls jung starb. »In dieser Familie hat niemand vierzig Jahre erreicht«, sagte Coco, »ich weiß nicht, wie ich diesem Blutbad entronnen bin.« Julia-Berthe hinterließ einen kleinen Sohn mit Namen Pallasse, Coco Chanels Neffe, dessen sie sich annahm; man kann sogar sagen, daß sie ihn adoptierte.

»Mein Vater«, erzählte Coco, »hätte es gern gesehen, wenn ich ein Junge gewesen wäre.«

Sie ging noch genauer darauf ein:

»Mein Vater hatte damals eine Geliebte, die ihm etwa zu der Zeit, als ich geboren wurde, einen Jungen geschenkt hat. Ich habe ihn niemals

gesehen, ich kenne ihn nicht. Aber es gab in der Familie einige, die das alles wußten und mir davon erzählt haben. Es ist ohne Interesse. Selbst mich interessiert es nicht. Wen sonst könnte es wohl noch interessieren?«

Von ihrer Kindheit sagte sie:

»Man erzählt sich, ich sei aus der Auvergne. Ich habe aber nichts von einer Frau aus der Auvergne an mir, nichts, nichts. Meine Mutter stammte von dort. Ich war da oben todunglücklich. Ich verzehrte mich vor Traurigkeit, vor Abscheu. Ich habe mich, ich weiß nicht, wie oft, umbringen wollen. *Diese arme Jeanne*. Ich konnte es nicht mehr ertragen, so von meiner Mutter reden zu hören. Wie alle Kinder lauschte ich an den Türen. Da erfuhr ich, daß mein Vater meine Mutter zugrunde gerichtet hatte, die *arme Jeanne*. Immerhin hatte sie einen Mann geheiratet, den sie liebte. Und dann dies hören zu müssen, ich sei eine Waise! Man bedauerte mich. Ich war aber nicht zu bedauern, ich hatte einen Vater. Das alles war für mich demütigend. Ich verstand, daß man mich nicht liebte und mich nur aus Barmherzigkeit aufgenommen hatte. Es kam viel Besuch, man besuchte sich oft. Ich hörte die Fragen, die man meinen Tanten stellte:

›Schickt der Vater der Kleinen eigentlich noch Geld?‹«

Eine lange Klage, die von großer Bedeutung ist und an die man sich erinnern muß, wenn man Mademoiselle Chanel zu verstehen sucht. Die Demütigung. Eine Mutter, die Mitleid erweckt. Ein Vater, der das fällige Geld nicht schickt. Leute, die sich während ihres Besuches einiges zuflüstern. Und vor allem diese Weigerung, dieser Aufschrei: Ich bin keine Waise! Ich habe einen Vater! Mein Vater hat meine Mutter glücklich gemacht! Das alles gibt Hinweise auf den Charakter des kleinen Mädchens.

Wie waren sie eigentlich, diese beiden Tanten? Ich dachte nicht daran, Coco Chanel diese Frage zu stellen. Ich *sah* sie vor mir, sie wurden in

ihren vertraulichen Worten sichtbar: schwarz gekleidet, gescheitelte, glatte Haare, grau, sehr ordentlich angezogen, knochige Hände, die Augen ohne Wärme, niemals ein Lächeln. Über der Brust kreuzten sie ein schwarzes Umschlagtuch, hatten ein violettes Band um den Hals und waren farblos; so stellte ich sie mir vor. Coco selber erwähnte niemals eine Einzelheit, die sich auf ihre Gestalt oder ihre Kleidung bezog. Waren sie so alt, wie ich sie mir vorstellte?

Coco erzählte:

»Als mein Vater kam, haben sich meine Tanten seinetwegen in Unkosten gestürzt. Er hatte viel Charme und wußte unzählige Geschichten zu erzählen. Zu ihm habe ich gesagt:

›Hör nicht auf meine Tanten, ich bin sehr unglücklich, nimm mich mit, ich schwöre dir, ich bin sehr unglücklich.‹«

Wie alt war sie damals? Sie hatte ungefähr ein Jahr bei ihren Tanten in der Auvergne verbracht. Sie sagte nichts Genaueres darüber, aber es ließ sich erraten. Aus ihr sprach ein kleines Mädchen, das vor Freude darüber, daß es seinen Vater, den es vergötterte, wiedersah, fast den Verstand verlor. Und doch schon eine kleine Frau, die sehr wohl sah, daß die beiden Tanten, ihr gegenüber so nachsichtslos, so streng, vor ihrem Vater in Lächeln und Freundlichkeiten zerflossen, vor *dem Mann,* der so fröhlich und so stark war und mit einer so wohlklingenden Stimme sprach. Meine Tanten werden ihn einwickeln, dachte das Mädchen, er wird mir nicht glauben, daß ich unglücklich bin. Aber ihnen wird er glauben, die so tun, als liebten sie mich. Dabei lieben sie mich gar nicht. Niemand liebt mich!

Dies alles war eine Botschaft der Verzweiflung, die sie ihrem Vater übermitteln wollte.

Sie sagte:

»Er hat seinen Zauber auf mich wirken lassen:

›Du wirst schon sehen, bald haben wir ein anderes Haus.‹

Er hat mir viel Zärtliches gesagt, wie ein Vater es seinem kleinen Mädchen sagen kann. Dabei wußte er bereits, daß er sich nach Amerika absetzen und mich nicht wiedersehen würde.«

Es ist erschütternd, diese kleine, von ihrem Vater verratene Tochter, der sie streichelt, küßt, liebkost und ihr ein schönes Haus verspricht, größer als das der Tanten, in der Sonne, im Süden, in der Nähe des Meeres. Und der *sich dann absetzt* !

Sie sagte:

»Ich habe ihn niemals wiedergesehen. Er hat von sich hören lassen. Er hat auch noch ein wenig Geld geschickt. Nicht viel. Ich weiß darüber nichts, ich weiß nur, daß er Geld schickte und dann, eines schönen Tages, nichts mehr. Man hat nie mehr von ihm gehört. Er war jung, war keine dreißig Jahre alt. Er hat sich ein neues Leben aufgebaut. Ich verstehe ihn. Er hat von neuem eine Familie gegründet. Seine beiden Töchter (und Julia-Berthe?) befanden sich in guten Händen. Sie wurden erzogen. Er hat noch andere Kinder gehabt. Er hat ganz richtig gehandelt. Ich hätte mich genauso benommen wie er. Man kann, bevor man dreißig ist, solchen ›Dingen‹ nicht treu bleiben: ein Witwer und seine beiden Töchter! (und Julia-Berthe?) Mich hat er sehr gemocht. Ich stellte für ihn die guten Zeiten, die Fröhlichkeit und das Glück dar. Alles ging gut, als ich geboren wurde. Nach der Geburt meiner Schwester ist meine Mutter sehr krank geworden. Sie konnte keine Kinder mehr bekommen. Deswegen hat mein Vater meine Schwester nicht geliebt. Ihr gegenüber war er böse. Sie war für ihn gleichbedeutend mit dem Unglück.«

Sie war also in der Auvergne, von ihrem Vater im Stich gelassen und von ihren beiden Tanten abhängig, die, wie sie sagte, »sich wohl verpflichtet hatten, mich aufzuziehen, aber nicht, mich zu lieben«. Sie fügte hinzu: »Ich war eine kleine Gefangene meiner Familie.« Das Leben in der Auvergne empfand sie als hart – »in einem Winkel dieser entlegenen Provinz«. Bevor sie bei ihren Tanten wohnte, hatte sie den Süden, die Unbekümmertheit, die Sonne und die Straße kennengelernt. Spielgefährten, Freundinnen. Aber dort oben in der Auvergne gab es keine kleinen Freundinnen. Niemals sprach sie von der Schulfreundin, von einem anderen kleinen Mädchen, das zu ihr kam und dem sie auf dem Schulhof die Hand gegeben hätte.

Was taten ihre Tanten? Bäuerinnen waren sie nicht, darauf wies Coco häufig hin:

»Meine Mutter stammte aus dem Land meiner Tanten, aber sie war keine Bäuerin. Man will, daß meine Mutter eine Bäuerin gewesen wäre und ich auch. Bäuerinnen in Holzpantinen. Ich habe neulich zu einem Herrn gesagt, der einen Artikel über mich schreiben wollte:

›Streichen Sie die Holzpantinen nicht, das macht sich so gut. Die Amerikaner wissen nicht, was das ist, und Sie selber, mein Lieber, könnten nicht einmal mit Holzpantinen gehen, obwohl Sie ein Bauer sind.‹ Ich zog Holzpantinen an, um im Schnee zu gehen. Man erzählt sich, ich sei in Holzpantinen in Paris angekommen. Ich verstand sehr gut, in Holzpantinen zu gehen. Im Winter standen sie für alle vor der Tür. Wenn man eintrat, ließ man sie dort. Es gab Schneewände – so hoch. Skier kannte man damals nicht. Wir hatten fürchterliche Winter. Die Winter sind nicht mehr wie früher. Ich liebte den Winter. Ich durfte in der Küche bleiben. Im Kamin wurden ganze Bäume verbrannt. Auf dem Land ist die Küche die Seele des Hauses.

Wenn die Leute durchfroren hereinkamen, füllte man ihnen die Taschen mit Maronen. Und bevor sie wieder hinausgingen, gab man ihnen noch welche. Auf dem Herd kochten die Kartoffeln für die Schweine in einem großen gußeisernen Kessel. Ich durfte nicht hinausgehen, aber sobald sich die Tür öffnete, nahm ich die Gelegenheit wahr, um mich hinauszuschleichen. Dann zog ich Holzpantinen an. Wäre ich in Schuhen hinausgegangen, hätte ich nasse Füße bekommen und bei der Rückkehr das Haus ganz schmutzig gemacht. Es ist nicht so leicht, in Pantinen zu gehen, sie sind riesig, so steif und geben überhaupt nicht nach; sie sind aus Holz, und das tut den Füßen weh. Man stopfte Stroh hinein. Rutschend ging ich in ihnen durch das verschneite Land. Manchmal verstrichen acht Tage, ohne daß ich die Nase hinaussteckte. Im Winter ging man nicht hinaus.«

Was aber taten die Tanten, wenn sie keine Bäuerinnen waren? Mir wurde so viel klar, daß sie Bauernhöfe besaßen und von dem Ertrag einiger Ländereien lebten, an denen auch Cocos Mutter beteiligt ge-

wesen war; denn es kam vor, daß man Coco einen baufälligen Hof oder eine mehr oder weniger verwahrloste Sennhütte im Gelände zeigte und zu ihr sagte:

»Wenn Ihr Vater Ihre Mutter nicht zugrunde gerichtet hätte, gehörte Ihnen das alles noch.«

Wer hatte das zu ihr gesagt und sie dabei gesiezt? Es war unmöglich, ihr solche Fragen zu stellen, die sich einem aufdrängten. Aber wie unwichtig war das auch, es war weit besser, ihr in der Strömung ihrer Träumereien freie Hand zu lassen. Auf jeden Fall weigerte sie sich, den Leuten zuzuhören, die derartige Bemerkungen machten; sie hielt sich die Ohren zu, denn sie ertrug es nicht, daß man ihren Vater kritisierte, obwohl er seine kleine Coco, seine Lieblingstocher, im Stich gelassen hatte. Er kommt zurück, redete sie sich ein, und wir werden ein sehr großes Haus haben. Sie ging auf diese Einzelheiten nicht ein, aber es war nicht schwierig, sie zu erraten, wenn man ihre Reaktion beachtete:

»Ich empörte mich dagegen und dachte: Welch ein Glück, daß uns das alles nicht mehr gehört! Was sollte ich mit diesem alten Bauernhof oder solchen Sachen anfangen? Ich fand das alles erbärmlich.«

Sie sagte:

»Meine Tanten besaßen ein gutes Haus, was damals viel zu bedeuten hatte. Es war sehr sauber. Ich bin mir dessen nicht bewußt geworden, habe es aber später verstanden. Solange ich dort noch lebte, widerte mich das alles an. Aber wenn ich einen gewissen Sinn für Ordnung, Behaglichkeit, Vollkommenheit in den Dingen, für Schränke voller Wäsche, die gut riecht, und für gut gebohnerte Parketts habe, so verdanke ich dies meinen Tanten.

Bei ihnen gelebt zu haben hat mir jene Solidität verliehen, die man nur bei den Franzosen findet. Dies alles habe ich nicht erlernt, weder aus Romanen noch im Ausland.«

Ihre Romane. Sie sagte:

»Ich fand das alles ärmlich (das Haus der Tanten), denn in meinen Romanen sprach man nur von Sitzpolstern und weißlackierten Möbeln. Am liebsten hätte ich alles weiß lackiert. In einer Nische zu schlafen quälte mich, demütigte mich. Wo ich nur konnte, riß ich Holzstückchen heraus und dachte dabei: Was ist das alles für altes Zeug! Ich habe das aus reiner Boshaftigkeit getan, um Schaden zu stiften. Wenn man an all das denkt, was einem Kind durch den Kopf geht ... Ich wollte mich auch selber umbringen. Ich möchte keine aufziehen. (Sie sagte es wirklich so; sie sagte nicht: Ich habe niemals welche aufziehen wollen.) Oder ich würde ihnen die romantischsten Romane geben. An solche Sachen erinnert man sich am besten. Ich erinnere mich an alle meine Bücher, an melodramatische Sachen, wo sich alles in einer wilden Romantik abspielte. Das gefiel mir, und für mich war es ein Glück, alle diese Bücher gelesen zu haben, denn ich bin in Paris in eine sehr romantische Periode hineingeraten, die der russischen Ballette.«

Ich erinnere mich an alle meine Bücher. Vor allem las sie die Fortsetzungsromane von Pierre Decourcelle, unter anderem der Verfasser von *Deux gosses.* Er versorgte vor allem die Zeitungen *Matin* und *Le Journal.*

Im schönen Haus der Tanten wurden zu einem bestimmten Zeitpunkt, vornehmlich im Frühling, die Schränke geleert; man holte die Wäsche hervor, Stapel von Laken und Servietten, und bügelte auf, was nicht mehr so frisch war. Als Coco davon erzählte, ahmte sie die Bewegungen der Büglerinnen früherer Zeiten nach: Mit den Fingerspitzen nahm sie etwas Wasser aus einer Schüssel, um die Tropfen auf dem Laken, unter dem Eisen, zu verteilen. Sie erinnerte sich auch an die blauen Kügelchen, die man im Spülwasser sich auflösen ließ. Sie sagte dazu: »Jetzt riechen überall die Laken nach Chlor, und da man sie im Ritz jeden Tag wechselt, schlafe ich jeden Abend in Chlor ein.« Und sie seufzte: »Das Leben in der Provinz war prunkvoll.«

Sie sagte:

»Im Haus meiner Tanten war der Tisch immer gut gedeckt, es wurde gut serviert. Die Pächter zahlten keine Pacht, sondern in Naturalien, mindestens eine Hälfte des Pachtzinses. Ganze Schweine wurden auf einer Planke ausgeschlachtet. Mich ekelte das an. Das alles hat bei mir einen Ekel gegenüber dem Essen geweckt. Aber es hat mir auch eine Grundlage gegeben, so daß ich mich niemals mehr über etwas gewundert habe.

Als ich in England in einem Luxus lebte, den man sich nicht mehr vorstellen kann, in dem märchenhaften Luxus der Verschwendung, der es einem erlaubt, auf nichts mehr Wert zu legen, ja also! – da hat mich das keineswegs erstaunt, und zwar wegen dieser Kindheit, die ich in einem guten Haus verbracht habe, wo es alles Notwendige für alle gab und wo man mit dem Essen nicht knauserte. Zu der damaligen Zeit war das etwas ganz Besonderes. Die Mädchen, die bei meinen Tanten arbeiteten, veränderten sich zusehends; sie verwandelten sich innerhalb einiger Wochen, denn sie aßen, bis sie satt waren, magst du noch Fleisch, bitte sehr!

Das Haus war gut gehalten, es gab Dienstboten. Im Winter (immer der Winter!) war es in den Zimmern kalt, aber man hatte alles, was man brauchte, ohne zu geizen. Was mich später in Staunen versetzt hat, war der Serviettenring. Bei meinen Tanten war er unbekannt. Darin besteht im Grunde der Luxus: eine saubere Serviette zu jeder Mahlzeit. Ich ziehe es vor, daß man mir überhaupt keine Serviette gibt, das ist mir lieber, als für mich die Serviette, die ich gerade gebraucht habe, in einem Ring aufzubewahren. Soll man mir eine Papierserviette geben, das ist mir lieber; sie ist noch nicht gebraucht, das finde ich besser. Ich habe den Serviettenring bei Leuten kennengelernt, die von Einfachheit redeten. Eine solche Einfachheit mag ich nicht, ich hole mein Taschentuch hervor, ich kann nicht mehr essen. Ich fühle mich leicht angeekelt. Die Franzosen sind so schmutzig.«

Mit elf Jahren hatte sie ihre Erstkommunion. Sie sagte:

»Ich habe gebeichtet. Für mich war das etwas sehr Ernstes. Ich war überzeugt, der alte Pfarrer im Beichtstuhl wüßte nicht, daß ich es war,

die da zu ihm sprach. Ich ahnte nicht, was ich ihm sagen sollte. Im Lexikon hatte ich das Adjektiv *profan* gefunden, das mir passend zu sein schien. Ich habe zu ihm gesagt:

›Mein Vater, ich bekenne mich schuldig, profane Gedanken gehabt zu haben.‹

Ganz ruhig hat er geantwortet:

›Ich habe dich für weniger dumm als die anderen gehalten.‹

Damit war die Sache für mich beendet. Ende der Beichte. Ich dachte: Er weiß also, daß ich es bin, die zu ihm spricht? Ich war wütend. Ich fand ihn abscheulich. Der Arme! Er hat sich gefragt, wo ich mir das herausgesucht habe: *profan*. Er kam oft zum Essen in unser Haus. Vor meinen Tanten hatte er Angst. Ich sagte zu ihm:

›Sie laden Sie ein, aber sie mögen Sie nicht.‹

›Ich verbiete dir, so zu reden!‹ rief er.

Wir waren sehr gute Freunde. Er tat so, als schimpfte er mich aus:

›Solche Sachen kannst du nicht sagen.‹

Ich antwortete:

›Ich kann alles sagen, was ich will.‹

Bei meiner Erstkommunion wollten meine Tanten, ich sollte zu meinem weißen Kleid ein Häubchen tragen. Das taten auch die kleinen Bauernmädchen; aber ich wollte eine Krone aus Papierrosen haben, die ich wunderbar fand. Vor allem wollte ich kein Häubchen wie die Bauernmädchen. Ich habe gesagt, ich würde nicht zu meiner Kommunion gehen, wenn man mich zwänge, dieses Häubchen zu tragen. Ich sagte:

›Es ist mir völlig gleichgültig, ob ich die Kommunion habe oder nicht.‹

Ich bekam meine Krone aus Papierrosen.«

Die so strengen Tanten hatten also nachgegeben. Fingen sie an, Coco zu lieben?

Hin und wieder zogen predigende Mönche durch das Land, »richtige Mönche mit nackten Füßen und mit einem Strick um den Leib«. Sie ließen sich beim Pfarrer nieder. Nach dem Vesperläuten erzählten sie

den Kindern Geschichten von fernen Ländern. Vor allem sprachen sie von den kleinen Chinesen, die solchen Hunger hatten. Coco sagte:

»Jedes Jahr schickte mir mein Großvater zu Neujahr fünf Francs. Das war mein Geschenk. Aber was kaufen? Ich mochte nur Pfefferminzplätzchen. Für zwei Sous bekam man schon eine Menge. Ich kaufte für einen Franc. Die vier Francs, die mir verblieben, steckte ich in meine Sparbüchse. Aber ich mußte wegen der kleinen Chinesen meine Sparbüchse immer wieder zerschlagen. Das hat mir ganz und gar nicht gefallen! Ich besaß keine der Eigenschaften, die man Kindern zuschreibt. Ich war von der Härte der Menschen betroffen. Wie konnte man von mir verlangen, meine Sparbüchse für die kleinen Chinesen, auf die ich pfiff, zu zerschlagen? Ich war untröstlich.«

Das Geld, die erste Begegnung mit dem Geld.

»Geld hat mir niemals viel bedeutet«, versicherte sie, »die Unabhängigkeit jedoch viel.«

Sie sagte:

»Wenn ich mich ein wenig analysiere, stelle ich sofort fest, daß sich mein Verlangen nach Unabhängigkeit bei mir entwickelt hat, als ich noch ein ganz kleines Mädchen war. Die jungen Dienstmädchen meiner Tanten habe ich viel von Geld reden hören. So sagten sie: ›Sobald wir Geld haben, gehen wir.‹ Diese Mädchen arbeiteten unablässig. Es war faszinierend, sie Schürzen oder Häubchen bügeln zu sehen, alle Schürzen, dann alle Häubchen. So erlernten sie den Beruf des Stubenmädchens. Dazu brauchten sie drei Jahre. Nach drei Jahren gingen sie weg.«

Ich hatte den Eindruck, nun einen Schlüssel zum Kennenlernen der *Grande Mademoiselle* in der Hand zu halten: Um ihre Unabhängigkeit zu erlangen, mußte sie sich ihren Lebensunterhalt verdienen. Noch sehr jung hatte sie es begriffen, während sie sich anhörte, was sich die kleinen Häubchenbüglerinnen zuraunten, arme Bauernmädchen, die

froh waren, eine Stellung in einem guten Haus zu haben, wo sie nach Herzenslust essen konnten und dabei einen Beruf erlernten, der ihnen Freiheiten verhieß: die Freiheit, für sich zu wohnen, ausgehen, vielleicht sogar tanzen gehen zu können, auch zu lieben. Sie legten Geld auf die hohe Kante, um *in die Stadt zu gehen,* sobald sie nur über genügende Ersparnisse verfügten. Dachten sie denn nicht daran zu heiraten? Hatten die meisten von ihnen nicht einen Verlobten in der Heimat? Davon hörte Coco sie nicht reden; sie konnte sich nicht daran erinnern. *Mein Verlangen nach Unabhängigkeit hat sich bei mir entwickelt, als ich noch ein ganz kleines Mädchen war.*

Sie sagte:

»Bis zu sechzehn Jahren habe ich getragen, was die Mädchen meiner Zeit trugen, ein kleines Kostüm. Von da kommt mein Kostüm. Ich hätte dieses Kostüm hassen sollen, und dabei kann ich mich gar nicht anders anziehen.

Jedes Jahr wurde mir im Frühling ein Kostüm aus schwarzem, leichtem Wollstoff gekauft. Schwarz, weil ich in Trauer ging. Außerdem wurden die kleinen Mädchen in der Provinz so angezogen: Entweder war man in einem Kloster und trug die Tracht des Klosters, oder man war ein junges Mädchen, das nicht ins Kloster ging, zu Hause erzogen wurde, und dann trug man ein geköpertes Kostüm.«

Wurde in der Provinz, in der Auvergne, zu jener Zeit wirklich alles so *vorgeschrieben*, verlief alles nur nach Konventionen? Das erschien mir ein bißchen übertrieben, wenn ich Coco es beteuern hörte, aber da sie es nun einmal erzählte ...

Sie sagte:

»Ich wünschte mir ein rosa oder ein himmelblaues Kleid. Die ganze Zeit ging ich in Trauer. Die Bäuerinnen trugen Rosa oder Blau. Ich beneidete sie. Das fand ich hübsch, das gefiel mir weit mehr als das, was ich trug.

Im Sommer gab man mir einen scheußlichen Hut aus italienischem Stroh, ob es nun warm oder kalt war, besetzt mit einem Stück Samt und einer Rose, die über die Krempe herabhing. Das stand mir gar nicht. Ich wußte schon, was mir stand. Im Winter setzte ich so etwas wie eine Glocke auf, sehr hart und mit einer Feder darauf. Man sagte mir, es sei eine Adlerfeder. Ich wußte, daß es eine in Leim getauchte Truthahnfeder war. Man zog hinten ein kleines Gummiband unter den Haaren hindurch, um bei Wind den Hut festzuhalten. Das alles fand ich sehr häßlich. Es war meine Uniform.«

Meine Uniform? Sie sagte:

»Ach! Wenn man mir nur erlaubt hätte, mich nach meinem Geschmack anzuziehen!

Das erste Kleid, das ich mir mit fünfzehn Jahren bestellt habe, erregte Anstoß. Ein violettes Prinzeßkleid, das bis dahin ging (zum Hals), mit einem großen Volant und dazu passenden veilchenblauen Dessous.

Ich war fünfzehn Jahre alt, oder vielleicht sechzehn, aber ich sah aus wie zwölf. Man hatte der Schneiderin erlaubt, mir ein Kleid nach meinen Wünschen zu machen. Meine Tanten haben sich nicht darum gekümmert. Ich habe mir also violetten, anschmiegsamen Stoff ausgesucht. Anschmiegsam an nichts. Die Schneiderin hatte ein kleines Stück Taft mit einem Volant darunter genäht. Veilchenblaue Dessous!«

Das erzählte sie. Das Tonband nahm auf. Ich fand die Geschichte wunderbar, erblickte in ihr den Ursprung einer Berufung und dachte dabei an den Artikel, den ich aus dieser Mitteilung herausschlagen würde: Cocos violettes Kleid, die veilchenblauen Dessous und ein Prinzeßkleid, das sich an nichts anschmiegte.

Sie fuhr fort:

»... Die Idee dieses Kleides war mir gekommen, als ich einen Roman las, dessen Heldin sich so kleidete, und ich fand das reizend, gerade

dieses Veilchenblaue. Meine Heldin trug so etwas auch am Hut. Die Schneiderin aber hatte das nicht. Sie befestigte einen Glyzinienzweig an ihm. Und das alles unter strengster Geheimhaltung. Meine Tanten durften nichts erfahren.«

Diese so strengen Tanten, die sie nicht liebten, ich wiederhole es, weil man es nicht aus den Augen verlieren darf.

Coco sagte:

»An diesem Sonntagmorgen habe ich mich in großer Erregung angezogen, nachdem ich mich sehr gründlich gewaschen hatte. Die Koketterie bestand darin, sehr sauber zu sein.

›Hast du dir die Ohren gut gewaschen?‹

›Ja, Tante.‹

›Hast du dir den Hals gut gewaschen?‹

›Ja, Tante.‹

Ich wusch mir, was ich wollte, man verlangte nicht von mir, mich dabei auszuziehen. Wenn ich mich kräftig rieb, hatte ich eine etwas rosigere Farbe als sonst.

An diesem Tag hatte ich mich sehr gut zurechtgemacht. Meine Tanten erwarteten mich unten an der Treppe. Als ich oben erschien, habe ich nichts weiter als das gehört:

›Coco, geh dich umziehen. Beeil dich. Wir kommen noch zu spät zur Messe.‹«

Arme kleine Coco! Wie hätte sie von diesem Bericht nicht überwältigt sein können? Sie sagte:

»Ich habe begriffen, daß ich ein Opfer war. Das Kleid wurde der Schneiderin zurückgegeben und nicht mehr geändert. Sie hat es mir sehr übelgenommen. Immer wieder hatte ich zu ihr gesagt:

›... doch, doch, meine Tanten sind damit einverstanden.‹

›... auch mit den veilchenblauen Dessous?‹

›... ja, mit allem!‹«

Dennoch, wenn man darüber nachdenkt… Diese beiden schwarzgekleideten Tanten, die es Coco eines schönen Tages ohne weiteres gestatten, sich ein Kleid auszuwählen, während sie seit Jahren stets die gleichen Schülerinnenkostüme getragen hatte.

Und die Schneiderin? Wäre sie von Cocos Wahl bestürzt gewesen, hätte sie sich da nicht an die Tanten gewandt? Wäre sie nicht zu ihnen gegangen, um ihnen Muster zu zeigen? Noch bevor sie den violetten Stoff bestellte? Hätte sie nicht mit den Tanten über das in ihrem Katalog, in ihren Zeitschriften, die sie zweifellos aus Paris erhielt, von Coco ausgesuchte Modell gesprochen?

Coco selber stellte sich diese Fragen, nicht etwa ich, der alles, was sie sagte, widerspruchslos hinnahm. Aber sie, eine Frau, verspürte das Bedürfnis, mich zu überzeugen, mich, der gar nicht zweifelte. Es sei denn, daß es ihr selber seltsam vorkam, sozusagen unglaubhaft. So schmückte sie ihren Bericht mit Einzelheiten aus, die glaubwürdig klangen. Sie sagte:

»Die Kleider waren zu jener Zeit scheußlich, ganz gerade und unten mit einem Volant besetzt. Darunter trug man das, was man als Straßenkehrmaschine bezeichnete. Die Frauen schürzten die Kleider auf. Ich fand das reizend. Genau das hatte mir die Schneiderin angefertigt.«

Ich nehme an, daß eine Frau, die das gehört hätte, was ich zu hören bekam, und die die Mode von 1900 (in großen Zügen) kannte, die Coco, als sie von ihrem ersten Kleid als junges Mädchen sprach, beschrieb, diesen Einzelheiten größere Aufmerksamkeit geschenkt hätte: *Darunter trug man das, was man als Straßenkehrmaschine bezeichnete. Die Frauen schürzten die Kleider auf.*

Kann man sich ein junges Mädchen in einem Dorf in der Auvergne um das Jahr 1898 vorstellen, Coco war damals fünfzehn, das sich bei ihrer Schneiderin und ohne jede Aufsicht ein Kleid bestellte, wie es die Damen der Halbwelt bei den Rennen trugen? Aber warum hätte ich aufhorchen sollen, gerade ich? Ich verstand doch nichts von diesen Kleidern.

Coco sagte:

»Die Reaktion meiner Tanten hat mich nicht zum Lachen gebracht: ›Geh dich umziehen, wir kommen noch zu spät zur Messe.‹ Ich habe geweint. Ich fand sie böse, gemein. Ihre Art und Weise, mich von ihrer Höhe herab anzublicken. Beeil dich, dieses Kleid auszuziehen, Coco. In einer normalen Familie, in der man die Kinder liebt, hätte man gelacht.

Meine Tanten haben überhaupt nicht gelacht. Es war eine Entrüstung, unter der ich gelitten habe. Ich habe nicht mehr gewagt wegzugehen, aus Angst, der Schneiderin zu begegnen. Man hat ihr auch den mit einer Glyzinie geschmückten Hut zurückgegeben.

Man muß schon sagen, daß diese Schneiderin etwas verrückt war. Sie hätte doch verstehen müssen, daß ich nur ein junges Ding war.

Aber welche Enttäuschung für mich! Seitdem ich einen Roman von Pierre Decourcelle gelesen hatte, träumte ich davon.«

Wir kehrten zum Verfasser der *Deux gosses* zurück. Coco sagte:

»Ich habe ihn später, als er schon ein alter Herr war, kennengelernt. Ich habe zu ihm gesagt:

›Ach! Monsieur, Sie haben mir einen sehr traurigen Tag eingetragen, sogar sehr traurige Wochen und sogar Monate voller Schwierigkeiten.‹«

Nachdem Cocos Tanten sie in ihr Zimmer zurückgeschickt hatten, um sich vor der Messe umzuziehen, haben sie ihr gegenüber kein Wort mehr über ihr violettes Kleid fallenlassen. Sie sagte:

»Das Schweigen, in ihm liegt die Unbarmherzigkeit der Provinz.«

3

»Mythos und Wahrheit«

So, jetzt kennt man Cocos Kindheit, von ihr selber erzählt, soviel sie davon behalten hatte und soviel sie davon in der Abenddämmerung ihres Lebens von sich aus darüber erzählen wollte. Alles, was sie geprägt hatte. Wieso hätte ich mir, während ich ihrem Bericht über ihre Vergangenheit lauschte, vorstellen können, daß sie sich ihre eigene Legende schuf?

Man hat andere Geschichten über sie verbreitet, vor allem jene, die Truman Capote wiederaufnahm: Ihr Vater sei Schmied gewesen, nicht etwa in der Auvergne, sondern irgendwo im Baskenland. Ein Reiter hält an der Schmiede: Sein Pferd hat ein Eisen verloren. Kein Glück, der Schmied ist nicht da. Aber was hat das zu besagen – Coco ist da! Sie zündet das Schmiedefeuer wieder an, betätigt den Blasebalg, die Glut wird angefacht, und das Eisen rötet sich. Coco nimmt den Huf des Pferdes zwischen ihre Schenkel.

»Wie schön Sie sind!« sagt der Reiter (es ist niemand anders als der Herzog von Westminster!). Alles Weitere ist unausweichlich. Darüber

hat Coco viel lachen müssen, es war wirklich so absurd. Sie war, als sie dem Herzog 1928 begegnete, fünfundvierzig Jahre alt.

Nach einer anderen Version hätten sich Cocos Tanten um Militärpferde gekümmert, das heißt, das Heer soll ihnen Pferde in schlechtem Zustand anvertraut haben, damit diese sich auf ihren Weiden erholten. Das hatte den Vorteil, eine Erklärung dafür zu liefern, wie Coco über die Militärpferde den glänzenden Reiter Etienne Balsan hatte kennenlernen können, der sie nach Paris mitnehmen und in die Gesellschaft einführen sollte.

Für Louise de Vilmorin, die zusammen mit Coco anfing, ein Leben der Chanel zu schreiben, waren die Tanten die Verwalterinnen eines Landedelmannes oder etwas Ähnlichen, eines Notars, eines landbesitzenden Bürgers.

Kann man diesen Versionen auch nur einen Augenblick lang den geringsten Glauben schenken, während Mademoiselle Chanel selber alles, was man soeben über ihre Kindheit gelesen hat, erzählt hat?

Warum sollte man ihren Bericht in Zweifel ziehen? Ist es nicht der Tonfall der Wahrheit, der hier angeschlagen wird, und sieht man sie nicht genau vor sich, dieses unglückliche kleine Mädchen, vom Vater verraten, von wenig liebevollen Tanten aufgenommen, das nun entgegen allen möglichen Schwierigkeiten versuchte, seine eigene Persönlichkeit zu finden?

Wie bin ich nur auf den Gedanken gekommen, daß Coco Chanel ihre Kindheit *erfand*? Daß sie sich eine Kindheit *erdichtete*?

Dabei war es der Fall.

Gewiß, in ihren vertraulichen Äußerungen klang nicht alles sehr plausibel. Zum Beispiel Cocos Verhältnis zu den Tanten. Man bemerkt da Widersprüche in ihrem Bericht, die Strenge und dann das Übermaß an Vertrauensseligkeit bezüglich des violetten Kleides. Fängt man erst einmal an, etwas anzuzweifeln, werden auch andere Einzelheiten verdächtig. Die Tracht, die den jungen Mädchen, die zu Hause blieben und von dort aus die Schule besuchten, aufgezwungen wurde...

Die Wahrheit? Hier ist sie, außergewöhnlich in ihrer Einfachheit.

Als Cocos Mutter starb, hinterließ sie fünf Kinder. Zwei Jungen und drei Mädchen. Der Vater überließ die beiden Jungen, Alphonse und Lucien, der Fürsorge. Danach begab er sich mit den drei Mädchen,

Julia-Berthe, der ältesten, Coco, der mittleren, und Antoinette, der letzten, deren Geburt den Tod seiner armen, von der Tuberkulose zum Tod verurteilten Frau beschleunigt hatte, zu seiner Mutter nach Vichy.

Und dann geschah das, was man Ehemännern, die verschwinden, nachsagt: »Ich gehe mir Zigaretten holen.«

Man hat ihn niemals wiedergesehen.

Die Tanten und ihr schönes Haus? Das alles hat Coco ebenso erfunden wie die Abreise ihres Vaters nach Amerika. Ich muß zugeben, daß ich, als ich dies entdeckte, mehr als verblüfft war: Ich war bestürzt. Und doch wußte ich, daß Coco nicht zu phantasieren aufhörte. Während der Jahre unserer Freundschaft wurde es mir selbstverständlich *klar,* daß sie sich jeden Tag ein anderes Leben erzählte. Ich habe ein gutes Gedächtnis. Die Einzelheiten waren einer steten Wandlung unterworfen. Sie änderte nach Belieben ihre Erinnerungen. Ich habe schon darauf hingewiesen: Die Penelope ihrer Legende trennte in der Nacht auf, was sie am Tag gewoben hatte. Aber das Motiv dieses Webens? Das Wesentliche? Warum sollte sie sich eine Kindheit erfinden? Eine Jugendzeit? Stellen diese Erinnerungen nicht unser kostbarstes Gut dar? Man schmückt es aus, aber man erfindet es sich nicht.

Cocos Großvater, ein prächtiger Mann, war Savoyarde, ein Chanel ohne »s«, (wie es scheint) aus der Familie des heiligen Pierre-Marie Chanel, den Roger Peyrefitte als Gestalt in seinem Buch »Die Schlüssel von Sankt Peter« verwendet hat. Alles andere als ein Heiliger, ein Wilder; als wandernder Händler durchstreifte er Frankreich und handelte mit dem, was er zufällig bei seinen verschiedenen Aufenthalten zum Verkaufen auftreiben konnte. Das Leben wurde herrlich, sobald er gute Geschäfte gemacht hatte. In der Gegend von Nîmes gewann er das Herz einer Schönheit aus sehr guter Familie, Virginie Fourniers, einer Protestantin, die er heiratete, um sie dann in sein abenteuerliches, unstetes Leben hineinzuziehen. Schließlich ließen sie sich in Vichy in der Bahnhofsgegend nieder. Sie waren glücklich und bekamen einen Haufen Kinder, eine Perlenschnur, die sich über zwanzig Jahre hinzog. Virginie Fournier blieb ihr ganzes Leben lang eine schöne Frau. Coco war ihr Ebenbild, »wie aus dem Gesicht geschnitten«, scheint es.

Man kann sich Großmama Virginie vorstellen, wie sie die drei Töch-

ter ihres Sohnes auf den Armen trug. Ihr eigenes letztes Kind, das Adrienne hieß, war kaum zwei Jahre älter als Coco. Was hätte sie mit den beiden Jungen angefangen, wenn die Fürsorge sie nicht übernommen hätte?

Der eine hieß Alphonse, der andere Lucien. Beide waren jünger als Coco. Als Alphonse 1914 eingezogen wurde, las er in einer Zeitung, daß seine Schwester Gabrielle berühmt wurde! »Ich ziehe in den Krieg«, schrieb er ihr sofort, »und lasse eine Frau und zwei Kinder zu Hause zurück.«

Coco ließ ihm durch ihre Tante Adrienne antworten (sie griff sozusagen niemals zur Feder), daß sich Alphonse keine Sorgen zu machen brauchte:

»Den Deinen wird es an nichts fehlen, und ich werde Dir jede Woche ein Paket schicken.«

Sie entsandte Adrienne und Antoinette, ihre jüngere Schwester, nach Floirac in den Cevennen, wo Alphonses Frau mit einem kleinen Jungen von vier Jahren mit Namen Yvan und einem kleinen Mädchen, das gerade erst geboren war und dem man, um die Beziehungen zu der berühmten Tante zu pflegen, den Vornamen Gabrielle gegeben hatte, lebte.

Coco hätte sich gern sofort Yvans angenommen. »Sie hätte ihn nach England geschickt«, erklärt heute eine andere Gabrielle Chanel, die Tochter von Alphonse, die 1914 in Floirac geboren wurde. »Meine Mutter konnte nicht darauf eingehen. Man gab doch seine Kinder nicht *einfach so* weg! England lag zur damaligen Zeit noch am Ende der Welt.«

Coco hatte eine Schwäche für Alphonse. Jahre hindurch ließ sie ihm zwischen den beiden Kriegen eine Rente von 3000 Francs im Monat auszahlen (der Franc stand damals mit der Mark gleich); das war ein hübsches Stück Geld. Als einziger in der ganzen Gegend, außer dem Abgeordneten und dem Arzt, besaß Alphonse ein Auto. Er führte einen kleinen Tabakladen, in dem er auch Getränke ausschenkte. Lucien wurde böse, als er erfuhr, daß sein Bruder eine solche Rente erhielt; er forderte die gleiche und erhielt sie auch.

Aber Coco sah weder den einen noch den anderen. Wenn sie sich in der Rue Cambon einstellten, befand sie sich auf Reisen.

Wie alt war Coco, als ihre Großmutter sie in das Kloster von Moulins steckte? Man wird es erfahren, sobald man die Archive dieses Nonneninstituts durchstöbert, das seine Insassen in der Weise mischte, daß es zahlende Schülerinnen aufnahm und andere aus Barmherzigkeit. Diese letzteren befanden sich im Verhältnis zu ihren glücklicheren Schicksalsgenossinnen, den Auserwählten des Lebens, in einer niedrigeren Stellung: im Refektorium getrennte Tische, weniger gutes Essen, ein niemals geheizter Schlafsaal und Arbeiten, die den Privilegierten erspart wurden. Nicht zu reden vom Unterricht.

Wer hätte auch für Coco bezahlt? Und dennoch:

»*Ich bin keine Waise!*«

In ihrem dem Tonband anvertrauten Bericht machte sie ihrer Empörung Luft, wenn Besucher ihre (der Phantasie entsprungenen) Tanten fragten: »Schickt der Vater der Kleinen eigentlich noch Geld?«

In Wirklichkeit aber war es das Kloster in Moulins, in dem sie protestierte: »Ich bin nicht wie die anderen, ich nicht!«

Kann man sie nicht vor sich sehen, diese rebellische Kleine, wie sie die Fäuste ballt, den Aufseherinnen trotzt und sich von den anderen im schwarzen Kittel fernhält? Ich habe es schon angedeutet: Niemals sprach sie von einer Freundin aus der Kindheit, niemals habe ich sie den Vornamen einer Gefährtin aus ihren jungen Jahren nennen hören. Auch ihre beiden (falschen) Tanten hatten keine Vornamen.

»Ich – ich habe einen Vater!« rief Coco.

Betrachtete sie ihr Leben, so wollte sie sich davon überzeugen, daß sie ihn ihren Schwestern vorzog:

»Ich war das Kind des Glücks«, versicherte sie.

Warum aber zahlte er nichts für Coco?

»Mein Vater ist in Amerika!« rief Coco.

Warum in Amerika?

Weil man dort sein Glück machte. Arm und gedemütigt ging man weg und kehrte als Milliardär wieder, die Taschen voller Goldkörner, rehabilitiert und siegesbewußt; dann hielt man Gerichtstag, rechnete ab und strafte die Bösen. So spielte es sich zumindest in den Zeitungsromanen ab.

»Mein Vater wird mir ein großes Haus kaufen«, verkündete sie.

Dieser Aufschrei klingt in ihrer Beichte an. Er war den kleinen Mäd-

chen im Waisenhaus zugedacht. Ihnen lieferte Coco auch Einzelheiten über das Vermögen ihrer Mutter, das ihr Vater, vorübergehend verarmt, im Grunde vergeudet hatte. *Wenn Ihr Vater Ihre Mutter nicht zugrunde gerichtet hätte, gehörte Ihnen das alles noch* (die mehr oder weniger baufälligen Bauernhöfe, die die Tanten ihr zeigten). Das Wörtchen *Ihnen*, in diesem Zusammenhang unverständlich, gewinnt seine Bedeutung in bezug auf die anderen, auf die im Waisenhaus, auf die Habenichtse, aus denen sie sich heraushob.

Man kann hundert gegen eins wetten, daß Cocos Vater, der Kaufmann Chanel, Frankreich niemals verlassen hat. Würde die Akte von Mademoiselle Chanel überzeugender wirken, wenn man nach einer hartnäckigen Ermittlung bezüglich seiner Stellung im Personenstandsregister den Beweis dafür erbrächte?

Die Akte. Während meiner Laufbahn als Journalist habe ich stets mit der gleichen Leidenschaft viele Prozesse verfolgt. Es versteht sich von selber, daß ich Mademoiselle Chanel nicht etwa unter der Anklage des Betrugs vor ein Gericht zitiere. Sie hat nicht gelogen. Sie gab Erklärungen für sich ab. So wie Angeklagte Erklärungen abgeben, wenn der Vorsitzende des Gerichts sie verhört. Vor Gericht reitet man auf den widersprüchlichen Äußerungen der Angeklagten herum:

»Sie haben an dem und dem Tag bei dem und dem Verhör das Gegenteil gesagt«, wirft man ihnen vor.

Oder:

»Aber wie haben Sie am selben Tag in Paris und in Fouilly-les-Oies sein können?«

Was antworten die Angeklagten?

»Dennoch verhält es sich so!«

Und sie senken den Kopf, niedergeschlagen darüber, daß man sie so schlecht versteht, und des weiteren untröstlich, daß man sich so wenig Mühe gibt, sie zu verstehen. Die Wahrheit liegt nicht in den Umständen, die man ihnen vorwirft, sondern in ihren widersprüchlichen Äußerungen, im *Warum* ihrer Lügen.

Warum log Coco?

Und zunächst einmal: Log sie wirklich?

»Mein Vater«, sagte sie, »war Weinhändler.« Sie schilderte ihre Umwelt: *Die Familie meines Vaters stammte aus Südfrankreich. Man lebte ziemlich in den Tag hinein. Es wurde mit Wein spekuliert. Wenn die Geschäfte gut gingen, war es das große Glück. Aber ...*

Aber hat sie nicht selber den Schlüssel zu ihren Phantastereien geliefert, als sie in ihrem Bericht den Satz »*meine Familie hat sich im gleichen Jahr wie die von Pierre Reverdy ruiniert*« einschob?

Hat sie sich vielleicht ihre Familie von Pierre Reverdy ausgeliehen? Die Eltern des Dichters waren tatsächlich Weinhändler in Nîmes. Wir werden noch sehen, welche Rolle Reverdy in Cocos Leben gespielt hat. Aber kehren wir zu der Frage zurück: Hat Coco *wirklich* gelogen?

Bei ihren Tanten, so erzählte sie, habe sie stets das gleiche Kostüm getragen, und fügte dann ruhig hinzu: In der Provinz zogen sich alle jungen Mädchen gleich an. *Es war meine Uniform,* hat sie noch gesagt. Für einen aufmerksamen Zuhörer war die Wahrheit kaum umgewandelt. Man befand sich ganz einfach im Kloster, im Waisenhaus. Aber es wurde nicht weiter beachtet.

Zunächst einmal: warum nicht ein Waisenhaus? Die Legende um Coco Chanel hätte nicht darunter gelitten. Was gäbe es Ergreifenderes, als daß die *Grande Mademoiselle,* aus Barmherzigkeit aufgenommen, ihre jungen Jahre in einer der strengsten Klosterschulen verbracht hätte?

Aber um die Jahre 1890 bis 1900 herum war man noch nicht soweit. Wie das Spital war das Waisenhaus für die Armen. Und die Armut, welche Schande, wenn man sich nicht mit Hilfe des Herrn mit seinem Schicksal abfand! Der liebe Gott jener Zeit, die nicht so weit zurückliegt, stand auf der Seite der guten Familien, die man in der Messe sah. Coco wurde von dieser Moral gezeichnet. Das Waisenhaus paßte nicht mehr in ihren Rahmen, wenn es sich darum handelte, es erneut heraufzubeschwören. Wie hätte auch eine Waise bis zum Herzog von Westminster gelangen können?

Sie entsann sich des zurückgelegten Weges nur allzu gut. Um ihn zu vergessen, erhöhte sie übermäßig ihren Ausgangspunkt. Das gute Haus der Tanten wurde zu einem Sprungbrett. Wir werden noch sehen, daß sie sich einige Elemente von ihrer Freundin Misia Sert aus-

lieh. Andere bezog sie aus den Fortsetzungsromanen von Pierre Decourcelle. *Wenn ich Kinder aufzuziehen hätte, würde ich ihnen die romantischste Lektüre geben, an solche Sachen erinnert man sich am besten. Ich erinnere mich an alle meine Bücher.*

Ich habe in einigen Büchern von Pierre Decourcelle die Geschichte des violetten Kleides gesucht. Ich habe nicht alles nachgelesen, das wäre zuviel verlangt. Beim Durchblättern von *Quand on aime* bin ich auf folgenden Absatz gestoßen:

»In einem Pavillon des Parks entkleidet, gehüllt in einen Morgenmantel aus violettem Crêpe de Chine ...«

Es ist zwar nicht das Kleid, aber ein Morgenmantel, und im Morgenmantel Sabine:

»... ihre scharfen Zähne zerbissen ihre Lippen bis aufs Blut; keuchendes Atmen schüttelte ihre Brüste. Wenn er nicht zu dieser Stunde gekommen war, so bedeutete es, daß er nicht kommen würde. War ein solcher Verstoß gegen sein Versprechen möglich? Langsam schlug es vier Uhr.« Das ist die Prosa, die Coco erschütterte und aus der sie in ihrer Kindheit schöpfte.

Die Heldin des Buches *Deux gosses,* Hélène de Montlaur:

»... war eine anbetungswürdige Blondine, fast hätte man sagen können, ein junges Mädchen, so sehr hatten ihre blauen Augen den Ausdruck naiver Unschuld bewahrt, so sehr hatte ihr rosiger Mund die purpurne Frische der Kindheit behalten.«

Dennoch sah sie sich in eine große Verzweiflung gerissen. Unbescholten hatte sie ihrem Gatten einen kleinen, schönen Sohn geschenkt. Aber dann gelangte ihr Gatte am Ende einer phantastischen Folge von Mißverständnissen zu der Überzeugung, er sei hintergangen worden und das Kind sei nicht von ihm. Was tun? fragte er sich in der Tiefe der Nacht, als ... Ein Dieb! Und was für ein Dieb! Ein Grabräuber, ein Leichenschänder. Ramon Montlaur stopfte ihm den Mund.

»›... Jetzt bin ich ertappt!‹ fügte der Elende in seinem Innern hinzu. ›Fünf Jahre habe ich zu erwarten.‹ Dennoch dachte der Elende mit jener furchtbaren Kaltblütigkeit und unglaublichen geistigen Klarheit, die sich die Verbrecher bewahren, während er am Boden lag, wie ein wildes Tier in ein unentwirrbares Netz verfangen, nach und errechnete sich die Chancen seiner Rettung.

›Bestimmt‹, sagte er zu sich, ›will dieser Kerl mich nicht töten. Er hätte es sonst schon getan.‹

Monsieur de Montlaur hielt eine Pistole in der Hand. Auch er überlegte. Er dachte an seine Rache. Entsetzlich! So wie er sie sich wünschte! Allzu grausam? Aber wieso? Hatte man ihn nicht tödlich getroffen?

›Bist du hergekommen, um zu stehlen? Ich werde dir einen Vorschlag machen, der dir mehr einbringen wird als sogar dieser Diebstahl, wäre er dir gelungen.‹

›Ganz zu Ihren Diensten, Bürger, es sei denn, daß Ihr Angebot etwas *Weinbeermus auf der Landstraße* enthält.‹

›Was soll das heißen?‹

›Mir scheint, ich spreche doch französisch?‹

›Nein, es handelt sich nicht um einen Mord‹, antwortete Ramon.

Bei den gräßlichen Worten des Schurken hatte ein Schauer seinen Körper überlaufen.

Aber er faßte sich sofort wieder:

›Ich werde dir ein Kind und Geld übergeben. Du wirst weit von hier weggehen. Du wirst mit ihm verschwinden. Und niemals, hörst du mich, niemals wirst du ihm das Geheimnis dieses Paktes enthüllen.‹

›Ein von der Muttermilch entwöhntes Kind, warum nicht! Eine Erziehung, die Sie mir anvertrauen. Das läßt sich machen. Das Gesetz hat dagegen nichts einzuwenden. Man ist ganz frei in seiner Wahl. Zweifellos wünschen Sie, daß ich ihn ein gutes Handwerk lehre?‹

›Ja, zum Beispiel das deine!‹«

Daß ich den Namen des Einbrechers nicht vergesse: La Limace! Aber folgen wir dem Vater, Ramon de Montlaur:

»Er stand vor Fanfans kleinem Zimmer. Ganz leise, indem er unsäglich vorsichtig den Knauf drehte, trat er ein. Das kleine Kind schlief friedlich. Unter seinem reinen Atem zitterten leicht seine roten Lippen, um die ein Lächeln spielte. Er mußte vom Himmel und von Engeln träumen.

Montlaur nahm ihn in seine Arme.

Darauf erwachte das Kind ein wenig erschreckt. Als es aber den erkannte, der es aufgenommen hatte, wurde es wieder ruhig; und noch tief im Schlaf, den Mund zu einem reizenden kleinen Schmollen verzogen, murmelte es:

›Küß mich, Papa.‹

Dann ließ er seinen blonden Kopf auf Ramons Schulter sinken und schlief wieder ein.

Der letztere sah und hörte nichts. Er wickelte seine Beute in eine Decke und trug sie davon:

›Hier ist das Kind!‹ sagte er mit dumpfer Stimme zu dem Mann, der im Vorzimmer wartete.

›Er ist wirklich süß! Nicht um Ihnen zu schmeicheln, Bürger, aber, auf meine Ehre, er ähnelt Ihnen!‹

›Still!‹ stieß Ramon keuchend hervor.«

Fortsetzung folgt! Das Herz mußte einem im Hals schlagen.

Coco las diese Fortsetzungsromane während der Ferien und träumte das ganze Jahr von ihnen. Ihre Großmutter schnitt sie aus. Alle diese braven Frauen hoben die Fortsetzungsromane ihrer Zeitung auf. Man tauschte sie untereinander aus. Darin bestand die Wanderbibliothek der Armen.

In dem Augenblick, in dem man Cocos Erinnerungen nicht mehr als bare Münze nimmt, zeichnet sich ihre feuilletonistische Seite mit allen ihren Klischees ab: die bösen Tanten, der Kamin, in dem man ganze Bäume verbrannte, der Winter, der kein Ende nahm, die wandernden Mönche, die mit nackten Füßen gingen, und das Geheimnis der Beichte; die Eindrücke verwischen sich zu leeren Formeln.

Wenn Coco so wie ihre ältere Schwester Julia-Berthe mit achtzehn Jahren von einem Bauern ein Kind erwartet oder wenn sie einen Eisenbahner geheiratet hätte wie ihre Tante Julia, bei der sie einen Teil ihrer Ferien in Varennes-sur-Allier verbrachte, oder sie in Moulins Lebensmittelhändlerin geworden wäre, so hätte sie ihre Fortsetzungsromane vergessen, aber in ihrem ungewöhnlichen Schicksal verband sich alles, was ihr an Außerordentlichem begegnete, auf selbstverständliche Weise mit ihren Jugendträumereien, die von Violett, Adelsprädikaten und den von Pierre Decourcelle oder anderen Verfassern von Zeitungsromanen erschaffenen zitternden Frauen genährt wurden.

Wußte sie überhaupt, daß sie phantasierte? Und für wen? Für sich selber? Für die anderen? Die anderen verlangten nichts, wußten nichts.

Eine notwendige Abschweifung.

Coco Chanel war eine Schlafwandlerin.

»Man hat mich heute nacht in den Gängen des Hotels, über das Treppengeländer gebeugt, gefunden«, erzählte sie.

Oder aber:

»Ich bin im Nachthemd im Garten spazierengegangen, es waren zehn Grad Kälte. Ich bin in Schweiß gebadet erwacht, konnte mich nicht mehr rühren. Bevor ich mich wieder zu Bett legte, habe ich, um es schön warm zu haben, meine Mäntel und meine Kleider aufs Bett geworfen.«

Im Verlauf eines Anfalls von Somnambulismus schnitt sie ein Kostüm aus ihrem Bademantel, auf dessen Revers sie eine Gardenie, ihre Lieblingsblume, setzte, die sie mit der Schere aus einem ebenfalls weißen Handtuch herausgeschnitten hatte. Ihr Stubenmädchen im Ritz entdeckte das Meisterwerk, das sie flach auf dem Moketteppich ihres kleinen Salons zwischen ihrem Schlafzimmer und dem Badezimmer sorgfältig ausgebreitet hatte. Währenddessen schlief Mademoiselle Chanel ganz artig mit fest geschlossenen Fäusten in ihrem Bett.

»Ich brauche mehr und mehr Schlaf«, gestand sie.

Zuweilen ließ sie sich das Abendessen im Bett servieren – Haferbrei. »Den liebe ich«, versicherte sie.

Selbst wenn ihre Anfälle von Schlafwandeln weniger spektakulär waren, als Coco sie schilderte, so versetzten sie sie jedoch in Gefahr. Man *verbarrikadierte* sie in ihrem Bett.

Warum nicht einen Arzt um Rat fragen? Die Tochter von Professor Delay, eine gute Freundin von ihr, riet ihr, sich von ihrem Vater psychoanalytisch behandeln zu lassen.

»Werde ich etwa einem Arzt meine Geheimnisse erzählen?« sagte sie mir lachend, nicht ohne einen Anflug von Boshaftigkeit.

Und fügte hinzu:

»... ich, die ich meinem Pfarrer niemals die Wahrheit gesagt habe.«

Sie setzte noch hinzu:

»Freud, was für ein Witz!«

Man muß diesen Satz: *Ich, die ich meinem Pfarrer niemals die Wahrheit gesagt habe,* im Gedächtnis behalten. Mit dieser Warnung wird der Weg der Chanel schon deutlicher.

4

»Ich riskierte die Erziehungsanstalt«

Sie weigerte sich also, Waise und arm zu sein; das war einer Chanel nicht würdig. Aber nach dem Waisenhaus? Wie kann es einem Mädchen, das mit dem Waisenhaus gebrochen hat, gelingen, den »Sprung« nach Paris zu schaffen, um Coco Chanel zu werden? Darin liegt das Geheimnis jener Jahre, die sie aus ihrer Legende strich.

Moulins, Hauptstadt des Departements Allier, am Fluß Allier, 22000 Einwohner, Eisenbahn P.L.M., 313 Kilometer von Paris entfernt. Kunsttischlerei, Hutfabriken, Essigherstellung. Die Heimat von Villars, Lingendes und Théodore de Banville. 1566 ließ Michel de L'Hospital dort die berühmte Verordnung von Moulins über die Reformation des Rechtswesens verkünden.

So stand es in meines Vaters *Larousse für Alle*.

Moulins war auch Kavalleriegarnison. Etwas Schickes! Man sagte: *schick*. Eine sehr alte, sehr schöne Stadt. Die *Geburt Christi* von der Hand des Meisters von Moulins in der Kathedrale. Man ging auf den

Höfen und den alten, zugeschütteten Gräben des Bourbonenschlosses spazieren. Im Schatten des Hauptturms mit Namen Malcoiffée, wo früher bereits Gefangene untergebracht wurden. Auf dem anderen Ufer des Allier, in der Madeleine, lag die Kaserne der Jäger zu Pferd. Das *schicke* Regiment. 1903 beendete einer der Leutnante dort seinen Dienst: Etienne Balsan. Fünfundzwanzig Jahre. Dunkelhaarig, ausgezeichneter Reiter. Er kam gerade aus Algerien. Von der Sonne braun gebrannt, herabhängender Schnurrbart, der Lenkstange eines Fahrrads ähnlich. Schroff wie ein alter Haudegen. Reich. Die Balsans, keine Adligen, waren im gesellschaftlich angesehenen *Bottin,* einem Jahrbuch der Wirtschaft, und in den Listen der eleganten Welt aufgeführt, genauso wie die Abkömmlinge der alten Dynastien und mit dem gleichen Recht wie einige andere, jedoch seltene große Familien des Bürgertums: die Lebaudy, Say und Hennessy. Industrielle, in der Pariser Ingenieurschule oder am Polytechnikum ausgebildet. Der älteste der Familie, der dann nur mit Balsan, ohne Vornamen, unterschrieb, wurde Flieger: Jacques Balsan. Ein anderer Bruder, Robert, wurde Industrieller. Zur Zeit nehmen die Balsan noch immer im feinen *Bottin* mehr Platz ein als viele Familien des Adels; sie fühlen sich dort genauso oder doch fast so zu Hause wie die La Rochefoucauld oder andere. Der *Chef*, der heute mit Balsan, ohne Vornamen, unterzeichnet, erforscht in Zentralasien eine noch unbekannte Wüste. Eine seltene Perle, so sagt er. Sein Vorname: François.

In der Legende von Mademoiselle Chanel stellte Etienne Balsan einen festen Punkt, eine Landmarke dar. Es steht fest, daß er in Moulins im Jahr 1903, als er ihr begegnete, als fescher Leutnant seinen Militärdienst beendete.

Coco stand vor ihrem zwanzigsten Geburtstag.

Was würde man darum geben, Coco mit zwanzig zu sehen!

»Ich bin zwanzig Jahre zu früh geboren«, murmelte sie zuweilen.

Von Zeit zu Zeit tauchen Frauengestalten auf, zwei oder drei auf jedes Jahrhundert, schöne Gesichter, die die anderen in den Schatten stellen und der Schönheit neue Maßstäbe aufzwingen. Mit zwanzig Jahren ahnte Coco nicht, daß sie den Frauen ein neues Gesicht geben würde.

»Ich fand mich von den anderen sehr verschieden«, erklärte sie.

Wie sah sie sich selber?

»Man sagt, ich hätte schwarze Augen.«

Sie zuckte die Achseln:

»Sie sind alles andere, nur nicht schwarz.«

Ich selber sah sie schwarz mit goldenen Pünktchen. Sie fügte noch Violett, Grün und wer weiß was noch hinzu. Sie sprach von ihrem Hals:

»Ich habe einen Hals von phänomenaler Länge. Sehen Sie mal, bis wohin der Nacken reicht. Niemand hat einen so langen Hals wie ich, vor allem auf den Fotos. Beim Essen trage ich immer den Kopf hoch. Ich muß sehr auf meine Wirbel achten. Mein Schweizer Arzt versichert mir, daß sich alles um diese beiden Wirbel herum (die Nackenwirbel) abspielt. Ich massiere mich, ich mache Bewegungen. Sie werden jetzt nichts mehr daran ändern, sagt der Arzt. Das alles ist sehr empfindlich.«

Ihre Figur?

»Ich wiege keine zwei Kilo mehr als mit zwanzig Jahren.«

Zu Truman Capote hatte sie gesagt:

»Schneiden Sie mir den Kopf ab, dann bin ich dreizehn.«

Welches Alter hatte sie mit zwanzig?

Weil Etienne Balsan, der sie mit nach Paris nehmen sollte, seinen Militärdienst in Moulins ableistete, hielt man es für selbstverständlich, sie hätte dort gelebt, dort in Moulins zusammen mit ihrer Tante Adrienne (zwei Jahre älter als sie, man muß es wiederholen), die ein Verhältnis mit einem Kavallerieoffizier hatte.

Wie es heißt, waren sie Schneiderinnen. Ich habe Coco gefragt:

»In Moulins zusammen mit Ihrer Tante Adrienne und Ihrer jüngeren Schwester Antoinette ...«

Sie hörte mich nicht. Als hätte man sie gefragt: Wann sind Sie geboren?

Ich habe sie auch gefragt, wann und unter welchen Umständen sie, wie die Leute im Süden sagen, den »Sprung« nach Paris gemacht hätte.

Sie lachte auf; und im Lachen rief sie abwehrend:

»Ich werde Ihnen doch nicht mein Leben erzählen!«

Ich ließ nicht locker: Doch, unbedingt; erzählen Sie. Sie werden die

Tonbänder behalten. Man muß Ihre Geschichte kennenlernen, sie ist faszinierend. Sie werden sie, wann Sie wollen und mit wem Sie wollen, ins reine schreiben.

Sie sagte: Später, wir werden schon sehen, wir werden es zusammen machen. Ich verzichtete darauf. Ohne recht zu wissen. warum, ahnte ich, daß man bei ihr, in Anbetracht ihrer »Erklärungen« niemals dahin gelangen würde, sie zu verstehen, da sie es ablehnte, sich selber zu ergründen. Denn sich selber gegenüber verbarg sie die Wahrheit. Jede andere hätte diese schmerzliche Wahrheit, die sie veredelte, hingenommen.

Es kam nur selten vor, daß sie ein Ereignis mit einem Datum verband (zumindest während der letzten Jahre ihres Lebens, in denen ich sie kannte). Dennoch begann sie folgendermaßen, als sie von ihrem ersten Abend bei Maxim erzählte: »Es war im Jahr 1913. Ich war ein kleines Mädchen. Man hatte mir erzählt, die Kokotten gingen dorthin.«

Ich habe dieses Datum in aller Naivität (im Mai 1965) zur Kenntnis genommen, ohne mir dessen bewußt zu werden, daß sie 1913 dreißig Jahre alt war. Ich verlor meine Zeit nicht damit, ihre Erinnerungen richtig einzuordnen. Ihre Erinnerungen interessierten mich damals in ihrem Rohzustand und nicht in bezug auf die Chanel-Wahrheit, in die sie ihre offensichtlichen Lügen eintauchte. Um Coco Chanel zu verstehen, muß man jetzt der Lüge jenes Ansehen verleihen, das sie verdient. Ein »kleines Mädchen« im Jahre 1913. Sie war dreißig Jahre alt.

Etwas anderes. Sechs oder sieben Jahre nach unseren Tonbandabenden, in denen sie mir von ihrer Kindheit bei ihren beiden (der Phantasie entsprungenen) Tanten erzählte, sprach sie mir von einer Reise nach Paris zusammen mit ihren Tanten, während sie selber, Coco, erst vierzehn war. Das überraschte mich, weil es so ganz und gar nicht der Vorstellung entsprach, die ich mir von den Tanten gemacht hatte (ich hielt sie damals noch für wirklich).

»Ich war in Francis de Croisset verliebt«, erzählte mir Coco. »Ich hatte sein Foto aus *Fémina* (einer Luxuszeitschrift) ausgeschnitten.«

Während dieser Abendessen mit Mademoiselle Chanel konnte ich

nicht alles behalten, was sie mir sagte, jedoch wenn ihre Mitteilungen Bedeutung gewannen, prägte ich sie meinem Gedächtnis ein, versah sie mit besonderen Merkzeichen, um sie, sobald ich nach Hause kam, wie spät es auch sein mochte, niederzuschreiben. Auf diese Art und Weise habe ich mehr als zweihundertfünfzig Seiten an Erinnerungen angesammelt, die ebenso wortgetreu waren wie die Übertragungen des Tonbandes. Ich nehme es hier so genau, um den Äußerungen, die ich heute ausschließlich meinen Notizen entnehme, ihre Bedeutung zu verleihen (alles erschien mir damals klar und wahrscheinlich).

Also hatten, erzählte sie mir (an jenem Abend im Oktober 66), ihre Tanten sie mit nach Paris genommen und waren mit ihr ins Theater gegangen, wo sie Sarah Bernhardt in der *Kameliendame* sah. Sie sagte: »Ich habe mir die Seele ausgeweint. Die Leute hinter uns haben protestiert: Soll man doch die Kleine rausbringen! Nach der Vorstellung waren meine Augen geschwollen. *Meine* Tante hat zu mir gesagt: ›Den *Aiglon* werden wir uns nicht ansehen, da weinst du nur noch mehr.‹«

Dennoch versicherte sie, Sarah Bernhardt im *Aiglon* gesehen zu haben, auch den großen Schauspieler André Brûlé in einem Stück von Francis de Croisset. Dies alles, was ich meinen Notizen anvertraut hatte, läßt vieles in wenigen Sätzen als unmöglich erscheinen. Wenn sie bei dieser ersten Reise nach Paris vierzehn Jahre alt war, gelangen wir damit ins Jahr 1897. Francis de Croisset debütierte damals. Gab es sein Foto bereits in der *Fémina*? Er machte im *Paon*, den die Comédie Française 1899 mit Cécile Sorel in der Hauptrolle inszenierte, von sich reden. Was die Stücke betrifft, die Coco mit André Brûlé angeblich gesehen hatte, so hat es sich bestimmt um *Arsène Lupin* gehandelt, von Francis de Croisset nach dem Werk von Maurice Leblanc bearbeitet. Das Stück wurde ein Triumph für Lucien Brûlé. Ebenfalls eine Goldmine. Für jede Vorstellung erhielt er 1000 Goldfrancs, und das zu einer Zeit, die eine Einkommensteuer nicht kannte, und gab einen Louisdor (zwanzig Francs) täglich aus, um gut zu leben. Aber das versetzt uns in das Jahr 1908, in dem Coco, um ins Theater zu gehen, ihre Tanten nicht mehr brauchte.

Aber was hat dieses Durcheinander bei den Daten schon zu bedeuten! Im Verlauf der Zeit erschien mir, als ich damit anfing, das Buch zu schreiben, der Übergang von *meinen* Tanten zu *meiner* Tante als das eigentlich Wesentliche. Ich nahm Cocos vertrauliche Mitteilungen wie eine Stenotypistin auf. Wenn mir, während ich auf der Maschine schrieb, die Einzahl, die der Mehrzahl folgte, aufgefallen wäre, hätte ich gedacht: Es hat also nur eine der Tanten Coco ins Theater begleitet. Aber da ich wußte, daß es die *zwei* Tanten nicht gegeben hat, mußte mir klarwerden, daß *die* Tante, die Coco nach Paris mitnahm, Adrienne war, die sehr junge Schwester von Cocos Vater, die mit Coco zusammen bei ihrer Großmutter in Vichy aufwuchs.

Adrienne Chanel war eine Schönheit. Auch sie war durch das Kloster von Moulins gegangen. Ihre Mutter hatte die Absicht, sie mit einem Notar in Brive zu verheiraten. Welches Glück für sie! Sie würde aus der Mittelmäßigkeit emporsteigen und eine Dame werden. Das weiße Hochzeitskleid lag schon bereit.

War es Sommer? Ferienzeit? Nicht alle Schülerinnen des Klosters von Moulins gingen für die Ferien weg. Man behielt jene, mit denen die Eltern nichts anzufangen wußten. Coco sollte diesen Sommer dort verbringen. Sie hatte eine Kusine, Julia Costier, die jünger war als sie; auch Internatsschülerin; ihre Eltern zahlten eine kleine Summe. Papa Costier war Eisenbahner und Dichter, ein reizender Mann, mit seinen Gedanken in den Wolken. Mama Julia, eine Chanel, hatte ein gutes Herz. Als sie ihre Tochter abholen kam, flehte diese sie an:

»Mama, wir müssen auch Coco mitnehmen.«

»Und wen denn noch?« erwiderte die Mutter und zuckte die Achseln.

»Ihre kleine Schwester, Antoinette.«

»Für die ganzen Ferien!« widersprach Mama Costier. »Papa wird wütend sein.«

»Aber nein«, rief das Mädchen flehend.

Um es kurz zu machen: Julia Costier erhielt von der Mutter Oberin die Genehmigung, ihre beiden Nichten Chanel mitzunehmen. Warum auch nicht? Niemand zahlte für sie.

»Ich bin sicher, daß ich Gabrielle nicht wiedersehe«, soll damals die Mutter Oberin gemurmelt haben.

Im Klosterinternat wurde Coco Gabrielle genannt. In der Familie

hieß sie Fifine. Ganz und gar nicht Coco, wie sie es erzählte und durch Beweise erhärtete. Sogar diese Einzelheit war erfunden. Sie sollte erst durch Balsan zu Coco werden, den seine Freunde zum Spaß Rico nannten, weil sich dadurch CocoRico ergab.

Der Eisenbahner Costier besaß ein kleines Haus in Varennes-sur-Allier, nicht weit von Vichy. Dort traf Coco wieder mit Adrienne zusammen. Es ist eine etwas verschwommene, aber schöne Geschichte.

»Ich will den Notar nicht heiraten«, schluchzte Adrienne.

»Gehen wir doch weg!« entschied Coco.

»Aber wohin?«

Wohin konnten die beiden Provinzschönheiten gehen? Nach Paris natürlich, wo sie aller Wahrscheinlichkeit nach die größten Erfolge erwarteten.

In Varennes-sur-Allier war ein Festtag mit Karussells und lustigem Treiben. Adrienne und Coco gingen traurig mit den kleinen Mädchen Antoinette und Julia spazieren. Nicht einen Sou hatten sie für eine Runde auf den Holzpferden oder um sich Süßigkeiten zu kaufen. Und plötzlich eine Art Wunder. Einer der fliegenden Händler rief sie an:

»He! Ihr Mädchen, ihr junges Gemüse...«

Er verkaufte Konfetti. Ein Unfall, der seiner Frau zugestoßen war, zwang ihn, seinen Stand zu verlassen.

»Vertretet mich mal«, schlug er den Mädchen vor.

Nachdem Adrienne und Coco den Stand übernommen hatten, war der Vorrat an Konfetti in kurzer Zeit verbraucht. Er wurde wieder aufgefüllt; wie, soll man mich nicht fragen. Als Adrienne und Coco am Ende des Nachmittags ihre Einnahmen zusammenrechneten, entdeckten sie, daß sie reich genug waren, um den Zug nach Paris zu nehmen.

Selbstverständlich ohne zu Tante Julia davon zu sprechen. Jedoch wurde ein Chanel in das Geheimnis eingeweiht, der jüngste Bruder von Cocos Vater, der seiner Nichte das Geld zusteckte, das er bei sich trug. Und viel Glück. Um nicht den Verdacht Tante Julias zu wecken, warfen sie, bevor sie das Haus verließen, die Kleider, die sie mitnehmen wollten, zum Fenster hinaus. Daraus machten sie zwei Bündel. Einen Koffer hatten sie nicht. Dennoch war Adrienne, die das Geld hatte, der Ansicht, sie könnten nicht dritter Klasse reisen; sie gab es damals noch

und auf manchen Strecken sogar die vierte Klasse. Sie nahm daher Fahrkarten zweiter Klasse.

»Wir werden uns in die erste Klasse setzen!« entschied Coco.

»Aber wenn ...«

»Wir werden schon sehen.«

Der Schaffner ließ sich nicht erweichen und verlangte außer dem zusätzlichen Preis eine kleine Geldstrafe. Vierzig Jahre später konnte sich Coco noch daran erinnern.

»Dabei hatte ich Adrienne gesagt, wir sollten Karten erster Klasse nehmen, so hätten wir uns die Strafe gespart.«

Eine riesige Summe für die beiden Mädchen. Jeder Sou zählte.

Was geschah in Paris? Es bleibt rätselhaft. Wie haben sich Adrienne und Coco durchgeschlagen? Man muß es der Phantasie überlassen, nicht unbedingt der schlimmsten. Man weiß nur, daß diesmal die Expedition nach Paris kein Erfolg war und Adrienne schon bald den Rückweg nach Vichy einschlug, wobei sie Coco mitnahm. Mehr als einmal habe ich Coco murmeln hören:

»Ich riskierte die Erziehungsanstalt.«

Sie sagte es, indem sie auf ein Ereignis in ihrem Leben anspielte, als sie schon seit langem großjährig war, insbesondere in bezug auf ihre Abreise nach Paris mit Etienne Balsan. Was riskierte sie 1903 mit zwanzig Jahren? Wenn diese Angst sie verfolgte, so deshalb, weil weder Tante Julia noch ihre Großmutter ihr Verhalten billigten. Man fand, sie habe den Teufel im Leib. Weit abenteuerlustiger als ihre Komplicin Adrienne. Die beiden steckten immer zusammen. Wie sollte es in Vichy weitergehen?

Der Sommer war noch nicht zu Ende. Es gab Pferderennen, um die Kurgäste zu unterhalten. Was aber sollte man den Kavallerieoffizieren, die aus Moulins herüberkamen, um sich an diesen Rennen zu beteiligen, bieten? In seiner Novelle *Yvette* schildert Maupassant das Leben einer schönen Frau, die, um der Armut zu entgehen (ich wollte kein *Dienstmädchen* werden, erklärte sie später ihrer Tochter), in einem schönen Haus normannische Krautjunker empfängt, Schloßbesitzer aus der Umgebung, die abwechselnd für ihre Bedürfnisse aufkamen. In Vichy schlug sich Maud M... auf diese Weise durch, eine hübsche Person, älter als Coco und Adrienne. Ihr Haus lag in Souvigny.

Bei ihr begegnete Adrienne einem Kavalleristen aus einer ausgezeichneten Familie, mit dem sie mehrere Jahre zusammen lebte, bevor sie den Baron de Nexon kennenlernte. Die sehr schöne Adrienne träumte von Sicherheit. Diese hoffte sie durch den Mann, den sie liebte, zu erlangen. Coco, die von Unabhängigkeit träumte, wußte bereits, daß sie diese nur durch Geld erhalten würde. In ihrer Familie, die sie erschreckte, sagte man von ihr:

»Die da will alles.«

Und man sah für sie das Schlimmste voraus.

Von welchem Alter an machte sie den Ihren zu schaffen? Zum Beispiel der guten Großmutter in Vichy?

Sie sagte dazu: »Mit zwölf Jahren werden die kleinen Mädchen am stärksten von *solchen Sachen* angelockt.«

Was für Sachen? Sie hatte soeben einen Film von Bresson gesehen, *Mouchette,* in dem ein Mädchen von zwölf Jahren von einem alten Mann vergewaltigt wird.

Bresson, der Regisseur, hat die Schwester der ersten Frau von Cocos Neffen geheiratet. Auf diese Weise gab es zwischen ihm und Coco sozusagen verwandtschaftliche Bande:

»Ich habe zu Bresson gesagt: ›Deine Mouchette ist nicht vergewaltigt worden. Sie ist zu dem guten Mann hingegangen, um sich vergewaltigen zu lassen.‹«

Als mir Coco von diesen Äußerungen Bresson gegenüber berichtete, fügte sie hinzu:

»Mit zwölf Jahren sind die Mädchen fürchterlich. Jeder Beliebige kann sie haben, vorausgesetzt, er ist ein bißchen geschickt. Sie befinden sich in einer völligen Umwandlung.«

Was kann man anderes tun als versuchen, die paar Stückchen des Puzzlespiels, über die man verfügt, so gut wie möglich zusammenzusetzen, in der Hoffnung, sich zumindest eine Vorstellung vom Gesamtbild zu machen, wenn man es auch nicht ganz wiederherstellen kann?

Dieses Bruchstück, Cocos Äußerung über die Mädchen von zwölf Jahren, gewinnt offensichtlich an Bedeutung, wenn man sie mit der weiter oben ausgesprochenen Angst verbindet, mit der Angst vor der Erziehungsanstalt.

Die Flucht nach Paris zusammen mit Adrienne muß etwa im Jahr 1899 oder 1900 liegen. Coco war damals also sechzehn oder siebzehn Jahre alt. Was war vorher geschehen? Etwa im Klosterwaisenhaus von Moulins, wo sich die Oberin nur geringe Illusionen über Cocos Keuschheit machte? Oder während der Ferien in Vichy? Schlief Coco mit fünfzehn Jahren jede Nacht in ihrem Bett bei ihrer Großmutter oder bei Tante Julia? Diese Frage kann man nur stellen. Die Fürsorgerinnen befaßten sich damals noch nicht mit schwierigen Mädchen, und wenn eins von ihnen ausbrach, so benachrichtigte die Familie nicht sogleich die Gendarmerie. Dort hätte man ihr geantwortet:

»Nur keine Sorge, liebe Leute, wenn Ihr Gör erst einmal Hunger hat, kommt es zurück.«

Diese guten Gendarmen hätten es gar nicht gern gesehen, wenn man von ihnen verlangte, eine Coco bei einem *Monsieur* aus Vichy zu suchen, einem Kurgast aus Paris, der sich in einem der besseren Hotels niedergelassen hatte, oder womöglich bei einem Edelmann auf dem Land, der dafür bekannt war, sehr junge Mädchen zu mögen.

Seit der Jahrhundertwende hat sich die Einstellung geändert. Zu jener Zeit regte man sich in den Kreisen der Armen nicht sofort auf, wenn ein vermögender junger Mann (oder, richtiger, ein nicht mehr ganz junger) sein Auge auf ein hübsches Mädchen warf, das von seiner Geburt her dazu verurteilt war, einen Bauern oder einen Arbeiter zu heiraten. Man sah in diesen Verbindungen des Geldes mit mädchenhaften Reizen eine Gelegenheit zu sozialem Aufstieg. Es kam vor, daß der Fürst die Hirtin heiratete; es war zwar selten, aber das wußte man. Jedoch brachte er sie häufig genug unter seinem Dach unter und schenkte ihr Schmuck. Falls die Hirtin etwas von ihrer Sache verstand, kam sie mit materiellen Vorteilen aus einer solchen Verbindung heraus. Ein Beispiel dafür: Adrienne.

Coco aber hatte andere Ambitionen. So sagte sie:

»Wenn ich mich ein wenig analysiere, stelle ich sofort fest, daß sich mein Verlangen nach Unabhängigkeit bei mir entwickelt hat, als ich noch ein ganz kleines Mädchen war. Ich hörte die jungen Dienstmädchen meiner Tanten oft von Geld sprechen, und sie sagten: ›Haben wir erst einmal Geld, gehen wir.‹«

Nach allem, was man jetzt über ihre wirkliche Jugend weiß, fällt es einem leicht, diese Bemerkung ins richtige Licht zu rücken.

Im Kloster von Moulins fühlte sich Coco gedemütigt. Da sie nicht zahlte, befand sie sich im Verhältnis zu anderen in einer zweitrangigen Stellung. Getrennte Tische, anderes Essen. Das alles blieb ihr in der Kehle stecken. Um aus den ausgefahrenen Gleisen der Armut wegzukommen, erfand sie einen Vater, der in Amerika sein Glück machte. Die Vorstellung eines rächenden Vaters, eines Rächers, weil er reich war, wurde auf ganz natürliche Weise in ihrem Unterbewußtsein durch die eines reichen Mannes verdrängt. Diese Reaktion scheint von wesentlicher Bedeutung zu sein.

Niemals hat sie die Jugendjahre heraufbeschworen. Man erzählt sich, daß sie sie zusammen mit Adrienne und ihrer jüngeren Schwester Antoinette in Moulins verbracht hat, dieses Trio, das man die drei Grazien nannte, Kleider zuschnitt und nähte, während es bei sich zu Hause die schneidigsten Offiziere des Kavallerieregiments empfing. Dies alles unter Aufsicht der Dame M... In allen Geschichten über Coco, die die Runde machten, finden sich einige Körnchen Wahrheit.

Was hätte man tatsächlich zur Zeit der drei Grazien in Moulins gedacht, wenn sie ein solches Leben geführt hätten? Welches junge Mädchen aus guter Familie hätte sich bei ihnen sein Hochzeitskleid bestellt?

Nach einer anderen Darstellung soll Coco damals Sängerin in einem Tingeltangel gewesen sein. In gewisser Weise der Blaue Engel von Moulins.

»Du weißt ganz genau, daß du in Moulins die Madelon gewesen bist«, schleuderte ihr eines Tages in meiner Anwesenheit ihr »Patenkind« Serge Lifar ins Gesicht.

Sie zuckte mit zusammengepreßten Lippen die Achseln und hatte einen Zug der Verachtung um den Mund.

Mit zwanzig Jahren hatte sie eine sehr hübsche Stimme, die sie gern hören ließ. Vielleicht wäre sie lieber die Callas als Coco Chanel geworden. Ein weiter Weg von dort, ein romantischer Weg bis zu den gemeinen Soldaten, vor denen man den Teller herumgehen läßt: »Für die Künstlerin, meine Herren und Damen!«

Und wenn es wahr wäre? Wenn Coco tatsächlich vor Soldaten oder

Offizieren in Moulins oder in Vichy gesungen hätte? Nichts vermochte sie zu besudeln, denn sie ahnte ihr Schicksal voraus, stand außerhalb. Aber noch mußte sie es in die Wirklichkeit umsetzen und daher nach Paris gehen. Nach Paris zurückkehren. Diesmal nicht ins Blaue. Mit jemand, der Sicherheit bot und auf den sie sich stützen konnte; der ihr zu einem richtigen Start verhelfen würde.

Bei den Jägern zu Pferd von Moulins, bei diesem *schicken* Regiment, löste sich die feine Gesellschaft von Paris Jahr für Jahr ab, Vermögen und Herkunft, das alles mit zwanzig Jahren, Schärpe, weiße Handschuhe, die Abstammung, die Brieftasche, alles sehr reizend und verschimmelt. Es ist ein Recht, das ein wenig in Vergessenheit geraten ist, das Recht zu verschimmeln. Der ist ja schön degeneriert! Das sagte man mit einer gewissen Bewunderung.

Was wollten sie, alle diese schönen jungen Leute? Was verlangten sie von Adrienne? Von Coco? Antoinette, die Kleine, war nicht da, war nicht bei ihrer Schwester. Sie hütete die Kinder eines Hutmachers in Clermont-Ferrand.

Selbstverständlich, die Pariser – und die anderen – wollten alles. Sie verlangten es mit Blumensträußen und völlig ungezwungen, mit der Gewißheit, diese jungen Geschöpfe, die sie auserwählten, mit Glück zu überhäufen.

Ohne sich auf diese Zeit zu beziehen, aber dadurch wird die Äußerung nicht weniger interessant, sagte Coco:

»In mir steckt Widerstand, ich habe es immer verstanden, mich zu verteidigen. Ich mag die Leute nicht, die mich nicht mögen. Ich erkenne sie sofort. Wenn ich jemandem nicht gefalle, weiß ich es augenblicklich; dann gehe ich. Ich kann nicht mit Menschen leben, denen ich nicht gefalle. Ich verlange nicht, daß man mich liebt, das ist ein großes Wort. Auch ich liebe nicht alle Welt. Ich liebe sehr wenige Menschen, in dem Sinn, was man lieben nennt, jemand mit Körper und Seele ergeben sein. So liebt man nur selten.«

So liebte sie auch Etienne Balsan nicht, den sie in Vichy beim Rennen kennenlernte. Er war nicht mehr in der Armee, sondern hatte seine Karriere als Herrenreiter bereits begonnen. Sie sahen ihre Liebhaber auch in Moulins, wo Maud M... über ein Absteigequartier verfügte. Die Dinge fanden also ihre Ordnung und vereinfachten sich dabei.

Vor Balsan? Es bleibt jedem überlassen, die Geschichte dieser Jahre selber zu rekonstruieren. Um die drei Grazien hätte Zola einen Tendenzroman geschrieben: Das Geld, das die Unschuld beschmutzte. Balzac hätte sich für die Dame M... und für Adriennes Geliebten interessiert. Victor Hugo in Antoinette Cosette wiedergefunden. Stendhal hätte Coco verstanden. War sie nicht in ihrer Art so wie Fabrice del Dongo, und dazu ihr Gesicht von einer Reinheit, vor der sogar Heilige verblassen?

Es bleibt einem nichts weiter übrig, als sich solchen Träumereien hinzugeben.

Welches Milieu, dieses Moulins des Jahres 1900! Die Stille, die geschlossenen Fensterläden, die Hohe Messe, die Konzerte der Jäger zu Pferd in den Höfen, die alten, schwarz gekleideten Damen, der Notar im Gehrock, der Bischof, der sich niemals sehen ließ, der alljährliche Empfang in der Präfektur und die Dienstage der Frau Oberst ...

Wie entsetzlich, welche Schande, hätte Coco gesagt, wenn sie davon gesprochen hätte. Kam es vor, daß sie an ihre jungen Jahre in Moulins dachte, wenn sie ihrer eigenen Wahrheit von Angesicht zu Angesicht gegenüberstand? Kam es bei ihr vor, daß sie sich an ein Gesicht erinnerte? An jemand vor Balsan? Welch seltsame Coco Chanel! Entsann sie sich nur deshalb Balsans, weil er sie nach Paris gebracht hatte?

Hatte sie sogleich erraten, daß dieser Mann nicht den anderen ähnelte, daß er zu ihr sagen würde: »Komm mit mir!«?

Noch ein Wort über Moulins: Im Allerheiligsten des Museums, in der Maison Mantin, findet man einen Schatz: die Bibel von Souvigny aus dem zwölften Jahrhundert, die (wie man annimmt) aus einer Werkstatt im Limousin stammt, selbstverständlich von Mönchen hergestellt. Von einer Vollkommenheit, die man (wie es heißt) auf den Konzilien von Konstanz, Basel und Trient prüfte. Das Manuskript ist von einem Einband aus purpurnem Samt geschützt, der mit Emaillearbeiten und ziselierten Bronzebeschlägen geschmückt ist. Dreihundertzweiundneunzig Pergamentblätter, die mit einer Schrift bedeckt sind, noch regelmäßiger als eine Komposition unserer Setzmaschinen, mit blauen, roten und goldenen Initialen oder mit Versalien, die mit Laubwerk, Tieren, Menschen und Szenen verwoben sind, in denen die Geschichte Gottes seit der Schöpfung geschildert wird.

Während der Zeit der Restauration entdeckte man, daß dieses Meisterwerk einem Angestellten des Rathauses als Sitzkissen diente.

Haben Coco oder Etienne Balsan die Bibel von Souvigny gekannt?

Mein Onkel Etienne, sagte sein Neffe, der Forscher François Balsan, von ihm, war »systematisch anti-snob«. Eines schönen Tages sah also Coco diesen Pariser in ihr Leben treten, diesen glänzenden Reiter, Etienne Balsan, der seine Farben (türkisfarbene Bluse, schwarze Mütze) auf den Rennbahnen zum Sieg führte. Eine Naturkraft. Für die Seinen von Skandalen umwittert; im Lauf der Zeit entdeckte man, daß seine Triumphe als Reiter der Familie nützlich waren. Seit Jahrhunderten verkauften die Balsans Stoffe. Bis zum Burenkrieg kleideten sie die englische Polizei in blaues Tuch ein. Aber die Fabrik interessierte Etienne nicht, ein aufsässiger junger Mann, zu Späßen neigend und nicht für irgendwelche Studien zu haben. Man hatte ihn nach England geschickt, damit er in einem College seinen Charakter formte. Er nahm seinen Hund mit und kaufte sich dort zwei Pferde. Man sah ihn bei jedem Jagdreiten, aber nur selten im College. Er gefiel allgemein. Viel zu sehr, nach Ansicht seines Vaters, der ihn zurückrief und ihn bat, sich sofort bei den Afrikanischen Jägern zu verpflichten. Dem Familienvater wurde damals noch gehorcht.

An einem Wintertag, als der Jäger zu Pferd Balsan (Etienne) vor der Kaserne in Constantine mit den Füßen stampfte, um sich warm zu halten, nannte er einen Zivilisten, der seine Uniform kritisierte, einen blassen Zwerg: Es war der Gouverneur. Während er im strengen Arrest fror, erzählte ihm ein Kamerad, daß die Pferde der Schwadron wegen der Kälte aufgesprungene Fesseln hätten.

»Sag deinem Korporal, der es dem Feldwebel weitermelden wird, der es dem Leutnant sagt und der wiederum den Rittmeister benachrichtigt, der seinerseits den Oberst informiert, daß der Reiter Balsan, zur Zeit im Arrest, weiß, wie man die Pferde heilt.«

Das war seine Chance. Von einem Kavallerieunteroffizier begleitet, ging er zu einem Apotheker, um dort ein Wundermittel zusammenbrauen zu lassen, dessen Geheimnis nur die Balsans kennen: ein Liter Bleiessig, ein Liter Öl und ein Liter Wasser.

Drei Tage später saß die Schwadron schon wieder im Sattel, und der Reiter Balsan, aus dem Arrest entlassen, wurde zum Korporal beför-

dert. Während des Weltkriegs diente er in der Luftwaffe bei den Bombern.

Aber die Pferde hatte er im Blut. Die Frauen interessierten ihn auch, aber für sie gab er weniger aus als für seine Pferde, erzählt man sich in seiner Familie und fügt dabei hinzu (glaube es, wer will), daß er Emilienne d'Alençon niemals ausgehalten hat. Sie soll nur eine Schwäche für ihn gehabt haben.

Im Sattel schonte Etienne niemanden, weder seine Pferde noch seine Kameraden. Häufig hatte er Schwierigkeiten mit seinem Gewicht, was ihn in schlechte Laune versetzte.

Systematisch anti-snob. Im Jahr 1900 war das etwas Besonderes. Dieser Balsan hatte ein Herz. Es bedeutete ganz einfach, daß man seinem Mechaniker, wenn man mit ihm zu einem Imbiß zusammenrückte, nicht etwa nur aus Höflichkeit zuhörte, sondern weil man ihn für interessant hielt und einiges von ihm lernen konnte. Das bedeutete auch, daß man nicht von vornherein eine Herzogin hübscher fand als eine Schneiderin. Auch brauchte das Zusammenleben mit einer Herzogin durchaus nicht angenehmer zu sein.

Selbstverständlich hatte Coco es sofort begriffen: Balsan, *systematisch anti-snob*, war Amphitryon, der Sendbote des Schicksals.

Ließ sie sich lange bitten, bevor sie sich ihm gab? Es läßt sich denken, daß sie, durch ihren Instinkt geleitet, augenblicklich Zutrauen zu ihm faßte.

S

Erster Sieg: Die Armut ist gebannt

Coco verläßt Moulins ohne jedes Bedauern. Da ein glänzender Kavalier sie nach Paris entführt, bekommt sie Zutrauen zu ihrer ungewöhnlichen Schönheit. Ihre Vergangenheit fürchtet sie nicht länger und erringt ihren ersten Sieg über Armut und Verlassenheit. Balsan ist feurig, er ist merkwürdig, nicht wie die anderen und der erste ihrer Liebhaber, dessen Namen sie behalten hat. Er bringt sie in seinem Schloß in Royallieu unter. Dort aber sollte sie nicht allein sein: Balsan ist zwar nicht verheiratet, hat jedoch eine ständige Geliebte, Emilienne d'Alençon, eine berühmte Kokotte. Wird Coco für den Schloßherrn die Zweite bleiben?

Bevor Etienne Balsan zu den Afrikanischen Jägern nach Algier ging, spielte er bereits den *gentleman rider*. Schon damals rückte er mit seinen Absichten heraus: Er würde kein untätiger Balsan sein. Er wollte Pferde züchten, was keineswegs unvernünftig war: Die Armee hatte einen riesigen Bedarf. Er dachte auch daran, sie in Rennen laufen zu lassen. Nachdem er den Militärdienst hinter sich gebracht hatte, warf er sich mit aller Energie auf die Pferdezucht. Sein Trainingslager be-

fand sich in Croix-Saint-Ouen in der Nähe von Compiègne. In dieser Gegend kaufte er das Schloß Royallieu. Ein Schloß? Ein fortschrittlicher Mann, ein Vorläufer, hatte dort Hühner in großem Maßstab gezüchtet. Wenn man heute die Leute aus dem Dorf fragt, wo das Schloß liegt, zögern sie: Gibt es denn hierherum ein Schloß?

In sehr alten Zeiten war es eine Burg, La Neuville, zweifellos ein vorgeschobenes Verteidigungswerk für Paris, das den Kapetingerkönigen als Jagdschloß diente. La Neuville wurde zur *Maison du Roy,* als Philippe der Schöne dort Quartier machte. Daher der Name Royallieu. Eine Königin mit Namen Adélaïde verwandelte das Haus in eine Abtei, die jedoch bald zu einer Priorei abstieg. Später wurde daraus ein Gestüt mit riesigen Ställen, die noch immer stehen, in denen es jedoch ganz still ist.

Was war vom königlichen Schloß in der großen, eher banalen Behausung übrig, in der Coco mehrere Jahre verbringen sollte? Zweifellos einige Steine, eingebaut in die von Efeu teilweise bedeckte Fassade. Das Haus hat einen schönen Eingang mit einer Tür aus grobem, durch dicke Nägel verstärktem Holz.

Coco besaß eine Begabung, die Dinge auf einen kurzen Nenner zu bringen. Von Etienne Balsan zeichnete sie mir folgendes Bild:

»Etienne Balsan liebte alte Frauen. Er vergötterte Emilienne d'Alençon. Schönheit, Jugend interessierten ihn nicht. Die Kokotten betete er an, und mit so etwas lebte er und versetzte seine Familie in Empörung. Er war sehr unabhängig. Er besaß einen Rennstall.«

Emilienne d'Alençon war nur einige Jahre älter als Coco und befand sich auf dem Höhepunkt ihrer Schönheit. Bei Cocos Urteil ist jedoch nicht so sehr ihre Unehrlichkeit verblüffend (für sie gibt es eine Erklärung, sie ist eigentlich selbstverständlich), sondern der Umstand, daß sich nicht das geringste Anzeichen einer Auflehnung feststellen läßt. Nicht einen Augenblick lang hat das kleine Mädchen aus Moulins

daran gedacht, die Rechte der *anderen* anzufechten, zu der Etienne Balsan in Paris zurückkehrt und die er bei sich in Royallieu als rechtmäßige Geliebte und Herrin des Hauses einsetzt. Sie ist *häßlich*, zetert Coco. Aber sie fügt sich. Warum? Weil die gute kleine Coco an nichts anderes denkt als an das Glück des Mannes, den sie liebt?

Zugegeben, sie befand sich in einer sehr seltsamen Situation. Keineswegs unerwartet. Als sie Moulins verließ, wußte sie, was ihrer harrte. Sonst wäre sie, daran ist nicht zu zweifeln, wieder gegangen, hätte sie den Platz von einer anderen besetzt vorgefunden. Sie war also bereit zu ... Bereit wozu? Mit einer anderen zu teilen?

Was aber war mit der *anderen*? Mit Emilienne d'Alençon? War sie etwa bereit, in *ihrem* Haus eine Rivalin hinzunehmen? Sie hatte Interessen zu verteidigen! Wie haben sich diese Dinge eingespielt? Was für eine Jugend für Coco! Ebenso wie die Heldinnen aus ihren Fortsetzungsromanen geriet sie, offenbar ohne die geringste Mühe, von einer unentwirrbaren Situation in die andere. Sie paßte sich allem an.

Die heutigen Balsans sind der Ansicht, daß Coco Onkel Etienne durch ihren Witz und ihr freches Benehmen, das ihn zum Lachen brachte, »amüsierte«. Sie war für ihn eine »kameradschaftliche Geliebte«, während er für sie, die »charmante Kleine aus der Provinz«, ein »origineller, verführerischer Liebhaber« war. Von einer Generation zur anderen weitergegeben, lassen diese Wertungen die schwierigen Bedingungen ahnen, unter denen Coco ihre ersten Schritte in die »Gesellschaft« machte.

Von Anfang an wußte sie, daß sie nicht als Herrin in Royallieu herrschen würde. Was hatte sie versprochen? Sich ganz klein zu machen?

Man hat behauptet, daß Coco in Royallieu zu Anfang mit den Dienstboten in der Gesindestube aß. Sollte dies zutreffen, würde es Mademoiselle Chanel in keiner Weise schaden, ganz im Gegenteil. Man könnte ihr höchstens vorwerfen, eine so bestürzende Wahrheit verheimlicht zu haben.

Von seiten der Balsans wird diese Version heftig in Abrede gestellt. Es kam vor, daß Etienne Freunde aus seinen Kreisen (so sagte man damals noch) empfing, von denen einige, so Edouard Barante, mit ihren Frauen kamen. Wie es scheint, zog sich Coco dann aus sehr offenkundigen Gründen zurück. Eine Einzelheit, die das Geheimnis in

den Beziehungen der drei keineswegs aufhellt. Etienne Balsan muß es nicht an Energie gefehlt haben, um sein Gespann am Zügel zu halten, zwei Geschöpfe, von denen das eine so schwierig war wie das andere.

Er war ein großzügiger, sympathischer Mann, überschäumend vor Lebenskraft und Tatendrang, der in der Unordnung seiner Gefühlswelt durchaus zufrieden war und seine Freiheit über alles liebte. Zweifellos hat er gerade dadurch die beiden Frauen in Schach gehalten: Wenn es euch nicht paßt...! Er hat die Drohung nicht ausgesprochen, das war nicht nötig, sie verriet sich in seinem Gesicht, und er vermittelte sie durch sein Lächeln, seine Fröhlichkeit und seine Dynamik. Man soll keine Zeit mit den (lieben) Frauen verlieren! Ein Mann von einem Schlag, der ausstirbt. Hervorragender Reiter, dem es immer wieder gelang, allein durch die Kraft seiner Schenkel ein mittelmäßiges Pferd zum Sieg zu führen. Stets galoppierte er mit einem geschlossenen Auge, um es in Reserve zu haben, wie er es erklärte, für den Fall, daß das andere Auge durch einen Schlammspritzer ins Gesicht geblendet würde. Man fürchtete ihn, wenn er zu einem Rennen in den Sattel stieg. Den Jockeis gegenüber kannte er keine Gnade.

Für seine Neffen, die jungen Balsans, war er ein Gott; er faszinierte sie. Wenn sie sagten: Onkel Etienne würde dies tun, würde jenes lassen, so war damit alles gesagt. Die anderen, die von der älteren Generation, zeigten sich selbstverständlich etwas zurückhaltender. Nichts kann uns hindern, uns für einige Augenblicke an ihre Stelle zu versetzen, nur so lange, um sich vorzustellen, was sie antworteten, wenn man sie nach Etienne fragte, wobei sie alles mögliche, was unausgesprochen geblieben war, argwöhnten. Es kam in dieser feinen Gesellschaft nicht alle Tage vor, daß ein junger, sehr begabter Mann wie Etienne Balsan mit Emilienne d'Alençon, einer anerkannten Kokotte, an seinem rechten Arm und an seinem linken mit einem jungen Mädchen, dem man keine fünfzehn Jahre gab, lebte. Und wie alt war Etienne? Mit fünfundzwanzig Jahren war man bestimmt schon ein Mann, aber was mußte man von einem solchen Mann erwarten, wenn er bereits mit fünfundzwanzig ganz Paris in Empörung versetzte! Coco sagte hin und wieder:

»Alle sprachen von mir, ich wußte nichts davon, hätte ich es gewußt, wäre ich unter einen Tisch gekrochen.«

Fast niemals ging sie nach Paris, noch nicht; während der ersten Jahre blieb sie in Compiègne; sie verbrachte den größten Teil ihrer Zeit in Croix-Saint-Ouen mit den Trainern, mit den Jockeis, dort, wo sich Emilienne, die den Luxus liebte, nicht zeigte, um sich nicht die Schuhe zu beschmutzen. Dort hatte sie Etienne für sich allein. Sie liebte die Pferde, da er sie liebte. Sie hat sich stets, wie wir noch sehen werden, für das begeistert, was *den Mann* begeisterte, ihn, den sie eine Zeitlang begleitete. Es läßt sich vorstellen, daß sie ihre jungenhaften Posen übertrieb, dieses Benehmen eines *jungen Mannes* (nicht das eines jungen Mädchens). Sie sagte:

»Ich sah aus wie keine andere. Nichts stand mir so gut wie mein kleines Internatskostüm, das alle zum Lachen brachte. Kleider standen mir nicht, und ich pfiff darauf.«

Ihre ungewöhnliche Schönheit brachte ihr lange Blicke und zuweilen seltsame Komplimente ein. Sie sagte:

»Man fand, ich hätte etwas Edles an mir. Man hat zu mir gesagt, ich hätte etwas von einem Kalmücken.

Kalmücke? Ich habe in einem Lexikon nachgeschlagen. Kalmücke: russischer Stamm. Russischer Stamm? Ich habe gedacht: Man hat dich nicht hübsch gefunden. Darauf habe ich mir meinen Vers gemacht.«

Darauf habe ich mir meinen Vers gemacht! Wirklich? Sie erzählte:

»Wenn man mir eine sehr hübsche Frau zeigte, sagte ich: Ich finde sie nicht hübsch. Warum finden Sie sie hübsch? Was hat sie denn?«

Mit wem dieses Wortgeplänkel? Mit einem Stallburschen? Einem Jockei? Bezüglich einer Besucherin im Schloß? Sie sagte:

»Ich war allen diesen Damen gegenüber sehr hart, insbesondere diesen Frauen aus der großen Gesellschaft, die ich gemein fand. Aber die Kokotten mit ihren allzu großen Hüten fand ich reizend, sosehr geschminkt sie auch waren. Sie waren so verführerisch! Sie entsprachen

meinen Romanen. Die Kokotten und das Milieu, in dem sie lebten, das waren meine Romane. Während die anständigen Leute in meinen Augen nichts entsprachen. Doch, meinen Tanten! (Sie hatten ein schweres Leben.)«

Sie sagte:

»Als ich in Paris ankam, mußte ich alles erst lernen. Ich war noch niemals in einem Wagen mit Gummirädern gefahren. Ich war schon in Automobilen gefahren, die Hartgummireifen hatten. Wie häßlich sie waren! Und der arme Kutscher, der so etwas lenkte, saß vorn, sehr hoch oben. Ich hatte Angst, er könnte herunterfallen. Es gab dabei soviel Staub, man mußte solches *Zeug* anziehen, das gefiel mir nicht, das war häßlich. Dennoch erweiterte es meinen Horizont. Ich sagte mir: Wenn das Leben so weitergeht, wird man etwas anderes erfinden, das wird besser sein, und du wirst davon profitieren.«

Sie mußte alles erst lernen, zum Beispiel auch Austern zu mögen, die sie anekelten. Sie hatte als kleines Mädchen mit ihrer Schwester Antoinette Ferien in der Gegend von Arcachon verbracht. Wie alt war sie da? Man schickte sie hin, um die gute Luft der Kiefernwälder einzuatmen, um ihre Bronchien zu stärken. Coco sagte:

»Wir wohnten nicht im Hotel, wir gingen zu sehr einfachen Leuten. Er säuberte Austern in einem Aufzuchtbecken. Jeden Morgen begleitete ich ihn in seiner Barkasse. Er machte eine Auster für mich zurecht, öffnete sie, säuberte sie, schnitt den Bart ab und reichte sie mir. Puh! Das habe ich ausgespuckt!«

Die, die man ihr in Paris servierte, konnte sie nicht ausspucken. Wenn sie mit Etienne Balsan hinfuhr, wohnte sie im Ritz. Um sich an die Austern zu gewöhnen, ließ sie welche auf ihr Zimmer kommen. Sie sagte:

»Ich lud das Zimmermädchen ein, sie zusammen mit mir zu essen. Sie wollte keine. Ich sagte zu ihr: Hör zu, gib dir Mühe, du bist jung,

du bist hübsch, eines Tages wirst du vielleicht Austern essen müssen, dann wirst du ...«

Ich sehe sie vor mir, mit offenem Mund über ihren unterbrochenen Satz nachdenkend. Aller Wahrscheinlichkeit nach hatte sie zum Zimmermädchen sagen wollen: Da du hübsch bist, wird man dich eines Tages ins Maxim oder woanders ausführen, um Austern zu essen. Ebenso wie mich! Du wirst einen reichen Liebhaber finden! Ebenso wie ich! Sei also darauf vorbereitet, die Schwierigkeit mit den Austern zu überwinden. Wie ich es mache. Man muß wissen, was man will, meine Kleine.

Genau das wird sie gesagt haben, die Worte drängten über ihre Lippen, aber in ihrer inneren Festung wurde, als bestürzende Wahrheiten aus vergessenen Winkeln emporstiegen, im letzten Augenblick ein Alarmsignal ausgelöst. Sie holte sie wieder zurück, stopfte sie in das Loch und fuhr fort:

»... Dann wirst du einen netten Ehemann finden, der dir eine Freude machen möchte, indem er dir Austern bringt, und die sind teuer.«

Sie sagte:

»Als ich in Paris ankam, hatte ich das große Glück, mitten in das eleganteste Milieu zu geraten. Im übrigen habe ich es nicht gewußt. Anfänglich habe ich, um bei der Wahrheit zu bleiben, alle häßlich gefunden. Auf jeden Fall empfand ich sie nicht als etwas Besonderes. Bis auf meinen Vater und einige Bauern, die Männer auf dem Lande, den Pfarrer, den Notar und den Bürgermeister habe ich keine Männer gekannt. Ich kam also sehr *aufnahmefähig*, aber ängstlich nach Paris. Ich dachte, alle Männer in Paris wären so wie die, die ich kannte. Ich ahnte nicht, daß es reiche junge Leute waren, die sich alle Frauen als Ehemänner für ihre Töchter oder als Geliebte für sich selber wünschten.«

Sie sagte:

»Ich fühlte mich verloren. Was konnte ich tun?«

Wie sollte sie sich zunächst einmal Etienne Balsan und seinen Freunden gegenüber verhalten, sie alle Pferdenarren, Anglomanen, elegante, reiche Leute, Polospieler, charmant und zynisch, die von Menschen sprachen, von denen Coco nichts wußte, sich geheimnisvolle Formeln zuriefen, mit einem Ausdruck, als wären sie der Ansicht, alle Welt müsse sie verstehen. Und dabei lachten sie über Scherze, die noch geheimnisvoller waren. Lachten auch über Coco. Sie war so komisch.

»Ich fand mich so ganz anders als die anderen«, erklärte sie.

Das machte ihren Charme aus. Sie war aufreizend, redete niemand nach dem Munde, ritt sehr gut und war immer da, wenn man sich ihre Anwesenheit wünschte oder sie brauchte. Trotzdem muß Mademoiselle Chanel, wenn sie fünfzig Jahre, sechzig Jahre später, als die Rede auf Etienne Balsan kam, murmelte: »Die Schönheit und die Jugend interessierten ihn nicht ...«, damals einiges heruntergewürgt haben.

Sie sagte:

»Vor allem wollte ich nicht als ein kleines Mädchen aus der Provinz angesehen werden. Ich log, damit man mich ernst nahm. Ich identifizierte mich mit den Heldinnen aus meinen Romanen. Pierre Decourcelle schrieb viele Fortsetzungsromane, die mir von großem Nutzen waren. Um mich nicht so zu zeigen, wie ich war, wurde ich zu einer seiner Heldinnen.«

Sie hatte nicht, wie Colettes Gigi, diese zwei Tanten aus der besseren Halbwelt, die ihre Erziehung übernahmen. Alles mußte sie selber lernen. Man kann sich vorstellen, daß ihr Emilienne d'Alençon nach besten Kräften half.

»Ich habe zu jener Zeit nur einen einzigen ernsthaften Menschen kennengelernt, Emilienne d'Alençon«, erzählte sie mir.

In einer reizenden, zum fünfzigjährigen Jubiläum von Maxim verfaßten Schrift hat Jean Cocteau dieses Bild Emilienne d'Alençons gezeichnet:

»... Sie ist ein tüchtiges Mädchen. Blond und die Nase in der Luft, lachende Augen, sie benimmt sich auch nicht wie ihre Gefährtinnen (die Kokotten). Nach den großen Tragödinnen des Maxim tritt die Komödiantin auf, eine Jeanne Granier der Liebschaft, eine Kameradin der Jockeis und der Gigolos. Sie hat Grübchen und bleibt zwischen den Tischen stehen. Sie drückt Hände. Sie stellt Fragen. Sie antwortet, aber die Emilienne, die Sie sehen, gehört nicht mehr unserer Epoche an, Ihre Gesichter führen sie irre. Sie ist ein wenig verwundert und fragt sich, ob sie sich nicht im Restaurant geirrt hat. Sie hebt ihre arglosen Augen. Sie erkennt die Kupferschilder, die Arabesken aus Mahagoni. Sie versteht nicht.«

Den Fürsten von Sagan verstand sie sehr gut, der zu ihr sagte:

»Es gibt gewisse körperliche Gefälligkeiten, die ich mir Frauen gegenüber niemals erlauben würde.«

»Ach, mein Fürst, damit bereiten Sie sich ein sehr trauriges Alter!« antwortete sie ihm.

»*Eine Alte*«, wiederholte Coco. »Etienne Balsan liebte nur die Alten. Von mir hat er nichts verstanden. Trotzdem, als ich wegging ...«

Während ihrer ersten Auftritte in Paris und in der kleinen Welt Balsans in Compiègne bediente sich Coco, wenn sie sich als Heldin von Pierre Decourcelle verkleidete, gegenüber den Snobs, gegenüber allen, die sie *ängstigten*, einer anderen Verteidigungswaffe als der Lüge: der Waffe aller Schüchternen, der Aggressivität.

So sagte sie:

»Man erzählte mir von einer Schönheit der damaligen Zeit, Pauline de Saint-Sauveur. Ich habe sie zum Tee eingeladen. Sie wollte mich kennenlernen. Ich hatte behalten, daß man Leute zum Tee einladen mußte. Hinterher hat man mich gefragt, wie ich sie fände.

›Scheußlich!‹

›Wieso scheußlich?‹

Man lachte. Ich habe gesagt:

›Sie sieht so böse aus, hart. Nicht sauber. Sie hat Reispuder in ihren Haaren. Wozu alle diese Haare? Ihr Profil ist so hart!‹

Sie war dreißig Jahre alt. Es war genau der Frauentyp, den ich auch weiterhin scheußlich finde, angemalt, viele Falten, hart wie ein Fels. Ach, sie haben mir so einiges beigebracht, diese Menschen!«

Man kann sich diesen Aufschrei merken: *Ach, sie haben mir so einiges beigebracht, diese Menschen!* Es war eine Kriegserklärung. Und *diese Menschen* lachten schallend auf:

»Hast du gehört, was Coco von Pauline gesagt hat?«

»Was denn?«

»Daß sie häßlich ist!«

»Das ist doch nicht wahr?«

»Sie findet sie schmutzig!«

»Nein!«

Es verschlug ihnen den Atem.

»Kannst du dir die Frechheit dieser Göre vorstellen?«

Unausgesprochen blieb: Da holt man sie aus ihrem Dorf heraus, und nichts beeindruckt sie, alles findet sie häßlich und schmutzig. In ihrem tiefsten Innern mußte sich Coco fragen:

»Warum lachen sie eigentlich über all die abscheulichen Dinge, die ich von mir gebe, nur um mir Mut zu machen?«

Sie sagte:

»Ich war ein kleines Mädchen, dem alles Angst einjagte. Eine Kleine aus der Provinz, die nichts verstand, die von nichts etwas wußte.«

Sie stellte fest, daß sich die Aggressivität bezahlt machte. Sie hielt Augen und Ohren offen. Noch redete sie nicht in Monologen. Sie mußte feststellen, daß die richtigen Pariser viel Lärm um nichts machten, ihre Selbstsicherheit nur oberflächlich war und wenig dazu gehörte, um sie zu verwirren oder ihren Schutzwall zu durchstoßen.

»›In Paris Erfolg zu haben ist nicht schwierig‹, hat Cocteau bei der Befreiung zu mir gesagt, ›das Schwierige liegt darin, durchzuhalten‹. Ich tanze *ihnen* immerhin schon seit zwanzig Jahren auf der Nase herum.«

Ihnen? Cocteau sprach von den gleichen Leuten wie Coco, als sie seufzend erklärte: »Ach! *Die* sind ganz schön mit mir umgesprungen.«

Von Coco sagte Jean Cocteau:

»Sie ist furchtbar, sie ist ein Richter. Sie sieht dich an, und sie neigt den Kopf. Sie lächelt. Damit hat sie dich zum Tod verurteilt.«

Mit ihren zwanzig Jahren konnte Coco in Compiègne oder in Paris nicht viel Zeit darauf verwenden, die Männer oder die Frauen, von denen sie abhängig war, genauer ins Auge zu fassen. Und in erster Linie *diese reichen jungen Leute, die sich alle Frauen als Ehemänner für ihre Töchter oder als Geliebte für sich selber wünschten ...*

Darf man vergessen, daß Coco mit sechs oder sieben Jahren von dem Mann, den sie liebte, von ihrem Vater, der ihr alles mögliche erzählte, während er im Begriff stand, sie zu verlassen, *betrogen* wurde? Oder der sich vielleicht nicht einmal die Mühe gegeben hat, ihr alles mögliche zu erzählen? Der weggegangen, ganz einfach verschwunden ist?

So etwas konnte sich wiederholen. Balsan konnte weggehen oder sie zurückschicken. Nichts verband sie.

Wenn ihr Vater, der erste Mann in ihrem Leben, sie verlassen hatte, warum nicht auch Balsan?

Ich komme wieder, wir werden ein anderes Haus haben, ein großes Haus ...

Sie hatte ihrem Vater geglaubt. Die Lüge in seinem Blick hatte sie nicht erkannt, hatte nicht auf das Zittern seiner Stimme geachtet. Und dann... Die Verlassenheit, der Verrat. Das Waisenhaus. Die Demütigung. Das Elend. Seitdem war sie Männern gegenüber mißtrauisch. Sie war es instinktiv, es lag nun in ihrem Blut. Wenn man zu ihr sprach, wie ihr Vater zu ihr gesprochen hatte, wenn man ihr Geschichten erzählte, wie ihr Vater es getan hatte – oh, sie lehnte sich nicht dagegen auf, sie hielt sich auch nicht die Ohren zu... Mißtrauen! *Sie sieht dich an, sie bildet sich ein Urteil.* Cocteau hatte recht und unrecht zugleich. Sie urteilte nicht von der Höhe ihrer Überlegenheit herab, sie fragte sich selber in der Tiefe ihrer Verlassenheit: Welchen Schaden kann mir dieser da zufügen?

Und welchen Schaden kann mir *diese da* zufügen? Wenn ihr nur ein Blick genügte, um einen Mann zu beurteilen und zu bewerten, so gab sie sich bei den Frauen nicht einmal die Mühe, sie anzusehen. Sie rich-

tete sie hin, ohne ihnen auch nur die kleinste Gerichtsverhandlung zuzubilligen. So sagte sie:

»Alle diese Frauen (die Kokotten und die anderen) waren schlecht angezogen. Sie steckten in den engen Hüllen von Parabère, die Brust hochgequetscht, der Hintern herausgearbeitet und in der Taille eingeschnürt, daß es sie in zwei Hälften zerschnitt. Sie trugen Toiletten. Die Frauen vom Theater und die Kokotten bestimmten die Mode, und die armen Damen aus der Gesellschaft folgten ihnen mit Vögeln in den Haaren, mit falschen Haaren überall und mit Kleidern, die auf dem Boden schleiften, um den Dreck einzusammeln.«

Und wie zog sie sich nun selber an?

»Wie eine Schülerin. Ich konnte mich nicht anders anziehen. Mit achtzehn sah ich aus wie fünfzehn.«

Kleidete sie sich aus Berechnung so? Ich kenne einen jungen Mann (und es kann sich bei ihm nicht um einen Ausnahmefall handeln), der mit achtzehn Jahren, weil er arm war, vorgab, seiner Kleidung nicht die geringste Bedeutung einzuräumen, und doch weiß ich, daß er nur davon träumte, sich nach der letzten Mode anzuziehen. In bezug auf die Kokotten, die die Mode so wichtig nahmen, sagte Coco in einer wehmütigen Anwandlung:

»Ich fand die Kokotten gar nicht so übel. Ich fand sie sehr hübsch mit ihren Hüten, die breiter waren als ihre Schultern, mit ihren riesigen Augen, sehr geschminkt. Sie sahen großartig aus. Ich bewunderte sie weit mehr als die Damen der Gesellschaft. Sie waren sauber und gepflegt. Die anderen waren schmutzig.

Ich erinnere mich gut an die schöne, sehr elegante Marthe Letellier, die in einem Kleid aus weißem Leinen, unten mit einem Pelzbesatz, um den Staub der Alleen von Longchamp besser auffegen zu können, spazierenging. Ich betrachtete sie mit großem Erstaunen. Ich bewunderte sie. Ich selber konnte nicht mit hohen Absätzen gehen. Ich trug flache Absätze, die damals etwas ganz Entsetzliches waren. Mit hohen Absätzen wäre ich hingefallen.« Und sie fügte hinzu: »Ich kann noch immer nicht mit hohen Absätzen gehen.«

Wenn man sich diese Berichte über Marthe Letellier oder Pauline de Saint-Sauveur anhört, wird einem klar, daß Coco Etienne Balsan nicht gefolgt war, um den Rest ihres Lebens in der Umgebung der Ställe von Royallieu und der der Rennbahnen des Trainingslagers zu verbringen, das heißt also, um einen Jockei oder einen Trainer zu heiraten. Sie sagte:

»Man kann sich nicht vorstellen, wie sehr sich dieses kleine Mädchen, das ich war, langweilte! Ich langweilte mich zum Sterben! Ich wußte nicht, was ich mit meinen Tagen anfangen sollte.«

Sie lachte, sie lachte viel, und doch hatte sie keine Zeit zum Lachen. Sie konnte nicht so sorglos sein wie ein Balsan. Jeder Tag, der in Royallieu verstrich, verschärfte ihre Probleme: Was wird aus mir? Sie besaß als Kapital nur ihre Schönheit und ihre Jugend. Gewiß! So etwas schmolz nicht dahin, sie konnte noch einige Zeit darüber verfügen.

»Was beunruhigt dich?«

Es läßt sich vorstellen, daß Balsan ihr zuweilen diese Frage stellte, wenn sie von der Zukunft sprach und stets wiederholte, sie wollte etwas unternehmen. Für ihn gab es keine Probleme. Das Geld sicherte ihm ewige Sorglosigkeit. Was er auch tat, um es zu vergeuden (und das war bei ihm nicht der Fall, er verstand es sehr gut, mit seinen Pferden sein Kapital festzuhalten), so brauchte er sich doch niemals wegen seiner Zukunft den Kopf zu zerbrechen. Aber Coco?

Man kann davon ausgehen, daß sie mit Adrienne, ihrer jungen Tante, in Verbindung blieb. Und sie hatte Erfolg! Wir werden heiraten, versprach ihr Nexon. Dabei handelte es sich nicht um eine leere Versprechung, denn sie sollte am Ende die Baronin de Nexon werden. Aber was ist mit mir? dachte Coco. Etienne Balsan versprach ihr nicht die Ehe. Auf jeden Fall gab es vor ihr noch Emilienne d'Alençon, die Etienne vergötterte! Coco war sich dessen bewußt. Noch sechzig Jahre später erinnerte sie sich daran. Warum sollte er mich heiraten, wenn er Emilienne nicht heiratete? In ihrer Vorstellung und durch das Beispiel Tante Adriennes, ihres Vorbildes, angeregt, lag für sie damals die Sicherheit in der Ehe.

»Wenn ein Mann einer Frau wirklich Geschenke machen will, heiratet er sie.«

Das sagte sie zu mir, als sie mir von einem ihrer Mannequins sprach.

Zu Balsans Zeit war dies eine Vorstellung, die zu ihrer Moralauffassung gehörte. Um eine Frau gegen das Leben abzusichern, gab es nur die Ehe.

»Langweil mich nicht«, sagte Etienne Balsan, wenn sie ihm von ihrer Zukunft sprach.

Er machte sich über sie lustig: Wie kleinbürgerlich sie war! Da er selber am Rande der bürgerlichen Gesetze lebte, ärgerte es ihn, wenn man ihm von Sicherheit sprach. Und ich? Ich gehe mein Risiko ein.

Die Rennen, die Wetten und die Freiheit seiner Lebensführung bewirkten, daß er, im Gegensatz zu den anderen Balsans, allem, was noch gesichert und für alle Zeiten festgefügt zu sein schien, bereits einen relativeren Wert beimaß: so dem Goldfranc, den Namen, dem Besitz, dem Kredit, der Ehre und allem, was man in den Familien wie der seinen vom Vater auf den Sohn übergehen ließ. Aber die Risiken, die er einging, um sein Leben bunter zu gestalten, waren im Vergleich zu jenen, die Coco Angst und Schrecken einjagten, lächerlich. Sie sagte:

»Ich fragte mich: Was soll in alldem aus dir werden?«

Aufrichtig fügte sie hinzu:

»Ich dachte nur an mich.«

Die Kokotten trugen riesige, mit Blumen bedeckte Hüte.

»Wie kann darunter ein Gehirn funktionieren?« fragte Coco.

Das ihre funktionierte sehr gut. Sie wußte, daß man von ihr sprach. Warum fand sie eigentlich die Damen der Gesellschaft und die Kokotten *häßlich*? Sie machten ihr ihre ungewöhnliche Schönheit streitig, die mit den Idealen jener Zeit nicht übereinstimmte. Sie genügte zur Not für eine flüchtige Liebschaft und für Moulins. Wie weit entfernt dieses Moulins lag! Die Soldaten leben von den Hilfsquellen des von ihnen besetzten Landes. Sie begnügen sich mit dem, was ihnen gerade in die Hände fällt. Das wurde Coco, als sie in Compiègne erschien, in Erinnerung gerufen. Und zweifellos hat es Emilienne d'Alençon auch ausgesprochen und dabei hinzugefügt:

»Etienne hat sie aus Gutmütigkeit mitgenommen, sie wollte Paris

kennenlernen und ihr Glück versuchen, wir werden schon sehen, was wir für sie tun können.«

Nur um das, was man damals in Paris, wenn man zu Anfang von Coco sprach, sagte, konnte es sich dabei handeln: Die Männer sind so dumm, und Sie kennen doch Etienne, er ist so großzügig, immer bereit, jemand einen Dienst zu erweisen, und diese Kleine ließ ihm keine Ruhe, da hat er nicht gleich nein sagen wollen …

Inzwischen verstrichen die Jahre, und Coco kehrte nicht in ihr Dorf zurück. Was war denn an ihr, an diesem Bauernmädchen aus der Auvergne, das Etienne noch in Holzpantinen kennengelernt hatte? Man redete mit um so größerem Unwillen von Coco, als man ihr ihre Eleganz nicht mehr streitig machen konnte. Sie zog sich gut an. Und ihre Hüte!

Coco sagte:

»Alle diese Damen wollten wissen, wer meine Kleider nähte und, vor allem, wer meine Hüte machte. In den Galeries Lafayette kaufte ich eine Hutform und setzte ein Dings drauf.«

Cocos Hüte, die Gabrielle Dorziat (die am besten gekleidete Schauspielerin jener Zeit) bald tragen sollte, waren das erste Anzeichen dessen, was sich zum Stil Chanel entwickeln sollte, das Maskuline ohne die geringste Zweideutigkeit in das Feminine verwandelt. Herrenfilzhüte mit einer Falte in der Kalotte, mit herabgebogener oder aufgestülpter Krempe und von einer Einfachheit, die ganz offensichtlich von den damals modernen Monumenten aus Blumen und Federn abstach. Für Gabrielle Dorziat fertigte sie auch einen Dreispitz aus Samt an, den die Schauspielerin in *Bel Ami* auf der Bühne trug. In den Boulevardzeitungen wurde darüber geschrieben.

In all dem Trubel, in den sich Coco gestellt sah, wurde in ihr die Idee geboren, »etwas zu tun, um unabhängig zu werden«. War sie noch mit Adrienne und der kleinen Schwester Antoinette in Verbindung? Man könnte sich vorstellen, daß die drei Grazien von Moulins miteinander wieder anfingen, Pläne zu schmieden, die nicht ganz einer Grundlage entbehrten. Sollte etwa Coco Jahre hindurch mit Etienne Balsan zu-

sammen leben und die vornehmen jungen Leute des tonangebenden Paris kennenlernen, ohne jemals einen Gewinn daraus zu schlagen?

Im rechten Augenblick erschien in ihrem Leben ein anderer Amphitryon, der zweite Sendbote ihres Schicksals, Boy Capel.

6

Zweiter Sieg: Coco wird Modistin

Wie kann man einen Geliebten, der zu selbstsicher ist, dazu bringen, einen ernster zu nehmen? Coco schaffte es, indem sie sich einem englischen Playboy, Boy Capel, an den Hals warf. Dadurch entging sie dem Schicksal, das auf sie lauerte: dem der ausgehaltenen Frau. »Ich habe mein Haus gründen können, weil sich zwei Männer um meine kleine Person stritten«, erklärte sie mit einem boshaften Lächeln. Das war ihr zweiter Sieg.

Im Herbst ließen sich Etienne und sein Gefolge in der Gegend von Pau nieder, eine Stadt der Reiter wie Moulins, wo Rennen ausgetragen wurden, man Jagden ritt und sich einige Polospiele lieferte, ein mondäner Sportbetrieb. Dort lernte Coco Boy Capel kennen, einen Engländer, dunkelhaarig und von Pomade glänzend wie Rudolf Valentino. Er hatte sehr schöne blaue Augen, in die sie sich auf den ersten Blick verliebte. Dies vertraute sie Louise de Vilmorin an, die sie dazu bringen wollte, mit ihr zusammen eine Lebensgeschichte der Chanel zu schreiben.

»Ich hörte ihr beim Erzählen zu«, berichtete mir Louise, »ich machte mir Notizen, die ich ihr am nächsten Tag zeigte. Sie zerriß sie.«

Und Louise blickte zum Himmel auf. Ihre Zusammenarbeit mit Coco konnte nicht von Dauer sein. Wie sich dies auch verhalten haben mag, von ihr habe ich diese Einzelheiten von der plötzlichen Verliebtheit zwischen Coco und Boy Capel: Als Coco erfuhr, daß Boy nach Paris zurückkehrte, kritzelte sie ein paar Abschiedsworte auf eine Ecke des Tisches (wie in den Fortsetzungsromanen: *Verzeih mir – aber ich liebe ihn!*), und ohne etwas mitzunehmen, ließ sie sich auf einer Bank im Bahnhof nieder und wartete auf Capel. Sehr unruhig! Wie würde er, wenn er sie entdeckte, reagieren?

»Er öffnete die Arme«, erzählte Louise de Vilmorin.

Sie fügte hinzu:

»Coco hätte auch später mit einem Koffer aufbrechen können, denn die Abfahrtszeit des Zuges war ihr durchaus bekannt, es gab nur diesen einen Zug.«

Boy Capel trug (nach der gleichen Quelle) Coco in seinen Armen bis in sein Schlafwagenabteil. Damals nannte man es noch einen *sleeping*.

»Ich kann nur hoffen«, bemerkte Louise dazu, »daß er *hinterher* noch ein Abteil gefunden hat, denn selbst wenn man allein war, schlief man schlecht in diesen *sleepings*.«

Wenn das Schicksal Coco nicht schon sichtbar gezeichnet hätte, um aus ihr die *Grande Mademoiselle* zu machen, so wäre dieses Abenteuer mit Boy Capel ohne weitere Folgen geblieben. Es wäre mit anderen verschmolzen. Sogar noch mit denen vor Balsan... Es gibt Leute, die immer wieder behaupten, daß Balsan sie seinem Rittmeister weggeschnappt hat, andere sprechen in diesem Zusammenhang von dessen Adjutanten. Um ihre Version glaubhaft erscheinen zu lassen, fügen sie noch hinzu, daß Coco in »ihrem« Tingeltangel in Moulins einen Refrain sang, der mit ... *cliquot, ô, ô, oô* endete.

Ich gebe diese Gerüchte wieder, um Boy Capel jene Bedeutung zu verleihen, die ihm zukommt. In Cocos Leben war er einer der wenigen Männer, wenn nicht überhaupt der einzige, an den sie mit Rührung dachte und um den sie (wir kommen noch dahin), wie sie zugab, viel geweint hatte.

Wie alt war er? Sie sagte:

»Siebenundzwanzig, achtundzwanzig Jahre. Er hatte sich sein Vermögen selber geschaffen. Er fand auch noch die Zeit zum Schreiben. Er war sehr mit jenseitigen Dingen beschäftigt. Er hatte ziemlich lange in Indien gelebt. Alles Esoterische interessierte ihn gewaltig. Mich auch, denn ich konnte es nicht zulassen, daß er sich für etwas interessierte, was mich nicht betraf.«

Aus ihrem Mund war dies ein Anerkenntnis der Liebe: *daß er sich für etwas interessierte, was mich nicht betraf*. Sie gab ihren Gefühlen voller Zurückhaltung Ausdruck, ganz im Rahmen der in der Gesellschaft üblichen Höflichkeit. Als sie einmal einen gemeinsamen Freund eines ordinären Verhaltens beschuldigte, weil er einer Frau gesagt hatte, er begehre sie, ergriff ich seine Verteidigung:

»Liegt nicht darin, daß man eine Frau begehrt, eine Huldigung?«

»Sie sind ein alter *yéyé*«, erklärte sie mir. »Zu meiner Zeit hätte kein Mann es gewagt, einer Frau so etwas zu sagen. Ich hätte einem Mann, der so mit mir geredet hätte, die Tür gewiesen.«

Ich war verblüfft. *Alter yéyé*, das erschien mir doch ziemlich herabsetzend. Als *yéyé* bezeichnete man die jungen Sänger vom Typ eines Johnny Hallyday, die ihrer Stimme freien Lauf lassen. Eine Zeitlang bedachte sie mich mit diesem Beinamen, den sie dann später auf General de Gaulle übertrug.

»Ich bringe die Amerikaner zum Lachen, wenn ich ihn den großen *yéyé* nenne«, sagte sie.

In der Mode war der Ärmel ihre Marotte, die Art und Weise, in der sie ihn schnitt, ihn ansetzte, ihn so *montierte*, daß man den Arm nach oben und zur Seite ausstrecken konnte. Bei einer Vorführung erblickte sie sich, die Arme zu einem V erhoben, in einem Spiegel, so wie de Gaulle, der die Menge begrüßte:

»Ach, wenn ich de Gaulle anziehen könnte!« bemerkte sie lachend.

Noch immer auf Boy Capel bezogen, sagte sie:

»Er las, er schrieb, er hatte sich ein Vermögen gemacht und fand noch die Zeit, sich um mich zu kümmern. Er fand sogar die Zeit, mich den ganzen Tag über zu betrügen, was mich zutiefst gleichgültig ließ.

Es war ohne Bedeutung. Ich war so sicher, daß er nur mich liebte. Mir war es gleich, daß er mit Frauen schlief. Ich fand es zwar ein wenig schmutzig, ein wenig widerlich. Ich pfiff darauf.«

Sie verzog das Gesicht. Man wird die Frage stellen: Wurde sie nicht rot, wenn sie beim Sprechen das Gesicht so verzog? Sie plünderte die wenigen Blumen ihres Gartens. Sie wollte nichts aufbewahren, nichts in ihren Händen, nichts in ihrem Herzen.

Was brachte ihr Capel ein?

Zunächst einmal das Zutrauen, das Zutrauen zu sich selber. Nach vier Jahren zusammen mit Etienne Balsan (wie es scheint, hat sie Capel 1907 kennengelernt) fragte sie sich: Was wird aus mir in der ganzen Geschichte? Jacques Balsan, der Flieger und Chef der Familie, schätzte sie.

»Er war zehn Jahre älter als Etienne, der wiederum zehn Jahre älter war als ich«, sagte sie.

Tatsächlich war Jacques sechs Jahre älter als Etienne, der fünf Jahre älter war als Coco. Aber das macht nichts, sie wirkte mit fünfundzwanzig Jahren so jung, daß alle anderen ihr alt erschienen.

»Warum heiraten Sie nicht Etienne?« soll Jacques Balsan sie gefragt haben.

»Ich liebe ihn nicht!« hat sie angeblich geantwortet.

Sie hob die Arme zum Himmel, wie Jacques Balsan es getan hatte:

»Was hat das zu besagen!«

Sie fuhr fort:

»Ich dachte: Was für ein Ungeheuer! Man merkt ihm richtig an, daß er alt ist. Er hielt mir eine Moralpredigt:

›Mit Ihnen wird es noch ein schlechtes Ende nehmen, meine Kleine. Was soll aus Ihnen werden?‹

›Ich weiß es nicht, es ist mir gleichgültig. Ich will arbeiten.‹

›Aber Sie können doch nichts!‹«

Jacques Balsan hingegen verstand sich auf sehr viel. In Frankreich war er einer der Pioniere der Luftfahrt. Bevor er ein Flugzeug steuerte, nahm er an Ballonwettfahrten teil; besonders zu nennen wäre die Fahrt Paris–Moskau, die für ihn mit einer Notlandung in einem polnischen Wald endete. Er gehörte einem Bojaren, der auf seinem Schloß nicht anwesend war, aber die Unvorsichtigkeit begangen hatte, seine junge Frau, eine Schönheit, dort zurückzulassen. Ach, diese Ballonfahrten! seufzte zuweilen Jacques Balsan. Dem Herzog von Windsor vertraute er an:

»Hoheit, ich habe etwas getan, was nur wenigen Männern gelungen ist: in einem Ballon mit einer Frau geschlafen.«

Im Flugzeug gelang ihm eine andere Tat. Im Verlauf eines Fluges – im August 1914! – bemerkte er, daß von Glück seine Divisionen zurückhielt. Obwohl einfacher Hauptmann, gelangte er zu dem Schluß, daß diese Nachricht es wert sei, über seine Vorgesetzten hinweg, dem Militärbefehlshaber von Paris, General Gallieni, mit dem er befreundet war, unmittelbar gemeldet zu werden. Man weiß, wie Gallieni diesen Bericht, der von anderen bestätigt wurde, aufnahm, um dann die Deutschen an der Marne zum Stehen zu bringen.

Sehr viel später wurde Jacques Balsan der zweite Mann von Consuelo Vanderbilt (Herzogin von Marlborough in ihrer ersten Ehe und durch diese erste Ehe Churchills Schwägerin). Churchill kam häufig in das Schloß von Motel (Ludwig XIII.) im Departement Eure, wo Jacques und Consuelo Balsan ihn prunkvoll empfingen. Eines Tages bat Churchill, der die Anwesenheit des großen Malers Dunoyer de Segonzac wahrnahm, diesen darum, auf seine Leinwand die Bäume zu malen. Jacques Balsan wurde mit der Ausführung des Himmels beauftragt. Ein anderer Gast pinselte den Fluß hin, und Churchill beendete schnell das Ganze, denn Consuelo erwartete sie zum Essen.

»Sie müssen alle signieren«, bat Churchill seine Mithelfer.

1966 wurde diese Leinwand bei Sotheby für 800 Pfund verkauft.

Mit 70 Jahren trat Jacques Balsan während des Zweiten Weltkriegs wieder in den Dienst, diesmal in den Reihen des freien Frankreich in London. Nur mit Mühe konnte man ihn davon abhalten, ein Flugzeug zu steuern. 1956 sollte er dann an den Folgen eines Sonnenstichs sterben, der ihn, als er bei strahlendem Sonnenschein ohne Kopfbedek-

kung eine Partie Golf spielte, niederstreckte. Ein Herzog von Marlborough nahm in Paris an den Bestattungsfeierlichkeiten teil; es war der Sohn.

In Compiègne hatte sie einen Modesalon eröffnet, um etwas zu tun zu haben. Ein erster, zaghafter Versuch, nicht von anderen abhängig zu sein. Ein Unternehmen ohne Zukunft. Wer brauchte denn in Compiègne Hüte? Sie sprach mit Etienne Balsan darüber, in Paris neu anzufangen. Er zuckte die Achseln. Wozu das alles? Hatte sie ihm nicht versprochen, als sie ihm aus Moulins nach Paris folgte, daß sie niemals etwas von ihm verlangen würde? Und was jetzt? Was fehlte ihr noch?

Und nun war sie mit Capel abgereist. Sie sagte:

»Wie jeder gute Franzose, wie im allgemeinen jeder Mann, hat Etienne Balsan von neuem angefangen, mich zu lieben, weil ich mit einem anderen weggegangen war.«

Welche Entdeckung nach vier Jahren! *Er fing von neuem an, mich zu lieben*. Diese Worte sind von Bedeutung, denn sie besagen, daß Balsan, als Capel auftauchte, sie nicht mehr so sehr beachtete. Auf seiten der Balsans ist man der Ansicht, daß sie, »ohne auf den geringsten Widerstand zu stoßen, von dem dynamischen Etienne auf den sanften, verliebten Boy Capel übergegangen ist«.

In einer Sammlung von Erinnerungen, die lediglich zum Besten der Balsans zusammengestellt wurde, erzählt François Balsan, Oberhaupt der Familie, Forscher und Schriftsteller, wie Coco aus Etiennes Armen in die von Boy Capel hinüberwechselte. Offensichtlich handelt es sich dabei um eine Version der Balsans. Sie lautet:

Bei einem Besuch in Royallieu, bei seinem Freund Etienne, war Boy von Coco hingerissen: »Die vorläufige Königin dieses Hauses.«

»Sie ist fabelhaft! Ich kann deine Wahl nur gutheißen und hoffe, sie wiederzusehen«, sagte er.

»Vielen Dank für die Komplimente. Aber reg dich nicht auf, sie ist jeden Abend zum Essen hier«, antwortete Etienne.

Während des Essens stieg Boys Temperatur. Die Getränke, die folgten, steigerten noch seine Bewunderung. In ihm einen Verbündeten

Ein Gesicht, das keinem anderen gleicht

Sie sagte: Man sagte mir nicht ständig, daß ich hübsch war.
Davon wußte ich nichts. Ich pfiff darauf.
Ich glaube, daß ich zwanzig Jahre zu früh geboren bin.
Sie sagte auch:
Niemand hat einen so langen Hals wie ich.

Sammlung Boris Kochno

Die herausgeputzten Kokotten beherrschten Paris

Die erste, mit den Perlen in der Hand, ist Emilienne d'Alençon, die rechtmäßige Geliebte Etienne Balsans, des Kavalleristen, dem Coco nach Paris folgte, wo sie „die zweite" wurde. Balsan liebte nur die alten Frauen! zischte Coco.
Rechts oben: Die Otero mit ihren bezaubernden Augen.
Darunter: Liane de Pougy vor einem Kostümball.
Coco erscheint, die Kokotten verschwinden.

Sammlung René Dazy

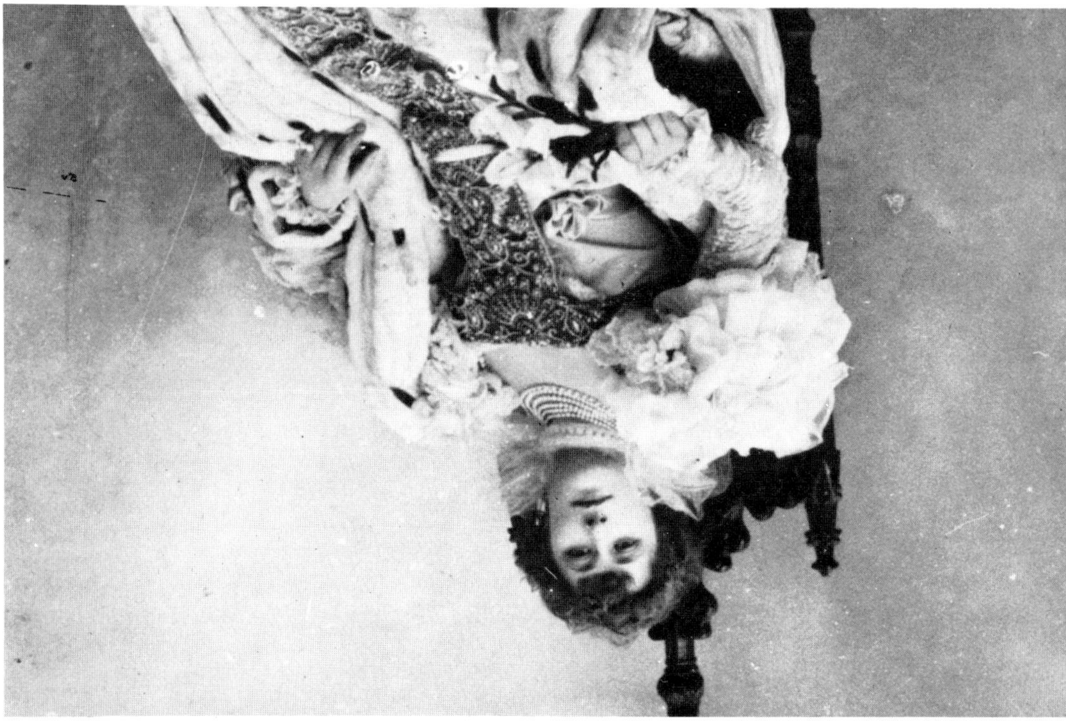

PARFAIT
SEM

Ihr erstes Kleid: Sem sagt das Ende eines Narrenspiels voraus

Diese fabelhaften Zeichnungen des großen Sem sind seinem Album *»le vrai et le faux chic«* entnommen. Wenn auch die auf der linken Seite keines Kommentars bedürfen, muß man doch wissen, daß das Kleid rechts Cocos erstes Kleid war. Auf Verlangen Premets für eine tonangebende Dame der Halbwelt, Forzane, angefertigt.

Privatsammlung

Vor dem Ruhm die einzige Liebe

Diese Aufnahmen wurden 1917, im tragischen Jahr des Ersten Weltkriegs gemacht. Coco läßt sich in Biarritz von der Sonne bräunen und spielt mit ihrer Freundin, der Davelli, Golf. Der Herr mit Strohhut ist Pierre Decourcelle, Verfasser von Zeitungsromanen, die Coco begeisterten. Der dunkelhaarige Mann, der mit ihr am Strand von Biarritz beim Picknick sitzt: ihr Geliebter, der Engländer Boy Capel. Indem er während des Krieges Frankreich mit Kohlen versorgte, machte er ein Vermögen. Sammlung J. Loste

Misia eröffnet den Reigen der 700

Die 700 sind die Privilegierten, die nach Paul Morands Ansicht jenes Ganz-Paris bildeten, als Coco dort ihren Einzug hielt, von Misia Sert, der Frau des Malers José Maria Sert, unter ihre Fittiche genommen. Sehr schön, intelligent und komisch kannte diese alle Welt. (*Links,* bei sich zu Hause, an der Esplanade des Invalides.) Coco sagte: Ohne die Serts wäre ich in einer Art Verdummung umgekommen. Man sieht sie, *rechts oben,* zusammen mit Jean Cocteau, *rechts unten,* als Indifférent von Watteau, auf einem Ball bei den Beaumonts (ein anderer Ball des Grafen d'Orgel) mit Serge Lifar und der Gräfin Montgomery, heute die Frau des Generals Béthouart.

Foto Luc Fournol – Jours de France

Foto Roger Schall

Vor sehr langer Zeit zwischen Christian Bérard und Boris Kochno, Coco bereits in Bluejeans.

Während eines halben Jahrhunderts war sie von Ganz-Paris umgeben

Alles, was in der Literatur, der Malerei, der Musik und im Film einen Namen hatte, alle, die in das Scheinwerferlicht der Pariser Wochenschau gerieten, drängten sich, um der Kaiserin des Geschmacks und der Mode zu huldigen, wobei sie sich auch ihren schrecklichsten Urteilen unterwarfen.

Foto Roger Schall

Übereinstimmung mit Jouvet nach einem Triumph von Giraudoux.

Foto Roger Schall

Vertrauliches Zusammensein mit Dali, einem jungen Unbekannten ...

Foto Roger Schall

Geheimnisvolle Unterhaltung mit Georges Auric am Anfang seiner Laufbahn ...

... und ganz natürlich die Entspannung bei Jacques Chazot.

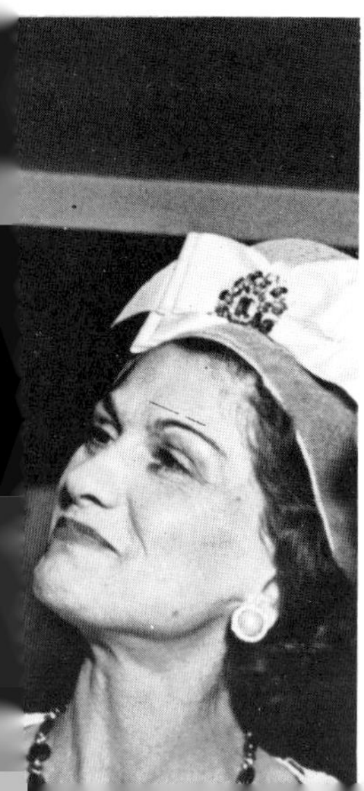

Foto Associated Press

Archiv Plon

Foto Roger Schall

Foto dpa/UPI

Ein Großfürst, ein Herzog, ein Dichter . . .

Sie kannte den Großfürsten Dimitri *(rechts oben)* schon vor dem Krieg. Mitverschwörer von Jussupoff bei der Ermordung Rasputins, suchte er in Frankreich bei ihr Zuflucht. Er begleitete sie noch immer, als sie dem Herzog von Westminster *(links)* in Monte Carlo begegnete. »Endlich ein Mann, auf den ich mich stützen konnte«, seufzte sie. Gern hätte sie ihm einen Sohn geschenkt. Sie war 45 Jahre alt. (Man sieht sie hier mit dem Herzog in »anglisierter« Chaneluniform).
Auf der gegenüberliegenden Seite: links, der Dichter Reverdy, den sie über Cocteau stellte; *rechts,* der Zeichner Iribe, der beim Tennisspiel bei ihr in der Villa la Pausa starb.

Foto Roger-Viollet

Foto Brassaï

Sammlung René Dazy

Fünfzig Jahre
Stil Chanel

1922

1931

1931

1925

1935 ▸

1938 Foto Horst

1949 Foto Clarke

1955 Foto Radkaï

964

Foto Clarke

1971

Archiv Vogue (10)

Foto Roger Scha

Die Ehre, auf der Treppe zu sitzen

Es war eine große Ehre, auf den letzten Stufen der Spiegeltreppe sitzend den Kollektionen beizuwohnen. Vorn mit den Ohrringen Marie-Louise Bousquet.

witternd, sprach Mademoiselle (so wird sie in den Erinnerungen François Balsans genannt) von einer Idee, die in ihr heranreifte:

»Mein Laden in Compiègne langweilt mich. Die Damen aus der Stadt kaufen ein paar Hüte, um sich die Freundin Etienne Balsans näher anzusehen.«

»Sehr schmeichelhaft«, brummte Etienne.

»Für mich ist das beleidigend«, fuhr Mademoiselle fort. »Ich möchte dir einen Vorschlag machen. Verkaufen wir doch den Laden in Compiègne und eröffnen einen neuen in Paris. Ich habe den richtigen Riecher. Ich bin vom Erfolg überzeugt.«

»Ist das alles, meine Kleine? Und die Antwort ist nein.«

Boy Capel soll sich (immer nach der Version Balsans) in diesem Augenblick eingemischt haben:

»Dieser Vorschlag erscheint mir sehr vernünftig, Etienne.«

»Das ist etwas für andere! Ich bin kein Bankier!«

»*Take care!* Andere könnten ... Ich auch ...«

»Leg dir nur keinen Zwang an!« soll Etienne damals ausgerufen haben. Und zu seinem *Maître d'hôtel* sich umwendend:

»Michaud, bring uns zwei Flaschen Bollinger, Mademoiselle verläßt uns. Das muß man begießen.«

Alles spielte sich ganz einfach und ohne Verärgerung ab, schließt François Balsan.

War das alles wirklich so einfach?

»Ich hätte Boy Capel heiraten können«, murmelte Coco. »Ich war für ihn bestimmt. Wir waren füreinander geschaffen.«

Warum ist die Ehe nicht zustande gekommen? Boy Capel schätzte die Freiheit. Coco sagte dazu:

»Alle Frauen liefen hinter ihm her. Ich war nicht eifersüchtig. Ich sagte zu ihm: ›Alle diese Frauen sehen dich an, wie seltsam!‹ Lachend antwortete er: ›Nicht mich sieht man an, kleiner Dummkopf, sondern dich.‹ Ich fand alle diese Frauen häßlich. Ich war überzeugt, daß er nur mich liebte.«

Sie ging also mit Capel aus und befand sich nicht mehr zwischen

Pferden im Exil. Man sah sie an. Das war etwas Neues. Sie geriet in den Pariser Strudel. Man beneidete sie, weil sie den Löwen der Nächte von Paris gezähmt hatte: *Ich pfiff darauf, daß er mich betrog, ich fand es zwar ein wenig schmutzig, aber zwischen uns war es ohne Bedeutung.* Wie viele Frauen um die Jahre 1908 oder 1910 herum redeten so? Damals zeigte man in den Kinos noch keine Filme, in denen man mit ansehen konnte, wie eine Blonde aus Liebe eine Schwarze in das Bett ihres Liebhabers stieß. Die Moral lag noch an der Leine. Paul Bourget konnte mit einem Ehebruch einen Skandal hervorrufen.

Coco war von der Opposition der kleinen Gruppe um Balsan gegenüber allem Konventionellen gezeichnet. Sie entdeckte die Freiheiten, die das Geld ermöglicht, sobald man aufhört, ihm zu dienen, um sich seiner zu bedienen.

Eine andere Seite der Angelegenheit: Man machte sie sich gegenseitig streitig, Balsan gab sie nicht frei. Hätte er sie abziehen lassen, ohne darauf zu reagieren – *Adieu, gute Reise!* –, hätte sie sich Capel auf Gnade oder Ungnade ausgeliefert gefühlt. Sie wäre einfach von der einen Hand in die andere übergegangen. Jemand anders hätte ihre Rechnungen im Hotel Ritz und alles übrige bezahlt. Ach, sie mußte sich noch nicht sehr anspruchsvoll zeigen, die nette, unsichere Coco aus jener Zeit. Ihre Existenz war eher wahnwitzig zu nennen. Sie sagte:

»Niemand hat ein Leben wie ich geführt. Ich gab mir über nichts Rechenschaft. Niemand hat mir etwas beigebracht. Ich mußte alles selber lernen. Diese Männer wollten nicht, daß ich mich änderte. Bei mir kamen sie aus dem Lachen nicht mehr heraus. Durch mich amüsierten sie sich. Endlich hatten sie ein Geschöpf ohne jede Hinterhältigkeit gefunden.«

Ein Geschöpf ohne jede Hinterhältigkeit. Ein kleines Mädchen. Bei diesen Worten schien sie selber zu glauben, daß sie diese kleine Naive gewesen war, die nichts von dem verstand, was da *über sie kam.* Dennoch

sollte sie mit großer Kaltblütigkeit die Situation ausnützen, in der sie sich befand, seitdem Capel sie liebte.

»Ich liebe Sie«, erklärte ihr Capel, »aber ich habe Sie bei Etienne kennengelernt, der mein Freund ist, und Sie sehen doch wohl ein, daß er unglücklich wäre, wenn Sie ihn wirklich verließen.«

Eine recht komische Sache. Selbst wenn sich nicht alles ganz so abgespielt haben sollte, spürt man doch dank Cocos Worten jene Atmosphäre, die zwischen den Männern, die eine Frau aushielten, und der Ausgehaltenen herrschte. Man duldete wohl einen Seitensprung, aber man mußte die grundsätzlichen Verpflichtungen respektieren. In unmißverständlicher Sprache sagte Capel zu Coco: Balsan hat Rechte dir gegenüber.

Coco wollte die Sache ganz und gar nicht in dieser Weise verstanden wissen. Sie widersprach:

»Er liebt mich nicht, er ist zwar ein bißchen verärgert, weil ich weggegangen bin, aber es bereitete ihm nicht den geringsten Kummer.«

Balsan setzte ihr scharf zu:

»Bist du auch wirklich sicher, Capel zu lieben?«

Er nannte ihn zuweilen einen *Hochstapler*, womit man in der damaligen Zeit häufig einen lästigen Ausländer bezeichnete.

Sie antwortete:

»Völlig sicher.«

Aber ... sie erklärte auch noch:

»Ich wollte es auch nicht zu früh sagen.«

Das kleine naive Mädchen, die Blaue Blume, das Geschöpf ohne Hinterhältigkeit hatte sich nicht zwischen zwei Stühle setzen wollen. Eine erstaunliche Person, die nur für sich selbst kämpfte. Sie rückte mit dem einen Fuß erst vor, nachdem sie sich vergewissert hatte, daß der andere nicht auszugleiten drohte. Zwischen diesen beiden Männern begann sie sich stärker zu fühlen. Sie sagte dazu:

»Ich habe mein Haus gründen können, weil sich zwei Männer um meine kleine Person stritten.«

Sie traf auch weiterhin mit Balsan zusammen, der noch niemals so nett zu ihr gewesen war.

»Warum machst du mir soviel Kummer?« fragte er.

Sie antwortete:

»Wieso hast du Kummer? Das verstehe ich nicht!«

Das bedeutete: Als ich noch mit dir lebte, hast du mir niemals gesagt, daß du mich liebst. Du fandst es ganz natürlich, daß ich dir zur Verfügung stand. Du hast mich nicht einmal hübsch gefunden. Du hast Emilienne, diese Alte, vorgezogen! Und jetzt kommst du her und erzählst mir, daß ich dir Kummer mache. Das tut mir sehr leid, mein lieber Etienne, denn ich liebe dich sehr. Trotzdem solltest du eingestehen, daß du mir niemals geholfen hast. Was würde aus mir werden, wenn ich mit dir in Compiègne bliebe? Denkst du manchmal auch daran? Du weißt ganz genau, daß ich arbeiten will, um von niemandem mehr abhängig zu sein. Boy versteht das. Er wird mich unterstützen, er wohl. Kannst du dir vorstellen, was das für eine Frau wie mich bedeutet, von einem Mann wie dir abhängig zu sein? Ich habe nichts, und dabei weiß ich, daß ich alles kann. Du hast alles und machst nichts daraus. Du bist charmant, sehr nett, aber völlig ahnungslos und ganz und gar mit dir selbst beschäftigt. Man kann es dir nicht einmal vorwerfen, denn dafür bist du erzogen worden, um, obwohl du alles hast, nichts zu sein.

Ein Mann, der sich sein Vermögen selber geschaffen hatte, das war es, was Coco sofort von Boy Capel erzählt hatte. Man brauchte also nicht reich geboren zu sein, man konnte es werden. Das Geld, die Unabhängigkeit.

»Bist du auch sicher, mich zu lieben?« fragte Boy Capel.

»Das werde ich dir beantworten, sobald ich unabhängig bin«, erwiderte sie. »Ob ich dich liebe, werde ich wissen, sobald ich dich nicht mehr nötig habe.«

Und sie erklärte dazu:

»Ich wollte nicht, daß er mich hinderte, das zu tun, was ich mir in den Kopf gesetzt hatte. Er arbeitete ja auch. Ich wollte gleichfalls arbeiten, um meiner ganz sicher zu sein. Ich hatte begriffen, daß man nicht Herr seiner Entscheidungen ist, wenn man nicht arbeitet.«

Wenn es Boy Capel auch nicht an Geld fehlte, so hatte er sich trotzdem noch *kein Vermögen geschaffen.* Die Masse seines dicken Geldes

sollte er während des Krieges verdienen, als er dank der Sympathie Clemenceaus einer der Kohlelieferanten Frankreichs werden sollte (richtiger wäre hier, von »Vermittler« zu sprechen). *In den Katastrophen erkennt man den Menschen*, sollte Coco dazu bemerken.

Sie traf sich mit Boy, sie traf sich mit Etienne, sie waren unzertrennlich, ein Trio, das Anlaß zu Klatschereien gab. Sie verbrachten als gute Freunde das Wochenende in Compiègne. Ausflüge zu Pferd und Picknicks. Unter den Stammgästen bei diesen Vergnügungen eine junge, hervorragende Schauspielerin, Dorziat, die Cocos erste Hüte und ihr erstes Jerseykleid tragen sollte. An einem Sonntag spielte (wenn man es so nennen darf) die fröhliche Bande eine Dorfhochzeit: Coco, als Trauzeuge gekleidet, wich nicht von der Seite der Dorziat, der Brautjungfer. Die Kostüme stammten von der Samaritaine. Wer spielte die Braut? Emilienne d'Alençon? Und den Bräutigam? Etienne? Oder Boy?

Wenn Coco nach Royallieu zurückkehrte, zögerte sie nicht, ihre Ärmel aufzukrempeln und ihren Hut abzusetzen, um ihr Lieblingspferd zu striegeln.

Sie sagte:

»Mittags und abends aßen wir zusammen, Etienne, Boy und ich. Etienne sprach manchmal davon, sich umzubringen. Ich weinte! Ich weinte! Ich sagte zu mir: Du wirst doch nicht Etienne sich töten lassen! Du wirst sie von dir befreien! Spring doch in die Seine!«

Wurden diese Höhepunkte wirklich erreicht? Man denkt eher an eine Rückkehr zu den Zeitungsromanen von Pierre Decourcelle. Wie sich das auch verhalten haben mag, wir müssen uns eine lange Erklärung Mademoiselle Chanels anhören:

»Ein Jahr lang haben sich diese Herren gestritten, und ich habe mir während dieser Zeit gesagt: Du mußt etwas unternehmen, was soll sonst in einer solchen Geschichte aus dir werden?

Denn wer machte sich um mich Sorgen?

Ich war ein kleines Mädchen (von sechsundzwanzig Jahren). Ich hatte kein Geld. Ich wohnte im Hotel Ritz. Alles wurde für mich bezahlt. Es war eine unglaubliche Situation. Ganz Paris sprach davon. Ich kannte nicht Ganz-Paris. Ich kannte noch niemanden. (Tatsache ist, daß sie schon viel ausging; zusammen mit Capel nahm sie weit mehr

als mit Balsan am Pariser Leben teil.) Da war ich nun und fragte mich: Was soll aus dir werden? (Unaufhörlich die gleiche, stets wiederkehrende Frage.) Du mußt etwas unternehmen.

Ich hatte zwei Jahre (mindestens vier oder fünf) in Compiègne mit Reiten verbracht. Damit würde ich mir meinen Lebensunterhalt nicht verdienen. Und da ich einen anderen liebte, mußte ich mich in Paris niederlassen. Es war nicht mehr möglich, daß ich vom Geld dieses Herrn (Balsan) lebte.

Es war sehr kompliziert. Die Kokotten bezahlte man. Das wußte ich, das hatte man mir beigebracht. Ich sagte zu mir: Wirst du so werden wie sie? Eine ausgehaltene Frau? Aber das ist doch entsetzlich! Das wollte ich nicht. Da war noch die Familie und das alles. Ich dachte nicht daran. Nichts zu machen.

Dann sind sich beide darüber einig geworden, daß ich recht hatte. Denn wir besprachen die Angelegenheit nur zu dritt. Sie können sich nicht vorstellen, wie komisch das war, diese Diskussion zu dritt, die jeden Tag von neuem begann.«

Etienne Balsan reiste nach Argentinien, wo er mehrere Monate bleiben sollte. Eine Entziehungskur für Coco? Die Familie Balsan ist der Ansicht, daß er nicht böse darüber war, seiner Liebschaft (einer »amourösen Kameraderie«) mit Coco ein Ende zu setzen. In ihren Vorstellungen war sie konsequent. Für einen Mann wie ihn konnte so etwas zuweilen ermüdend werden. »Die Sache mußte ein Ende haben«, räumte Coco ein. »Etienne Balsan ist sehr anständig gewesen.«

Man erzählt sich (eine gute Quelle, die ihre Informationen von Mademoiselle Chanel bezog), daß Jacques, der ältere Bruder Etienne Balsans, wieder einmal intervenierte. Mit viel Takt erklärte er Coco, daß Etienne Balsan, wenn er mit einer Trennung (endlich!) einverstanden wäre, keinesfalls wollte, daß sie darunter litte. Er besaß kein absolutes Zutrauen zu Boy Capel, den er ein wenig zu geckenhaft und zu sehr

von Pomade glänzend fand. Er beschuldigte ihn sogar, auf den Sesseln Pomadeflecken zu hinterlassen.

Dann fragte Jacques Balsan Coco, welches Schmuckstück ihr Freude machen würde. Nach der Vorstellung der beiden Brüder sollte es sich um einen Schmuck handeln, der leicht zu verkaufen war.

»Ein Schmuck?« murmelte Coco.

Sie soll dann die Schmuckstücke, die Etienne ihr geschenkt hatte, aus einer Schublade genommen und einen Goldring, der mit einem bescheidenen Topas besetzt war, beiseite gelegt haben. Dann hat sie den Rest dem älteren Balsan hingeschoben:

»Gut, da Ihr Bruder es wünscht, werde ich diesen Ring behalten. Richten Sie ihm aus, daß ich ihn mein Leben lang tragen werde.«

Selbst wenn die Geschichte einem Fortsetzungsroman entnommen sein sollte, beweist sie dennoch, daß sich Coco zum Schmetterling ausgewachsen hatte. Immer hat sie diesen Ring getragen und hat ihn auch im Grab bei sich behalten. Ich habe sie eines Abends gefragt, welche Erinnerung er bei ihr weckte.

»Es ist ein Talisman, mein erster Ring, den eine Freundin, als ich noch sehr jung war, mir geschenkt hat«, hatte sie geantwortet.

Eine Freundin. Vielleicht hatte sie an jenem Abend, als ich sie danach fragte, keine Lust, von Etienne Balsan zu sprechen.

Bevor Etienne Balsan seine Schiffsreise nach Argentinien antrat, besorgte er Coco eine Wohnung in der Avenue Gabriel, wo sie ihre Hüte machen könnte.

Nachdem Balsan die Grundlage gelegt hatte, blieb Capel nichts weiter übrig, als die notwendigen Mittel vorzuschießen. Er eröffnete ihr einen Bankkredit.

»Ich konnte noch nicht unterschreiben«, sagte Coco, »ich hatte noch nicht das richtige Alter.«

Dabei ging sie auf die Dreißig zu. Wenn sie auf jene Periode zu sprechen kam, blieb die Mauer unüberwindlich. Sie löschte gut und gern zehn Jahre ihres Lebens, die Jahre in Moulins und die Jahre in Compiègne. Ihren achtzehnten Geburtstag feierte sie in der Avenue Gabriel in ihrer ersten Werkstatt. Sie sagte:

»Sie (Etienne und Boy) hatten beschlossen, mir einen Ort zur Verfügung zu stellen, wo ich meine Hüte machen könnte, wie sie mir auch

ein Spielzeug geschenkt hätten. Dabei dachten sie: Soll sie doch ihren Spaß haben, im Lauf der Zeit werden wir schon sehen. Sie haben nicht begriffen, wie wichtig das Ganze für mich war. Es waren sehr vermögende Männer, Polospieler. Von dem kleinen Mädchen, das in ihrem Leben eine kleine Rolle gespielt hatte, verstanden sie nichts. Ein kleines Mädchen, das im übrigen gleichfalls nicht begriff, was ihm zugestoßen war. Was geschah, war alles so unglaublich.«

Immer wieder dieser Mythos von dem kleinen Mädchen, über das die glücklichen Ereignisse wie durch Zufall hereinbrachen, obwohl sie doch alles geduldig und lange vorbereitet und, als sie Moulins verließ, schon *gewußt* hatte, daß sie dies tun würde, was mit den Hüten in der Avenue Gabriel begann. Niemals hatte sie aufgehört, daran zu denken.

»Wir haben es geschafft!« vertraute Präsident Pompidou einem Freund an, den er am Tag seiner Amtseinführung im Elysee-Palast empfing.

Coco war an dem Tag, an dem sie ihren Fuß über *ihre Schwelle* in der Avenue Gabriel setzte, ganz von ihrem Glück erfüllt.

»Dann habe ich etwas geschaffen, ich ganz allein. Das Haus Chanel stellt keine Anhäufung von Geld dar. Ich hatte keine Finanziers hinter mir. Die Sache hat niemand etwas gekostet. Auf der Bank hatte ich einen Kredit, den ich niemals überschritten habe. Ich habe alles gemacht. Ich habe alles aufgezogen. Ich habe ganze Vermögen verdient. Ich habe sie auf die gleiche Weise ausgegeben. Ich habe die Parfüms Chanel erfunden. Was habe ich nicht alles getan! Man weiß nicht von allem, was ich erfunden habe. Ich habe eine Revolution gemacht. Aber ich hatte auch Glück. Die Bereitschaft war da.«

1938, weniger als dreißig Jahre nach Cocos anfänglichen Schritten in der Modewelt, verkaufte das Haus Chanel achtundzwanzigtausend Kleider in Europa, in Südamerika und im Nahen Osten. Es beschäftigte viertausend Arbeiterinnen.

Sie erzählte:

»Wie habe ich es nur geschafft, all das zu tun, was ich getan habe, und dennoch ein von Liebe erfülltes Leben zu führen, mit soviel mehr Liebe ausgefüllt als das Leben der Frauen, die ich sehe? Wie können sie nur so leben?«

Zuweilen träumte sie, und es ist nur natürlich, daß sich Pierre Decourcelle einstellte, um ihr die Illusionen zu bewahren. Ließ sie sich von ihnen zum Narren halten?

7

Dritter Sieg, durch den Coco zur Chanel wird

Dritter Sieg: Coco wird zur Chanel. Sie macht Hüte. Sie erfindet das Jerseykleid, für Polo, für Deauville. Mit sicherem Geschmack, der jede Zweideutigkeit ausschließt, transponiert sie die maskuline englische Mode ins Feminine. Von ihren ersten Erfolgen bestärkt, sammelt sie ihre Familie um sich: Die drei Grazien aus Moulins finden wieder zusammen, stützen sich gegenseitig, nehmen einen verwaisten Neffen zu sich und unterhalten vor allem in Cocos Läden eine neue Atmosphäre der Freiheit für die Frauen mit Geld.

Ihr Geschäft mit Hüten begann sehr bald zu blühen. Nach kurzer Zeit »klaute« sie Caroline Reboux ihre berühmte Lucienne, ihre erste Kraft.

»Kaum hatte *ich begriffen*«, sagte sie, »hat es geklappt.«

Sie verdiente Geld, sie wurde unabhängig, sie war glücklich und liebte Boy Capel. Warum heiratete sie ihn nicht?

Er wußte Bescheid. Er wußte von allem, was sie nun mit solcher Erbitterung verheimlichen wollte. Auf jeden Fall mußte sie, bevor sie daran dachte, ihn zu heiraten, sich durch ihren Erfolg *rehabilitieren.*

Das Geld besitzt unter anderen Eigenschaften auch die, einen Ruf und sozusagen die Jungfräulichkeit wiederherzustellen. Auch das hatte sie begriffen.

Um die Dreißig, zwischen 1910 und 1914, durchlebte sie gewiß die schönsten Jahre ihres Lebens. Diejenigen, die sie gern als Hauptthema der Operette Coco gesehen hätte. Zusammen mit Boy Capel war sie eine Persönlichkeit geworden, von der alle redeten. Mit Balsan war sie es in diskreterer Weise gewesen. Schon damals sprach man von ihr; aber weniger als mit Capel, den alle im Auge behielten. Sein Name stand in den Boulevardblättern. Heute würde *die gewisse Presse* ganze Spalten über ihn einem Thema widmen: Boys Glück ist in Gefahr! Oder: Boys Geheimnis heißt Coco.

Alles, was man von ihr erzählte, selbst wenn es noch keine Schlagzeilen über acht Spalten hinweg ergab, half ihr, ihre ersten Hüte zu verkaufen. Nachdem sie ihr Glück mit bemerkenswerter Geistesgegenwart beim Schopf gepackt hatte, schlachtete sie es unter Lächeln kaltblütig aus. Von Anfang an verstand sie es, nach Art einer Bäuerin, ihr Talent fruchtbringend auszunutzen. Sie nahm den aufgedonnerten Frauen, die, um ihr näher ins Gesicht zu blicken, Hüte aufprobierten, ein Maximum an Geld ab. Niemand vermochte sie mehr *in Erstaunen* zu versetzen. Von Beeindrucken war noch weniger die Rede ... Aus ihrer mühseligen Lehrzeit ihres Lebens im hundertprozentig Pariser Stil hatte sie sich unter anderem eingeprägt, daß der gerechte Preis für die Reichen der noch *höhere* war. Was für ein Vergnügen mußte es ihr bereiten, ihre Hüte zu verkaufen! In den Galeries Lafayette (und bald von den Lieferanten des Warenhauses bezogen, denn da kommen keine Aufschläge mehr dazu) gekaufte Hutformen, die nicht einmal ein Butterbrot gekostet hatten, verschönt mit einem *Dingsda*, einem *Fips* obendrauf und bitte sehr, Madame, für Sie ... Dabei dachte sie in ihrem tiefsten Innern: Idiotenweib, da du zu dumm dazu bist, das selber zu machen, zahl! Dann zahl!

Sie ging viel aus. Aus jener Zeit, vielleicht noch vor der der Hutfabrik, datiert ihr erstes Essen bei Maxim, das sie so komisch zu schildern ver-

stand: »Man hatte mir erzählt, daß die Kokotten zu Maxim gingen. Die (anständigen) Frauen gingen nicht ins Restaurant. Die Kokotten mochte ich. Sie waren sauber.«

Ein *Leitmotiv:* Die Frauen der Halbwelt waren sauber. Wie soll man da nicht an die Szene zwischen Gigi und ihrer Großmutter, Mme. Alvarez, denken, die die Colette ihrer Gigi auf den Leib schrieb:

»Mme. Alvarez: Hast du dich zumindest gewaschen?

Gigi: Ja, Großmutter, das Gesicht.

Mme. Alvarez: Das Gesicht kannst du notfalls bis zum nächsten Tag lassen, wenn es eilt, und auf Reisen, während in der Pflege des unteren Teils des Körpers die Würde der Frau liegt.«

Als Coco zum erstenmal *(1913 war ich ein kleines Mädchen)* bei Maxim aß, waren viele Kokotten dort. Sie war von drei Herren begleitet:

»... unter ihnen ein Engländer, der sich nicht beeindrucken ließ. Neben uns hat sich ein Paar niedergelassen. Sogleich ist eine Frau aufgetaucht:

›Komm einen Augenblick heraus!‹ sagte sie zum Mann.

›Laß mich in Ruhe!‹ hat der Mann geantwortet.

Sie hat ein Glas zerbrochen und mit dem Stiel des Glases angefangen, ihm das Gesicht zu zerfetzen. Überall war Blut. Ich bin sofort davongelaufen. (Es sah so aus, als wollte sie unter einen Tisch kriechen.) Ich bin die Treppe hinaufgestiegen, die kleine Treppe, die Sie bestimmt gekannt haben, (nein) eine Wendeltreppe. Ich bin in einen Raum hineingekommen und habe mich unter einem Tisch versteckt, der mit einem Tischtuch bedeckt war. Ich wollte diesen Streit nicht mehr sehen, mit all dem Blut. Wie entsetzlich! Ich weinte, weil die drei Männer, mit denen ich zusammen war, nicht eingegriffen hatten. Sie hatten nur eine Sorge: nicht mit Blut vollgespritzt zu werden.

Der Engländer, der in mich sehr verliebt war, fragte sich, wo ich abgeblieben sei.

›Sie ist nach Hause gegangen‹, sagten die anderen.

›Bei ihr‹, antwortete er, ›muß man auf alles gefaßt sein.‹

Um sich keine Vorwürfe machen zu müssen, ist er mich suchen ge-

gangen. Er ist die Treppe hinaufgestiegen und hat den Raum betreten, in dem ich mich versteckt hielt. Er hat die Tischdecke angehoben. (Sie hob eine Tischdecke an und beugte sich nieder, um wie der Engländer zu rufen:) ›Coco! Komm hervor!‹

Ich bin hervorgekrochen. Aber ich habe nicht mehr zu Maxim zurückkehren wollen.

›Du wirst mit mir wiederkommen‹, entschied der Engländer. ›Zu einem Hindernis muß man immer zurückkehren.‹«

Nun geschah es aber, daß, als sie zum zweiten Male zu Maxim ging, diesmal mittags:

»... ein Kerl mit einem Revolver aufgetaucht ist, der alle zwang, die Arme hochzuheben. Sie werden verstehen, daß ich danach dreißig Jahre lang nicht mehr zu Maxim zurückgekehrt bin.«

So hat es Coco gesagt. Der Engländer, der sie zwang, zum Hindernis zurückzukehren, war offenkundig Boy Capel.

»Er hat mich gut verstanden«, erzählte sie. »Er hat mich wie ein Kind behandelt. Er sagte zu mir: ›Wenn du nur mit dem Lügen aufhören würdest, Coco! Kannst du nicht so reden wie andere Leute auch? Wo holst du nur alles her, was du dir ausdenkst?‹«

Aus den Romanen von Pierre Decourcelle, erklärte sie sechzig Jahre später.

Aber hat sie nicht die Fragen, die sie Boy Capel in den Mund legte, sich selber gestellt: Warum lügen? Warum nicht die Wahrheit erzählen? Ich habe folgenden Dialog zwischen ihr und Capel niedergeschrieben:

»Diese Geschichte ist dir doch gar nicht zugestoßen, Coco!« widersprach Boy Capel.

»Ich habe sie ein bißchen zurechtgemacht«, gestand Coco.

»Es wäre viel besser, du sagtest die Wahrheit!«

Im Augenblick dachte sie es vielleicht selber, während sie diese Ermahnung – in die Vergangenheit – Boy Capel in den Mund legte. Es kam vor, daß sie beim Anblick des Abgrundes, in dem sie zehn Jahre ihres Lebens begrub, ein Schwindel erfaßte. Sie sagte:

»Seit dem Krieg habe ich mehr nachgedacht als früher. Früher hat mir die Zeit dazu gefehlt, stets war ich in Eile. Ich brauchte auch mehr Schlaf als jetzt. Ich wurde von allem, was ich unternahm, mitgerissen. Ich wollte vergessen.«

Was vergessen? Ihre Wahrheit drohte, sich ihren Weg mit Gewalt zu bahnen, vom Herzen zu den Lippen. Wäre ich mir dessen bewußt gewesen, wäre es mir vielleicht gelungen, sie zu überzeugen, sich von alldem zu befreien, ein Geständnis abzulegen. Sie fing sich wieder:

»Ich habe niemals genau gewußt, was ich eigentlich vergessen wollte. Um daher, ich weiß nicht was, zu vergessen, wahrscheinlich etwas, das mich verfolgte, habe ich mich in etwas anderes geworfen.«

Sie zögerte noch, nicht lange, bis zuletzt schlug sie sich mit ihren eigenen Worten herum:

»Man kann nicht vergessen, das gelingt einem nicht, es bleibt im Unbewußten, wo sich alles abspielt.«

Und schließlich:

»Ich frage mich, ob man nicht ganz einfach versucht zu vergessen, daß man lebt. Man weiß es nicht. Man formuliert es nicht so klar. Bin ich eine aufgeregte Person? Ich kann tagelang auf meinem Sofa herumliegen. Ich bin schon immer in geradezu verbotener Weise faul gewesen. Aber in mir ist dieses Verlangen, zu vergessen, daß ich lebendig bin, und das treibt mich dazu, mich zu rühren und alles mögliche zu unternehmen, nur um zu vergessen, daß ich lebe. Dabei ist es doch gar nicht unangenehm zu leben?«

Sie hielt inne, als wollte sie das Fragezeichen unterstreichen, ohne dabei eine Antwort zu erwarten. Die erwartete sie niemals, es sei denn – das ist selbstverständlich –, daß sie nach der Uhrzeit fragte.

Sie sagte:

»Ich habe ein dermaßen ausgefülltes Dasein geführt, immer bin ich der Zeit nachgelaufen.«

Sie lief so schnell, sogar noch vor der Zeit der Hüte, wenn die Angst sie packte: »Was soll aus mir werden?«, daß es ihr gesundheitlich nicht besonders ging. Unter den Einwänden, die Balsan und Capel erhoben, als die Sprache auf ihr Modeatelier kam, befand sich auch der einer nur mittelmäßigen Gesundheit.

»Ich bin oft in Ohnmacht gefallen«, sagte sie.

Nervenzusammenbrüche? Krisen wegen Widerwärtigkeiten? Sie sagte:

»Beim Rennen bin ich eines Tages dreimal in Ohnmacht gefallen. Ich bin in einem Raum aufgewacht, umgeben von Jockeis, die mich ansahen. Ich hörte, wie ein Herr Boy Capel erklärte, ich sei betrunken. So etwas kann nur mir passieren.

Wir hatten bei einem Trainer aus Maisons-Laffitte zu Mittag gegessen. War mir kalt gewesen? Heute geht es mir gesundheitlich besser als damals. Ich hatte zu viele Aufregungen, zu viele Geschichten. Meine Nerven hielten das nicht mehr durch. Und plötzlich ...

Ich stand neben einem Herrn, der ein Pferd im Rennen hatte. Plötzlich hatte ich den Eindruck, daß er sich sehr schnell von mir entfernte. Welch schreckliches Erlebnis! Ich bin zu Boden gestürzt und habe noch gedacht: Jetzt ist es soweit, jetzt ist alles zu Ende.

Ich bin in Ohnmacht gesunken. Der Herr hat mich aufgehoben und mich in den Aufenthaltsraum für Damen gebracht. Dort bin ich wieder zu mir gekommen und habe dabei die Toilettenfrau sagen hören:

›Gehen Sie hinaus, meine Damen, hier ist nicht genügend Luft, sie wird schon wieder zu sich kommen, wenn Sie sie in Ruhe lassen. Ich habe alles da, was sie braucht.‹

Eine Dame rief, man sollte mir heißen Rum zu trinken geben. Man hat mir ein Glas gereicht. Ich habe getrunken und bin, nachdem ich mich bei der Toilettenfrau vielmals bedankt hatte, auch bei der Dame, die mich den Rum hatte trinken lassen, wieder hinausgegangen. Nur ein paar Schritte, und von neuem bin ich in Ohnmacht gefallen und hingestürzt.

Daraufhin hat man mich zu den Jockeis getragen, in jenen Raum, in denen man sie hinlegt, wenn sie sich verletzt haben, und als ich wieder zu mir kam, habe ich diesen Herrn behaupten hören, ich sei betrunken. Das hat mich wütend gemacht. Boy Capel widersprach:

›Was Sie da sagen, ist Unsinn, Monsieur, niemals im Leben hat sie etwas getrunken.‹

Das stimmte, aber der Herr hatte an meinem Atem den Geruch des Rums erkannt.

›Sie ist betrunken, sie schläft‹, sagte er beharrlich. ›Sie schläft ganz einfach, weil sie betrunken ist.‹

Und er hatte recht. Mir wurde klar, daß ich betrunken war. Ich öffnete die Augen, man stellte mir Fragen, die ich nicht zu beantworten vermochte, ich wußte nicht, was ich sagen sollte, und ich machte mit der Hand ein Zeichen, daß ich nicht sprechen wollte.«

Wieso hat sie sich dieser Ohnmachtsanfälle so genau entsonnen? Denn ich habe diese Schilderung öfter als einmal zu hören bekommen und ohne alle Variationen, was etwas Außergewöhnliches war. Sie sagte:

»Man hat mir erzählt, das alles hängt mit den Nerven zusammen! Zwei Jahre lang habe ich keine Straße überqueren oder keine Kirche betreten können. Damals habe ich aufgehört, zur Messe zu gehen; bis dahin nahm ich aus Höflichkeit daran teil. Ich konnte keinem Konzert mehr folgen.

Boy Capel hat mich mit ungewöhnlicher Geduld geheilt und mir ganz einfach immer wieder erklärt:

›Aber so fall doch in Ohnmacht!‹

Er hat mich überall in die Gesellschaft mitgenommen:

›Ich bin doch da!‹ sagte er. ›Es kann dir nichts passieren. Fall in Ohnmacht, während ich da bin.‹

Mehrmals hatte man mich bewußtlos nach Hause gebracht. Es handelte sich nicht etwa um die Ohnmachten einer kapriziösen kleinen Frau. Ich fiel hin, und meine Augen wurden schwarz bis dorthin ... Man hielt mich für tot. Das dauerte eine halbe Stunde.«

Dann schloß sie ihren Bericht mit diesem Satz, der ihm offensichtlich seine Bedeutung verlieh:

»Als ich mich um das Haus Chanel kümmerte, bin ich wieder gesund geworden.«

Seitdem sie ihre Hüte in der Avenue Gabriel machte, arbeiteten ihre

kleine Schwester Antoinette und ihre Tante Adrienne bei ihr. Die drei genügten, um dem Erfolg die Stirn zu bieten. Coco sagte:

»Das Glück hängt an einem dünnen Faden. Ich bin im richtigen Augenblick gekommen und habe die Leute kennengelernt, die man kennen mußte.«

Und dann die alte, etwas aufreizende Leier:

»... Alles, was ich unternommen habe, habe ich mit der Unschuld eines Kindes getan.«

Unter den Leuten, die man kennen mußte, waren Etienne Balsans Freunde: Maurice und Robert de Nexon, der Marquis de Chavagnac, Jules de Saint-Sauveur, aber vor allem eine junge Frau, deren Schönheit der Cocos sehr nahekam, eine Sängerin an der Opéra comique, Marthe Davelli. Sie sang Carmen und Tosca und kreierte die Nausicaa von Reynaldo Hahn. Eine Berühmtheit, der sich Coco sehr schnell anschloß. Auf den alten Bildern sind die beiden schwierig zu unterscheiden, der gleiche Charme, die gleiche Eleganz. Welche der beiden ahmte die andere nach? Es ließ sich nicht sagen, erklären die, die sie gekannt haben. Sie erinnern sich ihrer als der Grille und der Ameise, wobei Coco die Ameise war. An den Gesichtern war es nicht zu erkennen. Marthe Davelli heiratete Constant Say aus der Zuckerindustrie, der bei einer Familienpleite sehr viel Geld verlieren sollte. Sie starb im Amerikanischen Krankenhaus, während Mademoiselle Chanel 1955 das Comeback gelang.

»Sie hat mich besucht«, flüsterte sie einem guten Freund zu, bevor sie die Augen schloß. »Sie ist eine viertel Stunde geblieben.«

Um das Jahr 1910 herum, als Coco Marthe Davelli begegnete und sich die beiden anfreundeten, gab es für sie den Tod noch nicht. Das Leben war schön, sie war glücklich – die Rennen, Deauville und das Polospiel. Durch Boy Capel lernte sie Engländer kennen, die nach Paris kamen, um durch Vergnügungen über die Unbilden des Londoner Klimas hinwegzukommen; selbstverständlich handelte es sich dabei um das moralische Klima. Auch Russen, Prinzen und Großfürsten, die die Langeweile Moskaus zu vergessen suchten. Es war noch die *Belle Epoque,* und Vergnügungen waren mit Paris gleichbedeutend.

Coco eröffnete einen Laden in Deauville. In Paris arbeitete sie bei sich

in der Wohnung. In Deauville stand ihr Name über dem Schaufenster eines großen Geschäfts, und bereits damals schwarz auf weiß: Gabrielle Chanel.

In der Zeit ihrer ersten Erfolge starb ihre ältere Schwester, Julia-Berthe, und hinterließ einen kleinen Jungen, dessen sich Coco annahm. Man kann sagen, daß sie ihn adoptierte; es war ihr Neffe Pallasse.

Erinnert man sich noch an das, was sie mir zu Anfang unserer Gespräche in bezug auf einen kleinen Jungen erzählte, den man bei seiner Geburt in einer Klinik im Norden verwechselt hatte und den seine Mutter nicht mehr haben wollte?

»Ich werde ihn adoptieren!« hatte Coco ausgerufen.

Sehr schnell hatte sie hinzugefügt:

»Ich werde ihn in die beste Schule in der Schweiz geben.«

Das tat sie für ihren Neffen Pallasse, als sie ihn zu sich nahm. Jedoch schickte sie ihn nicht in die Schweiz, sondern nach England ins Beaumont-College, das katholische Eton. Ist das nicht etwas ungewöhnlich? Sie fing gerade an, Geld zu verdienen, und schon richtete sie sich nach *den anderen* aus, den Balsan, Chavagnac, Nexon und Saint-Sauveur, die selber ein englisches College besucht hatten oder ihre Söhne hinschickten.

Der Wind blies damals aus London, wo man sich anziehen und sogar seine Wäsche waschen lassen mußte. Alle Polospieler um Coco herum sprachen englisch. Auch die Großfürsten; diese beherrschten auch Französisch. Coco hörte nur von *studbook, race, dead heat, start* und, damit ich es nicht vergesse, *five-o'clock tea*, und dieses Wort stand in großen weißen (englischen) Buchstaben auf den Schaufenstern aller Konditoreien, sogar in der Provinz. Sprach Coco damals schon englisch? Ich habe vergessen, sie zu fragen. Es läßt sich denken, daß sie es lernte, wie sie es auch lernte, Austern zu mögen, mit dem ganzen Eifer, der dazu notwendig war. Diese Anglomanie schlug bei ihr auf ganz natürliche Weise Wurzeln, wie auch eine Pflanze das Wasser des Regens aufnimmt und ihren Nutzen aus ihm zieht: Er schenkte glänzendes Laub, er schenkte Früchte.

Sie sagte:

»Eines Tages habe ich den *sweater* eines Mannes angezogen, nur so, weil mir kalt war. Es war in Deauville. Ich habe ihn mit einem Ta-

schentuch (in der Taille) zusammengebunden. Ich war mit Engländern zusammen. Keinem von ihnen ist es aufgefallen, daß ich diesen *sweater* trug. Keiner von ihnen hat mir gesagt, daß er mir stand und ich darin hübsch aussah. Die Engländer sagen einem nichts. Ich schaute ihnen beim Polospiel zu. Ich wußte nicht, wem von ihnen der *sweater* gehörte, den ich mir von einem Korbsessel genommen hatte. Es war gegen Ende August, und man sprach vom Krieg. Ich war nicht weit davon entfernt, zu denken, daß die Deutschen den Krieg nur wollten, um mich daran zu hindern, Hüte zu machen.«

Auf diese Weise wurde, nach der Version Chanel, das Chanel geboren: der Sweater eines Polospielers, in der Taille mit einem Taschentuch, sagen wir lieber: einer Schärpe, zusammengehalten. Das Kleid aus Jersey, das erste. Man muß annehmen, daß das Chanel einer bestimmten Idee entsprang. In der Avenue Gabriel wurde in dem Haus, in dem Coco ihre Hüte machte, auch eine Schneiderin eingestellt. Coco hätte andere Kleider nicht machen können, *richtige* Kleider, oder aber sie wäre wegen unlauteren, unerlaubten Wettbewerbs vor den Richter zitiert worden. Der Jersey? Gegen ihn ließ sich nichts sagen. Richtige Kleider wurden nicht aus Jersey gemacht. Der Jersey war für die Männer, und auch da noch … ! In Frankreich wurde er jedenfalls nicht verwendet. Man trug ihn in den englischen Colleges. Cocos Neffe in Beaumont hatte marineblaue Blazer, *navy blue*, mit denen er in den Ferien nach Hause kam. Coco befühlte den Stoff. Eine Idee! Man brauchte nur noch zuzuschneiden und zu nähen. Die Formen und der Geschmack waren in ihr. Ihr genialer Zug bestand darin, die maskuline englische Mode ins Feminine zu übertragen, und das mit einem Geschmack, durch den jede Zweideutigkeit vermieden wurde, ebenso wie bei den Hüten. Alles, was sie anfaßte, verwandelte sie, seine Jakken, seine Hemden, die Krawatten auf den Hemden, die Manschettenknöpfe – alles, was sie vom Mann entlieh, wurde dank ihrer Begabung ultra-feminin.

Dank ihr und auch Marthe Davelli, die sie anzog und mit der sie ihre ersten Einfälle zur Vollkommenheit brachte. Sie wirkten wie die Zwil-

linge einer neuen Eleganz. Tante Adrienne und Antoinette übernahmen die Rollen von Mannequins. Wie in Moulins?

Nein, Moulins war bereits in dem Abgrund verschwunden, in dem Coco die dunklen Jahre versenkte.

»Ich habe gute Nachrichten von meinem Neffen«, erzählte sie ihren vornehmen Kundinnen, die sich bemühten, sie von oben herab zu behandeln. »Er geht in England zur Schule, ins Beaumont-College.«

Wenn eine junge Frau aus der Branche der Couturiers, die etwas vom Geschäft verstand, »das Chanel« lanciert hätte, läßt sich bezweifeln, ob sie Erfolg gehabt hätte.

Warum war es bei Coco weit mehr als ein Erfolg?

Poiret hatte 1906 das Korsett abgeschafft. 1908 schnitt er seinen Mannequins die Haare. Er war der erste Couturier, der ein Parfüm herausbrachte. Nicht unter seinem Namen, sondern unter dem seiner Tochter, Rosine. Er hat damit keine Revolution entfacht, wie Mademoiselle Chanel.

Aber irrt man sich nicht, wenn man behauptet, Mademoiselle Chanel hätte in der Mode eine Revolution ausgelöst?

Hat sie nicht weit eher auf dem Gebiet der Moral umwälzend gewirkt?

Als die Schauspielerin Gabrielle Dorziat zum erstenmal von ihr hörte, geschah es mit den Worten:

»Es gibt in der Rue Saint-Honoré eine kleine, *wahnsinnig komische* Modistin.«

Die Werkstatt in der Avenue Gabriel war bereits in die Rue Cambon 14 in den Zwischenstock verlegt worden, an der Ecke der Rue Cambon mit der Rue Saint-Honoré.

Mademoiselle Chanel hätte die Bezeichnung »wahnsinnig komisch« ganz und gar nicht geschätzt. Und dennoch ... Zuerst ging man zu ihr, weil sie *wahnsinnig komisch* war. Wirklich, die da ist eine Nummer. Das war es, was man von ihr dachte. Es gab niemanden wie sie. Sie brachte einen zum Lachen. In ihrer Gegenwart veränderte das Leben seine Farbe, wurde komisch, *spaßig,* weniger mies als sonst. Mit ihr zusammen trat man aus einem grauen Nebel heraus. Eins ihrer ersten Jerseykleider fertigte sie für die Dorziat an, marineblau, gerade, noch sehr lang, mit einem Jäckchen in Cardiganform und einem kleinen Kragen

aus Kaninchenfell. Das Kaninchenfell wurde – Madame Dorziat erinnert sich noch daran – von einem Kürschner geliefert, der damals gerade anfing. Er hieß Jacques Heim.

In früheren Zeiten, und bei Cocos Start im Jahr 1910 traf es noch zu, schnitten Chinesinnen, die reich waren und geliebt wurden, Kaiserinnen oder Kurtisanen, niemals ihre Nägel, deren Länge der Maßstab für die gesellschaftliche Bedeutung ihrer Schönheit war.

Die Toiletten der Kokotten, ihre Hüte waren dasselbe wie die Nägel der Chinesinnen, die sie daran hinderten, zu arbeiten und sich mit den Lebenden in das Leben zu werfen. Wie die gebogenen Nägel die Chinesinnen, und gerade die umworbensten unter ihnen, der Vormundschaft der Reichen und Mächtigen überantworteten, die in der Lage waren, ihre Dienerschaft zu bezahlen, lieferte die Mode der *Belle Epoque* Emilienne d'Alençon und ihresgleichen der Gnade oder Ungnade der Balsan und anderer Männer, die sie aushielten, aus.

Ihre scheinbare Freiheit versetzte sie in einen Zustand der Sklaverei.

Indem Coco ihnen ihre Toiletten auszog, führte sie das Aussterben einer gesellschaftlichen Gattung herbei, die sich allerdings, das muß man einräumen, bereits im Niedergang befand. Es war das Ende einer Gattung: Obwohl sich diese Frauen der Mode des bürgerlichen Zeitalters angepaßt hatten, *stammten* sie eigentlich von den Favoritinnen der ehemaligen Könige ab.

Jean Cocteau betrachtete das Ganze, den Blick auf Caroline Otéro, die schöne Otéro, gerichtet, folgendermaßen:

»... Geradezu eine Rüstung aus Pailletten, Juwelen, Korsetts, Korsettstangen, Verstrebungen, Blumen und Federn hüllt diesen strahlenden Kürassier der Lust ein. Ihr könnt sie sehen, wie sie ganz allein voranschreitet. Sie ist es aber nicht. Niemals geht sie völlig allein, aber der stattliche Herr, der sie begleitet, war stets nur ein Schatten, ein kahlköpfiger Schatten, mit Monokel und im Frack. Der Schatten im Frack weiß, was ihre Polster und das Kastagnett kosten. Erhebt man den Anspruch, sie auszuhalten, so verwaltet man damit eine Besitzung. Entkleidet sie sich, so dürfte dies die Bedeutung eines Umzugs an-

nehmen. Otéro! Könnt ihr sie sehen, wie sie ihren schönen Busen aus spanischer Haut vorwölbt? Ihr seht sie, wie sie mit dem Auge Minervas, mit Wimpern wie mit Stacheln bewehrt, ihre Gefährtinnen abschätzt. Seht sie euch an, wie sie ihre schwarzen Feuer abschießt! Seht sie euch an, wie sie den Toreros trotzt!«

In Wirklichkeit hat Mademoiselle Chanel die Beziehungen zwischen Männern und Frauen durcheinandergebracht. Man hätte es schon seit langem begriffen, hätte sie nicht, so schmerzlich, ihre eigene Wahrheit verborgen.

In der Avenue Gabriel ebenso wie im Laden in Deauville drängten sich die Frauen um sie, um Freiheit zu atmen. Coco verkaufte ihnen eine neue Art zu leben. Man kämpfte um sie.

Stellen wir uns vor, Candide hätte mit Werken über die kommende Revolution in Versailles einen Buchladen eröffnet und der König hätte ihn, indem er jeden Nachmittag dort hineinschaute, zur Mode gemacht. Genau das ist bei der Chanel geschehen: Sie machte ihre Revolution, die sie siegreich bestehen sollte, mit den Frauen.

Ich habe immer auf das Geld gepfiffen. Das hinderte Coco nicht daran, jeden Abend nachzuschauen, wieviel in den Kassen war. Manchmal kniff sie sich vor dem Einschlafen: Träume ich nicht? Ist es wirklich so einfach, ein Vermögen zu machen?

Seit Moulins war der Weg nicht leicht gewesen, aber nichts ist unnütz, niemals verliert man seine Zeit. Die Nattern, die sie herunterwürgen mußte, stärkten ihren Magen. Das Geld hatte sie durch die Reichen kennengelernt, das half ihr beim Rechnen, wenn sie ihre Preise festlegte. Sie wußte, daß sie bei wesentlichen Dingen knauserten, was jedoch nicht ausschloß, daß sie sich um des Überflüssigen willen ruinierten. Wie wurde sie sich mit ihrer Tante Adrienne und ihrer Schwester Antoinette einig?

Man muß es sich einmal vorstellen. Es war ein Augenblick der Gnade, dieses Zusammentreffen von Coco, Adrienne und Antoinette, dazu noch die reizende Davelli, der das Glück auf dem Gesicht geschrieben stand. Sie unterschieden sich so sehr von den anderen Frauen. Waren

frei! Sie verkauften Hüte und Kleider. Sie waren frei und schön! Nicht zimperlich, sie waren nicht das, was man Zierpuppen nennt, ganz und gar keine Zierpuppen. Aber um ein Ja zu erhalten, das wurde nicht mehr durch Vermittlung eines Notars ausgehandelt, das hing einzig und allein von ihnen ab, von ihrem Herzen, wenn man so will, häufig genug von dem Verlangen nach Vergnügen, von dem Verlangen, glücklich zu sein.

Das war etwas ganz Neues. Man verstand noch nicht recht, was sich da abspielte, und vor allem ahnte man noch nicht, was sich da anbahnte, aber es war faszinierend.

Wenn Coco nichts weiter als Hüte und Kleider zu verkaufen gehabt hätte, hätte sie ein Vermögen gemacht, aber was bliebe von Mademoiselle Chanel?

Sie brachte den Frauen das große Traumbild unserer Zeit: Freiheit durch Unabhängigkeit und Glück durch Sinnenlust.

8

Die Lehrzeit bei Ganz-Paris

Man muß sich unbedingt fragen, wie sich Coco entfaltet hat, wie die kleine Waise, die aus dem Waisenhaus ausgebrochen war, wie das brave Mädchen aus Royallieu zu dieser Beherrscherin des Geschmacks geworden ist, deren Urteile in allen Bereichen des Schönen und der Intelligenz Gesetzeskraft erhielten. »Ohne die Serts«, so gab sie zu, »wäre ich in einer Art Verdummung gestorben.«

Sie sagte:

»Der Krieg hat mir geholfen. In den Katastrophen entdeckt man sich selber. 1919 bin ich als Berühmtheit aufgewacht.«

Selbstverständlich fügte sie hinzu:

»Ich habe es mir nicht träumen lassen. Hätte ich gewußt, daß ich berühmt war, hätte ich mich versteckt, um zu weinen. Ich war blöde. Man glaubt, ich sei intelligent gewesen. Ich war empfindsam und sehr dumm.«

Hätte man es ihr damals an den Kopf geworfen, sie sei dumm und schüchtern, wäre sie damit nicht einverstanden gewesen.

1919 zog sie ihre Fahne an einer anderen Stelle in der Rue Cambon auf, indem sie ein Geschäft im Haus Nr. 25 eröffnete, wo sich alles drängte. Später fügte sie noch die Nummern 27, 29 und 31 hinzu. Sie war *die* Persönlichkeit, die in Paris den Ton angab, und weit davon entfernt, sich zu verstecken, um sich auszuweinen, zeigte sie sich häufig, sehr fröhlich, sehr dynamisch, insbesondere mit dem Großfürsten Dimitri, Enkel des Zaren Alexander II., Neffe des Zaren Alexander III., Vetter des Zaren Nikolaus II., Enkel Georgs I., König von Griechenland. Mit elf Jahren befehligte er ein Grenadierregiment, mit vierzehn Jahren ein Schützenregiment. Mit siebenundzwanzig Jahren befand er sich im Exil, war ruiniert, aber noch immer vom Glanz des kaiserlichen Rußlands überstrahlt, und vertraute sich der Obhut Mademoiselle Chanels an, um den Faden der glücklichen Jahre wieder anzuknüpfen. Er hatte sie vor dem Krieg kennengelernt, als er sich mit Boy Capel und den anderen *Löwen* des ausgelassenen Lebens traf, um die kalten Nächte von Sankt Petersburg zu vergessen. Coco hat mir niemals von ihm gesprochen. Einige Leute, die ihr gegenüber keine große Zuneigung hatten, erinnern sich, mit angehört zu haben, wie sie den herrlichen Großfürsten anfuhr:

»Wollen Sie mir kein Streichholz geben, Dimitri?«

Der Krieg war für sie besser verlaufen, als sie es befürchtet hatte. Die Deutschen hatten sie nicht daran gehindert, Hüte und Jerseykleider zu verkaufen. Marthe Davelli hatte sich ein schönes Haus an der baskischen Küste in der Nähe von Saint-Jean-de-Luz gebaut. Während der Ferien spielte Coco Golf. Wenn sie badete, zog sie ihre Strümpfe nicht aus. Man stelle sie sich in den Badeanzügen jener Zeit vor, die Beine von Seidenstrümpfen umhüllt. Neben ihr, mitten im Krieg des Jahres 1917, Boy Capel. Er ruhte sich zwischen zwei Kohlegeschäften aus. Im Hintergrund Herren in weißen Hosen, dunklem Blazer und mit einem flachen Strohhut je nach Temperament über dem rechten oder dem linken Ohr: Edmond Rostand und Pierre Decourcelle. Coco hat mit dem letzteren niemals über seine Romane gesprochen. Sie hatte andere Lektüre. Um ihren kulturellen Nachholbedarf aufzufüllen, beteiligte sie sich leidenschaftlich an den Kursen (Abendkursen) einer neuen Freundin: Misia Sert.

Mit dem Mädchennamen Godebska, von einem polnischen Vater und

einer russischen Mutter abstammend, war Misia das, was man damals (in den *guten* Kreisen) eine Abenteurerin nannte. Sie verwirrte und beunruhigte. Woher kam sie? Und das Geld, das sie, ohne zu rechnen, ausgab (vor allem das der unglückseligen Männer, die sie behexte)? Sie hatte etwas von den Töchtern des Atlas an sich, ein faszinierendes Geschöpf; alle Feen hatten sich über ihre Wiege gebeugt, um ihr Schönheit, Charme, Intelligenz und Witz zu geben. Bevor sie noch zu lesen verstand, spielte sie schon hervorragend Klavier. Fünf Jahre war sie alt, als der alte Liszt sie auf seine Knie hob und sie bat, für ihn zu spielen; er selber trat die Pedale. Fauré empfahl sich als ihr Lehrer, nachdem er sie gehört hatte. Sie war für ihn eine große Enttäuschung, als sie sich mit fünfzehn Jahren mit Thaddée Natanson, dem Sohn des Verlegers, verheiratete, der damals die *Revue Blanche* herausgab, eine Zeitschrift, die sehr in Mode war. Er kannte alle Welt. Er brachte auch Debussy mit nach Hause, der sich ans Klavier setzte und, sich selber begleitend, Misia alle Rollen aus *Pelleas und Melisande* vorsang.

Sie wurde Renoirs Lieblingsmodell. Er malte acht Porträts von ihr, von denen sich eins in Leningrad in der Eremitage befindet, ein anderes zusammen mit der Sammlung Barnes in Philadelphia. In Paris sieht man Bilder von ihr von Bonnard, Vuillard und Vallotton im Nationalmuseum für moderne Kunst.

Wenn sie für Renoir saß, erzählte er ihr von der Kommune, während seine Bedienstete, die berühmte Gabrielle, unaufhörlich kritisierte, was er gerade machte. Hin und wieder hielt er im Malen inne und flehte Misia an, ihr Dekolleté zu öffnen:

»Tiefer, ich bitte Sie! Warum lassen Sie nicht Ihre Brüste sehen? Das ist ja ein Verbrechen!«

Als Misia dies in einem Buch ihrer Erinnerungen erzählte, erklärte sie seufzend:

»Nach seinem Tod habe ich mir häufig den Vorwurf gemacht, daß ich ihn nicht alles habe sehen lassen, was er wollte. Ich habe ihn mehrere Male am Rand der Tränen erlebt. Niemand verstand die Feinheit einer Haut besser zu schätzen als er.«

Wenn Toulouse-Lautrec bei ihr zu Mittag aß, zeichnete er sie mit wenigen Strichen auf seine Menükarte. Er nannte sie die Schwalbe. Die Menükarten wurden weggeworfen. Wie schade! Wie entsetzlich!

stöhnten später alle, die, wie Misia ironisch meinte, »... sich über Lautrec lustig machten, sich vor Renoirs Bild wanden und mich fragten, in welcher Richtung man eigentlich meine Landschaften Bonnards aufhängen sollte, das waren die, die nicht einmal von Mallarmés Existenz eine Ahnung hatten ...«

Mallarmé kam zu Misia nach Valvins an der Seine, um ihr seine Gedichte vorzulesen. Er erschien in Holzpantinen. Eines Abends unterbrach sie ihn und beklagte sich über eine Migräne. Er erhob sich und ging weg. Sie glaubte schon, er sei ihr böse, aber eine Stunde später kehrte er mit einer Tablette Aspirin zurück. Zum Neujahrstag schickte er ihr eine Gänseleberpastete mit einem Vierzeiler, den sie jedoch verlegte.

»Wie hätte ich alles, was man mir schenkte, aufheben können? Man hätte mich für ein Ungeheuer gehalten, wenn ich solche Schätze aufgehäuft hätte«, erklärte sie zu ihrer Verteidigung.

Auf einen Fächer schrieb Mallarmé:

Papierner Flügel weit entspannt
als unlängst dich Misia
in Sturm und Lust
ihres Klaviers einweihte.

Sie entdeckte van Gogh und bot seine Bilder allen ihren Freunden für zweihundert Francs an. Aber sie wollten sie nicht haben. Die gleichen Freunde hielten sich die Ohren zu, wenn sie ihnen Strawinskys Musik aufzwang. Grieg spielte ihr *Peer Gynt* vor. Als sie Aases Tod hörte, vergoß sie einen »Strom von Tränen«. Ibsen schenkte ihr sein ihr gewidmetes, gerahmtes Foto.

Alle Welt aß bei Thaddée Natanson, dem Chef der *Revue Blanche*. Alle Welt aß auch bei Misias zweitem Mann, dem sehr reichen Edwards, dem Besitzer des *Matin* und des Théâtre de Paris, einer seltsamen Persönlichkeit, der Misia etwa in der Art, wie König David die schöne Bathseba seinem Hauptmann wegnahm, Thaddée Natanson abjagte. Edwards schickte zwar Thaddée nicht in den Krieg, um sich dort töten zu lassen, sondern beförderte ihn »in die Kohlen«, damit er sich an einem Bergwerk mit günstigen Förderbedingungen bereicherte. Er

nutzte seine Abwesenheit aus, und es gelang ihm, Misia dazu zu überreden, ihn zu lieben.

Wer außer Misia hätte es gewagt, Caruso zum Schweigen zu bringen? »Genug! Ich kann nicht mehr!« rief sie, als er bei ihr bis zum Überdruß neapolitanische Lieder vortrug. »Niemals«, so erzählt sie, »habe ich einen Mann gesehen, der verdutzter gewesen wäre als er.«

In *Venises* entwirft Paul Morand ein glänzendes Bild von ihr, von dem ich mir einige Sätze auszuleihen erlaube:

»... sie sammelte Genies, die alle in sie verliebt waren: Vuillard, Bonnard, Renoir, Strawinsky, Picasso... Sie sammelte Herzen und Bäume der Mingperiode aus Rosenquarz; wenn sie ihre sonderbaren Einfälle lancierte, wurden diese sofort zur Mode, aufgefangen von allen ihren Anbetern, von Dekorateuren ausgebeutet, von Journalisten wieder aufgegriffen und von den Damen der Gesellschaft mit ihren leeren Köpfen nachgeahmt. Misia, Königin des modernen Barocks, richtete sich ihr Leben im Bizarren, in einem Schimmer von Perlmutterglanz ein; Misia war kapriziös und arglistig und versammelte Freunde bei sich, die sich untereinander nicht kannten, ›um unter ihnen dann besser Verwirrung stiften zu können‹, wie Proust versicherte. Misia war genial in ihrer Treulosigkeit und raffiniert in ihrer Grausamkeit, und Philippe Berthelot sagte von ihr, man dürfe ihr nicht anvertrauen, was man liebe: ›Hier wohnt die Katze, versteckt euch, Vögel‹, rief er stets, wenn er an ihrer Tür klingelte ... Es war jene Misia des symbolistischen Paris, der Pariser Wildnis, jenes Paris des Weltkrieges, jenes Paris des Versailler Friedens, des venezianischen Paris. Misia, so einladend wie ein Sofa, aber wenn es einen nach Ruhe verlangte, dann war es ein Sofa, das einen zum Teufel zu befördern drohte. Die unbefriedigte Misia, deren durchbohrende Augen noch lachten, während sich ihr Mund bereits verzog.«

Vielleicht sollte man ihre dramatische Geburt erwähnen. Ihre Mutter, Sophie Godebska, lebte in Brüssel und wartete auf die Rückkehr ihres Mannes, der in Sankt Petersburg ein Palais der Prinzessin Trubezkoi dekorierte.

Durch einen anonymen Briefschreiber, der ihr Bestes wollte, erfuhr Sophie Godebska, daß er den süßen Freuden der Liebe huldigte (eine damals übliche Redensart), und zwar mit einer jungen Tante, bei der er auch noch genügend Zeit gefunden hatte, ihr ein Kind zu machen. Sophie Godebska brach sofort auf:

»Weiß Gott, dank welchen Wunders (so erzählt Misia in ihren Memoiren) sie bis an das Ziel ihrer Reise gelangte, und das inmitten des eisigen russischen Winters, bis zu einem eingeschneiten Haus. Sie ging die Stufen der Freitreppe hinauf und lehnte sich in dem Augenblick, in dem sie gerade klingeln wollte, um wieder zu Atem zu kommen, an den Türrahmen. Das laute Lachen, das sie erkannte, drang durch die Tür bis zu ihr. Ihre Hand hielt in der Bewegung inne. Nach der übermenschlichen Anstrengung, zu der nur ihre Liebe ihr die Kraft gegeben hatte, bemächtigten sich ihrer ungeheure Müdigkeit und grausame Mutlosigkeit.«

Arme Sophie. Sie flüchtete in ein kleines Hotel, von dem aus sie an ihren Bruder schrieb, der ihren Mann sofort benachrichtigte. Dieser kam gerade noch zur rechten Zeit, um sie ihren letzten Atem aushauchen zu hören. Sie hatte inzwischen Misia zur Welt gebracht. »Die tragischen Umstände meiner Geburt sollten mein Schicksal zutiefst beeinflussen«, schrieb Misia.

Zunächst wurde sie von einer prunkliebenden, gefräßigen Großmutter aufgezogen, einer reichen, sehr musikalischen und sehr gastfreundlichen Frau, die in der Nähe von Brüssel wohnte und deren Haus den Künstlern offenstand. Zu ihren Stammgästen gehörte die Königin von Belgien. Wenn sich Misia in die Keller vorwagte, entdeckte sie Kälber, Schafe und ganze Rinderhälften, die dort an Haken hingen, »entsetzliche blutige Stalaktiten, die darauf warteten, für meine Großmutter und die starken Esser ihres Gefolges zerlegt zu werden«. Sie fügte bei dieser Schilderung nicht hinzu, daß diese Nahrung sie anekelte, aber dennoch muß man an Coco denken, die von den zu blutigen Hälften ausgeschlachteten Schweinen angewidert war, wie sie dort auf einer Planke in der Küche des schönen Hauses ihrer Tanten in der Auvergne lagen.

Wie groß war eigentlich der Beitrag Misias zu dem Bild, das sich Coco im Verlauf der Jahre von Mademoiselle Chanel machte? Zusam-

men mit Misia – und deren drittem Mann, dem spanischen Maler José Maria Sert – durchlebte sie ihre Jahre der Sorbonne. Sie vermittelten ihr zur gleichen Zeit, was sich lernen und was sich nicht lernen läßt, wobei schlummernde Talente in ihr geweckt wurden.

Sert war ein Vorläufer Dalis – durch sein Verhalten ebenso wie durch seine Geschwätzigkeit. Schwerfällig, melancholisch, bärtig und stets ein wenig verkleidet, einen Umhang um seine Schultern geworfen und einen Sombrero auf dem Kopf, von dem er behauptete, er behielte ihn auch in Anwesenheit des Königs von Spanien auf. Selbstverständlich setzte er ihn in Cocos Gegenwart ab.

»Ich kann zu Pferd in alle Kirchen Spaniens hineingelangen«, behauptete er.

Als man ihm Misia vorstellte, rief er aggressiv:

»Wissen Sie, Madame, daß ein Storch vor einem Haufen Nahrung Hungers sterben kann?«

Sie, die sonst niemals um eine Erwiderung verlegen war, blieb stumm.

»Es genügt«, erklärte Sert, »ihm den Schnabel in ausreichender Länge abzusägen, damit er jedes Gefühl für Entfernung verliert.«

Glaubt man da nicht, Dali zu hören? Er sprach französisch mit katalanischem Akzent, ebenso wie Dali. Nachdem er dank der Störche eine erste Wirkung erzielt hatte, schilderte er Misia die Verwirrung einiger Enten, die von ihm als Seelöwen gemalt wurden und die noch dazu eine Familie von Seelöwen entdeckten, gleichfalls dank seiner Bemühungen von Entenfedern bedeckt.

Wie sollte man einem solchen Mann widerstehen, der zwar nicht schön, jedoch verführerisch war, ein Riese mit einem grenzenlosen Appetit? Bei ihm, so bemerkte ironisch ein Gastwirt, werden nur ganze Tiere serviert. Wenn er Blumen schickte, waren es fast Bäume, Rosenstöcke. Schokolade bot er im Schubkarren an. Neben alldem auch ein Talent, gerade das Talent, das Geld abwirft, in seiner eigenen Zeit anerkannt. Fresken, die er malte, waren stets riesenhaft. »Ja, so etwas muß sich Luft machen«, meinte der geniale Zeichner Sem dazu.

Man konnte sich keinen besseren Reiseführer erträumen als Sert. Über die Maler wußte er alles, und von der Malerei verstand er mit einfachen Worten zu reden. Coco sagte:

»Wenn man ihm zuhörte, kam man sich intelligent vor.«

Misia *lehrte* sie Strawinsky, Picasso, die Musik, die Malerei und das tonangebende Paris, nicht zu reden von einer gewissen, bereits altmodischen Sprache, die jedoch bestimmte Verbindungen herstellte, wie zum Beispiel Mechaniker im Verhältnis zum Chauffeur oder Kautschuk gegenüber dem Regenmantel. Sert brachte ihr eine Lebenskunst bei, die nicht eigentlich ihrem Wesen entsprach, *jene gewisse Unbekümmertheit, von der man nicht abgehen darf,* eine Art, Geld auszugeben, zu verschwenden, ohne darauf zu achten, was da zwischen den Fingern zerrinnt. *Ich habe ganze Vermögen verdient, und ich habe sie ausgegeben.* Sie sagte es, und es stimmte. Dennoch wäre sie niemals so weit gegangen wie ein Sert, das heißt nicht etwa: über ihre Mittel hinaus, sondern über das hinaus, was ihr als zuviel erschienen wäre.

Eine außerordentliche Epoche, diese Zeit nach dem Ersten Weltkrieg, und nicht nur wegen des Nachtlokals *Bœuf sur le Toit.* Die Gärung des jungen Weins setzte die alten Schläuche, in die die Welt eingehüllt bleibt, bereits auf eine harte Probe; noch für wie lange? André Gide schrieb *Corydon.*

Ich hatte Glück, alles stand bereit, sagte Coco. Zwanzig Jahre früher hätte Paris sie nicht gefeiert. Noch weitere zwanzig Jahre früher hätte man Coco verbrannt. Man stelle sich vor, sich von *so etwas* Kleider zu bestellen! Ohne davon zu reden, was sich möglicherweise in Moulins zugetragen haben mochte, wo kam *so etwas* her? Von wem wurde es ausgehalten? Man wußte es nur zu gut. Und *so etwas* sollte man sein gutes Geld bringen? Man sollte *so etwas* erlauben, sich über die Gesellschaft, die Moral, die Kirche, die jungen Mädchen mit Blumen und die Herzogin de Guermantes hinwegzusetzen? Sollte man es hinnehmen, daß *so etwas* sein eigenes Haus besaß?

Coco hat zweifellos niemals darüber nachgedacht, was sie eigentlich dem Krieg, dem Ersten Weltkrieg, schuldete. Gide arbeitete für sie. Und auch Mauriac, dessen Weihrauch den Schwefel nicht völlig verbergen konnte. Eine Moral zerbrach, und heute entdeckt man, daß die gleichen Ursachen zu den gleichen Verheerungen führen, nur in größe-

rem Ausmaß. Nach 1918 berührte die Krise nur die Reichen. Heute sind sozusagen alle reich. Und alle fordern jene Freiheit im Vergnügen, die Coco den Frauen, die sie bezahlen konnten, bot. Sie würde, wenn sie dies läse, aufschreien, sie würde mit den Füßen aufstampfen, und dennoch, wenn man die Wahrheit transponiert, wenn man sich der Mühe unterzieht, sie (der Relativität der Zeit entsprechend) neu anzuwenden, was ist denn dann Mary Quants Minirock anderes als das befreiende Chanel der anderen Nachkriegszeit?

Angeregt von ihrer Freundin Misia, interessierte sich Coco für das russische Ballett.

»Misia hat mir ständig von diesen Balletten erzählt. ›Du ahnst ja gar nicht, wie schön so etwas ist‹, sagte sie. ›Wenn du sie einmal gesehen hast, ist dein Leben verwandelt.‹ Sie hat immer ungeheuer viel erzählt.«

Misia war die große Freundin von Diaghilew. Sie sprach von ihm als Diag. »Ich liebe Dich mit Deinen zahlreichen Fehlern«, schrieb ihr Diag, »ich empfinde für Dich jene Gefühle, die ich auch einer Schwester gegenüber haben könnte. Leider habe ich keine. Daher hat sich diese Liebe auf Dich hin kristallisiert. Erinnere Dich daran, daß wir uns vor nicht langer Zeit über die Tatsache geeinigt haben, daß Du die einzige Frau bist, die ich lieben könnte.«

Coco befand sich bei Misia (das versetzt uns in den April 1922) im Hotel Meurice, wo Misia wohnte, als Diaghilew mit gewaltigem Getöse dort hereingestürzt kam. Er traf gerade aus London ein, wo die Inszenierung von *Dornröschen* ihn ruiniert hatte. Coco erzählte:

»Er sah mich gar nicht. Er wurde sich nicht einmal dessen bewußt, daß ich da war. Ich blieb still und bescheiden in meiner Ecke sitzen.

›Eine Katastrophe, die mir da zugestoßen ist‹, sagte er zu Misia.

Ich hatte begriffen, daß es Diaghilew war. Ich habe ihn mir angesehen. Ich habe ihn sehr aufmerksam beobachtet. Misia sprach mir unaufhörlich von ihm, auch von Musik, sie überschüttete mich mit ihren Erinnerungen. Sie amüsierte mich sehr. Und nun begriff ich, dort in meiner Ecke völlig vergessen, daß ein großes Unglück über Diaghilew hereingebrochen war.

›Was wirst du tun?‹ fragte Misia.

Er war aus London geflüchtet, weil er seine Schulden nicht bezahlen konnte. Er tauchte wie ein Wahnsinniger auf und wußte nicht, was er

unternehmen sollte. Zufällig verließ Misia einen Augenblick das Zimmer, um nebenan zu telefonieren. Da bin ich auf ihn zugeeilt, ich, die ich so schüchtern bin! ... ich, die niemals wagte, mit jemand zu sprechen ... Ich bin aufgestanden und habe gesagt:

›Ich wohne im Hotel Ritz. Kommen Sie zu mir. Aber sagen Sie Misia nichts davon. Kommen Sie, sobald Sie hier weggehen. Ich erwarte Sie.‹«

Man mag sich noch so sehr an Cocos Untertreibungen gewöhnt haben, es bleibt einem dennoch die Luft weg. *Ich, die ich so schüchtern bin, die niemals wagte, mit jemand zu sprechen ...*

Sie entsann sich der Erregung, die sie damals verspürte. Ihr war es mehr oder weniger durchaus bewußt, eine Art Diebstahl zu begehen. Was hinderte sie, Diaghilew in Misias Anwesenheit das zu sagen, was sie ihm ein wenig später im Ritz vorschlagen würde? Das heißt: Ich habe Geld, ich kann Ihnen helfen, wieviel brauchen Sie?

In Wirklichkeit erlegte sie sich eine Prüfung auf: Bist du jetzt groß genug, um mit deinen eigenen Flügeln zu fliegen? Um auf Misia zu verzichten? Sie ging auf die Vierzig zu, und jetzt sagte sie:

»Ich bin ins Hotel Ritz zurückgekehrt, um auf Diaghilew zu warten. Er ist gekommen. Ich sagte mir: Da du den Mut gefunden hast, ihn zum Kommen aufzufordern, geh jetzt bis ans Ende und finde auch den Mut, mit ihm zu sprechen. Ich habe daher gewagt, zu ihm zu sagen:

›Ich habe mit angehört, was Sie Misia berichtet haben. Sie hat kein Geld. Sie kann Ihnen keins geben. Wieviel brauchen Sie, um Ihren Verbindlichkeiten in London zu begegnen und nach Frankreich zurückzukehren?‹

Er hat mir den Betrag genannt, den ich völlig vergessen habe. Ich habe ihm umgehend einen Scheck ausgeschrieben. Er muß nicht geglaubt haben, daß er gedeckt war! Ich habe ihm nur erklärt:

›Daß Misia nichts davon erfährt, niemals!‹«

Es war sehr wohl ihre Freundin, die sie da betrog. Sie ertrug es nicht, irgend jemand etwas zu schulden, was immer es sei. Sobald sie Geld hatte, wollte sie für alles und für alle zahlen. Wie man auch für sie gezahlt hatte? Nein, um zu vergessen, daß man für sie gezahlt hatte. Um es mit etwas gröberen Worten zu sagen: Indem sie die Schulden der anderen zahlte, löschte sie ihre eigenen aus. Sie sagte:

»Ich hatte schon so viel gelernt, um zu begreifen, daß Misia auf mich eifersüchtig sein würde, denn sie konnte nicht das tun, was ich für Diaghilew tat. Ich habe darauf gedrungen:

›Ich will nicht, daß Misia es erfährt. Ich will, daß niemand es erfährt.‹

So haben meine Beziehungen zu Diaghilew begonnen. Er hat den Scheck bestimmt nicht ohne Beklemmung eingelöst. Bestimmt ist er zitternd zur Bank gegangen. Niemals hat er mir geschrieben. Niemals hat er sich auch nur durch ein Wort kompromittiert. Ich habe Serge (Lifar) gefragt, der ihn fünfzigmal aus Schwierigkeiten herausgeholt hat, was er von mir hielte:

›Welche Gefühle hatte er mir gegenüber?‹

›Ich verstehe nicht, was du eigentlich wissen willst‹, hat mir Serge geantwortet.

›Na ja, hatte er mir gegenüber freundschaftliche Gefühle? Eine gewisse Zuneigung?‹

›Ganz und gar nicht‹, hat Serge geantwortet. ›Vor dir hatte er Angst.‹

Wie seltsam sind doch diese Russen! Diaghilew hatte Angst vor mir! Angst wovor? Serge hat mir erzählt:

›Wenn du kamst, befanden wir uns alle im Alarmzustand. Man durfte dir dies und jenes nicht sagen; sobald du da warst, mußte man sehr aufpassen.‹

Ich selber fühlte mich inmitten dieser Truppe, die ich einschüchterte, nicht wohl.

Ich habe nicht lockergelassen:

›Wieso habe ich ihm Angst eingejagt?‹

›Verstehst du‹, hat mir Serge erklärt, ›er war noch niemals einem Menschen wie dir begegnet. Du gabst Geld und verlangtest nichts dafür. Das hat er nicht verstanden. Das hat ihn geängstigt. Wenn wir zu dir gingen, ermahnte er uns, sauber, leise und gut angezogen zu sein.‹

Ach! Wenn man so etwas zu hören bekommt, ist man wie vor den Kopf geschlagen. Man glaubt, etwas Gutes zu tun ... Dabei habe ich bei diesem Russen nur *ein* Gefühl geweckt, das der Angst!«

Erstaunliche Mitteilung. Wenn ich mir Cocos Monologe anhörte, habe ich mich oft gefragt: Seit wann spricht sie eigentlich? Bei Misia, im Hotel Meurice, hat sie den Mund nicht geöffnet. Diaghilew hat sich Misia anvertraut, als wären sie allein.

»*Ich habe Geld, ich kann Ihnen helfen.*« Zweifellos ein Merkzeichen von wesentlicher Bedeutung: Das Geld hatte ihr die Sprache geschenkt.

»*Angst! Ich habe Diaghilew Angst eingejagt!*« Vierzig Jahre später konnte sie es noch immer nicht fassen. Sie sagte:

»Es war viel Geld erforderlich, um *Les Noces* zu inszenieren, um *Le Sacre* neu zu inszenieren, alle Sachen von Strawinsky, dem gegenüber ich von einer musikalischen Leidenschaft ergriffen war. Nichts anderes! Er, so glaube ich, wurde von einer anderen Leidenschaft gepackt, und das war ein Drama, denn ich habe ihm sagen müssen, daß zwischen uns so etwas nicht in Frage käme. Ich habe ihn sehr gern gemocht. Er war fabelhaft. Ständig sind wir ausgegangen. Es war so angenehm, zusammen mit Menschen wie ihm alles zu erfahren. Zehn Jahre hindurch habe ich mit solchen Menschen gelebt.«

Misia erzählte ihr von Strawinskys Schwierigkeiten, der damals irgendwo in der Schweiz ein jämmerliches Leben führte. Und sie griff ein:

»Man muß etwas unternehmen, Misia, er darf nicht in Schwierigkeiten geraten, und es darf auch seiner Familie nichts fehlen.«

Sie sagte:

»Bei diesen russischen Balletten und unter all diesen Künstlern, die mir leid taten, gab es welche, die ich mochte, aber auch andere, die ich

weniger mochte … Dieser Hang, den ich hatte, mich in alle diese Dinge einzumischen, einzig und allein, um mir woanders Unannehmlichkeiten zuzuziehen … Und was ist mir, rechnet man alles zusammen, am Ende geblieben? Nicht einmal die Freundschaft dieser Menschen! Diaghilew habe ich Angst eingejagt! Nein, Serge (Lifar) hat es mir nicht so gesagt, um etwas zu sagen, es handelte sich um seine Jugend, daran konnte er sich gut erinnern, im übrigen ähnelt es Diaghilew, der in der Angst lebte, in der Angst, keinen Erfolg zu haben, in der Angst vor etwas, was über ihn hereinbrechen würde, in der Angst, daß seine Aufführung durchfiele … Er hat niemand etwas gegeben, niemals! Nicht die kleinste Empfindung. Den Tänzern gegenüber zeigte er sich erbarmungslos. Manchmal haßte ihn Serge. Er ließ ihn wie einen Hund arbeiten. Er schickte ihn in die Museen, um sich zu bilden, ständig hat er ihm von Kunst gesprochen.«

Dennoch war es faszinierend, mit allen diesen Menschen zu verkehren. Sie räumte es ein:

»Wie hieß doch dieser Bühnenbildner, der immer da war? Bakst! Er hat mich oft zum Lachen gebracht, dieser alte Papagei. Er verfolgte mich, um ein Porträt von mir zu machen. Das war einer, der keine Komplexe hatte! Sehr lustig, immer lustig, er aß gern, er trank gern, er machte gern Dekorationen, und es gab welche, die ich paradiesisch fand. Als ich das erste Mal *Shéhérazade* gesehen habe, war ich überglücklich. Für mich liegt darin das Schöne. Und so gut getanzt! Die heutigen Ballette sind, damit verglichen, Dummheiten.«

Und Picasso? Sie kannte ihn durch Reverdy. Sie sagte:

»Ich war von den Dekorationen, die er für Strawinsky gemacht hat, ein wenig geblendet. Ich verstand sie nicht ganz. Für mich war das etwas sehr Neues. Ich war ein bißchen erschreckt und fragte mich: Ist das wirklich schön?

Später wurde ich von einer Leidenschaft für Picasso mitgerissen. Er

war böse. Er faszinierte mich so, wie ein Sperber mich fasziniert, er versetzte mich in eine entsetzliche Angst. Ich spürte es, wenn er kam; dann zog sich etwas in mir zusammen. Er ist da! Ich sah ihn noch nicht, aber ich wußte schon, daß er sich im Saal befand. Und dann entdeckte ich ihn. Er hatte so eine Art, mich anzusehen ... Ich zitterte. Sie waren alle einander gegenüber sehr hart. Sie faßten sich wahrhaftig nicht mit Glacéhandschuhen an. Mich begeisterten sie; sie waren alle sehr große Künstler. Niemals sprachen sie von Geld.«

Nach Boris Kochno stellte sie für Diaghilew einen Scheck von 200000 Francs aus, damals noch Goldfrancs. Andere haben von 50000 gesprochen. Sie hat mir niemals eine Zahl genannt, und dennoch hatte sie diese Zahl, die sie weiterhin beeindruckte, stets auf der Zungenspitze. Warum hatte sie dieses Geld gegeben? Soviel Geld?

Das Geld ...

Häufig sprach sie davon, zuweilen mit einem scherzhaften Unterton, dessen sie sich nicht völlig bewußt zu sein schien. Sie sagte:

»Ich habe nicht nur mit reichen Leuten verkehrt. Einige von ihnen sind sehr ordinär, und lieber würde ich mit einem Clochard essen als mit denen, die mich zu Tode langweilen. Ich liebe das Geld nicht, und folglich liebe ich auch nicht Menschen, weil sie Geld haben. Diese Menschen, die nur von Geld reden, ermüden mich. Deswegen gehe ich nicht mehr aus. Denn von wem wird eine Frau wie ich eingeladen? Von den reichen Leuten.«

Und dann gab sie diesen Gemeinplatz von sich:

»Wenn sie nett und interessant sind, ziehe ich die Reichen den Armen vor, denn zumindest brauche ich mich nicht mit ihrem Schicksal zu befassen.«

Damit ist man nicht mehr weit entfernt von der Alltagsweisheit: »Man ist besser reich und gesund als arm und krank«, die Boris Vian zugeschrieben wird (die aber bestimmt auf die Ursprünge des Geldes zurückgeht)!

Coco sagte:

»Wenn die Reichen ihr Geld ausgeben, ist das ganz in Ordnung. Im

übrigen sind die reichen Leute und die Leute, die Geld haben, keineswegs dasselbe. Die, die Geld haben, geben es aus, wie ich es getan habe. Für mich hat das Geld niemals einen anderen Klang als den der Freiheit besessen.« Und noch folgendes:

»Das Geld ermöglicht es einem, denjenigen zu helfen, die man bewundert, den Menschen, die etwas zu sagen haben. Man kann bedeutende Werke auf die Bühne bringen lassen. Ich habe den russischen Balletten viel geholfen und nur eins verlangt: daß niemand es erfährt.«

In diesem Punkt, *daß niemand es erfährt,* stimmte Cocos Version vollkommen mit der überein, die Boris Kochno von Diaghilew erhalten hatte, aber was das übrige anbelangt …

Nach Boris Kochno hatte Diaghilew Coco in Venedig kennengelernt, wo sie sich zusammen mit den Serts befand. Hübsch, sehr hübsch; Diaghilew war es aufgefallen; aber schweigsam. Ihren Namen hatte er nicht behalten. So hatte es Diaghilew Kochno erzählt. Und dann wird ihm später in Paris, im Hotel Continental, wo er wohnte, oder im Grand Hôtel, eine Besucherin gemeldet.

»Wer?« fragt Diaghilew.

Nach seiner Version war es Coco, die ihn in der Halle erwartet haben soll, um ihm den Scheck zuzustecken, die 200000 Francs jener Zeit.

»… aber daß niemand es erfährt!«

Vor allem nicht Misia Sert. Stets stößt man durch die Einzelheiten, die sich überschneiden, auf die Wahrheit. Indem Coco einen Scheck über 50000 oder 200000 damalige Francs unterzeichnete, stellte sie sich in Wirklichkeit einen neuen Personalausweis aus. Sie wurde die Chanel. Sie selber! Endlich. Sie brauchte weder die Serts noch irgend jemand mehr. Sie bezog ihre Adelsurkunde von ihrem Bankkonto.

Gegen Ende des Sommers 1929 lag Diaghilew in Venedig in den letzten Zügen, als die *Flying Cloud*, die Segeljacht des Herzogs von Westminster, mit Mademoiselle Chanel an Bord aus dem Hafen auslief.

Diag hatte Misia Sert eine Nachricht geschickt:

»Komm sofort!«

Sie eilte herbei. Boris Kochno und Serge Lifar wachten bei ihrem Meister. Die Hitze war erstickend, aber Diaghilew zitterte vor Kälte. Man hatte ihm, in der Hoffnung, er würde sich erwärmen, seine Smokingjacke angezogen. Wohl erkannte er Misia, aber schon sprach er von sich in der Vergangenheit:

»*Tristan* und die *Pathétique* habe ich so sehr geliebt. Versprich mir, Misia, dich immer weiß zu kleiden, in Weiß habe ich dich am liebsten gesehen.«

Sie ging hinaus, um ihm einen Pullover zu kaufen, den ihm überzuziehen ihr aber nicht gelang, denn er war schon zu schwach, um die Arme zu heben, man konnte ihn nicht mehr bewegen. Um drei Uhr morgens ließ Misia einen Geistlichen kommen. Als er erfuhr, daß der Sterbende Russe war, wurde er zornig und lehnte es ab, einem Orthodoxen beizustehen. Misia begann so laut zu schreien, daß er sich bereit fand, ihm eine »kurze Absolution«* zu erteilen. Bei Tagesanbruch, als die aufgehende Sonne seine Stirn berührte, verschied er. Der Glanz der Morgenröte lag strahlend über dem Meer. Als die Krankenpflegerin seine Augen schloß, »... kam es in diesem kleinen Hotelzimmer, in dem sich der größte Zaubermeister der Kunst zum Sterben gelegt hatte (Misia ist es, die dies erzählt), zu einer typisch russischen Erscheinung, wie man ihr bei Gestalten Dostojewskis begegnet. Diaghilews Ende sollte zum Funken werden, der den bei den beiden jungen Männern, die mit ihm gelebt hatten, aufgestauten Haß zum Ausbruch bringen sollte. In der Stille dieses tragischen Ereignisses erhob sich eine Art Gebrüll: Kochno stürzte sich auf Lifar, der auf der anderen Seite des Bettes kniete. Sie wälzten sich am Boden, zerrten aneinander und bissen sich wie Tiere.«

Man mußte einen Platz auf dem Friedhof suchen, »der letzte Dienst, den ich dem Freund erweisen konnte, der seit zwanzig Jahren mein Herz erfüllte«, schrieb Misia. Sie hatte einen Scheck in ihrer Hand-

* Misia Sert, *Pariser Erinnerungen*, Insel Verlag

tasche, den sie der Baronin d'Erlanger bringen ließ und die sie bat, die notwendigen Vorkehrungen für den Trauergottesdienst und die Bestattung zu treffen. Danach stellte sie fest, daß sie kein Geld mehr hatte. Diaghilew hinterließ insgesamt und für alles 6000 Francs, die Misia Lifar und Kochno übergab, »den Jungen«, wie sie sagte.

In ihren *Souvenirs* erzählt sie: »... Glücklicherweise trug ich mein Diamantenkollier am Hals. Ich beschloß, mir darauf Geld zu leihen. Aber unterwegs zum Juwelier begegnete ich einer innig geliebten Freundin, die, von einer Vorahnung getrieben, in aller Eile nach Venedig zurückgekehrt war. Tatsächlich hatte sie am Abend zuvor die Stadt an Bord der Jacht des Herzogs von Westminster verlassen, als es Diaghilew bereits sehr schlecht ging. Kaum war das Schiff auf hoher See, als sie das Schlimmste zu befürchten begann und den Herzog bat, umzukehren. Das war keine kleine Angelegenheit, denn es war für diese Kreuzfahrt bereits ein genauer Kurs festgelegt worden, den man völlig ändern mußte, und die Jacht war ein großes Schiff mit einer starken Besatzung. Auf jeden Fall war ich glücklich, ihr zu begegnen. Sie nahm mich sogleich mit und stand neben mir, bei der Beerdigung, deren traurigen Ablauf Catherine d'Erlanger bewunderungswürdig organisiert hatte.«

Die innig geliebte Freundin war Coco. In ihren *Souvenirs* nennt Misia sie nicht. Welche Übereinstimmung mit früheren Ereignissen! Noch einmal befand sich Coco bei Misia, um Diaghilew die Katastrophe seines Ruins zu ersparen. Diesmal sprang sie mit weniger Schüchternheit ein als das erstemal. Als »die Jungen«, Lifar und Kochno, um ihrer dostojewskischen Verzweiflung Ausdruck zu geben, die Absicht hatten, dem Sarg auf den Knien von der Anlegestelle bis zum Friedhof zu folgen, sagte sie ganz ruhig zu ihnen:

»Auf!«

Sie gehorchten.

Genauere Einzelheiten und Berichtigungen von Boris Kochno: Der Geistliche in Venedig ließ sich keineswegs bitten, um Diaghilew beizustehen, aber Kochno und Lifar befürchteten, daß ihr Meister wieder

zu sich kommen könnte, während man ihn *auf den Weg brachte;* er könnte in Zorn geraten oder aus Furcht vor dem Sterben die Beherrschung verlieren, und so hörten sie nicht auf, ihn anzutreiben: »Beeilen Sie sich!« Diaghilew ist an Diabetes gestorben.

»An den Wochentagen«, erzählt Kochno, »hielt er sich an seine Diät, aber niemand hätte ihn daran hindern können, sich am Sonntag mit Süßigkeiten vollzustopfen.«

Ich habe Kochno gefragt:

»Hatte Diaghilew wirklich Angst vor Coco?«

»Angst? Nein, er hat sie zu sehr geliebt.«

»Trotzdem war Coco davon überzeugt.«

Daraufhin erklärte Kochno:

»Diaghilew war Russe. Er glaubte an die unverdiente Gnade, sie schien ihm ganz natürlich.«

Schweigen. Aber ich ließ nicht locker:

»War Coco trotz allem ein Mensch aus der Auvergne?«

»Trotz allem«, räumte Kochno ein.

9

Das Paris der siebenhundert

Cocteau, Radiguet, Strawinsky, Picasso, Bakst, alles, was zählt, jene, die Paul Morand die 700 nennt, drängen und lösen sich bei Coco ab. Niemals ist sie schöner gewesen, eine triumphierende, siegreiche Vierzigerin. So schön, so wunderbar jung, daß sie zehn Jahre ihres Lebens streichen kann. Niemand bemerkt es, niemand beachtet es.

Und die Liebe? Und Boy Capel? Sie sagte:

»Mein Liebesleben war zerrüttet. Der Mensch, den ich liebte, ist tot. Nichts interessierte mich mehr außer der Geheimlehre, denn ich weigerte mich zu glauben, daß alles für immer zwischen uns zerschnitten sei.«

Dieser Bericht erfolgt nicht in strenger chronologischer Ordnung. Die Geschichte, die ich erzählen werde, spielt sich vor dem Abenteuer mit den russischen Balletten ab. Aber seit wann hat sie für Coco Bedeutung erhalten?

Der Mensch, den ich liebte, ist tot. Boy Capel fand im Januar 1919 an

der Riviera in seinem Wagen den Tod. Eine seltsame Laune des Schicksals wollte es, daß auch Etienne Balsan durch einen Autounfall ums Leben kam, jedoch später, 1951 in Rio de la Plata; er war dreiundsiebzig Jahre alt.

1919 zeigte sich Coco überall mit dem Großfürsten Dimitri. Was Boy Capel betrifft, so war er verheiratet, und Coco zog nicht nur seine Frau an, die ihr die englische Kundschaft zuführte, sondern sie war auch Patin eines ihrer Kinder.

Selbstverständlich schützt das nicht vor Kummer. Coco sagte:

»Die Serts haben mich vor der Verzweiflung gerettet. Vielleicht wäre es besser gewesen, wenn sie mich hätten fallenlassen. Ich habe nur noch geweint. Sie haben mich gegen meinen Willen nach Italien mitgeschleppt. Ich habe mich verkrochen. Misia hat mich in Tränen im Winkel einer Kirche aufgefunden. Eines Tages ist ein Wunder geschehen.«

Ein schönes Wunder, sagte Coco, als sie nicht ohne eine gewisse Selbstgefälligkeit davon erzählte. Sie ließ sich Zeit damit:

»Wir waren in Venedig, und Misia hat zu mir gesagt:

›Wir sollten den heiligen Antonius von Padua aufsuchen. Das wird dir guttun. Du wirst seine Gruft berühren und ihn um Frieden bitten. Er wird ihn dir geben.‹

Die Serts, fabelhafte Menschen, wie man sie nicht mehr findet, entstiegen der Renaissance. Sie besaßen keinen roten Heller, und dennoch lebten sie aufwendig.«

Wenn Coco mit ihnen verreiste, bezahlte sie. Immer wollte sie bezahlen, *auch das* war eine Art, sich andere zu unterwerfen. Diese Behauptung mag ein wenig stark klingen. Aber sie liebte es nun einmal, jemand von sich abhängig zu wissen – eine Verschrobenheit, die vielen großen Charakteren eigen ist. Ein Staatschef, der gut beraten ist, legt keinen großen Wert auf allzu unabhängige Minister; er hat nichts dagegen, daß sie von den Befugnissen, die er ihnen überläßt, profitieren, denn wenn sie sich kompromittieren, hält er sie nur um so fester am Zügel. Für Sert, den Prächtigen, den großartigen Reisegefährten, konnte auf

ihren einzelnen Stationen nichts schön genug sein. Man reservierte ihm die besten Zimmer, man schlug ihm die seltensten Weine vor und hielt ihn mit den erlesensten Gerichten Stunden hindurch am Tisch fest. Coco sagte:

»Im Zusammensein mit den Serts wußte man nicht, wie man lebte. Bei Tagesanbruch ging man schlafen, man reiste wieder ab ... Diese Menschen wuschen sich nie. (Das heißt, Misia war in Wirklichkeit gar nicht ihre Freundin! Wie die anderen, alle jene, die Coco beeindruckt oder versucht hatten, sie zu beeindrucken, war sie: *schmutzig!*) In dieser kleinen Bande, die wir bildeten, war ich die einzige, die sich am Abend wusch. Ich wollte am nächsten Morgen sauber abreisen.

Aber es waren sehr unterhaltende Leute (die Serts). Sie waren noch nicht verheiratet und gehörten daher nicht zur Gesellschaft. Nach ihrer Heirat sind sie sehr mondän geworden. Beide waren für mich himmlisch. Sert hatte eine große Zuneigung zu mir gefaßt. Er hat mir viel beigebracht. Wir besuchten die Museen. Ohne die Serts wäre ich in einer Art Verdummung umgekommen.«

In Padua befolgte sie Misias Rat, die sie in die Kirche schleppte und ihr das Grabmal des heiligen Antonius zeigte: »Geh hin, knie nieder.«

Coco erzählte:

»Ich glaubte ganz und gar nicht an solche Sachen. Ich bin vor diesem Grabmal niedergekniet, um Misia zu gehorchen. Diese Art von Fanatismus ist mir fremd. Ich bin eher abergläubisch als gläubig. Aber dort habe ich neben mir einen Mann gesehen, der so unglücklich war! Er legte seine Hand auf die Grabplatte. Ich beobachtete ihn. Ich war kleiner als er. Ich sah sein Gesicht, das eine solche Verzweiflung, ein solches Unglück spiegelte, ein so entsetzliches Schicksal, daß ich mich vor ihm schämte. Ich ließ meinen Tränen freien Lauf!

Fast wäre ich aufgestanden, um diesem Mann zu sagen:

›Monsieur, ich flehe Sie an, haben Sie Vertrauen zu mir, erzählen Sie mir von Ihrem Unglück, vielleicht wird Sie das erleichtern.‹«

Immer diese Anwandlungen, denen sie nicht folgt. Wieso? Sie war erschüttert. Sie entsann sich noch ihrer inneren Erregung und sagte:

»Ich wagte es, mich zu beklagen, ausgerechnet ich! Noch niemals hatte ich eine solche Verzweiflung auf einem Gesicht gesehen. Ich, ich wußte, daß der, den ich soeben verloren hatte, neben mir stand, auf der

anderen Seite, und er mich nicht eine Minute verließ. Und ich sagte mir: da er hier ist, neben dir, da er auf dich wartet, hast du kein Recht zu weinen, es ist ohne Bedeutung, daß du auf *dieser Seite* noch eine Zeitlang allein bist. Du bleibst mit ihm zusammen, wir befinden uns nicht mehr auf der gleichen Ebene, aber er hat dich nicht verlassen, er will dein Glück. Vor allem will er nicht, daß du unglücklich bist.«

Sie lächelte. In welche Zeit fiel diese Reise nach Padua zusammen mit den Serts, von der sie mir an diesem Abend nach der Vorführung der Kollektion erzählte, als ich sie auf ihrem Diwan eingeschlafen angetroffen hatte? Sie sagte: »Meine schönsten Reisen habe ich auf diesem Diwan gemacht.«

Sie kehrte nach Padua zurück:

»Folgendes habe ich angesichts dieses verzweifelten Mannes begriffen, der dort neben mir vor der Statue des heiligen Antonius von Padua kniete. Was soll das, fragte ich mich, du weißt doch, daß du nicht einsam bist und es niemals sein wirst, und da wagst du es, dich vor diesem Mann zu beklagen, der nichts mehr hat und hierhergekommen ist, um sich auf diesem Grabmal aufzustützen, weil darin seine letzte Chance liegt!«

Du weißt doch, daß du nicht einsam bist und es niemals sein wirst ...

Sie haben Ohren, und sie hören nicht. Ich hörte, wie diese Frau unermüdlich ihren Monolog sprach, ich wußte, daß sie einsam war, und doch hörte ich sie nicht. Hatte sie nicht *alles*? War sie nicht berühmt und reich? Hatte sie nicht ein märchenhaftes Leben gehabt? Was erhoffte sie sich denn noch? Sie sagte:

»Ich bin verwandelt aus dieser Kirche in Padua hinausgetreten, ich war nicht mehr die gleiche. Ich, die ich auf nichts mehr reagierte, ich, die ich so am Ende meiner Kräfte gewesen war, ich habe sehr gut zu Mittag gegessen.

›Nein, was du alles ißt! Nein, wie du lachst!‹ bemerkte Misia.

Ich habe zu Misia gesagt:

›Ganz richtig, ich esse und ich lache. Das Wunder ist geschehen. Niemals mehr werde ich weinen, damit ist Schluß.‹

Ein strahlender Sert hat uns in Rom herumgeführt, im Kolosseum, wo er angefangen hat, von den phantastischen Festen zu reden, die man dort geben könnte. Bis um drei Uhr morgens sind wir umhergestreift. Ich entdeckte Rom, diese göttliche Stadt. Ich liebte alles. Ich liebte das Leben. Am nächsten Tag habe ich ein langes Telegramm nach Paris aufgegeben und gebeten, meine Wohnung zu räumen. Ich wollte meinen Fuß nicht mehr dorthin setzen. Nach meiner Rückkehr habe ich mich im Ritz niedergelassen.«

Im Ritz, ihrem eigentlichen Haus, wie sie sagte. Sie nahm nur sehr wenige Gegenstände mit, um ihrem Zimmer eine persönliche Note zu geben. Auf ihrem Nachttisch hatte sie allerdings eine kleine Nachbildung des Grabmals des heiligen Antonius von Padua, wie man sie für Touristen anfertigt, stehen. Ein Geschenk Gianis, ihres italienischen Chauffeurs. Ihres *Mechanikers*, sollte ich wohl sagen.

Als Misia mit fünfundachtzig Jahren starb, stand Coco mitten in der Nacht auf, um sich sofort zu ihr fahren zu lassen. Sie wusch sie, schminkte sie und zog sie an, ganz in Weiß – alles war weiß –: Coco akzeptierte nur weiße Blumen. In all diesem Weiß (der Schnee der Auvergne?) einige rote Tupfen, Misias Mund, rosige Tupfen, ihre Wangen, und sehr blaß das Rosa eines breiten Seidenbandes auf ihrer Brust. Seltsamerweise war sie durch den Tod verjüngt, war niemals schöner gewesen, nicht einmal auf den Bildern der großen Maler, die sie liebten.

Bei Gesprächen über die Zeit nach dem Ersten Weltkrieg meinte Paul Morand, daß es damals in Paris siebenhundert Menschen gab, die zählten. Wie in der Zeit des Direktoriums, wie im Versailles des Großen Jahrhunderts. Heute? Wer zählt heute in Paris?

Coco sagte:

»Es ist schwierig, von einer Epoche zu reden. Alles ist aus den Fundamenten gehoben. Es war ein anderes Leben. Wenn ich es heraufbeschwöre, komme ich mir lächerlich vor. Ich sage zu mir: Mein Gott, wie kannst du dich noch an all das erinnern? Und dann sage ich zu mir: Wie kannst du jetzt noch leben? Nichts macht mir mehr Spaß, ver-

stehen Sie das? Ich habe kein Vergnügen daran, die eine Epoche neben der anderen zu betrachten. Eine andere Epoche, die immerhin uns nicht so fern ist! Dennoch ist alles *ganz anders*. Es ist erschreckend.«

Die siebenhundert Personen, von denen Paul Morand behauptete, sie bildeten Paris, sind nicht alle in der Rue Cambon bei Coco vorbeidefiliert, aber es läßt sich vorstellen, daß fast alle den Wunsch hatten, dort zu erscheinen, und den meisten dieser Wunsch erfüllt wurde. Misia schleppte alles zu Coco, was im Pariser Licht aufstrahlte, Schriftsteller, von Giraudoux bis Drieu la Rochelle, Musiker, von Erik Satie bis Georges Auric, Filmregisseure, Tennischampions, auch Boxer, die Cocteau auf den Fersen folgten, und ich erwähne nicht weiter die Russen aus der kaiserlichen Sippe, die feine Gesellschaft unter den Emigranten. Eine russische Kollektion zwang jenem Ganz-Paris märchenhafte Verwandlungen des Muschikhemdes mit den dazugehörigen Stiefeln und Pelzmützen auf. Coco regierte in einem Wirbel, über den sie nur wenige Worte verlor.

Die Überlebenden dieses fröhlichen Treibens sah sie nicht mehr, Leute wie Paul Morand und andere, die sie gekannt hatten, als sie noch nicht von Kopf bis Fuß in Chanel gekleidet war. So vermied sie es zum Beispiel auch, Elise Jouhandeau, der ehemaligen Tänzerin Cariathis, zu begegnen, die ihr bei ihren ersten Schritten in die eigentliche Pariser Gesellschaft freundschaftliche Ratschläge und sogar einige Stunden Anstandslehre gegeben hatte. Es kam vor, daß sie bei einer Veranstaltung, zum Beispiel bei einer Beerdigung, jemandem, der lächelnd auf sie zukam, den Rücken kehrte: »Wer ist denn dieser alte Idiot?«

Ein ehemaliger Liebhaber, den nicht zu erkennen sie vorgab. Niemals hat sie, bis zu ihrem letzten Tag, damit aufgehört, die Vergangenheit auszulöschen, ob sie nun dem Vortag oder der Zeit des Waisenhauses angehörte.

Coco war stets neugierig darauf, die Stars des Tages kennenzulernen, sie war entzückt, sie an ihrem Tisch zu bewirten, aber sobald sie begannen, die Treppe des Ruhms hinabzusteigen, fing sie an, sie zu zerrupfen: Die da, aber wie ordinär sie ist, und so etwas repräsentiert

Frankreich im Ausland, und die andere, die müßte doch sofort nach Hause gehen, um sich anständig zu waschen, und was den da betrifft, der sich als Schriftsteller ausgibt, habt ihr schon mal jemanden gesehen, der auch nur das Geringste von ihm hält? Wo kommen alle diese Leute her? Ach, was für eine Zeit!

Sie gab vor, sich nach der ihren zu sehnen, dennoch *vergaß* sie die Überlebenden, die mit ihr zusammen ihr Farbe verliehen hatten. Was galten sie neben Mademoiselle Chanel? Nur die Verkannten wie Reverdy fanden Gnade vor ihren Augen. Man brauchte nur den Namen Cocteau auszusprechen, und schon zeigte sie unwillkürlich die Krallen. Der intelligenteste und begabteste Mann, den sie kennengelernt habe, erklärte sie, aber als Dichter ein Betrüger. Er hatte nichts geleistet, alles nur den anderen abgeschaut, insbesondere Reverdy. Sie verübelte es mir, daß ich ihn verteidigte. Auf Cocteau reagierte sie wie ein Stier auf die Muleta. Sie stürmte drauflos. Sie sagte:

»Nur Reverdy und Cendrars werden bleiben.«

Dennoch war Cocteau bei allen Festen in der Rue Cambon anwesend, wohin er auch Radiguet brachte. Eines Abends (im Januar 1969) rief sie die Erinnerung an Radiguets Tod wach:

»›Ich habe Angst, daß er stirbt‹, sagte Jean weinerlich (sie ahmte ihn nach und brachte ein paar falsche Schluchzer zustande). Ich habe ihm ein Thermometer gegeben: Jean, du gehst jetzt zu ihm, nimmst seine Temperatur, und zwar richtig, steckst ihm das Thermometer dorthin, wohin es gehört, und hinterher legst du es in diese kleine Schachtel und bringst es mir. Aber kümmer dich um nichts weiter.«

Sie wandte sich an mich, als verlangte sie meine Zustimmung:

»Immerhin konnte ich doch Radiguet nicht pflegen, bevor ich nicht wußte, ob er krank sei. Ich kannte ihn doch kaum. Er kam manchmal zum Essen. Er trank! Amerikaner, die auch da waren, haben zu mir gesagt: Wie kann ein so junger Mensch soviel trinken?«

Cocteau brachte das Thermometer zurück. Radiguet hatte über vierzig Grad Fieber.

»Ich habe einen Arzt angerufen. Er hat zu mir gesagt: ›Es ist elf Uhr nachts, und ich habe einen schweren Tag hinter mir. Ich werde meinen Assistenten schicken.‹ Aber ich habe nicht lockergelassen. ›Ich tue es also für Sie‹, hat der Arzt gesagt, ›aber ich nehme meinen Assistenten

mit, und er wird Sie anrufen.‹ Das bedeutete offensichtlich, daß der Assistent allein zu Radiguet gehen würde. Ich habe dem Arzt erwidert: ›Bitte, er soll mich nicht zu spät anrufen. Auch ich habe mein Bett nötig.‹«

Warum alle diese Einzelheiten? Erfand sie sie je nach Bedarf für ihren Monolog? Sie erschuf sich ihre Welt, oder, richtiger, sie erschuf sie sich von neuem. Sie sagte:

»Schließlich kannte ich diesen Radiguet nur sehr flüchtig, aber ich wollte, daß er behandelt würde, ich wollte nicht, daß man ihn in einem schmutzigen Hotel sterben ließe, weil er kein Geld hatte.

Cocteau weinte. Er sagte: ›Ich bin krank.‹ Er hat sich ins Bett gelegt. Der Arzt hat sofort erkannt, daß Radiguet Typhus hatte. Das riecht man. Es ist ein bestimmter Geruch. Man hat ihn in ein Krankenhaus geschafft. Der Arzt hat zu mir gesagt:

›Mademoiselle, was für eine Verantwortung laden Sie sich auf!‹

Einen Tag hat man verloren, um die Eltern zu finden. Der Vater war Journalist. Die Mutter ist kurz darauf gestorben. Sie wollte sterben. Sie hat sich in Radiguets Bett gelegt und sich mit Typhus angesteckt. Und dann ist sie *weggegangen*. Was den armen Radiguet betrifft, so hat man mir erzählt, daß er, als man ihn im Krankenhaus in sein Bett legte, geseufzt hat: Endlich! Endlich kümmerte man sich um ihn. Ich habe mich um seine Beerdigung gekümmert. Ich lege gar keinen Wert darauf, mich mit solchen Dingen zu befassen, aber da er kein Geld hatte... Ich habe Blumen bringen lassen. Es waren nur wenige Menschen da. Cocteau hat sich ins Bett begeben und Blumen mitgenommen, die er sich unter seinem Pyjama auf die bloße Haut legte, und er hat noch immer geweint.« Gereizt sah sie mich an:

»Sie sind wirklich der einzige Schriftsteller, den ich kenne, der eine gute Meinung von Cocteau hat.«

Hätte Cocteau die Tür des Salons geöffnet, so hätte sie sich ihm an den Hals geworfen. Was auch immer sein mochte, sie bewunderte ihn. Sie sprach mir lange von seinem Film *Le testament d'Orphée*. Cocteau hatte sie zu einer privaten Vorführung eingeladen, und sie erzählte:

»Natürlich bin ich zu spät gekommen. Keine Platzanweiserin, niemand. Glücklicherweise hatte der Film noch nicht angefangen. Ich hörte Jeans Stimme. Er erklärte seinen Film. Ein armes Fräulein, das in der Nähe der Tür stand, hat zu mir gesagt:

›Gehen Sie dort hinüber, weiter hinten sind noch Plätze frei.‹

Ich habe noch niemals ein Kino allein betreten. Ich sehe nicht deutlich genug. Man muß mich an die Hand nehmen. Kaum betrete ich ein Kino, werde ich blind. Eine halbe Stunde lang sehe ich nichts. Ich störe alle Leute.

Da habe ich mir gedacht: Pah, wenn sich dieses Fräulein einbildet, ich könnte diese Plätze finden ... So bin ich in der Nähe der Tür geblieben. Ich habe meinen Mantel ausgezogen, um ihn auf den Boden zu legen und mich draufzusetzen. Es wäre nicht das erste Mal gewesen, daß ich einen Film so gesehen hatte. Doudou (Cocteaus Adoptivsohn), der mich erblickte, kam auf mich zugestürzt:

›Ich habe dort drüben einen Sessel reserviert, kommen Sie mit.‹

›Nein, nein, Doudou, mir geht es großartig, ich bin sehr zufrieden.‹

Er hat mir einen Platz in der zweiten Reihe gegeben. Ich glaubte mich allein. Von Zeit zu Zeit legte sich eine Hand auf meinen Schenkel und streichelte ihn. Welche Frechheit! Ich wagte nicht hinzusehen. Ich sagte zu mir: Sieh dir doch den Film an, und versuch erst gar nicht zu erfahren, wer die Frechheit besitzt, deinen Schenkel so in der Dunkelheit zu streicheln. Der wird ein komisches Gesicht machen, wenn es wieder hell wird.

Welcher Schock, als das Licht wieder anging: Es war Jean! Er hatte sich neben mich gesetzt und von Zeit zu Zeit mein Bein berührt. Ich habe zu ihm gesagt:

›Nun hör mal! Das ist doch nicht möglich! Ich habe dich doch auf der Leinwand gesehen, und du hast dich neben mich gesetzt. Ich finde das beängstigend! Dein Film ist göttlich.‹

Ich hatte recht, ihm dieses Kompliment zu machen. Verglichen mit all diesem Schund, mit dem man uns ins Gesicht springt, wobei man uns noch vorwirft, er gefiele uns nicht! ...«

Konnte ich glauben, was sie mir da erzählte, und konnte sie selber es glauben, sie habe Cocteau neben sich nicht erkannt? Nun vergaß sie die lobenden Worte, die sie dem Film gewidmet hatte, und bemerkte:

»Zweimal bin ich eingeschlafen.« Was wollte sie? Was suchte sie?

Bestimmt dachte sie an diese glänzenden Empfänge in der Zeit zwischen den beiden Kriegen bei ihr in der Rue Cambon, bei denen alle Welt an ihr vorbeizog, als sie mir eines Abends sagte:

»Gern hätte ich die großen Wissenschaftler kennengelernt. Ein Jahr lang war ich in Oppenheimer vernarrt, und das von dem Augenblick an – daran können Sie meine Bedeutungslosigkeit beurteilen –, in dem ich erfuhr, daß er sich für die Geheimlehre interessierte und die *Bhagawadgita* las. Ich hätte gern mit ihm gesprochen, keineswegs über die Bombe, aber um ihn zu fragen, warum er sich mit alldem befaßte. Gewisse Träume lassen sich niemals verwirklichen. Man sagte mir: Ich bringe ihn morgen zu Ihnen. Nichts hätte mir größere Freude bereitet. Aber leider ... Mir sind auch andere Menschen entgangen, die ich gern kennengelernt hätte. Was Oppenheimer betrifft, so dachte ich so sehr an ihn, daß ich zuweilen glaubte, ich sei ihm auf der Straße begegnet. Das Ganze wurde zu einer Besessenheit. Ihn kennenlernen! An irgendeinem Tag, zu irgendeiner Stunde. Für ihn hätte ich mich immer freigehalten. Vielleicht hätte er mich enttäuscht. Das sage ich mir, um mich zu trösten.

Das ist wie dieser Fuchs (es handelt sich um den Atomspion), den die Engländer nach seiner Entlassung aus dem Gefängnis nach Hause geschickt haben. Sie hätten sich an ihn klammern sollen. Dieser Mann hat keine Geheimnisse gestohlen. Er hatte alles erfunden. Er hat nichts verkauft und kein Geld angenommen. Er hat seine Geheimnisse preisgegeben, um Kriege zu vermeiden. Diese Menschen wissen, was sie in Händen halten, etwas so Furchtbares. Sie bringen einander auch große Bewunderung entgegen, das geht über die Grenzen hinweg. Es ist wie bei den Ärzten, alle müssen sie erfahren, was einer von ihnen entdeckt hat. In der Schweiz treffen sie sich einmal im Monat, um sich alles zu sagen.«

Man war von den Vergnügungen in der Zeit zwischen den beiden Weltkriegen weit entfernt. Eine andere hätte in so glorreichen Erinnerungen geschwelgt. Aber nicht sie. Wie sie mir schon erklärt hatte, (von) morgen (an). Um die weit zurückliegende Vergangenheit, die sie verwarf, die sie vergaß, für alle Zeit zu begraben, streute sie weiterhin welke Blätter auf alles, was *gestern* war.

Als sie mir einmal von ihren herrlichsten Jahren sprach, sagte sie:

»In Paris hat man eines Tages beschlossen, ich hätte ein gewisses Etwas. Das ist ein scheußlicher Ausdruck. Was soll er eigentlich bedeuten? Die Franzosen sind also darauf verfallen, ich sei nicht hübsch, hätte aber ein gewisses Etwas. Das ist gemein! Wem sollte ich denn etwa mit diesem gewissen Etwas ähnlich sein? Wahrscheinlich sollte es heißen, ich hätte einen gewissen Schick. Noch so ein elendes Wort, das nichts bedeutet. Die Franzosen setzen sich dadurch herab, daß sie solche Worte gebrauchen, um von der Mode oder den Frauen zu sprechen. Ein gewisses Etwas haben! Schick sein! Es gibt Worte, die mich stören. Allein die Aussprache mißfällt mir bereits. Ich habe schließlich begriffen, daß man es von den kleinen Frauen sagt, die auf der Straße mit dem Hintern wackeln. So etwas bin ich ganz und gar nicht!«

Damit stellt sich erneut die Frage: Was wollte sie eigentlich sein?

Sie regierte. Sie befahl Schwarz. Keine Frau hätte es jemals gewagt, ganz in Schwarz aus dem Haus zu gehen, nicht am Tag – und noch weniger am Abend –, es sei denn, sie wäre in Trauer. Sie sagte:

»Vier oder fünf Jahre hindurch habe ich nur in Schwarz gearbeitet. Meine Kleider gingen weg wie warme Semmeln, mit einem Firlefanz, einem schmalen weißen Kragen oder Manschetten. Alle trugen das, die Schauspielerinnen, die Damen der Gesellschaft und die Zimmermädchen.«

»Die Frauen waren entzückt, ein armes Ding zu spielen, ohne deshalb auch nur im geringsten auf Eleganz zu verzichten«, schrieb Lucien François, der Modespezialist. Er fügte sogar noch hinzu, daß Monsieur Poincaré, »der gestrenge Erneuerer des Franc, unfreiwillig zum Komplicen der Chanel geworden war«.

Nichts konnte Mademoiselle Chanel so ärgern wie die Beschuldigung der Ärmlichkeit, die man gegen ihren Stil erhob, wobei einige sogar so weit gingen, von einem »Elendsstil« zu sprechen. In den Vereinigten Staaten nannte man ihn den Stil *poor girl*. Sie tobte:

»Es gibt nichts Dümmeres, als Einfachheit mit Ärmlichkeit zu verwechseln. Ich frage mich, wie ein Kostüm, aus dem besten Stoff geschnitten, sehr gut verarbeitet, mit kostbarem Futter, den Eindruck von Ärmlichkeit hervorrufen könnte, vor allem wenn es mit dem Schmuck getragen wird, den ich in Mode gebracht habe, mit diesen Ketten, diesen Kolliers, diesen Steinen und diesen Anstecknadeln, mit alldem, was die Frau so sehr schmückt, und noch dazu so billig, da es unecht ist. Das alles ist das Gegenteil vom *poor girl*. Mir verdanken sie es, daß *sie* wie Milliardärinnen umhergehen können.«

Der Gedanke des Schwarzen kam ihr, als sie am ersten Ball der *Petits Lits Blancs* teilnahm, den Léon Bailby, Herausgeber des *Intransigeant*, organisiert hatte, der große Pressemann in der Zeit nach dem Ersten Weltkrieg. Sie sagte:

»Ich bin auf Bitten Flamants zu diesem Ball gegangen, Flamant war ein Freund Bailbys, sehr nett, sehr ruhig, sehr geduldig. Er mochte mich gern. Es würde mir eine solche Freude machen, wenn Sie kämen, sagte er. Wir saßen in einer Loge. Zu jener Zeit waren die Farben geradezu gemein. Nachdem ich einen Blick in den Saal geworfen hatte, habe ich lachend zu Flamant gesagt: Das ist doch nicht möglich, diese Farben sind zu scheußlich, sie verhäßlichen die Frauen, ich glaube, man sollte sie schwarz anziehen.

Das habe ich getan, und man hat sich deshalb ganze Romane erzählt. Elsa Maxwell schrieb in einer New Yorker Zeitung, da ich wegen Boy Capel keine Trauer tragen konnte, denn ich war ja nicht mit ihm verheiratet, hätte ich die ganze Welt dazu gebracht, sich schwarz anzuziehen. Wie geschmacklos!«

Elsa Maxwells Artikel war von einer Zeichnung begleitet, die eine Frau in schwarzen Schleiern, über ein Grab gebeugt, darstellte. Coco fuhr fort:

»... Schleier über einem Kleid aus Seidenmusselin. Diese Dame mußte wohl ich sein. Ich habe Tausende von Briefen von Amerikanern erhalten, die mir einen Heiratsantrag machten, um mich zu trö-

sten. Auch Frauen haben mir geschrieben: ›Ihre Augen sind nicht zum Weinen geschaffen.‹«

Ich möchte hier beiläufig erwähnen, daß sie, wenn es sich darum handelte, über Briefe zu sprechen, dazu neigte, alles etwas zu übertreiben, vielleicht um sich selber davon zu überzeugen, daß sie wirklich aus Südfrankreich stammte.

»Bekommen Sie im Rundfunk viele Briefe?« fragte sie mich, nachdem sie einmal im Fernsehen aufgetreten war. »Die Briefe, die ich erhalten habe, würden in diesem Raum keinen Platz finden.«

Sie sprach von ihrem Eßzimmer.

Die Mode der kurzen Haare hat sie nicht lanciert, wie die Legende es wahrhaben will. Wie ich schon erwähnte, schnitt Poiret seinen Mannequins 1908 die Haare ab. Aber sie beschleunigte diese Mode, indem sie ihr ihre Weihe gab. Im übrigen war es die Folge eines Unglücksfalls. Sie wohnte damals noch in der Avenue Gabriel, wo sie ihre Hüte machte. Es war im Jahr 1917, und sie wollte in die Oper gehen. (Wir müssen hier feststellen, daß sie nicht zur Krankenschwester berufen war.) Das Gas ihres Warmwasserspeichers explodierte. Sie kam mit einigen angesengten Strähnen und von Rußflocken bedeckt davon. Zuerst dachte sie daran abzusagen, aber dann nahm sie eine große Schere und schnitt sich ihre Zöpfe ab. Nun brauchte sie sich nur noch die Haare zu waschen, was sie sehr häufig ohnehin selber tat.

Auf diese Weise wurde eine Mode geboren. Als erstes Poirets kühne Tat. Wer wagte ihm zu folgen? In den Munitionsfabriken schnitten sich die Frauen, einer Notwendigkeit folgend, die Haare ab. Und dann kam die Chanel ... In der Oper bemerkte man sofort, daß sie kurze Haare hatte. Dabei trug sie ihren Hut. Der Hut! Für sie das letzte Privileg der privilegierten Frau. Das entscheidende Merkmal, das sichere Zeichen, der Kaste der wirklich *happy few* anzugehören, den wenigen, denen Vermögen und Vornehmheit gegeben war. *Ihre* Aristokratie. Für diese Leute, diese so reichlich Bedachten, würde der Hut, ihrer Ansicht nach, stets unerläßlich sein.

Coco hatte sich also die Haare schneiden lassen. Es folgte ein Schla-

ger: *Sie hat sich die Haare schneiden lassen.* Ich war acht Jahre alt, als ich ihn im Ferienlager von Montfort-l'Amaury hörte, wo man uns, meine Brüder und mich, als Zöglinge der Nation empfing. Größere als ich sangen ihn ganz leise abends in den Zelten. Das gehörte nicht mit zum offiziellen Repertoire des Lagers:

Frankreichs guter, kleiner Schüler
Verbring die schönen Ferien
Im Wald von Rambouillet.
Denn du hast es dir verdient

Sie hat sich die Haare schneiden lassen. Darüber kicherten die Älteren. Warum? In einem Liedchen stieß ich auf so etwas wie:

Ich eile zu meiner Mätresse ...

Ich kannte bis dahin nur meine Lehrerinnen in der Schule. Die meine, die damals Eindruck auf mich machte, trug prächtige Zöpfe in einer Krone über ihrem weißen Gesicht. Die Geschichte erzählte ich Coco. Während ihrer letzten Lebensjahre hörte sie manchmal zu, und sogar voller Aufmerksamkeit, wobei sie Fragen stellte, um Einzelheiten zu erfahren.

»Hat sie sich ihre Zöpfe abgeschnitten?« fragte Coco. »Dort drüben im Elsaß?« Sie versank in Träumereien und sagte schließlich:

»Zuweilen frage ich mich: Hast du wirklich etwas geleistet? Ich weiß es nicht. Ich glaube, daß ich zahlreiche Menschen beunruhigt habe. Ich selber war beunruhigt, dabei wäre ich gern ruhig gewesen, hätte gern ein friedliches Dasein geführt.«

Die Ehe? Darauf kommen wir noch. Ein Mann folgte dem anderen. Sie sagte:

»Man verfolgte mich. Ich mußte nach außen hin fünfundzwanzig Existenzen führen. Ich habe nicht die Zeit zum Leben gefunden.«

Das kehrte häufig wieder: Ich habe nicht die Zeit zum Leben gefunden. Sie trug unbefriedigte romantische Gefühle mit sich herum. Und hat sich in Venedig folgendes vor oder nach der Zeit des Herzogs von Westminster abgespielt ...?

Die Arrivabenes gaben zu Ehren Cocos und der Serts einen Empfang in ihrem Palais am Canale Grande. Es war September, eine wunderbare Nacht; Coco sehr schön, in Weiß, mit herrlichem Schmuck, mit einem Brillantstern in den Haaren. Allein. Oder fühlte sie sich einsam … (Was tue ich hier? Was erwarte ich von dem Leben, das ich führe? Was kann ich von ihm erhoffen?)

Sie verschwand heimlich und ging zu Fuß weg, um ins Hotel Danieli an der Riva degli Schiavoni zurückzukehren. Zwei Uhr nachts. Die große Stille. Sie hüllte sich fester in ihr Hermelincape. In den Straßen von Venedig, in den Gassen, die ein Labyrinth zwischen den Kanälen bilden, kann man sich leicht verirren. Man überquert eine Brücke und noch eine, wendet sich nach rechts und kehrt nach links zurück. Hoffnungslos müht man sich ab.

Coco gelangte auf einen kleinen Platz, der hell im Mondschein dalag. Auf einer Bank schlief ein junger Mann. Ein junger Bursche von außergewöhnlicher Schönheit, erzählte Coco. Sie setzte sich auf die Bank, um sich auszuruhen und den jungen Mann zu betrachten, dessen Verblüffung man sich beim Erwachen vorstellen kann. Ein Spuk?

»Ich habe mich verirrt«, erklärte Coco, »ich möchte ins Hotel Danieli zurück.«

»Kommen Sie mit«, sagte er.

Als sie gerade hineingehen wollte, hielt der junge Mann, der bis dahin keine drei Worte gesprochen hatte, sie vor dem Hotel an ihrem Hermelincape fest, drückte sie an sich und fragte:

»Gehe ich mit dir hinauf, oder kommst du zu mir?«

Sie gab zu, daß sie damals sehr verwirrt war. Sie sagte:

»Ich habe mich wieder gefaßt und bin ins Hotel hineingegangen. Als man mich einige Stunden später weckte, mir das Frühstück brachte und mir dabei mein Spaziergang wieder einfiel, fühlte ich mich erleichtert: Was für ein Glück, daß ich nicht nachgegeben hatte! Wie würde es mich jetzt peinlich berühren!«

10

Vierter Sieg: der Herzog von Westminster

Wie strahlend und ewig jung Coco auch bleibt, spielt ihr das Alter dennoch einen Streich. Sie liebt den Herzog von Westminster. Für die Waise aus Moulins ist das der Gipfel des Lebens. »Der reichste Mann der Welt«, seufzte sie, wenn sie von ihm sprach. Er liebte sie, er wollte Coco heiraten. Sie erkannten einander als ihresgleichen an. Wenn Coco ihm, wie sie es wünschte, einen Sohn hätte schenken können, so hätte ihr Schicksal zweifellos eine andere Wendung genommen. Aber als sie ihm begegnete, war sie bereits fünfundvierzig.

Großfürst Dimitri war immer noch Cocos Begleiter, als sie eines Abends im Jahr 1929 in Monte Carlo im Hôtel de Paris den Herzog von Westminster kennenlernte. »Sieh mal an!« sagte Lady Abdy, als sie aufstanden, um zu tanzen. Lady Abdy trug den hübschen Vornamen Ia. Sie war eine Schönheit, wie von einem Bildhauer entworfen, sehr blond und sehr russisch, und lebte seit der Revolution als Emigrantin in Paris. Sie entwarf Handtaschen und Bademäntel für ihre Exilgefährtinnen, die sie in Läden verkaufte. Misia stellte sie Coco vor:

»Du wirst schon sehen! Sie macht ganz ausgefallene Sachen.«

Zufällig war die Saison für das Haus Chanel weniger gut gelaufen als die vorhergehenden. Patou trug dank eines genialen Einfalls einen Sieg davon: Die Taille war an ihren ursprünglichen Platz zurückgekehrt. Damals gab es in der Modebranche noch Ereignisse, deren Erschütterungen in den entlegensten Gegenden der Welt zu spüren waren. Die Taille an ihrem Platz. So etwas konnte man nur in Paris erfinden.

»Bringen Sie mir doch einmal, was Sie machen«, sagte Coco zu Lady Abdy.

Alles, was sie brachte, wurde sogleich im Laden für Modezubehör zum Verkauf ausgestellt und sogar Ia selber angeworben. Wenn Lady Abdy diese glorreichen Zeiten heraufbeschwor, seufzte sie:

»Für ihr Haus hätte sie alles nur Erdenkliche getan. Sie duzte einen sofort, was ihr einen Vorteil der anderen Person gegenüber verlieh. Sie ging zuweilen schon seltsam vor.«

Etienne de Beaumont kümmerte sich um den Schmuck des Hauses Chanel. Er war es, der ihr nach Lady Abdys Ansicht zusammen mit Misia eine feste Grundlage in der mondänen Gesellschaft schuf. Verhältnismäßig kurze Zeit nach dem Verlust seiner Frau machte er Mademoiselle Chanel einen Heiratsantrag.

»Ich werde für Sie tun, was ich für meine Frau getan habe«, versprach er ihr. »Ich werde Ihnen niemals widersprechen.«

Coco sagte:

»Mein eigentliches Leben hat mit Westminster begonnen. Endlich hatte ich eine Schulter zum Ausruhen gefunden, einen Baum, an den ich mich lehnen konnte.«

Sie nannte ihn Bonnie.

Der Herzog von Westminster, mit der englischen Königsfamilie verwandt, der reichste Mann Großbritanniens. Unter anderem der Eigentümer von Hunderten von Häusern in dem Londoner Viertel, das seinen Namen trägt, und im West End. Man erzählte es mir, als ich in England war, ich hatte einen Freiplatz durch die Pariser Handelskam-

mer erhalten; ich war zur gleichen Zeit da wie Coco, jedoch weniger lang. Ich wohnte in einer Etage eines kleinen Hauses, das dem Herzog gehörte. Es war die Mansarde. In der Woche zahlte ich fünfundzwanzig Shilling Pension. Davon gingen fünf Shilling an den Herzog. Während meines ersten Spaziergangs im Hyde Park verlor ich mich in der Menge der Hungermarschierer und wurde ebenso wie sie von der berittenen Polizei gejagt. Als ich völlig bestürzt davonlief, um mich in Sicherheit zu bringen, hielt mich ein Mann am Arm zurück und näherte mir sein Hörrohr:

»Wer hat angefangen, *young man,* die Polizei oder die Arbeitslosen?«

Ich begann England zu entdecken.

Coco sagte:

»... Ich hatte nichts mehr zu befürchten, es konnte mir nichts mehr zustoßen, wohl noch kleinerer Ärger, aber nichts Ernstes mehr.«

Ist es schwierig, sich vorzustellen, was in Cocos Herz und Kopf vorging? Das Waisenhaus. Moulins. Royallieu und die Männer, die Frauen aushielten. Sie schloß die Augen, sie weigerte sich, das alles wieder zu sehen. Es war nicht wahr. Es war niemals wahr gewesen. Ich bin keine Waise! hatte sie im Waisenhaus geschrien. Ich habe einen Vater. Er macht in Amerika sein Glück. Bald kommt er zurück und holt mich, und wir werden in einem großen Haus leben.

Sie hatte Eton Place, das Schloß des Herzogs von Westminster, zu ihrer Verfügung, mit Hunderten von Gärtnern, die Rosen, Nelken und Orchideen zu allen Jahreszeiten zogen. Sie sagte:

»Viel lieber pflückte er mir die ersten Schlüsselblumen auf den Wiesen.«

Das Vermögen des Herzogs beeindruckte sie, und sie sprach von ihm in überschwenglichen Worten:

»Ein so reicher Mann, daß er seinen Reichtum völlig vergaß. Niemals hat eine Frage des Geldes seine Reaktionen, eine Geste oder einen Gedanken beeinflußt. Niemals einen Plan.«

Durch seinen märchenhaften Reichtum gelang es dem Herzog, das wurde einem klar, wenn man Coco zuhörte, die engelhafte Unschuld

der Armen wiederzuerlangen. Lady Abdy hielt ihn für *ziemlich durchtrieben, aber das liebte ja Coco.* Es geschah nicht ohne Grund, daß er das England der Königin Mary (und Georgs V.) verließ, um den größten Teil seiner Zeit auf Schiffen zu verbringen.

»In Anwesenheit Westminsters«, bemerkte Lady Abdy, »benahm sich Coco wie ein kleines Mädchen, schüchtern und gehorsam. Sie folgte ihm überallhin. Sie durchlebte ein Märchen. Ihre gegenseitige Leidenschaft war nicht sinnlich.« Coco sagte:

»Wenn ich Westminster nicht begegnet wäre, wäre ich verrückt geworden. Ich machte zu viele Aufregungen, zu viele Geschichten durch. Ich erlebte meine Romane, aber so schlecht! Mit zuviel Intensität, zwischen dieser und jener Sache eingefangen, zwischen diesem und jenem, und mit dieser Angelegenheit beladen (ihrem Haus), von der ich noch nicht viel verstand, und inmitten dieser außergewöhnlichen Epoche, von der man nichts mehr weiß. Ich war die Person, von der man am meisten sprach. Alle wollten mich kennenlernen, alle zogen sich so an wie ich.«

(Selbstverständlich ignorierte sie es, falls sie es gewußt haben sollte...) Sie schloß: »Ganz heimlich bin ich nach England abgereist.«

In England führte sie ein Leben unter freiem Himmel. Sie sagte:

»Ich bin viel geritten. Im Winter wurden dreimal in der Woche auf Wildschwein und Fuchs Jagden geritten. Ich zog die Jagd auf das Wildschwein vor, während mir der Fuchs weniger Spaß machte. Es war sehr gesund. Wir spielten Tennis. Ich habe niemals halbe Sachen gemacht. Ich habe gelernt, Lachs zu fischen. Ein Jahr lang habe ich zugesehen. Ich fand das sehr langweilig. Was sollte das! Ganze Tage dastehen und Fliegen auswerfen, um einen Fisch zu fangen! Das ist nichts für mich! Und dann habe ich mich darauf geworfen und von Tagesanbruch bis elf Uhr abends gefischt. Das fand ich herrlich. Natürlich geschah es unter besonders günstigen Bedingungen, denn ich fischte in den besten Flüssen. Ich bin sogar nach Norwegen gefahren, aber dort hat man mir nicht zu fischen erlaubt, die Lachse sind dort zu wild. Sie würden einem mühelos einen Finger abbeißen.«

Ein Schotte fragte sie einmal im Ritz:

»Sind Sie mit einer Mademoiselle Chanel verwandt, die in Schottland Lachse gefischt hat?«

Bei den Fragen und Antworten ahmte sie den Schotten nach.

»Waren Sie in Lochnore, Monsieur?«

»Ja, Madame, und dort oben, das versichere ich Ihnen, habe ich mit angesehen, wie eine Mademoiselle Chanel ganz unerhörte Sachen gemacht hat.«

»Das war ich, Monsieur!«

»Sie scherzen! Wollen Sie mich zum besten halten?«

»Keineswegs, Monsieur. Nicht wahr, Sie waren in Lochnore beim Herzog von Westminster oder, richtiger, bei seinen Erben?«

»Das waren doch nicht etwa Sie, die so gefischt hat, Mademoiselle Chanel?«

»Sie brauchen mir nicht zu glauben, wenn Sie mir nicht glauben wollen, Monsieur, das ist mir gleichgültig, aber ich war es bestimmt.«

»Wirklich, Sie haben alle diese Lachse gefangen?«

»Ich habe den ganzen Tag nichts anderes getan, Monsieur. Und Sie müssen auch bemerkt haben, daß ich nur an den besten Stellen gefischt habe. Niemals auf dem See! Ich haßte es, auf dem See zu fischen, das ist langweilig.«

Sie sagte: »In England bin ich richtig gesund geworden. Ich habe viel Sport getrieben. Es wurde von einem nicht erwartet, daß man auf jedem Gebiet ein Champion war. Heute muß man Champion sein. Als ich das letztemal Golf spielen wollte, hat mich ein junger Mann gefragt:

›Wieviel Schläge brauchen Sie?‹

Ich habe geantwortet:

›Mein lieber Freund, da Sie alles wissen wollen, sollen Sie auch erfahren, daß ich seit mehr als zehn Jahren keinen Schläger mehr in meinen Händen gehalten habe. Wieviel Schläge, das ahne ich nicht. Wenn Sie gestatten, werde ich mir einige Schläger leihen, da ich keine mehr habe. Man wird sie mir bestimmt leihen, weil man mich beim Spiel gesehen hat und sich an mich erinnert. Wenn ich feststelle, daß es

noch immer gut geht, werde ich die ganze Ausrüstung kaufen, denn, stellen Sie sich vor, ich habe alles verschenkt, was ich hatte. Damals habe ich geglaubt, es sei nicht mehr modern.«

Man weiß, daß es der Herzog von Westminster ablehnte, die Briefe, die er an Mademoiselle Chanel schrieb, wenn sie sich in Paris befand, der Post anzuvertrauen. Drei Gentlemen-Botschafter sicherten diese Verbindung. Um mir eine Vorstellung vom Reichtum des Herzogs zu vermitteln, erzählte mir Coco, nicht ohne eine gewisse Naivität, daß man selbst mitten im Sommer die Feuer in allen Kaminen seiner Behausungen anzündete, denn ein Westminster war es sich schuldig, Kohle zu verbrennen, damit die englischen Bergleute leben konnten. Zweifellos hatte ich ihr von den Hungermarschierern erzählt. Sie glaubte an die Pflichten des Reichtums. Nichts erschien ihr natürlicher als die Privilegien der Geburt und des Geldes. Abgesehen von einigen Ausnahmen (bemerkenswerten Ausnahmen wie die ihre, aber so selten!) wurden die Armen nicht geboren, um reich zu werden, sondern um durch Ehrlichkeit und Arbeit in ihrer Lage Befriedigung zu erlangen. Und hatten sie darüber hinaus nicht auch die Hoffnung auf eine bessere Welt im Jenseits? Solange sie der Messe beiwohnte, sagte sie, geschah es, um den anderen Vorbild zu sein. Ebenso wie die Herzoginnen.

Es ist in der Geschichte öfter als einmal vorgekommen, daß ein Fürst eine Hirtin liebte oder sogar eine Dirne aus einem Freudenhaus. Beim Herzog und bei Coco handelte es sich keineswegs mehr um die Erhöhung einer Frau von niederem Stand (durch die Liebe), sondern um die Verbindung zwischen der ersten freien Frau der neuen Zeit mit einem der letzten Mohikaner der Herkunft und der Gnadenwahl. War sich Mademoiselle Chanel dessen bewußt? Der Herzog von Westminster hatte den Wunsch, sie zu heiraten. Die Ehe ist nicht zustande gekommen. Warum? Sie sagte:

»Er war nicht frei, seine Scheidung hat drei Jahre gedauert. Niemand konnte mich dazu bringen, einen Mann zu heiraten, mit dem ich drei Jahre gelebt hatte.«*

Sie fügte hinzu:

»Im übrigen war auch ich nicht frei. Ich habe das Haus Chanel nicht verlassen wollen. *Sie* haben es nicht verstanden, weder die einen noch die anderen.«

Man erzählte sich, sie habe den Antrag des Herzogs mit der Bemerkung zurückgewiesen, es habe zwar mehrere Herzoginnen von Westminster gegeben, aber nur eine Mademoiselle Chanel.

»Der Herzog hätte laut aufgelacht, wenn ich mir eine solche Aufschneiderei geleistet hätte«, sagte sie zu mir.

In Wirklichkeit soll diese Geschichte ihren Ursprung bei einem Abendessen haben, bei dem man von Coco und ihrem Herzog sprach.

»Warum sollte sie ihn heiraten?« soll Sir Charles Mendl (Botschaftsrat Großbritanniens) gefragt haben. »Sie ist auf der ganzen Welt die einzige Coco Chanel, während es schon drei Herzoginnen von Westminster gegeben hat.«

Das alles gehört sozusagen zur Legende der Mademoiselle Chanel, ebenso wie das berühmte Essen, das sie bei sich (in London hatte sie ihr Haus neben dem des Herzogs) vor dem Empfang gab, den der Herzog und die Herzogin von Westminster anläßlich des Debüts ihrer zweiten Tochter veranstalteten: ein Ball, an dem mehrere Mitglieder der königlichen Familie teilnehmen sollten. Coco war von der Herzogin, die weiterhin, obwohl geschieden, Herzogin von Westminster hieß, da sie die Mutter der Kinder des Herzogs war, persönlich eingeladen worden. Man sah voraus, daß ihr Erscheinen eine Sensation sein würde. Gleich nach dem Essen bei ihr drängte sie den Herzog, sich wieder zur Herzogin zu begeben, um die Gäste zu empfangen. Zur gleichen Zeit verabschiedeten sich auch ihre anderen Besucher.

»Auf gleich ...«

Coco zog sich aus und legte sich ins Bett, wohin sie sich die Zeitungen

* Der Herzog hatte in erster Ehe Constance Cornwallis-West geheiratet, die ihm 1901 einen Sohn (mit 14 Jahren gestorben) und zwei Töchter, Ursula, 1902 geboren, und Mary, 1910 geboren, gebar, für die der Empfang gegeben wurde, von dem hier die Rede ist.

bringen ließ. Am nächsten Tag schickte sie der Herzogin zusammen mit ihren Entschuldigungen einen Berg von Blumen.

Meinte Coco es aufrichtig, als sie behauptete, sie hätte einen Mann nicht geheiratet, nachdem sie drei Jahre mit ihm gelebt hatte?

Sie hoffte, dem Herzog einen Sohn zu schenken, der an die Stelle des anderen treten sollte, den er mit vierzehn Jahren infolge einer ganz gewöhnlichen, jedoch verspäteten Operation verloren hatte. Man kann sogar versichern, daß sie ihm einen Sohn schenken wollte, denn nach dem Besuch eines Arztes erlegte sie sich Übungen auf, die, wie man ihr sagte, eine Schwangerschaft begünstigten, insbesondere Bewegungen mit den Beinen: So verweilte sie zum Beispiel lange Zeit mit den Beinen in der Luft. Diese Enthüllung mag überraschen. Ich selber habe eine Äußerung Cocos gegen die Schwangerschaft und gegen das Gebären gehört. Sie sprach dabei von einem gemeinsamen Freund, der jung verheiratet war und dessen Ehe schlechtging:

»Seine Frau hat von ihm verlangt, daß er bei ihrer Entbindung anwesend sei. Seitdem er sie in diesem unwürdigen Zustand gesehen hat, ist ihm jede Lust vergangen, sie zu berühren.«

Ihr Gesicht verzerrte sich. In ihrem Blick lag tiefe Angst. Sie erinnerte sich an eine Katze:

»Man glaubte, es sei zu Ende, aber nein, es gab noch mehr (Junge), die im Innern miauten, um herauszukommen.«

Ihr Mund verzog sich vor Ekel:

»Und die Hündinnen, die das alles verschlingen! Selbst ein Fohlen ist etwas so Entsetzliches, es ist so klebrig ...«

Sie gab sich verängstigt. In Wirklichkeit, das habe ich zu spät verstanden, handelte es sich um Verzweiflung, der sie Ausdruck gab. Sie hatte alles bekommen. Aber *das* hatte sie nicht erhalten. Nicht das, was sie erhoffte, als sie an Deck der *Flying Cloud*, Westminsters Jacht, oder auf dem Rasen von la Pausa, ihrer Villa in Roquebrune, oberhalb von Monte Carlo, ihre gymnastischen Übungen machte, um ein Kind gebären zu können. Als sie das erstemal in Monte Carlo mit dem Herzog von Westminster tanzte, war sie fünfundvierzig. Wenn sie ein Kind von Boy Capel gehabt hätte, hätten sie geheiratet, das ist die Meinung Gabrielle Dorziats.

Herzogin von Westminster zu sein oder nicht zu sein, immerhin ...

Es trifft zu, daß sie die einzige Coco Chanel war. Als ein Freund ihr den Tod des Herzogs mitteilte, verriet sie sozusagen nicht die geringste Gefühlsbewegung.

Aber die Mutter eines Herzogs von Westminster zu sein! Eine Frau zu werden wie die anderen (eine Mutter), um eine noch größere Ausnahme darzustellen ... Es ist verständlich, daß sie diesen Traum geträumt hat und daß sich ihre Enttäuschung wie ein Bodensatz auf dem Grund ihres Herzens abgelagert hat.

Sie sagte: »Ich habe einen Luxus kennengelernt, wie niemand mehr ihn kennenlernen wird.«

Es war ihre Art, ihrer Liebe zu Westminster Ausdruck zu geben. Mit ihm zusammen besuchte sie Gibraltar. Sie reisten damals an Bord eines besonders hergerichteten Zerstörers mit Namen *Cutty Sark*. Sie erzählte:

»Man hat uns alles gezeigt, was es auf diesem Felsen gibt. Ich fühlte mich sehr unglücklich und ganz und gar nicht am richtigen Platz: eine Französin, die das alles zu sehen bekam! Wir fuhren in einem Boot auf Becken mit Trinkwasser. Danach bewegten wir uns auf Kanälen aus reinem Erdöl.«

Und dazu, um ganz genau zu sein:

»Selbstverständlich wird man aufgefordert, alles abzulegen, was einen Funken hervorrufen könnte.«

Auf hoher See begegnete die *Cutty Sark* einem Zerstörer der französischen Marine. Die Mannschaften traten auf den Decks an, um sich gegenseitig zu grüßen. Coco sagte:

»Ich habe mich an eine Stelle gelegt, von der aus ich alles sehen konnte, denn es war so eindrucksvoll, aber ich wollte nicht, daß man mich auf diesem Schiff erblickt, das dem König gehörte. Verstehen Sie das?« Der Herzog hatte es nach dem Krieg zurückgekauft.

Auf der Jacht, der *Flying Cloud,* durfte sie in Süßwasser baden. Das Salzwasser reizte ihre Haut, sagte sie.

Es kam vor, daß sie Eifersucht verriet. Während einer Kreuzfahrt auf der *Flying Cloud* verlangte sie, daß eine sehr hübsche Person, damals

eine bekannte Malerin, beim nächsten Anlaufen eines Hafens ausgebootet würde, und sie erreichte es auch. Das spielte sich in Villefranche ab. Der Herzog fuhr, ein wenig verwirrt, gleich bis Nizza weiter, von wo er einen wunderbaren Smaragd mitbrachte. Er schenkte ihn Coco nach dem Abendessen. Der Vollmond legte einen schimmernden Teppich bis zur Reling der Jacht, auf der sich die beiden Liebenden aufstützten. Coco bewunderte den Smaragd in ihrer hohlen Hand, wonach sie ihn ins Meer fallen ließ – Kleopatra, die die Perlen Cäsars in Essig auflöste. Ein Hinweis für die Unterwassertaucher: Es war auf hoher See vor Villefranche.

Auf den Kreuzfahrten zog Coco die langen Aufenthalte in Häfen der Villa la Pausa vor. Noch einmal wirkte sie bahnbrechend, indem sie die Mode für die Sommerferien im Süden, den bis dahin nur wenige, unbemittelte Maler kannten, lancierte. Die Sonne hatte damals noch einen schlechten Ruf. Man schützte sich gegen ihre starken Strahlen. Coco war eine Sensation, als sie gebräunt nach Paris zurückkehrte. Nicht zu reden von ihren weißen Hosenanzügen. Die hatte sie in Venedig mit passenden Turbanen und schwarzen Trikots in Mode gebracht. Im Kasino von Juan-les-Pins ließ der Portier sie nicht eintreten. Sie wollte sich mit dem Herzog treffen, einem leidenschaftlichen, sehr hoch setzenden, aber auch zerstreuten Spieler, denn das Geld hatte für ihn so wenig zu bedeuten! … Er ließ es vor Vergeßlichkeit auf dem Spieltisch liegen, und es kam vor, daß der Einsatz immer wieder verdoppelt wurde… Man lief hinter ihm her: »Durchlaucht!«

Er stopfte die Scheine und die Jetons in seine Taschen und verteilte den Rest, der nicht mehr hineinging (wenn ich mich so ausdrücken darf). In allen Spielkasinos war er sehr beliebt. In Juan-les-Pins wurde Coco von Baudoin persönlich, dem Herrn und Gründer des Kasinos, aus den Fängen des Portiers errettet. Er sagte zu ihr:

»Sie liefern den Beweis, Mademoiselle Chanel, daß es sich nicht darum handelt, *angezogen,* sondern gut angezogen zu sein.«

Ein Wort und eine Anerkennung, deren sie sich mit Vergnügen entsann. In der Villa la Pausa herrschte eine große Freiheit. Kam man

vom Bad zurück, fand man auf der Terrasse ein angerichtetes Büfett, mit kalten Speisen auf der einen Seite, Schinken, Roastbeef und Fisch in Gelee, und warmen Gerichten auf der anderen, auf silbernen Wärmeplatten, alten Stücken, die aus England stammten, Geschmortes, weiße Bohnen mit Speck, Risotto und ländliche Spezialitäten aus der Gegend. Man setzte sich auf die niedrige Mauer, im Schatten von ockerfarbenen Vorhängen aus grobem Leinen. Keine Sitzordnung, alles ging ungezwungen vor sich, sagte Coco. Unter den Stammgästen, außer dem Herzog von Westminster und seinen Freunden, Salvador Dali, Jean Cocteau, Georges Auric, der Komponist, der Schauspieler Marcel Herrand, die Herzogin d'Ayen, die Beaumonts, Prinz Kutusow und Serge Lifar, den Coco ihr Patenkind nannte, weil Diaghilew ihn mit Hilfe des Geldes, das sie *ihm* gab, aus Rußland hatte kommen lassen.

In den Hotelzimmern, in denen sie lebte, nachdem sie die Wohnung in der Avenue Gabriel, wo alles angefangen hatte, und das Haus mit all seinen Kostbarkeiten am Faubourg St-Honoré 29 verlassen hatte, legte Mademoiselle Chanel Wert auf die Anonymität, die sie boten, das Messingbett, die graulackierten Möbel im Stil Louis'XVI. und die Mapple-Schränke. Sie hatte nur ganz wenige persönliche Gegenstände auf dem Nachttisch, eine Ikone, ein byzantinisches Kreuz und jene Nachbildung des Grabmals des heiligen Antonius von Padua, die ihr einer ihrer »Mechaniker« geschenkt hatte.

In la Pausa war ihr Zimmer sehr viel persönlicher: ein riesiges spanisches Bett aus vergoldetem Eisen, an dessen Pfeilern sie Amulette (wegen der Fruchtbarkeit?) und künstliche Blumen, vermischt mit frischen, aufhängte: ein Bett für eine Zigeunerkönigin. Die meisten anderen Möbel waren gleichfalls spanisch. Die Fenster gingen auf einen sehr einfachen Garten mit Zypressen und Olivenbäumen hinaus; unter den Olivenbäumen Lilien, die so aussahen, als wären sie zufällig dort gewachsen, auch Lavendel. Alles wirkte ganz natürlich. Ein riesiger Olivenbaum, einer von den ältesten, stand wie ein Wachtposten vor der Freitreppe: Die Allee umrundete ihn auf beiden Seiten. Er bewacht mich, sagte Coco, er verwehrt allen Eindringlingen das Überschreiten meiner Schwelle.

Der Bruch mit Westminster vollzog sich in la Pausa. Die Gäste schliefen schlecht in jener Nacht, wach gehalten von den lauten Stimmen.

Churchill hatte sich eingemischt und den Herzog an seine Verpflichtungen erinnert. Um seinen Gehorsam zu beweisen, sollte er die Tochter eines Protokollchefs aus dem Buckingham-Palast heiraten.

Was war Westminster für Coco, wenn nicht in erster Linie die großartige Landmarke, die auch noch vom Ende der Welt her sichtbar war, das Zeichen für den Erfolg des Hauses Chanel? Sie sagte:

»... Ich habe das (das Haus Chanel) nicht im Stich lassen können, meinen einzigen Besitz, das einzige, was ich selber geschaffen habe. Alles andere hat man mir geschenkt. Ich habe von niemand etwas verlangt, und alle gaben mir alles.«

Das einzige, was ich selber geschaffen habe. Selbstverständlich, hätte sie ein Kind gehabt...

Von dieser Chanel aus den dreißiger Jahren, die nicht auf dem Gipfel ihres Ruhmes stand, jedoch auf dem Gipfel ihrer Schönheit, hat Maurice Sachs in *La décade de l'illusion**, 1932 geschrieben und Jean Cocteau gewidmet, ein fabelhaftes Bild gezeichnet.

»Die Chanel«, so schrieb er, »hat eine weibliche Persönlichkeit geschaffen, wie Paris vorher nichts Ähnliches gekannt hat. Ihr Einfluß ging über den Bereich ihrer Arbeiten hinaus. Ihr Name prägte sich der Vorstellung ein, wie es auch die Namen berühmter Männer aus Politik oder Literatur tun. Sie stellte schließlich trotz der legendären Schwäche der Frauen ein neues, allmächtiges und, wie es scheint, für das Leben der Stadt unentbehrliches Geschöpf dar.

(...) Sie war ein General: einer jener jungen Generale des Kaiserreiches, bei denen der Geist der Eroberung überwog. Ja, das war es: die Schnelligkeit, mit der sie etwas erkannte, die Genauigkeit ihrer Befehle, die Sorgfalt in den Einzelheiten und ganz besonders die Anhänglichkeit, die sie ihrer Armee von Arbeiterinnen bewies. (...)

(...) Sie war nicht schön im üblichen Sinn, aber sie war unwiderstehlich. Ihre Worte waren nicht außergewöhnlich, aber ihr Geist und ihr Herz unvergeßlich. Und wenn ihr Werk auch nicht zu jenen gehört, die über die Zeiten hinweg erhalten bleiben, so möchte ich doch glauben, daß diejenigen, die die Geschichte der ersten Jahrzehnte dieses Jahrhunderts schreiben werden, das große Unternehmen der Chanel nicht vergessen.«

* Gallimard

11

Der unerwartete Freund: Pierre Reverdy

Welche Rolle hat die Liebe – die wahre Liebe – in Coco Chanels Leben gespielt? Blickte sie auf ihr Dasein zurück, erinnerte sie sich nur an einige Männer, was jedoch nicht bedeutet, daß sie die anderen vergessen hätte. Sie sprach nicht mehr von ihnen, da sie der Legende, die sie in ihrer Einsamkeit erschuf, nichts mehr hinzufügten. Unter denen, von denen sie häufig sprach, befand sich Reverdy, ein großer, noch verkannter Dichter.

»Die Liebe fängt mit der Liebe an, und aus der stärksten Freundschaft kann man nur zu einer schwachen Liebe gelangen.« Nachdem der Dichter Reverdy zufällig und auf gut Glück die *Pensées* von La Bruyère aufgeschlagen hatte, schrieb er diesen Gedanken für Coco um und fügte folgenden Kommentar hinzu:

»... aber er hat nicht gesagt, daß man aus einer großen Liebe auf eine unvergängliche Freundschaft übergehen könnte. Ich selber hatte geschrieben, daß es keine wahre Liebe ohne Freundschaft gibt, auch keine große Freundschaft ohne Liebe (dies unter Männern und das Wort

Liebe in einem besonderen Sinn gebraucht). Aber es bedarf einer gewissen Frechheit, wenn man diesen Kerl gelesen hat, auf diese Weise zu schreiben. Besorgen Sie sich *Les Caractères* von La Bruyère (wenn Sie sie schon in Ihrer Bibliothek haben, nehmen Sie sie heraus), *Les Maximes* von La Rochefoucauld und die von Chamfort. Von Zeit zu Zeit einige von ihnen, am Abend.«

Coco hatte auch in diesem Fall durch Misia Reverdy kennengelernt. Sie unterbreitete ihm die Maximen, die sie gerade niederschrieb: »Ich beglückwünsche Sie für diese drei Gedanken, die Sie mir geschickt haben«, schrieb er ihr (in einem seiner zahlreichen Briefe, von denen keiner ein Datum trägt). »Sie sind sehr gut – der letzte ausgezeichnet, und völlig auf der Höhe mit dem, was man sich auf diesem Gebiet nur wünschen kann.«

Ein seltsamer Mann, dieser Reverdy. »Sein Glaube hält ihn dem Beifall der Welt fern«, schrieb Misia und schätzte sich glücklich, ihm geholfen haben zu können, einen Wunsch zu verwirklichen, an dem ihm besonders lag: sich in die Abtei von Solesmes zurückzuziehen, wo er sich sehr diszipliniert und voller Inbrunst dem Schreiben hingeben konnte.

Was fand Coco in Reverdys Prosa? Zu der Zeit, als es zum Bruch kam, vertraute Westminster einem Freund an:

»Sie wird verrückt, sie liebt einen Farrer (sollte heißen: Pfarrer).«

Reverdy lebte bei den Mönchen und fast ebenso wie sie. Er hatte sich bekehrt; ebenso wie Cocteau, ebenso wie Maurice Sachs und einige andere hatte er es unter dem Einfluß von Jacques Maritain und dessen Frau getan. Gott hatte sich sehr wohl an Claudel gewandt, als dieser in der Nähe einer Säule von Notre-Dame stand, wohin die Anhänger Claudels jetzt pilgern. Ich weiß aus Erfahrung, daß es genügt, mit dem Evangelium in der Tasche herumzulaufen, um Leute neugierig zu machen, im allgemeinen die Reichen, die wegen ihres Lebens im Jenseits beunruhigt sind. Wie kann man sich auf die richtige Seite stellen (die Seite der Guten)? Es wird zu einem Problem, wenn einem zuweilen bewußt wird, daß man nichts von dem, was einem hier unten so große Sicherheit verschafft, in den Tod mitnehmen kann. Coco sagte:

»Das Fegefeuer beginnt, sobald man sich sagt, daß man alles wird zurücklassen müssen.«

Sie war nicht die einzige, die von Reverdy beeindruckt war. Seine Freunde, innerhalb der Literatur, hießen Apollinaire, Cendrars und Max Jacob. Im *Bateau Lavoir*, wo er auch mit Picasso, Braque und Juan Gris zusammentraf, hatte er André Salmon kennengelernt. Sie wurden berühmt und sehr reich (mit Ausnahme von Juan Gris, der zu jung starb, um sein Glück zu genießen). Reverdy selber lebte von einer kleinen Rente, die ein Verleger ihm ausgesetzt hatte.

»Wenn Sie Ihre Gedichte auf einzelne Blätter schrieben und Sie genauso signierten, wie Ihre Freunde, die Maler, ihre Bilder signieren«, meinte Coco, »und wenn sich dann auch noch der Snobismus einmischt (und sie hätte das Notwendige dafür getan!), werden Sie ebenso reich sein wie sie.«

Was sollte man darauf antworten? Mit dreißig Jahren verdiente sich Reverdy noch seinen Lebensunterhalt als Korrektor am *Intransigeant*. Als er eines Nachts aus der Setzerei in einen kalten Nieselregen hinaustrat, rutschte er auf dem Bürgersteig aus, fiel hin und schlug sich schmerzhaft das Knie am Rinnstein. Der Kollege, der ihn begleitete, hörte ihn voller Bitterkeit aufseufzen:

»Oh, Herr, laß mich ein unbekannter Dichter bleiben.«

Daß andere Dichter ihm Genialität zuerkannten, war gewiß ein Trost und eine Ermutigung, aber er litt deswegen nicht weniger unter seiner Armut, die zuweilen seine Urteile beeinflußte. Er war sehr kritisch. In seinem klösterlichen Exil hielt er sich über die Gerüchte in Paris auf dem laufenden, wußte von allem, was dort vorging, und zeigte im Gespräch die Schärfe eines Berichterstatters, mit der er Christian Bérard nahekam, der selber in den Skandalen *wühlte*. Ein Journalist, der Verleger geworden war, Tériade, veröffentlichte Gedichte Reverdys, von Picasso illustriert: nichts als Gebeine in roten Tönungen unterschiedlicher Intensität. Dieses Buch wird heute von Bibliophilen sehr gesucht und ist sehr teuer. Falls Reverdy es im Jenseits erfahren sollte, wird ihm dies ein bitteres Lächeln entlocken.

Er hatte sehr schöne Zähne; er war ein *Straßenjunge*, das ist die Erinnerung an Reverdy, an die sich Lady Abdy hielt. In einem Punkt war sie ihrer Sache ganz sicher: Coco hat ihn sehr geliebt. Sie hätten heiraten können, meint sie, und sie wären glücklich geworden. Hätte Reverdy, wäre er frei gewesen, Mademoiselle Chanel geheiratet? Das ist nicht

gewiß. Er hätte damit ein unberechenbares Risiko auf sich genommen.

Es ist nicht ohne Interesse, Reverdys Korrespondenz mit Misia (soweit sie diese in ihren Erinnerungen veröffentlichte) mit den Briefen, die er an Coco richtete, zu vergleichen. »... Ich liebe Sie so sehr«, schrieb er an Misia. »Ich denke mit soviel Zärtlichkeit an Sie. Sie gehören zu denen, die ich liebe, bis es schmerzt. Oft fehlen Sie meinen Armen, meinen Lippen und meinem Herzen. Sie sind ein Stück meines Lebens. Eine beglückende Seite. Hier, in dieser Stille, die manche für tödlich halten würden (man hört nur die Vögel zwitschern und die Mönche singen), lausche ich Gott und liebe meine Freunde mit einer himmlischen Liebe. Gott hat sich Ihrer bedient, um mir dieses Leben der Zärtlichkeit und der Liebe zu schenken, das von da an das einzig mögliche war. Man mußte entweder sterben, verdorren, oder von dem einzigen Licht leben. Es wäre, Misia, etwas Grausames, die Welt mit einem verdorrten Herzen zu verlassen – aber es ist etwas Köstliches und Heiteres, in einem Übermaß von Liebe aus ihr zu scheiden.«

Coco gegenüber verändert sich der Ton. Ich habe mehrere Briefe in Händen gehabt, die Reverdy während des letzten Krieges an Coco geschrieben hat.

Misia gegenüber war der Himmel blau, die Vögel zwitscherten, und die Mönche sangen. Dort schrieb ein glücklicher, entkrampfter Mensch. Liest man die Korrespondenz mit Coco, kann man gar nicht anders als an Diaghilew denken, der nach Lifars Worten Angst vor ihr hatte. »Ich werde Sie bald aufsuchen«, schrieb Reverdy als Antwort auf ein ziemlich gebieterisches Telegramm Cocos, »aber ich werde nicht lange bleiben.« Er sprach von seinem Frieden in Solesmes. »Ich brauche diese Einsamkeit«, sagte er. »Es ist an der Zeit, daß ich mein Leben ändere, wenn ich nicht zu einer völligen Verachtung meiner selbst gelangen will. Dem Vergnügen nachzulaufen bedeutet, dem Wind nachzulaufen. Man gerät außer Atem, und es bleibt nichts als eine schmerzliche Bitterkeit zurück.«

Alles, was Reverdy an Coco schrieb, ist ernst und von der Sorge, sich zu rechtfertigen, bestimmt. Seit zwei Monaten, in denen er sich in So-

lesmes aufhält, so schreibt er, hätte er nicht mehr zu arbeiten aufgehört, um den Wert eines neuen Bandes zu steigern. Er denkt nach, er sucht: Er möchte den Glauben wiederfinden, um richtig ins Kloster einzutreten, wie er versichert.

»Allzulange habe ich in mir (so schreibt er) dieser Poesie den Vorzug gegeben, die nichts weiter verlangte, als dem Vergnügen nachzulaufen.«

Hier ist man weit von der Stimmung entfernt, in der Reverdy an Misia schrieb. In seinem Brief an Coco gibt er Erklärungen ab, rechtfertigt er sich und legt er Rechenschaft ab, es sind fast Briefe an eine besorgte Mutter, die man beruhigen muß, auf die Gefahr hin, die Dinge ein wenig zu übertreiben: Sie soll nur wissen, daß man trotz eines gewissen äußeren Anscheins seine Zeit nicht verliert; daß man schreibt und Fortschritte macht.

Man könnte meinen, daß sich Reverdy und Coco gegenseitig einschüchterten, fände man bei ihr nicht jenen Aspekt eines *Straßenjungen*, der Lady Abdy bei Reverdy aufgefallen war. Zweifellos muß man sich über den Sinn dieses Wortes klarwerden. Für Coco ebenso wie für ihren Dichter enthält das Wort *Straßenjunge* Verschlagenheit, eine große geistige Wendigkeit, Schlagkräftigkeit, die Weigerung, sich vom Bürgertum prellen zu lassen, und auch eine gewisse Gewichtigkeit; dazu ein bißchen verdrehte Einfälle, ein etwas boshafter Charme und gelegentlich ein wenig Herz. Eine Menge verschiedener Seiten für ein einziges Wort. Beide blieben sie dem Populären nah, wenn auch nicht dem Volk; denn man könnte kaum behaupten, daß sich Mademoiselle Chanel auch nur den kleinsten Rest eines Kindes aus dem Volk bewahrt hätte. Immerhin fand sie etwas von ihrer Kindheit in der Reverdys wieder, da sie sich diese ohne das geringste Zögern aneignete. Hat sie einen kleinen Teil ihrer Wahrheit Reverdy oder einem der anderen Männer in ihrem Leben anvertraut? Niemals, und diese Kraft des Schweigens wirkte sich offensichtlich als ihre Schwäche als Frau aus. Man kann eine Frau ohne Vergangenheit lieben, aber es ist schon schwieriger, mit ihr auch zu leben.

Reverdy schrieb seine Briefe über die ganze Breite der Seiten hinweg, zuweilen in einer Schrift von normaler Größe, wobei ungefähr fünfzehn Wörter auf die Zeile kamen, vor allem wenn er Mademoiselle Chanel für sie niedergeschriebene Texte übermittelte, ziemlich professorale Kommentare über die Gedanken La Bruyères oder Überlegungen zur Kunst des Schreibens.

»Die Werke sind nur dann dauerhaft und stark, wenn sie von einem Kopf aufgebaut werden; erhaben aber werden sie nur durch das Herz, und es ist ein großes Unglück, wenn zuwenig Kopf und zuviel Herz in ihnen steckt.«

Es handelt sich hier um ein Zitat aus seinem Buch *Le gant de crin*, das er folgendermaßen kommentierte: »Das Geheimnis und die Klippe in dieser Art, sich auszudrücken, liegen darin, daß sie Bündigkeit, Gewicht und Tiefe, Genauigkeit und Leichtigkeit verlangt. In jedem Augenblick steht man zwischen der Schwierigkeit, sich die Präzision, die Genauigkeit dessen, was man sagen will, zu bewahren, und der richtigen Form, die einem stets Opfer und so weiter abverlangt.«

Wäre man bösartig, könnte man diesen Fernunterricht mit den Erklärungen des Meisters der französischen Sprache M. Jourdain vergleichen. Tatsächlich bietet sich noch ein anderer Vergleich an. Er bezieht sich auf Cocos Worte gegenüber Boy Capel in bezug auf die Geheimlehre: ... *ich ließ es nicht zu, daß er sich für etwas interessierte, was mich nicht betraf.* Dieselbe Reaktion trieb sie bei Reverdy, den *Blaustrumpf* zu spielen. Und dann hatte sie zweifellos ein Mittel gefunden, ihre Bande mit ihm zu verstärken und sein Leben zu erleichtern, indem sie ihn für die Arbeit des Feilens an ihren Maximen, die sie niederschrieb, bezahlte.

Sobald Reverdy nicht schulmeistert, sobald er sein Herz sprechen läßt, schwillt die Schrift an, man zählt nur fünf oder sechs Wörter auf die Zeile – quer über das Blatt in seiner ganzen Breite. Und dann, ganz plötzlich, wenn die Bogen, ohne daß ein Rand blieb (mit Mitteilungen, die weit kürzer sind, als es den Anschein hat, wenn man drei oder vier Seiten in einem Umschlag erhält), gefüllt sind, bleibt noch etwas in einer winzigen, fast unentzifferbaren Zeile, die sich an den Rand der Seite drängt, hinzuzufügen. Sonderbarer Reverdy. Nicht sehr groß, untersetzt, katalanischer Typ, eine Strähne auf der Stirn.

Man wird allein, weltlich und ohne Glauben bleiben müssen. Indem Reverdy auf diese Weise seine Berufung als ein von der Welt zurückgezogener Dichter definierte, rührte er an Mademoiselle Chanels Herz. Sie war allein. Weltlich? Das ergab für sie keinen großen Sinn. Ohne Glauben? Sie hatte davon nicht mehr als Reverdy, wenn man, wie Reverdy es tat, den Glauben an eine religiöse Überzeugung bindet. Aber wenn man wie ich glaubt, daß der Glaube die Kraft des Lebens darstellt …

An diesem Sonntagmorgen hatte sie der Messe beigewohnt. Sie berichtigte:

»Am Radio! Ich gehe nicht mehr zur Messe. Aber sie zu hören tut mir gut. Zum ersten Male habe ich einen Pfarrer ohne Herausforderung reden hören. Der Katholizismus ist die strengste Religion … Schon seit langem glauben wir nicht mehr an den Teufel. Das sind Dummheiten, die man hartnäckig wiederholte. Der Pfarrer, den ich im Radio hörte, hat überhaupt nicht von ihm gesprochen. Er hat gesagt, man müßte alle Religionen gelten lassen und verstehen. Das habe ich zum erstenmal aus dem Mund eines Pfarrers gehört, und er hat es gut vorgebracht, er benutzte Gleichnisse. Im Radio kann man viel lernen.«

Sie bezeichnete sich als Theosophin. Zu Anfang des Jahrhunderts war man es, damals gehörte es *zum guten Ton*. Der Gurdjieff der damaligen Zeit nannte sich Annie Besant, eine alte Dame. Man glaubte an die Seelenwanderung. Man starb nicht mehr, man wechselte nur die Dimension. Coco sagte:

»Ich glaube an die vierte, an die fünfte und an die sechste Dimension. Das ist aus dem Bedürfnis entstanden, sich zu beruhigen, zu glauben, daß man niemals alles verliert und sich auf der anderen Seite etwas ereignet.«

Da ich eine gewisse Verblüffung nicht zu verbergen vermochte, fuhr sie fort: »Wir leben in einer Dimension.«

Das alles rührte von einer – während einer Pause des Schweigens – töricht gestellten Frage her oder weil neben ihr in einer Zeitschrift die Seite des Horoskops aufgeschlagen war. Fragte sie das ihre jeden Tag um Rat? Sie widersprach:

»Niemals! Niemals sehe ich mir das Horoskop an. Für die Zeitungen ist es ja amüsant, so etwas erfunden zu haben, aber es müßte doch trotzdem von Zeit zu Zeit etwas Wahrscheinlichkeit für sich haben. Ich glaube an das Unwirkliche, ich glaube an alles, was voller Geheimnis ist. Ich glaube weder an den Spiritismus noch an den Hypnotismus.«

Sie erwähnte Gespräche, die sie mit dem Abbé Mugnier, dem Beichtvater des vornehmen Paris, geführt hatte, dem (gleichfalls) einige aufsehenerregende Unterhaltungen nachgesagt wurden. (Es scheint, als ob diese Missionare in den Pariser Salons, seien sie nun literarisch oder anders, ihre Aktivität eingestellt hätten.) Coco sagte:

»Eines Tages habe ich dem Abbé Mugnier erklärt: ›Ich sage Ihnen gleich, daß ich nicht mehr weiß, ob ich noch Katholikin bin, auf jeden Fall bin ich keine praktizierende.‹

›Es gibt Menschen, die für das Praktizieren geschaffen sind, Sie sind es nicht‹, hat er geantwortet.

Er hat mich in eine Diskussion gezogen, und ich habe gesagt:

›Nein, Herr Abbé, ich bin nicht zur Genüge qualifiziert, um über diese Dinge zu diskutieren, ich finde daran auch kein Vergnügen, das interessiert mich nicht.‹

Als ich das Wort Theosophie aussprach, hat er zu mir gesagt:

›In diesem Fall müßten wir doch ...‹

Ich habe ihn unterbrochen, um das Thema zu wechseln. Am nächsten Tage habe ich ihm ein schönes Grammophon mit allen Platten von Wagner, den er anbetete, geschickt. (Immer diese Reaktion: Man kann nie wissen ...) Ich hoffe, er hat mir verziehen, daß ich ihm gesagt habe, die Messe langweile mich sehr und ich ginge nicht mehr hin, nicht einmal um des Eindrucks willen.«

Der Abbé Mugnier versicherte: Die Hölle gäbe es wohl, aber es wäre niemand drin.

In dem letzten meiner Bücher, das ich ihr habe geben können: *Et Moïse créa Dieu**, stieß Coco auf folgende Definition: *Gott ist die Kraft, die es dem Menschen erlaubt, das Werk Gottes auszuführen.* Während sie von meinem Buch sprach, redete sie auch gleichzeitig von einem polnischen Roman, der Erfolg gehabt hatte.

»Warum Moses?« fragte sie. »Glauben Sie, daß diese alten Geschichten die Menschen noch interessieren? Die Bibel!«

Es ärgerte sie, mein Buch in der kleinen Buchhandlung des Ritz nicht zu sehen, während der polnische Roman dort einen guten Platz einnahm. Sie fand ihn schmutzig, schändlich.

»Wo suchen sich die Leute nur diese Scheußlichkeiten zusammen, die sie zu schreiben wagen und die gedruckt werden?«

Dann kehrte sie zu Moses zurück:

»Glauben Sie, daß das den Juden gefallen wird? Sie werden es nicht kaufen.«

Es kam bei ihr vor, insbesondere wenn man von den Modeboutiquen sprach, die damals wie Pilze nach einem Gewitter aus dem Boden schossen, daß sie einen leidenschaftlichen, fieberhaften Antisemitismus offenbarte, der jedoch niemals durch eine Geste, eine Handlung oder ihr Verhalten bestätigt wurde. Vergeblich versuchte ich, sie zu überzeugen, daß Moses, für mich der größte der Großen, von neuem auch der aktuellste wurde, da es sich darum handelte, das nachzuvollziehen, was ihm gelungen war, Gott neu zu erschaffen oder, wenn man das vorzieht, ihn den heutigen Erfordernissen anzupassen, damit er allen Menschen auf der Erde als gemeinsamer Nenner diente, um sie zu beschützen.

»Kennen Sie«, habe ich Coco gefragt, »die Schöpfungsgeschichte, wie sie in der Bibel erzählt wird?«

»Überhaupt nicht«, gestand sie, »für uns ist das doch ohne Interesse. Das sind Geschichten, die man den Kindern erzählt hat.«

»Trotzdem wissen Sie, daß Gott, nachdem er die Welt in sechs Tagen erschaffen hatte, am siebten Tag ausgeruht hat? Warum?«

»Sie fragen mich, warum sich Gott am siebten Tag ausgeruht hat?«

»Gott ermüdet nicht.«

»Was wollen Sie damit sagen?«

* Editions Robert Laffont

»Folgendes: daß Moses seinem Gott Menschen anbot, die sich niemals ausruhten. Er war Prophet und Revolutionär. Er wandte sich an das Proletariat seiner Zeit, an die armen Teufel, die die Pyramiden erbauten, an die Ausgehungerten, die nach Ägypten kamen, um etwas zu essen zu haben. Wie bei uns die Menschen der Dritten Welt erscheinen, die die Umgehungsstraße bauen oder unsere Straßen fegen. Moses hat das jüdische Volk nicht aus der ägyptischen Sklaverei befreit. Er hat vielmehr Sklaven in eine Revolution geführt. Das jüdische Volk existierte noch gar nicht.«

»Und Sie glauben, daß Sie viel von Ihrem *Moses* verkaufen werden?«

Sie zog mein vorhergehendes Buch, einen Roman *Belle de Paris**, vor, vielleicht weil sie zuweilen aus dem Mund der Heldin sprach. Im übrigen verstand sie nicht recht, warum ich von der *Belle de Paris* auf *Moses* überging. Ich erklärte es ihr:

»Um aufzuatmen.«

»Sie verstehen es nicht, Geld zu verdienen«, bemerkte sie.

Nach Reverdy kam ein Zeichner, Paul Iribe, der Coco dazu verleitete, eine Zeitschrift zu machen, die sie ziemlich viel Geld kosten sollte. Iribe empfand nicht die geringste klösterliche Berufung. Er führte ein Leben in Saus und Braus. Sein Vater, ein Architekt, hatte den Kommunarden erklärt, wie sie es anstellen sollten, um die Vendôme-Säule umzustürzen. Um Coco vor den »Narrheiten« Iribes zu warnen, sagten ihre Freunde zu ihr:

»Vergiß nicht, daß sein Vater die Säule umgelegt hat.«

Iribe starb im Verlauf eines Tennisspiels in la Pausa. Coco, die ihn geliebt hatte, sprach niemals von ihm. Er hatte ihren Hochmut nicht geschont.

Die Ehe. Wahrscheinlich dachte sie an sie. *Sie* gingen fast alle weg. Die Reichste, die Schönste – und dennoch der Liebe nachlaufen: Das war das Thema meines Romans, der Coco gefiel: *Belle de Paris*. Ziemlich lange hatte sie ihn auf ihrem Nachttisch liegen.

Nur Westminster gab ihr das, was ein Mann wie die anderen, auch

* Editions de Trévise

der niedrigste unter ihnen, der aus der großen Masse stammt, seiner Frau bietet: das Glück in der Sicherheit. In ihrem Verhältnis zu Westminster bestand ein Gleichgewicht, wie es »alle Welt« kannte; es tauchte gar nicht erst die Frage auf, wer gab und wer empfing. Weder ausgehalten noch *aushaltend*, keinerlei Berechnung, keinerlei Hintergedanken, niemals. Die natürliche Einfachheit der Liebe hatte Coco nur mit dem reichsten Mann der Welt kennenlernen können.

Was die anderen betraf … Cocteau sprach eines Tages von »Frauen wie Päderasten«: diejenigen, die Männer *haben*, so wie Männer Frauen *haben*. Eine Gattung, die sich vermehrt.

12

Die Stille der Besatzungszeit

Man hat niemals recht verstanden, warum Coco im September 1939, bei der Kriegserklärung, das Haus Chanel schloß. »Ich dachte, man würde keine Kleider mehr anfertigen«, erklärte sie, ohne zu überzeugen. Sie durchquerte die dunklen Jahre wie ihr übriges Leben, allein, und dachte nur an sich selber, das heißt: an das Haus. Ein Deutscher suchte sie in der Rue Cambon auf, und mit ihm sprach sie englisch. Mir gegenüber hat sie niemals seinen Namen genannt.

1939 hatte sich ihr Unternehmen auf fünf Häuser in der Rue Cambon ausgeweitet.

»Ich hatte ganze Arbeit gemacht«, erklärte sie. »Ein Glück, daß ich verkauft habe. Was würde das heute für Geld *kosten*! Jetzt ist es ganz klein. Gott sei Dank.«

Bei Ausbruch des Krieges schloß sie ihre Pforten. Das führte zu falschen Vermutungen. Man hat durchblicken lassen, sie habe sich, von Schiaparelli in den Schatten gestellt, aus der Arena zurückgezogen. Sie sagte:

»Wegen des Krieges habe ich aufgehört zu arbeiten. Bei mir hatten alle jemanden, der wegging, einen Mann, einen Bruder, einen Vater. Innerhalb weniger Stunden hat sich das Haus Chanel geleert.«

Dabei beschäftigte sie nur Frauen.

Sie strich die Renten, die sie ihren Brüdern Alphonse und Lucien zahlte. In einem der seltenen Briefe, die sie selber schrieb (und diesen mit Bleistift), erklärte sie Alphonse:

»Ich bin untröstlich, Dir diese traurige Nachricht geben zu müssen (die Streichung der monatlichen Anweisung), aber da mein Haus geschlossen ist, lebe ich selber fast im Elend.«

Bei ihrem Tod hat man in gewissen Zeitungen durchblicken lassen, daß sie die Vereinbarungen von 1936 nur schlecht verwunden hätte, die Sozialgesetze, den bezahlten Urlaub und dergleichen. Sie hatte ihren Arbeiterinnen ein Ferienhaus in Mimizan zur Verfügung gestellt.

Sie sagte:

»Wie sollte man glauben, daß es noch Menschen geben würde, die Kleider kaufen? Ich war so dumm, so wenig *lebenserfahren*, daß mir das alles unmöglich erschien. Ich dachte: Du wirst alles in Ordnung abwickeln und dich um anderes kümmern. Ich kann alles tun. Nur nicht um fünf Uhr morgens aufstehen! Na gut, ich habe mich geirrt. Einige haben den ganzen Krieg hindurch Kleider verkauft. Das wird mir eine Lehre sein. Was immer jetzt auch geschehen sollte, ich werde meine Kleider machen. Ich glaube nur noch an meine Arbeit.«

Pallasse, ihr Neffe, wurde einberufen. Er war pessimistisch und sah die Katastrophe voraus.

»In England war er Offizier (man wird sich daran erinnern, daß sie ihn im Beaumont-College erziehen ließ). Er wollte als Soldat in Frankreich dienen. Da hat er also diesen komischen Krieg mitgemacht (der nur für diejenigen, die ihn nicht mitmachten, komisch war, so sagte er). Man hat ihn zu den Pionieren gesteckt, ganz nach vorn. Als die Deutschen kamen ...«

Sie spielte eine Szene aus dem Krieg, so wie sie sich ihn vorstellte: die Deutschen auf den Panzern, immer zwei nebeneinander sitzend. Sie zog ihren Rock, die Knie eng aneinander, unter ihrem Gesäß zusammen und saß ganz gerade auf dem Sitz eines Panzerwagens.

»Es wimmelte von ihnen«, sagte sie.

Und dann:

»... dann hat mir mein Neffe erzählt, sie haben uns gegrüßt.«

Sie salutierte vor ihrem Neffen, dem tapferen Pionier, die Hand über den Augen an die Stirn gelegt. Ihr Neffe verbrachte vier Jahre in Gefangenschaft. Vor der Katastrophe hatte er Coco gebeten, sich zu seiner Frau in der Gegend von Vichy (wie mir scheint) zu begeben, wenn die Sache schiefginge.

»... aber wegen der Deutschen habe ich Paris nicht verlassen. Niemals wäre ich weggegangen. Was konnte man mir tun? Bei mir war alles in Ordnung. Mein Haus war geschlossen.«

Der Flüchtlingsstrom setzte sie in der Nähe von Pau im Schloß von Lambeyc ab, das sie Etienne Balsan für ihren Neffen Pallasse abgekauft hatte. Etienne war verheiratet und bewohnte ganz in der Nähe ein kleines Schlößchen. Sie sah ihn wieder. Ihr »Mechaniker« war einberufen worden, und sie reiste mit einem Chauffeur ab, den sie im letzten Augenblick aufgetrieben hatte. Er weigerte sich jedoch, ihren Rolls zu fahren, und nahm sie in seinem eigenen Wagen mit. In Pau langweilte sie sich. Sie ging häufig zum Friseur, wo sie eine Freundin wiedertraf, Marie-Louise Bousquet, sehr pariserisch, fröhlich und spaßig. Zwischen den beiden Kriegen hatte sie einen akademischen Salon geführt und wurde nach der Befreiung einer der Pole des amerikanisch-französischen Snobismus. Damals vertrat sie *Harper's Bazaar* in Paris.

»Kehren wir zusammen nach Paris zurück«, schlug Coco dieser Freundin vor.

Sie reisten zu dritt, zusammen mit einer Ärztin.

»Im Wagen stank es nach Benzin«, erzählte Coco.

Sie entsann sich der kleinsten Einzelheiten dieses Unternehmens:

»Ein Freund hatte mir fünfundvierzig Liter Benzin gegeben und mir gesagt: ›Nimm sie mit, du wirst sie brauchen können.‹«

Erster Aufenthalt in Vichy. Abendessen im Hôtel du Parc.

»Alle Welt lachte, man trank Champagner, und die Damen trugen solche Hüte. So etwas, rief ich, hier sind wir mitten in der Saison.«

Man hatte sie gehört:

»Ein Herr wandte sich zu mir um: ›Was haben Sie damit gemeint, Madame?‹ Ich antwortete: ›Ich meine damit, daß man hier sehr fröh-

lich ist, und das ist sehr angenehm.‹ Die Frau des Herrn hat ihn wieder beruhigt.«

Wo die Nacht verbringen? Man besorgte Coco das Bett eines Mannes von der Mobilgarde:

»Der Arme mußte seinen Dienst nachts versehen, damit ich mich hinlegen konnte.«

Es gelang ihr, den Besitzer eines großen Hotels zu erweichen:

»Geben Sie mir irgend etwas!«

Man brachte sie in einer Mansarde unter, wo sie »vor Hitze krepierte«:

»Jede Stunde stand ich auf, um auf der Toilette zu Atem zu kommen. Unter dem Dach erstickte man.«

Marie-Louise Bousquet schlief in einer Wäscherei auf einem Sofa.

»Ein Herr hatte mir sein Zimmer unter der Bedingung angeboten, daß ich das Bett mit ihm teilte. Nein, wahrhaftig, vielen Dank, Monsieur.«

Sie mußte ihn recht gut kennen, denn sie aß mit ihm zu Abend. In Vichy erwartete sie ein Brief aus Paris. Zu ihrer Überraschung teilte ihr der Direktor des Ritz mit, daß die Deutschen ihre Wohnung nicht beschlagnahmt hätten.

»Sie haben sich nicht einmal das Gepäck angesehen, das ich zurückgelassen hatte, große Koffer, die man in der Diele mit meinem Namen in großen Buchstaben darauf untergebracht hatte. Ein deutscher General hat sie gesehen:

›Handelt es sich um Mademoiselle Chanel, die die Kleider und die Parfüms macht? Sie kann bleiben, wir brauchen ihre Wohnung nicht.‹«

Und sie fügte hinzu:

»Nicht alle Deutschen waren Lumpen.«

Wenn man die seltenen Äußerungen, die Mademoiselle Chanel über die dunklen Jahre der Besetzung von sich gab, wörtlich nähme, würde man mit den Zähnen knirschen.

Der Krieg ging sie nichts an. Sie war so entsetzlich egozentrisch, daß dies sie besser schützte, als das Land durch die Maginotlinie geschützt worden war.

Niemand vermochte ihre Einsamkeit zu durchbrechen. Man könnte von ihrer *splendid isolation* sprechen.

Sie sagte:

»Immer wird es Kriege geben, weil so viele Medikamente erfunden werden, daß die Menschen bald nicht mehr sterben.«

In Vichy gelang es ihr dank der Protektion eines Präfekten, den Tank ihres Wagens auffüllen zu lassen. Wiederaufbruch nach Paris, noch immer mit ihrer Freundin und der Ärztin zusammen. Schon bald blieben sie auf der Straße liegen.

»Man ließ nur die Belgier durch, die mit vorsintflutlichen Karren, die von Ochsen gezogen wurden, in ihr Land zurückkehrten. Es war ein Exodus aus prähistorischen Zeiten.«

Was tun?

»Wir haben unsere Matratzen herausgeholt, um im Wald zu schlafen.«

Wirklich, Matratzen?

»Dieser Exodus fand nur statt, weil gutes Wetter war. Bei schlechtem Wetter wären die Leute alle dageblieben.«

Marie-Louise Bousquet trat an ein paar Leute heran, die ein Feuer entzündeten.

»Sie werden ein Essen kochen«, erklärte sie Coco, »und sie wollen uns dazu einladen.«

»Seit dem Morgen«, erzählte Coco, »aßen wir nur noch Bonbons und Fruchtwürfel, ich war schon ganz krank davon. Ich hatte großen Hunger, die frische Luft machte mir Appetit.«

Sie befahl dem *Mechaniker* umzukehren, nicht um nach Vichy zurückzufahren, sondern um es auf kleinen Straßen zu versuchen.

»Sie waren ebenso verstopft«, erzählte sie, »weder rechts noch links gab es etwas zu essen. Schließlich gelangten wir nach Bourbon-l'Archambault. Es ist ein Badeort. Die Menschen waren sehr beunruhigt. Alle Zimmer waren für die Saison reserviert, aber niemand kam.«

Beim ersten Hotel erkundigte sie sich: »Haben Sie Zimmer?«

Drei Zimmer mit Bad, ein Wunder, meinte Coco. Bevor sie ihr Bad nahm, bemerkte sie ein Kind auf einer Mauer: Es wird herunterfallen! Tatsächlich verlor der kleine Junge auch das Gleichgewicht und stürzte mit dem Kopf nach vorn hinunter. Sie eilte hin:

»Niemand darf das Kind anrühren, bevor man weiß, ob es sich nicht etwas gebrochen hat!«

Der Junge weinte. Auch seine Mutter, eine arme Frau. Coco nahm einen Hundertfrancschein aus ihrer Handtasche:

»Es ist traurig, so etwas zu sagen, aber kaum hatte der Junge den Schein gesehen, hörte er auf zu weinen. Er nahm ihn und gab ihn seiner Mutter. Zu mir hat er gesagt: ›Heute abend werden wir essen können‹. Die Mutter hatte noch ein anderes Kind, und sie war schwanger. Sie zeigte mir ihr Portemonnaie: Es enthielt noch fünf Francs. Sie lebte von dem, was man ihr gerade gab. Aber die Menschen werden des Schenkens müde. Das alles war sehr traurig.«

Sie kehrte ins Hotel zurück.

»Woher kommst du?« fragte Marie-Louise. »Bei dir gelangt man nie ans Ende der Überraschungen. Was hast du jetzt wieder angestellt? Wirst du dich denn nie ändern?«

»Meine Liebe, ich habe einem kleinen Jungen, der von einer Mauer heruntergefallen war und heute abend zu essen haben wird, hundert Francs geschenkt.«

Sie fügte hinzu, als wollte sie sich für eine gewisse Rührung entschuldigen, die sich in ihre Schilderung eingeschlichen hatte:

»Wissen Sie, man sagt diese Sachen so hin … Es war nicht möglich, sie sich nicht zu Herzen zu nehmen, man befand sich zu jener Zeit in einem sehr sonderbaren Zustand und verspürte alles mögliche.«

Die Deutschen?

»Ich hatte mir nichts vorzuwerfen. Was konnten sie mir antun?«

Die Niederlage berührte sie nicht.

Sie erinnerte sich des Bades, das sie in Bourbon-l'Archambault hatte nehmen können:

»*Hinterher* war das Wasser ganz schwarz. Mehr als einmal hatte ich meine Schuhe ausgezogen, um durch die Felder zu gehen. Meine Strümpfe waren voller Löcher.«

Sie hatte auch die Speisefolge beim Abendessen nicht vergessen: ein gekochter Salat mit weichen Eiern darauf. Die Wirtin trat an den Tisch:

»Sind Sie wirklich Mademoiselle Chanel?«

»Mein Lieber«, sagte Coco zu mir, »ich machte schon vieles, Schmuck,

Kleider, Parfüms, ich wurde allmählich zu einer berühmten Persönlichkeit. Diese Frau hat zu mir gesagt: ›Meine Eltern wären so glücklich, Sie kennenzulernen!‹ Sie waren Weber. Wir haben sie besucht. ›Möchten Sie einen Anisette, Mademoiselle Chanel?‹ haben sie gefragt. Sie sahen mich an, sie berührten meine Hand, die alte Frau hat eine Zeitschrift mit einem Foto von mir hervorgesucht. ›Aber ja‹, hat sie gemurmelt, ›Sie sind wirklich Mademoiselle Chanel.‹«

»Die Deutschen?«

»... Sie gaben einem Benzin. Man sah Anschlagzettel: Französisches Benzin. Man ließ auffüllen.«

Als sie auf das Ritz zuging, machte ihr ein Direktor ein Zeichen: Gehen Sie nicht weiter! Sie sah die Wachtposten. Sie antwortete dem Direktor mit einem anderen Zeichen: Wenn ich nicht weitergehen kann, kommen Sie zur mir!

»Sie müssen sich in der Kommandantur melden«, erklärte ihr der Direktor.

»In dem Zustand? Dreckig, wie ich bin? Ich muß mich umziehen. Ist mein Zimmermädchen oben?«

»Nein, sie ist noch nicht zurückgekehrt.«

»Dann gehen Sie zur Kommandantur! Sagen Sie, daß Mademoiselle Chanel eingetroffen ist. Ich gehe hin, sobald ich sauber bin. Man hat mir immer eingeschärft, daß es besser ist, sauber zu sein, wenn man um etwas bittet.«

Der Sommer 1940! Cocos Erinnerungen lösten bei mir eine Art Schwindel aus. Sie beschwor sie ohne jede Hemmung herauf. Sie sagte:

»Während des Krieges konnte man nur rund zwanzig Flakons Parfüm im Hause Chanel verkaufen. Schon lange vor Öffnung bildete sich eine Schlange, die vor allem aus deutschen Soldaten bestand. Ich lachte, als ich sie sah, und dachte: Arme Dummköpfe, die meisten von euch werden mit leeren Händen abziehen. Und ich sagte mir: Wenn die Amerikaner kommen, wird es dieselbe Geschichte sein. Und es ist dieselbe Geschichte gewesen.«

Der Krieg, der Frieden ... Sie lebte allein, zurückgezogen in der

Festung Chanel, ließ die Zugbrücke herab, wann es ihr paßte, um, wen sie gerade wollte, eintreten zu lassen. Während der Besetzung war es der Baron von D…, dem seine Freunde den Spitznamen Spatz gaben. Ein schöner Mann, in seiner Jugend sehr ehrgeizig. Nach dem Ersten Weltkrieg hatte er an der Niederwerfung der Spartakusbewegung teilgenommen, deren Ziel es war, die russische Revolution auf Deutschland zu übertragen. In Paris kannte man ihn schon vor 1940: Er gehörte zu jenen Verführern in »parallel« geschalteten diplomatischen Missionen, die Ribbentrop nach Paris und London entsandte, um dort sein Terrain vorzubereiten. Er hatte damals einer schönen, reichen, nicht ganz »arischen« Pariserin sehr gefallen. Während der Katastrophe verließ sie Frankreich zusammen mit ihrem Mann. Spatz ließ sich in ihrer Wohnung nieder, um sie zu »beschützen«. Er war ein Mann von Welt, liebte es, gut zu essen, schätzte Weine, Zigarren und gute Anzüge, und nichts war für ihn zu gut. Die Frauen lösten einander ab, um ihm sein schönes Leben zu sichern. Er liebte sie voller Aufrichtigkeit, indem er ihnen *im Himmel* zurückerstattete, was sie ihm auf der Erde gaben. In Paris befaßte er sich mit der Kontrolle der Textilindustrie, anfänglich ein interessanter Posten, aber nach Bildung der russischen Front sollte sich alles ändern. Für Spatz handelte es sich vor allem darum, sich in Paris zu halten, zu überwintern. Also um keinen Preis aufzufallen. Er versteckte seine Wagen. Er zeigte sich nicht mit Coco, nicht das kleinste Abendessen bei Maxim. Sie legte auch nicht den geringsten Wert darauf. Sie blieben in der Rue Cambon. Als ein Freund darauf verfiel, Coco zu warnen – diese Freundschaft mit einem Deutschen! –, protestierte sie.

»Er ist kein Deutscher, seine Mutter ist Engländerin!«

Stimmt. Spatz hatte als Mutter eine Engländerin vom besten Adel. Er war für Coco mehr als ein Liebhaber, er leistete ihr Gesellschaft. Sicherte er ihr einige Vorteile? Ich habe niemals gehört, daß sie über Schwierigkeiten während der Besetzung geklagt hätte, bis auf einmal: Es handelte sich um einen Ring. Sie beschwerte sich über den Zustand ihrer Hände und gab mir zu verstehen, sie habe Frostbeulen gehabt, wie fast alle, und wie sich daraus ergibt, war es bei ihr auch nicht sehr gut geheizt – auch die Ernährung ließ zu wünschen übrig.

Bei der Befreiung stellte man ihr Fragen. Wer?

»Die Pariser der Stunde der Befreiung, mit ihren heraufgekrempelten Ärmeln. Vier Tage zuvor hatten sie, wenn man sie mit den Deutschen zusammen sah, ihre Hemdsärmel noch nicht heraufgekrempelt.«

Man fragte sie:

»Kennen Sie diesen Herrn?«

Es handelte sich um den Baron.

»Sehr gut. Ich kenne ihn seit zwanzig Jahren.«

»Wo ist er?«

»Er ist Deutscher. Ich nehme daher an, daß er in Deutschland ist. Als er kam, um sich von mir zu verabschieden, denn er ist sehr gut erzogen, hat er mir gesagt, er ginge nach Deutschland.«

Hat sie wirklich mit einer solchen Ungezwungenheit auf die Fragen der Pariser mit den hochgekrempelten Hemdsärmeln geantwortet?

»Wenn man mir mit alldem kommt, frage ich: Haben Sie einen Ausweis? Mit welchem englischen Oberst standen Sie in Verbindung? Wer hat Ihnen Befehle übermittelt? Wenn ich diese Fragen stelle, kann mir niemand antworten. Ich, ich kann es. Von seiten der Engländer war es ernst. Die Engländer meinen es ernst.«

Als ich einwandte, es sei unvorsichtig gewesen, englische Papiere bei sich zu haben...

»... *Hinterher!* Man konnte sie *hinterher* anfordern. Alle, die etwas Ernsthaftes getan haben, erhielten Papiere, man konnte sie ihnen nicht verweigern.«

Sie gab keine Einzelheiten über die ernsten Angelegenheiten an, die sie während der Besetzung auf die Anweisungen eines englischen Obersten hin ausgeführt hatte. Bei der Befreiung hatte sie einige Schwierigkeiten. Bevor sie in die Schweiz abreiste, verbarg sie sich in einer äußerst bescheidenen Pension in der Umgebung von Paris. Manche behaupten, sie hätte sich mit Geld aus der Sache herausgekauft. Andere, daß sie unter Churchills Protektion stand, der ein Freund Westminsters gewesen war und zu ihren Gunsten interveniert hatte. Nachdem soviel Zeit verstrichen ist, wird es leichter, sie zu verstehen. Wie viele

Franzosen hatte sie ganz einfach weitergelebt. Der Baron? Der reizende Spatz? Er gehörte der Welt an, in der sie sich entfaltet hatte. Sie hatte recht, wenn sie sagte, ihn seit zwanzig Jahren zu kennen. Er hätte auch in der *Belle Epoque* der Gesellschaft der Polospieler angehören können.

Sie sagte:

»Das ist doch zum Lachen! Ich war nach der Befreiung die erste, die nach London gereist ist. Zunächst bin ich in die Schweiz gefahren, um mir Geld zu holen, ich hatte keins mehr. Dann in die Vereinigten Staaten. Ich habe ihren Konsul aufgesucht: ›Monsieur, ich muß sofort meinen Paß haben!‹ Er hat mich gebeten, einen Fragebogen auszufüllen. Ich habe gesagt: ›Sie kennen mich besser, als ich mich kenne!‹ Er hat erwidert: ›Sie müssen mir trotzdem Ihre Abdrücke geben.‹ (Es handelte sich um die Finger.) ›Meinetwegen, Monsieur, wird es lange dauern? Wie Sie wissen, will ich morgen abreisen.‹ Die kleine Zeremonie (sie rollte die Finger hin und her) hat eine Minute gedauert.«

Den Baron von D... verleugnete sie nicht. Sie half ihm, die Schwierigkeiten der Nachkriegszeit in Deutschland zu überwinden.

Ich habe mir sozusagen Wort für Wort ein Gespräch notiert, das sie mit Serge Lifar, als wir einmal zu dritt zu Mittag aßen, führte. Es handelte sich um die Besetzung.

»Ich«, sagte Lifar, »habe auf Grund meiner Stellung (er war Ballettmeister an der Pariser Oper) einen Haufen Deutsche gesehen, ich habe alle gesehen, von Göring bis Goebbels, aber sie (er deutete auf Coco) hat niemand gesehen, niemals, nicht einen Deutschen. Sie ging ja nicht aus.«

»Ich hätte es für *unhöflich* gehalten, auszugehen.« (Ich hatte verstanden: *Schlecht erzogen*, ganz schlechte Erziehung, eine anständige Frau konnte sich nicht im Paris der Deutschen sehen lassen, das war es, ohne Zweifel, das man ihrem Wunsch entsprechend begreifen sollte.)

»Sie war furchtbar!« fuhr Serge fort. »Was für ein Mut! Eines Tages habe ich sie zur Gestapo begleitet. (Er senkte den Kopf wie jemand, der Kugeln pfeifen hört.) Sie sagte alles, was ihr gerade in den Sinn kam. Ich versuchte, sie zum Schweigen zu bringen: ›Hör mal, Coco,

das genügt, du hörst jetzt auf, wir sind hier nicht in einem Kindergarten.‹«

»Ich hatte ein ruhiges Gewissen«, sagte Coco, »also war es für mich kein Risiko.«

»Wenn sie zu de Gaulle ginge«, meinte Lifar, »wäre es dasselbe: Sie würde alles hinausschleudern! Alles, was sie auf dem Herzen hat.«

»Er wird mich vielleicht an einem der nächsten Tage bitten, ihn zu besuchen«, sagte Coco. »Er weiß, daß ich ihn in Amerika den General *yéyé* genannt habe. Das hat die Amerikaner zum Lachen gebracht, sie mögen mich gern. Auch die Engländer mögen mich. Aber nicht die Franzosen.«

»Einige Franzosen«, berichtigte Serge.

»Warum sollte ich dem General nicht sagen, was ich denke?« fragte Coco. »Ich würde zu ihm sagen: Herr General, Ihre Minister sind *yéyés*.«

(Vor allem, das verstand sich von selber, der Minister, dem die *Haute Couture* untersteht und der einer ganzen Reihe von Personen untersagte, sich mit der Mode zu befassen. Insbesondere Cardin!)

In diesem Gespräch fiel ein Name, der einer Persönlichkeit aus dem Bereich der Mode:

»Ausgerechnet der!« stieß Serge hervor. »Während des ganzen Krieges hat er kollaboriert. Er und Untel! Sie waren die Männer der Deutschen! Bei der Befreiung sind sie als Widerstandskämpfer aufgetaucht! Hut ab! Vier Jahre hindurch habe ich sie im Ritz mit den Deutschen zusammen gesehen! Ach! Das alles ist mir ziemlich gleichgültig, aber trotzdem hätte man dem Marschall nicht antun sollen, was man ihm angetan hat. Widerstandskämpfer! Diese beiden! Keiner von ihnen hat Cocos Mut besessen!«

»Ich habe einem gesagt ... (einem der beiden, dem, der zweifellos 1944 den sauberen Ermittler spielte): Mein Lieber, die einzige Widerstandskämpferin bin ich.«

»Du hast dein Haus geschlossen, du wohl!« rief Serge. »Die anderen haben gearbeitet, sie haben alles getan, was die Deutschen von ihnen verlangten.«

»Die Deutschen haben bezahlt«, bemerkte Coco.

Dann fügte sie hinzu:

»Man hat mir erklärt: Sie zahlen mit unserem Geld. Ich habe erwidert: Der Waffenstillstand hat uns gezwungen, dieses Geld aufzubringen. Es ist also ihr Geld.«

Sie berichtete von einem Besuch des Marschalls Göring bei Cartier, dem Juwelier, so wie man es ihr damals geschildert hatte. Sie gab einen Dialog zwischen Göring und einem Vertreter der Geschäftsleitung wieder, der beauftragt war, ihn zu empfangen:

»Herr Marschall, wir haben selbstverständlich nicht mehr viel, was wir Ihnen zeigen könnten, aber wenn Sie es wünschen, könnten wir einiges wieder kommen lassen...«

»Auf keinen Fall. Wir haben Krieg, und während eines Krieges kauft man keinen großen Schmuck. Ich bin nur hergekommen, um diesen jungen Leuten (den Offizieren seines Gefolges) zu zeigen, was der Geist der französischen Handwerker hervorzubringen vermag. Ich möchte, daß sie lernen, Ihre Uhren zu bewundern.«

Danach stürzte sich Coco in einen Vortrag über sehr kostbare Uhren, von dem ich nichts behalten habe, um nicht mein Gedächtnis zu belasten. Zweifellos war es Göring, der mich interessierte:

»Kaufen Sie wirklich nichts, Herr Marschall?«

»Vielleicht ein kleines Souvenir, um meiner Frau eine Freude zu machen. Sollten Sie aber doch etwas haben, was nicht zu teuer ist...«

Man runzele nicht die Stirn! Dieser von Coco rekonstruierte Dialog ist allzu schön. Und dann... Ich weiß nicht, warum, aber ich habe das Gefühl, das in seiner Form wohl naive Echo einer ungewöhnlichen Wahrheit zu vernehmen. *Etwas, was nicht zu teuer ist!* Ich befand mich in einem *Oflag*, ich krepierte fast vor Hunger, der Sieg der Deutschen bedrückte mich, er war der Triumph des Bösen, der totale Schrecken, die Verneinung der Wahrheiten Gottes, die ich mit der Muttermilch eingesogen hatte. Ein Direktor von Cartier, Louis Devaux, befand sich mit mir zusammen in Gefangenschaft. Wir gehörten einem Kreis an, der sich auf dem Sand des Sportplatzes traf, um die Bilanz der Niederlage zu ziehen und die Aussichten für ein Wiedererstehen Frankreichs zu erörtern. Zur gleichen Zeit betrachtete Göring ein Armband:

»... ich glaube, mit kleinen Smaragden«, sagte Coco, »ein Nichts, was nicht viel gekostet hat.«

Sie pochte sich auf die Brust, auf die Stelle, wo Männer ihre Brieftaschen tragen. Göring hatte kein Geld bei sich.

»Ich werde das Armband morgen abholen lassen.«

»Auf keinen Fall, Herr Marschall! Sie nehmen es mit! Sie können die Rechnung ganz nach Ihrem Belieben begleichen.«

»Das kommt nicht in Frage!«

»Doch! Doch!«

Und Coco fuhr fort:

»Er hat das Armband mitgenommen, aber fünf Minuten später war das Geld schon da.«

»Natürlich«, meinte Serge Lifar.

Er rief mich zum Zeugen an und stellte mir folgende phantastische Frage:

»Warum hätte Göring auch nicht zahlen sollen? Er konnte halb Europa kaufen.«

Gegen Weihnachten mußte ich bei Cartier hereinschauen, um eine Nachricht von Louis Devaux zu überbringen. Ich selber war entlassen. Ich erinnere mich noch der leeren Auslagen. Auf jeden Fall kam es für mich nicht in Frage, auch nur die kleinste Kleinigkeit zu kaufen. Was für ein Gesicht hätte ich gemacht, wenn ich da Göring hätte eintreten sehen? Man soll nur nicht glauben, daß Mademoiselle Chanel mit ihm gesprochen oder ihn angelächelt hätte. Sie sah *sie* nicht, versicherte sie, und ich bin überzeugt, daß sie die Wahrheit sagte.

»Das hat *ihnen* schon etwas ausgemacht«, erklärte sie mir, »daß eine Frau, die noch nicht zu übel war, *sie* völlig übersah.«

Eine Frau, die noch nicht zu übel war. Wie rührend das ist! Sie war sechzig Jahre alt, als sich Spatz bei ihr in der Rue Cambon »versteckte«. Zweifellos ist es etwas übertrieben zu behaupten, daß er sich versteckte, und dennoch ... Er fürchtete so sehr aufzufallen; man könnte ihn sich merken und ihn weit weg von Paris versetzen, wo er dank Coco das süße, angenehme Leben führte, das ihm zusagte. Ein Drückeberger (so wurden solche Leute bezeichnet), ein sehr guterzogener, sehr aufmerksamer alternder Don Juan.

Ist es schwierig, sich das Leben dieses seltsamen Paars während der

Jahre der Besetzung vorzustellen? Coco, die aus dem Ritz hinaustrat, vorbei an den beiden Wachtposten, die sie vielleicht erkannten. Coco in der Rue Cambon. »Ich sah *sie* nicht«, wiederholte sie. *Sie* bildeten eine Schlange vor dem Haus, in der Hoffnung, ein Fläschchen Parfüm für ihre Vielgeliebte zu kaufen. Liebchen. Und Coco mit ihrem bitteren Mund – und aus ihm wie ein Säbelhieb:

»Idioten!«

Wenn sie *sie* auch nicht sah, so wußte sie doch, daß sie da waren.

Spatz erwartete sie oben, bei ihr, in ihrem Salon. In Zivil. Ein Glas in der Hand. Champagner oder Whisky. Er zündete sich eine Zigarre an. Er küßte Coco die Hand. *How are you this morning?*

Denn sie sprachen englisch miteinander. *Er ist kein Deutscher, seine Mutter ist Engländerin!* Sie äußerte ihre Meinung zu den Ereignissen. Wie nannte sie Hitler? *Yéyé* gab es noch nicht. Vielleicht sagte sie von ihm: der Verrückte? Oder der Wilde? Oder der große Idiot? Oder vielleicht auch der *zazou*? Damals sagte man noch *zazou*, wie man heute *yéyé* sagt, und es war ungefähr auf die gleichen (jungen) Leute gemünzt.

Spatz versuchte sie, so gut er konnte, zu beruhigen. Er wußte nur allzu gut, daß sie sich nicht irrte, wenn sie verkündete, der *zazou* führte Deutschland in die Katastrophe. Und nicht nur Deutschland. Eine Welt würde untergehen, eine Epoche in abscheulicher Mittelmäßigkeit ihr Ende finden. Für Spatz wie für Coco war der Krieg in erster Linie das: die Mittelmäßigkeit. Er war das Vulgäre schlechthin. Ganz gleich, wer bei Maxim saß. Spatz ließ sich dort niemals sehen, nicht nur, weil er Wert darauf legte, in Vergessenheit zu versinken, aber konnte man Coco zu Maxim ausführen? Sie neben die *anderen* setzen? Keine Wagen, schlechte Zigarren. Auf diese Weise zerfraß sich der arme Spatz.

Und sie? Sechzig Jahre.

»Die Natur gibt dir dein Gesicht von zwanzig Jahren. Das Leben modelliert dein Gesicht von dreißig Jahren. Aber an dir liegt es, dir dein Gesicht von fünfzig zu verdienen.«

Sie erinnerte sich, dies vor dem Krieg, im Glanz ihrer fünfzig Jahre, gesagt zu haben, sie – die einzige Königin von Paris. Sie hatte die Dinge sogar noch gröber ausgedrückt: Mit dreißig Jahren muß eine Frau zwischen ihrem Hintern und ihrem Gesicht wählen, hatte sie eines Tages ausgerufen. Vielleicht entsann sie sich der Ratschläge Emilienne d'Alençons *(die einzige vernünftige Frau, der ich mit zwanzig Jahren begegnet bin)*.

»Ich habe soviel Dummheiten gesagt«, murmelte sie, wenn man sie daran erinnerte.

Sie verleugnete sich selber nicht:

»Was ich wirklich gesagt habe, ist folgendes: Mit fünfzig Jahren ist eine Frau für ihr Gesicht verantwortlich. Durch die Einbildung altern die Menschen. Nach fünfzig Jahren ist kein Mensch mehr jung. Zu den Männern sage ich: Glaubt ihr, daß ihr noch schön seid, wenn euer Schädel sich lichtet? Die Frauen verteidigen sich besser als die Männer, sie bleiben besser erhalten. Ein Mann kann sich die Haare nicht färben lassen.«

An wen dachte sie? An Spatz, ihren letzten Gefährten?

»Ein Mann hält seinen Zahnarzt für nicht so wichtig wie eine Frau, die die Mittel dazu hat. Ich kenne ein gutes Dutzend Frauen zwischen fünfundvierzig und fünfundfünfzig Jahren, die ich appetitlicher finde als drei Viertel der jungen, schlecht gepflegten Frauen. Sie riechen gut, sie sind gut gewachsen. Zweifellos verbringen sie ganze Tage beim Friseur.«

Womit verbrachte sie ihre Zeit? Wie bereitete sie sich für Spatz vor? Die Sechzigerin in dieser Einöde der Besetzung ...

What a lovely day, sagte Spatz. Woran, an wen dachte sie, wenn sie beide englisch miteinander sprachen? An Westminster? An den reichsten Mann der Welt, der die Orchideen aus seinen Treibhäusern mißachtete und sich bückte, um das erste Veilchen zu pflücken, *for you, darling*. Der reichste Mann der Welt, der ihr sein Vermögen und seinen Namen zu Füßen gelegt hatte, und jetzt ... Ein deutscher Baron, bei dem sie sich damit abfand, ihn als Engländer zu verkleiden und ihn zu verstecken.

Im tiefsten Grund ihrer selbst versank die Wahrheit des Baron Spatz in den anderen, in der Wahrheit des Waisenhauses, in der Wahrheit

von Moulins und in der von Royallieu, bereits unter den welken Blättern der Zeit begraben. Andere Blätter fielen auf den Baron herab, noch während er sich zu ihr vorbeugte: *Could I have some cognac?*

Während der Zeit der Besetzung nahm sie die U-Bahn.

»Dort roch es nicht so übel, wie man behauptet. Die Deutschen, die Angst vor Epidemien hatten, benutzten Desinfektionsmittel.«

Das mußte man so verstehen: »Ein Glück, daß sie diese Vorsichtsmaßnahmen trafen! Wo wären wir sonst?«

Warum wurde sie herausfordernd, wenn sie von den Deutschen und der Besetzung sprach?

In ihrem Unbewußten sprach sie sich eine gewisse Schuld zu. Aber daß sich niemand erlaubte, über sie zu Gericht zu sitzen! Sie war eher patriotisch eingestellt und war sich ihrer Wichtigkeit für Frankreich bewußt; der Wichtigkeit des Hauses Chanel für Frankreich, sollte ich lieber sagen. In ihren Augenblicken der Entmutigung sagte sie seufzend, wenn sie daran dachte, den Schlüssel endgültig umzudrehen:

»Die Amerikaner, die würden schon verstehen, was das bedeuten würde: die Schließung des Hauses Chanel.«

Während der Krise des Franc im Jahre 1968 kehrte sie zutiefst niedergeschlagen von einer Reise in die Schweiz zurück. Man hatte ihre Francs nicht angenommen! Sie erklärte empört:

»Es gibt Leute, die im Mai mit Koffern voller Scheine weggefahren sind. Man hätte ihnen sagen sollen: Halt! Immerhin handelt es sich um unser Land. Aber nein, man läßt sie gewähren, und wenn man selber hinkommt, wird einem gesagt, daß der Franc gleich Null ist. Was kann man also tun? Nichts weiter als noch einmal das Prestige dieses Landes verteidigen!«

13

Fünfter Sieg: Coco, die Geschäftsfrau

Nach dem Krieg und vor der neuen Eröffnung ihres Modehauses lieferte Coco Chanel eine der schwersten Schlachten ihrer Laufbahn. Diesmal hatte es die kleine Waise aus Vichy auf das Geld abgesehen. Man wollte sie um die Erträge eines ihrer Parfüms bringen. Mit der List und der Zähigkeit einer Bäuerin, vom Anwalt René de Chambrun hervorragend unterstützt, erhielt sie von zwei großen Finanziers Entschädigungen unter Bedingungen, die aus ihr die höchstbezahlte Geschäftsführerin der Welt machen sollten.

An einem Tag im Jahr 1935 erwartete ein junger Anwalt, der sich auf internationales Recht spezialisiert hatte, was damals etwas Neues darstellte, mit klopfendem Herzen seinen ersten Mandanten. Er erwies sich als Mandantin. »Ich habe sie sich in diesem Sessel hinsetzen lassen. Er sieht alt aus, aber ich werde ihn nicht auswechseln«, erklärte er.

Sein Name: René de Chambrun. Name der Mandantin: Coco Chanel.

»Ich weiß, daß Sie aus den Vereinigten Staaten zurückgekehrt sind«, begann Mademoiselle Chanel.

René de Chambrun hatte vier Jahre in einer großen Anwaltsfirma in New York verbracht.

»Haben Sie in New York Pierre Wertheimer gesehen?« fuhr Mademoiselle fort.

»Nein«, gestand René de Chambrun.

Sie betrachtete ihn voller Mißtrauen. War es möglich, daß er Pierre Wertheimer nicht kannte?

»Er haut mich übers Ohr!« zischte sie. »Ich brauche Sie. Sie sind jung, und Sie sind eigensinnig, ich weiß es, man hat es mir gesagt. Außerdem brauche ich jemand, der viel Zeit für mich übrig hat.«

»Ich hatte fast nichts anderes als Zeit«, sagte der Anwalt, als er diese Szene schilderte.

Sein Vater, ein Fünfsternegeneral und Direktor der National City Bank, hatte ihm soeben das riesige, luxuriöse Büro geschenkt, in dem er Coco empfing:

»Du wirst uns schlechte Ratschläge geben«, hatte der Vater gebrummt, »und dafür werden wir dir die Miete erlassen.«

Es handelte sich um Parfüms, als Mademoiselle Chanel die Hilfe eines Anwalts in Anspruch nahm. Seit dem Krieg, dem Ersten Weltkrieg, verkaufte sie Parfüms. Damals gab es drei: *Bois des Isles,* die *No. 5* und *Cuir de Russie*, die man nur bei ihr in der Rue Cambon und in ihrer Boutique in Deauville bekam. (Ein wenig später auch in den Boutiquen, die sie in Biarritz und in Cannes eröffnete.)

1924 besuchten sie die Brüder Pierre und Paul Wertheimer, die sie sehr gut kannte. Sie waren intelligent, reich und unternehmungslustig. Pierre gehörte jener Gesellschaftsschicht an, die in großem Maßstab Frauen aushielt. Zweifellos brachte er Coco etwas mehr als nur Bewunderung entgegen. Wie die Dinge auch liegen mögen, so schlugen er und sein Bruder Paul nach vielen Komplimenten Coco vor, eine Aktiengesellschaft zu gründen: »Les Parfums Chanel«, deren Aufgabe es wäre, für den Vertrieb der Parfüms in Frankreich und auf der ganzen Welt zu sorgen.

»Da es die besten der Welt sind!« wiederholten diese Herren.

Und sie fügten hinzu:

»Liebe Coco, Sie werden Präsidentin der Gesellschaft sein.«

Sie ging darauf ein und brachte dem Unternehmen *Parfums Chanel*

ihre Eigentumsrechte an allen von ihr bisher unter dem Namen Chanel verkauften Marken ein, ebenso wie die Rezepturen und Produktionsverfahren. Man überließ ihr dafür 200 Aktien zu 500 Francs, die voll eingezahlt waren und 10% des Kapitals darstellten. Sie sollte gleichfalls 10% von den im Ausland gegründeten Filialen erhalten.

Man wird schon erraten haben, daß sie sich ziemlich bald benachteiligt fühlte, da sie zehn Jahre nach Unterzeichnung des Vertrages mit den Brüdern Wertheimer den jungen de Chambrun gegen sie mobilisierte.

Die Feindseligkeiten waren schon seit mehreren Jahren eröffnet. Mademoiselle Chanel konnte es nicht ertragen, als Milchkuh ausgenutzt zu werden. 10% für sie und das übrige für die anderen! Wie hatte sie sich auf einen solchen Vertrag einlassen können? Ganz gewiß hatte sie es bedauert, nachdem sie ihn unterzeichnet hatte. In seinen Archiven hat René de Chambrun eine amüsante Akte wiedergefunden, eine von der Firma *Parfums Chanel* gegenüber ihrer Präsidentin Mademoiselle Chanel veranlaßte Vorladung. Ein Gerichtstermin stand auf dem Kalender. Wer hatte die Gesellschaft vor Gericht zitiert? Die eigene Präsidentin. Die Vorladung stammt aus dem Jahr 1931 (de Chambrun befand sich damals noch in den Vereinigten Staaten). Schon damals war also das Faß übergelaufen.

Die Brüder Wertheimer ließen die Parfüms Chanel durch ihr Haus, die *Parfums Bourjois*, herstellen. Die Vertriebsrechte traten sie an die von ihnen gegründeten Filialen im Ausland ab, bei denen Mademoiselle Chanel weiterhin nur mit 10% beteiligt war. Kurz gesagt, je mehr sich das Unternehmen entwickelte, desto größere Vorwürfe machte sich Coco, auf das Geschäft eingegangen zu sein.

1939 wollte sie ihre Freiheit wiedererlangen. Einen Prozeß einzuleiten dauert seine Zeit, und der Krieg verschärfte nur noch den Konflikt zwischen ihr und ihren Teilhabern.

Vor ihrer Abreise nach den Vereinigten Staaten hatten die Brüder Wertheimer ihre Aktien an einen Flugzeugkonstrukteur verkauft. Es wäre richtiger, wenn man sagte, daß sie sie ihm zu treuen Händen überlassen hatten. Dieser »Verwalter« nutzte den Vertrieb der Parfüms während der dunklen Jahre der Besetzung aus. Man verkaufte sie in Deutschland. Ihrerseits verkauften die Wertheimers Chanel *No.5* bis

in die PX-Läden hinein (die speziellen Läden für die amerikanischen Soldaten). Man stellte es, so gut es ging, in einer kleinen Fabrik in Hoboken, einem Vorort New Yorks, her. Wohlgemerkt, diese Produktion war von den ursprünglichen Rezepturen Mademoiselle Chanels, bei denen natürliche ätherische Öle aus Grasse verwendet wurden, weit entfernt. Dies alles, was im Gegensatz zu den Vereinbarungen von 1924 stand, ging auch nach dem Krieg auf die gleiche Weise weiter. Und was wurde Coco Chanel dafür ausbezahlt? Lächerliche Gewinnanteile im Durchschnitt in einer Größenordnung von 5000 Dollar für jedes Kriegsjahr. Die Brüder Wertheimer, die ohnehin den Löwenanteil an den *Parfums Chanel* besaßen, hatten ihre beherrschende Stellung dazu benutzt, dieses Unternehmen für 2500 Dollar an eine in New York gegründete Gesellschaft, *Chanel Inc. New York,* weiterzuverkaufen. Cocos Anteil war auf fast nichts zusammengeschmolzen.

Sie tobte. Es kam noch hinzu, daß die Brüder Wertheimer in ihrer Werbung wie im Vertrieb die *Parfums Chanel* immer mehr mit den *Parfums Bourjois* koppelten. Nach einem Liefervertrag, von dem Coco nichts wußte, mußte man, um Chanel zu bekommen, auch Bourjois übernehmen. Im Ausland versandten Chanel und Bourjois auch gemeinsam ihre Neujahrsgrüße auf den gleichen Glückwunschkarten.

»Ich will mich rächen«, wiederholte Coco René de Chambrun gegenüber, »alles oder nichts.«

1946 hatte sie nur in ihrem Geschäft ein neues Parfüm mit der Bezeichnung »Mademoiselle Chanel« verkauft.

Nach den Statuten des Unternehmens *Les Parfums Chanel* hatte sie theoretisch das Recht dazu. Dennoch erhielt die Firma *Les Parfums Chanel* gerichtlich die Befugnis zugesprochen, diese neuen Parfüms gleichfalls herzustellen. Und das versetzte Coco in Weißglut! Es blieb ihr nichts weiter übrig, als mit den Zähnen zu knirschen. 1946, nach Ablauf der Besetzungszeit, gab sie zunächst einmal nicht mehr den Ton an, besaß aber außerdem ein Interesse daran, in Vergessenheit zu geraten. Ihre Anwälte versuchten, sie zu einem Einlenken zu bewegen, ohne allzusehr auf ihr Recht zu pochen. Ich spreche hier von *ihren* Anwälten, denn René de Chambrun holte sich selber den Vorsitzenden der Anwaltskammer, Chresteil, zur Unterstützung heran.

»Eine gütliche Vereinbarung würde Ihnen mehr einbringen als ein

Prozeß«, wiederholten die beiden Anwälte abwechselnd Mademoiselle Chanel gegenüber.

Sie aber wollte Blut sehen! Alles oder nichts! antwortete sie. Abgesehen von den allgemeinen Bedingungen, die für die Brüder Wertheimer günstiger waren (sie kamen immerhin aus New York zurück), konnten sie sich auf ein recht unangreifbares juristisches Argument stützen: die von Dritten erworbenen Rechte an einem Unternehmen. Wenn man auch 1924 von Cocos Rezepturen ausgegangen war, so hatten doch ihre Teilhaber nichtsdestoweniger ganz erhebliche Geldmittel aufgebracht, sie hatten für die *Parfums Chanel* gearbeitet, sie hatten ein großes Unternehmen in weltweitem Maßstab aufgezogen. Wer konnte die Bedeutung ihrer Teilhaberschaft am gemeinsamen Unternehmen leugnen? Darüber hinaus vertraten sie den Standpunkt, daß ihre Teilhaberin, Mademoiselle Chanel, *passé* war, zu alt und ganz und gar nicht mehr tonangebend. 1924 hatte sie Talent besessen; Jugend, Erfindungsgeist und Unternehmungslust waren damals für sie charakteristisch, aber 1946, mit über sechzig Jahren ...

Der Prozeß, bei dem es auf die Wiederherstellung des früheren Zustandes hinauslief, war keineswegs von vornherein gewonnen, und das wußte René de Chambrun. Es war ihm sehr unangenehm, seiner Mandantin die Argumentation ihrer Prozeßgegner mitzuteilen. Sie war rasend:

»Aha! Ich bin also zu alt! Sie finden mich zu alt, diese... !«

Sie geizte nicht mit ihren Eigenschaftsworten. Man wurde bei Gericht vorstellig, und das Urteil wurde für zwei Monate ausgesetzt. Ohne Zeit zu verlieren, improvisierte Coco ein Glanzstück, das Balzac inspiriert hätte. Sie vertraute René de Chambrun mehrere winzige Flakons an, die sie ihrer Handtasche entnahm.

»Geben Sie sich nicht mehr die Mühe, sie zu öffnen«, sagte sie zu ihrem Anwalt, »sondern nehmen Sie sie mit, und lassen Sie Josée daran riechen.«

Josée, die Frau ihres Anwalts und Tochter Pierre Lavals. Sie murmelte vor sich hin:

»Ach! Ich bin also zu alt, na schön! Sie werden es noch zu spüren bekommen.«

Sie hatte ihre Parfüms neu zusammengestellt.

»In einer Retorte. Bei mir. Habe ich nicht etwa das Recht, das zu tun, was ich will?«

»Unbedingt«, antwortete Chambrun.

»Und kann ich das, was ich bei mir zu Hause mache, Josée schenken?«

»Kein Gesetz kann Sie daran hindern«, gab Chambrun zu.

Sie hatte die Übernahme ihrer neuen Parfüms durch die anderen nicht verwunden. Josée de Chambrun fand die Proben wunderbar. Jedoch war René der Ansicht, es sei besser, sie einem Sachverständigen zu übergeben. Einer seiner Freunde, der bei Coty eine große Rolle spielte, brachte ihn mit einer »Nase«, einem russischen Parfümeur, zusammen, der, nachdem er an Cocos Flakons gerochen hatte, in ekstatische Rufe ausbrach: Fabelhaft, unglaublich!

Coco schleppte René de Chambrun mit sich in die Schweiz, wo ein Parfümfabrikant nach Maß (wenn man so sagen darf), der für sie arbeitete, in aller Eile so viel herstellte, um rund hundert Flakons mit Mademoiselle Chanel *No. 5*, mit Mademoiselle Chanel *Bois des Isles* und Mademoiselle Chanel *31 rue Cambon* zu füllen. Flakons, die *anders* waren. Auch die Etiketten unterschieden sich von den früheren.

»Ich darf doch immerhin das meinen Freunden schenken?«

Coco frohlockte.

»Ach! Ich bin alt!«

Die Freunde, denen sie die neuen Flakons zudachte, waren einige Chefs der großen Geschäfte in New York, die auf dem Markt für Parfümerie und Mode sehr fest im Sattel saßen. Kaum hatten sie Cocos *Geschenke* erhalten, als René de Chambrun die Brüder Wertheimer mit ihren Anwälten bei sich eintreten sah. Die Bürger von Calais im Hemd und den Strick um den Nacken.

»Was will sie denn nun eigentlich?«

Die Lage hatte sich völlig in ihr Gegenteil verkehrt. Mademoiselle Chanel, die schon so gut wie ausgeplündert war, sollte nun durch Vermittlung René de Chambruns weit mehr erhalten, als sie auf dem Rechtsweg verlangt hatte, ein Prozeß, dem sich ihre Teilhaber ohne große Erregung gestellt hatten. Das Urteil wurde niemals gefällt, da alles auf dem Vergleichsweg geregelt wurde, wobei Mademoiselle Chanel folgendes erreichte:

a) Das Recht, auf der ganzen Welt Parfüms »Mademoiselle Chanel«

herzustellen und zu vertreiben (ein Recht, dessen sie sich in Zukunft als einer wirksamen Drohung bediente).

b) Einen erheblichen Schadensersatz, der sich durch den Verkauf ihrer Aktien aus der Firma *Parfums Chanel* auf 180000 Dollar in den Vereinigten Staaten, 20000 Pfund in Großbritannien und 5 Millionen Francs zum Stand von 1947 belief.

c) Einen Gewinnanteil von brutto 2% an allen Verkäufen der *Parfums Chanel* auf der ganzen Welt.

Nicht zu reden von einer Art Monopol, das man ihr für die Schweiz, ihre Hausmacht, ihr Königreich, zugestand.

Eine Frau, die die Zügel fest in der Hand hielt! Während der zwischen René de Chambrun und den Brüdern Wertheimer geführten Verhandlungen hielt sie sich in der Rue Cambon auf. Ihr Anwalt ging ins andere Zimmer hinüber, um mit ihr zu telefonieren.

»Sie ist in der Schweiz«, erklärte er, »und kommt erst morgen nach Hause.«

Es sei noch einmal auf die Tatsache hingewiesen, daß sich dies alles im Jahr 1947 abspielte, also verhältnismäßig kurz nach dem Krieg, als Mademoiselle Chanel, ich wiederhole es, in Paris noch nicht *persona gratissima* war, noch nicht wirklich *entlastet*, wie man damals von Leuten sagte, deren Verhalten während der Zeit der Besetzung zu einer gewissen Zurückhaltung herausforderte. Wenn die Brüder Wertheimer es gewünscht hätten, so hätten sie dem Prozeß gegen Coco Chanel eine unangenehme Publizität verleihen können. War sie sich dessen bewußt?

Die Wertheimers erwiesen sich als faire Partner. Nicht nur dachten sie niemals daran, den neuen Vertrag in Zweifel zu ziehen, sondern Pierre Wertheimer kam sogar jedesmal, wenn Coco von neuem angriff, um andere Vorteile zu erzielen, ihren Forderungen voller Freundschaft und in bemerkenswerter Loyalität entgegen. Bis zu ihrem Tod war er für Coco der verständnisvollste aller ihrer Finanziers; ein Freund, dessen Treue tatsächlich jede Probe bestand.

Coco wußte sehr genau, was sie in diesen erstaunlichen Verhandlungen über die Parfüms gewonnen hatte. Nach Unterzeichnung des Vertrages ging sie mit den Chambruns zu sich nach Hause in die Rue Cambon zu einem Champagneressen.

»Mein lieber Bunny«, sagte sie zu ihrem Anwalt, »ich habe in meinem Leben schon viel Geld verdient, aber wie Sie wissen, habe ich auch viel ausgegeben. Von jetzt an bin ich, was ich Ihnen verdanke, nicht mehr zu arbeiten gezwungen.«

Sie lehnte sich in ihrem Sessel zurück und legte die Füße auf einen kleinen, hübsch gearbeiteten Tisch mit Schubladen und einer Lampe; es war ein sehr niedriger Tisch, den sie zum Arbeiten an den Diwan heranzog, da sie eine Unzahl notwendiger Dinge in den Schubladen aufbewahrte.

»Ich werde ihn nicht mehr nötig haben«, erklärte sie, »da ich nichts mehr tun werde.«

Sie schob ihn auf Josée de Chambrun zu:

»Den schenke ich Ihnen.«

Am nächsten Tag ließ sie ihn zu Madame de Chambrun bringen, als ob sie wirklich daran dachte, sich niemals wieder in die Sielen zu legen. Sie hätte aber niemals untätig bleiben können. Kam das Gespräch auf die Jahre in Royallieu, sagte sie immer wieder:

»Niemand wußte, wie sehr sich das kleine Mädchen, das ich war, langweilte.«

Nach dem Krieg plagte sie die gleiche Langeweile, so daß sie kaum atmen konnte. Warten, warum warten? Als sie 1953 ihren Entschluß faßte, war sie siebzig Jahre alt. »Man darf niemals das Alter einer Frau nennen«, forderte Louise de Vilmorin immer wieder. Bei Mademoiselle Chanels Comeback hatten trotz allem ihre siebzig Jahre Gewicht. Sie waren sogar von wesentlicher Bedeutung.

14

Sechster Sieg: das »Comeback«

Was gab es für Coco Chanel noch zu besiegen, es sei denn, das Leben selber, indem sie den Lauf eines Flusses umkehrte und die Mode zwang, zu den Chanel-Quellen zurückzukehren? Es gibt nichts Schwierigeres, und das trifft für alle Bereiche zu, als eine Laufbahn von neuem zu beginnen und das, was man bei den Größen des Sports ein Comeback nennt, zu schaffen, eine Rückkehr. Diesen Sieg über die Zeit errang Coco Chanel, indem sie 1954 ihr Modehaus von neuem eröffnete. Sie war einundsiebzig Jahre alt. Niemand schonte sie. Und sie selber machte niemandem ein Geschenk. Es wurde zu einem Kampf über mehrere Jahre hinweg.

War es Marie-Hélène de Rothschild, die Baronin Guy, die 1954 den eigentlichen Anstoß zu Coco Chanels Rückkehr gab? Sie selber ist dieser Meinung.

Im Jahr zuvor hatte Coco bei der Mutter von Marie-Hélène, Maggie van Zuylen, einer ihrer besten Freundinnen, mehrere Wochen in New York verbracht. Zufällig zeigte ihr damals Marie-Hélène ihr Debütan-

tinnenkleid für ihren ersten Ball. Sie hielt es für sehr hübsch. Ein abscheuliches Ding, entschied Coco, die innerhalb weniger Stunden ein fabelhaftes Kleid improvisierte, das sie aus dem roten Taft eines Vorhangs zuschnitt.

»Alle haben mich gefragt, wer es gemacht hat«, erzählte Marie-Hélène damals Coco.

Und später erklärte sie:

»Das hat sie zu dem Entschluß gebracht, wieder anzufangen.«

Tatsächlich dachte Coco Chanel schon seit langem daran, ihr 1939 aufgegebenes Reich zurückzuerobern. Der Erfolg mit den Parfüms steigerte ihre Lust auf Revanche. Seit ihrer ersten Reise in die Vereinigten Staaten nach der Befreiung im Jahr 1947 hatte sie nicht mehr aufgehört, an diese Revanche zu denken. Wir haben schon von ihr gehört, wie sie ihr Visum erhielt: »Herr Konsul, Sie kennen mich besser, als ich mich kenne. Bringen Sie also diese Formalitäten schnell hinter sich, die Menschen meines Schlages nicht betreffen.« Hatte sich der Konsul auf diese Weise drängen lassen? Cocos Zimmermädchen, auf das sie nicht einen einzigen Tag in ihrem Leben verzichten konnte, wie sie versicherte, hatte er kein Visum gegeben. Schließlich war es Tiny, ihre Nichte, die sie begleitete und deren großartige Eigenschaften sie bei dieser Reise schätzen lernte.

Während sie, in New York eingetroffen, selber ihre Koffer packte, kam es an Deck zu einem großen Gedränge, denn Al Brown, der berühmte Boxer, befand sich an Bord.

»Er konnte nicht erster Klasse reisen«, wie sich Coco erinnerte. »Seitdem sind die Dinge wieder in Fluß geraten.«

Sie glaubte, er sei es, den man erwartete. Sie bemerkte einen Haufen Journalisten, die sich drängten, um an Bord zu steigen. Ihretwegen waren sie gekommen.

»Ein junger Kerl erschien, um mich zu bitten, mich in den Salon zu begeben. Ich ließ mir Zeit, denn ich war mit niemand verabredet. Schließlich kam der Kapitän persönlich. Er hatte die Journalisten im Wintergarten eingesperrt. ›Ich kann sie nicht mehr zurückhalten‹, erklärte er mir, ›das sind Wilde, sie schlagen alles kurz und klein, wenn ich Sie nicht mitbringe.‹«

Wie oft hatte sie der Kapitän während der Überfahrt an seinen Tisch

gebeten? Ich wagte es nicht, ihr diese Frage zu stellen. Noch einige Zeit nach der Befreiung waren Gerüchte über Coco im Umlauf, absurde, falsche Gerüchte, denn man beschuldigte sie, mit einem Deutschen von der Gestapo zusammen gelebt zu haben. Man muß sich die damals herrschende Atmosphäre vergegenwärtigen.

Bei der Abreise von Paris, bei der Abreise von Cherbourg war auch nicht ein einziger Journalist erschienen, um sich von Coco ein Interview geben zu lassen. In New York war es eine Meute. Sie wurde sich wieder ihrer weltweiten Bedeutung bewußt. Für sie war es ein außergewöhnlicher Augenblick. In ihrem eigenen Land verdächtigt, wurde ihr in Amerika ein triumphaler Empfang zuteil.

Der Kapitän zog sie am Arm:

»Kommen Sie, kommen Sie!«

»Aber, Herr Kapitän, ich muß noch meine Koffer packen, da wir angekommen sind.«

»Ich schicke Ihnen jemand, um alles fertigzumachen, Mademoiselle ...«

Sie war in alle ihre alten Rechte wiedereingesetzt. Ein Konsul hatte sie ihres Zimmermädchens beraubt, und schon stellte ihr die *Compagnie Transatlantique* die Stewardessen zur Verfügung. Sie war wieder Coco Chanel, die *Grande Mademoiselle*. Welche Revanche! Zwanzig Jahre später murmelte sie:

»Dieses Zimmermädchen hat die Hälfte der Sachen vergessen. Ich habe eine Zahnbürste, eine Nagelbürste und eine Seife eingebüßt.«

Oben, im Wintergarten, stellten ihr die »Wilden« als erste Frage, was sie vom *new look* hielte.

Sie sagte:

»Ich hatte zwei Kostüme meiner letzten Vorkriegskollektion mitgebracht. Eins davon hatte ich an. Ich erwiderte:

›Sie haben mich doch angesehen!‹

Sie haben gelacht. Sie hatten verstanden! ›Sie wollen wissen, was ich vom *new look* halte, sehen Sie mich an.‹ Sie fragten mich, ob ich keine Kleider mehr machen würde. Ich habe geantwortet:

›Davon weiß ich nichts. Ich habe das Haus Chanel wegen des Krieges geschlossen. Ich komme wegen der Parfüms nach New York, aus keinem anderen Grund.‹

›Wo soll man sich parfümieren?‹ fragte eine junge Dame.

›Dort, wo Sie geküßt werden wollen‹, antwortete ich.

Diese amerikanischen Journalisten sind Kinder«, erklärte sie, »ich habe diese Antwort überall zu sehen bekommen, das hat mich geärgert, aber ich glaube, daß sie mir die Freundschaft der amerikanischen Journalisten eingebracht hat, ich hatte ihnen etwas gesagt, was alle Welt zum Lachen brachte.« Unruhig fragte sie:

»Sind die Journalisten nicht bösartig geworden?«

Man muß anerkennen, daß zu ihrem Comeback im Jahre 1954 die gesamte Presse sie an der Ecke des Bois de Boulogne erwartete. Sie hatte alles dazu getan, daß sich ihre Rückkehr unter großem Aufsehen vollzog. Sie benahm sich wie ein alter Boxweltmeister aller Klassen, der wieder nach seinen Handschuhen greift und dabei den Mund sehr voll nimmt:

»Wenn es noch richtige Boxer gäbe, würde ich aus meiner Zurückgezogenheit nicht mehr herauskommen, aber leider ist die edle Kunst durch Wichtigtuer entehrt, denen ich die Lehre erteilen muß, die sie verdienen.«

Das war es in großen Zügen, was Mademoiselle Chanel wiederholte, wenn man sie nach ihren Plänen fragte, und, wohlgemerkt, beschwichtigten ihre Worte nicht die Wirbel, die durch ihr Comeback aufgewühlt waren. Sie wirkte beunruhigend. Sie wirkte aufreizend. Was wollte sie eigentlich? Man hatte schon geglaubt, sie sei aus dem Verkehr gezogen, durch ihr Alter und auch (aber das wagte man nicht mehr so deutlich auszusprechen) durch die während der Besetzungszeit in Umlauf gebrachten Gerüchte diskreditiert.

Sie bereitet sich darauf vor, eine »atomare Konfektion« zu lancieren, behaupteten die einen; und das wurde gar nicht so schlecht aufgenommen. Andere verkündeten, sie würde dem »noch niemals dagewesen« den Rücken kehren. Und dann ging noch dieses bedrohliche Gerücht um: Keinem Mannequin gelingt es, ihr zu gefallen.

Man muß sich noch einmal ihr Alter vergegenwärtigen: siebzig Jahre. »Mag man noch in diesem Alter bauen, aber pflanzen ...« Was konnte sie mit siebzig Jahren noch pflanzen? Nichts anderes als den Mythos Chanel. Nehmen wir an, sie hätte die Rue Cambon nicht wieder eröffnet, sie hätte in der Welt der Haute Couture nicht ihren Platz auf

dem Gipfel wieder eingenommen, und daß man sie daran gehindert hätte, ihn zurückzugewinnen ... Daß es *den anderen* gelungen wäre, ihr den Weg zu verbauen.

Wer würde sich an sie erinnern? Wie andere Couturiers, wie Poiret, war sie den Fachleuten bekannt. Sie hinterließ Abbildungen in Katalogen. Aber das galt nicht für *das Chanel*, das ein Kostüm und zugleich ein Stil ist und das unter Umständen zu einer Lehre werden kann.

War ihr bewußt, worauf sie sich mit dieser »Rückkehr« einließ? Vielleicht ist sie anfänglich nur einem jähen Einfall gefolgt, um sich von ihrer Langeweile zu befreien. Was bleibt einem mit siebzig Jahren anderes übrig als die Arbeit, wenn das Sichausruhen einen langweilt? Die Liebe? Die Vergnügungen? Die Lust? Stets werde ich sie hören, wie sie sich über ein Gerücht beklagte, das über sie umlief und sich mit ihren Empfindungen gegenüber einem ihrer Mannequins befaßte:

»Stellen Sie sich vor, ich, jetzt! Eine alte Lesbierin! Es ist unglaublich, wie sich die Leute so etwas aus den Fingern saugen!«

Es war ergreifend, und ich kann diese Klage nur so wiederholen, wie sie ausgesprochen wurde, in ihrer Schlichtheit. Man gelangt auf eine Höhe, die es nicht erlaubt, mit Worten zu mogeln. Sie sagte auch noch:

»Die Liebe? Zu wem? Zu einem alten Mann, wie entsetzlich! Zu einem jungen Mann, welche Schande! Sollte mir dieses Unglück zustoßen, würde ich fliehen, würde ich mich verstecken.«

Warum sollte sie tatsächlich ihre Vergangenheit so getarnt haben, wenn sie, den Annehmlichkeiten des Daseins einer in Zurückgezogenheit lebenden alten Dame hingegeben, auf ihre Zukunft verzichtet hätte? Ihr Comeback krönte die von ihr gebrachten Opfer, jeden Verzicht Cocos um Chanels willen.

Als 1954 Mademoiselle Chanel ihr Haus wieder öffnete, fand etwas Wunderbares sein Ende: die Befreiung, eine im Leben eines reichen, kapitalistischen Landes wahrscheinlich einzigartige Periode. Fast zehn Jahre lang hatte das Geld seine Bedeutung verloren. Durch die Besetzung besudelt, versteckte es sich wie ein verwundeter Bär, der im tiefsten Winkel seiner Höhle bleibt, um sich die Wunden zu lecken, die

ihm die Hunde beigebracht haben, denen er gerade entgangen ist. Nach der Befreiung von Paris betrieb man die Zeitungen und die Modehäuser mit fast nichts. Man zog Sachen ohne Kommanditisten, ohne Produzenten auf. Mit seiner Spesenrechnung konnte sich ein Journalist für Rothschild halten. Eine wunderbare Zeit, der Existentialismus wurde im Keller des *Tabou* geboren, die Literaten schwangen sich auf die Sockel der Denkmäler, um ihre Reden hinauszubrüllen, deren Worte für die wie versteinerten, verständnislosen Zuhörer nicht den geringsten Sinn ergaben, während die Polizisten versuchten, irgend etwas zu begreifen. Alle Welt traf sich in Saint-Germain-des-Prés. Zwischen dem *Flore,* dem *Montana,* der *Bar Vert* und dem *Tabou* fanden die Reporter von *Life* alles, was an Seltsamem und Interessantem aus der Nacht der Besetzung emporstieg, geparkt und dicht gedrängt an den Theken. Dort habe ich Kontakt mit der Haute Couture aufgenommen, indem ich Freundschaft mit Pierre Balmain schloß, der sich als Cowboy verkleidete, um nach den Klängen von Boris Vian zu tanzen, und mit Jacques Fath, der jungen Amerikanern Paris erklärte. Die Salons schlummerten in Naphthalindämpfen. Wenn mich die Faths zum Essen in ihr Schloß Corbeville mitnahmen, brachte der Chauffeur die Teller und Bestecke mit. Im Schloß war nichts mehr in den Schubladen, nicht eine Flasche mehr im Keller. Die Hühner der Musterfarm begannen erst nach gewaltigen Wutanfällen von Geneviève Fath zu legen.

Mit Pierre Balmain aßen wir in der Gegend von La Varenne an den Ufern der Marne. Zuweilen begleitete uns Cocteau, ein wenig beunruhigt, denn er fragte sich, was er eigentlich dort mit uns zu suchen hatte, da die neue Welle von einem höchst seltsamen Sieg getragen wurde. Damals konnte man noch in der Marne baden. Wenn wir nach dem Essen ins Wasser tauchten, blieb uns nichts anderes übrig, als unsere Unterhosen an den Fenstern des Wagens trocknen zu lassen. Unter einer Laterne in der Avenue de l'Opéra zogen wir sie uns wieder an. Das sind Erinnerungen, die einen geradezu überraschen, wenn man sie heraufbeschwört. Die Autos waren damals eine solche Seltenheit, daß sie einem das Gefühl vermittelten, man verfüge über eine ungeheure Machtfülle. Mit Vollgas jagte man sich gegenseitig in der Nähe des Eingangs zur U-Bahn und auf dem Gelände vor der Oper – selbst-

verständlich nach Mitternacht! – Man lebte in einer Art unersättlicher Anarchie. Ich selber war damals in naiver Weise davon überzeugt, die Freiheit bestände in dieser Art zu leben, und ich lachte, wenn man mir von Millionen oder von Milliardären sprach. Da man alles ohne Geld erreichen konnte, wozu noch Geld? Zusammen mit meinem Freund Krier hatten wir den *Samedi-Soir* gestartet, eine herausfordernde Wochenschrift (die sehr bald eine Auflage von über einer Million erreichte), weil wir eines Abends auf einem Tennisplatz einige Bälle mit einem jungen Mann mit Namen Jacques Chaban-Delmas gewechselt hatten. Mein Freund François Mitterrand, künftiger Justizminister, ließ damals noch einige Gefangene, die unsere Widerstandsbewegung gemacht hatte, in einem Keller bewachen. Selbst das Tragische bekam den Anstrich einer Posse.

Als Mademoiselle Chanel 1954 die Rue Cambon wiederauferstehen ließ, war von all den Visionen der Freiheit nichts mehr übrig. Sie warf sich nicht *ohne Reserven*, um mit den Worten unserer Generäle zu reden, die sich damals in Indochina festfuhren, in ihr Unternehmen. Schon bei unserer ersten Begegnung vertraute sie mir an:

»Wissen Sie, die Sache ist sehr einfach, ich halte dieses Haus, weil ich dank der Publizität, die ich dadurch gewinne, eine Unmenge Parfüms in Amerika verkaufe. Aber wenn man mich ärgert ... Oder wenn ich dessen müde werde ... dann mache ich Schluß.«

Sie dachte gar nicht daran.

»Was sollte ich tun, wenn ich aufhörte?« seufzte sie zuweilen.

Wie die Dinge auch liegen mochten, 1954 war die Sache für sie nicht von vornherein gewonnen. »Trotz der Krise, die in der Haute Couture wütet, sollte sie sich erneut einen Platz sichern«, meinte die *New York Herald Tribune*. »Wenn man der Sache glauben darf, gibt es heute noch dreitausend Frauen auf der Welt, die sich wie die Chanel anzuziehen wünschen.«

Damit war das Problem angesprochen, aber von einer ganz falschen Seite her. Denn es war gerade die Krise der Haute Couture, die Mademoiselle Chanel ihre Chance gab. Nach dem Ersten Weltkrieg hatte sie Poiret in die Ecke gedrängt, indem sie diese paar tausend Frauen anzog, von denen in bezug auf Paris die amerikanische Zeitung geschrieben hatte. Um über Dior zu siegen, den neuen Modeschöpfer für

die gleichen privilegierten Frauen, sollte sie die Welt »chanelisieren«. War sie sich dessen eigentlich bewußt? Ahnte sie, was da gespielt wurde? Das heißt, wußte sie etwas von der Industrialisierung der Mode?

In den Vereinigten Staaten gab es bereits eine Bekleidungsindustrie, die in der Seventh Avenue zu Hause war. Sie war mit dem Auto des alten Ford vergleichbar. Ebenso wie Detroit im Jahr 1920 stellte die Seventh Avenue am Fließband tragbare Sachen her, mit denen man angezogen war (ebenso wie die Autos von Großvater Ford fuhren): aber die Eleganz? Die Karosserie der Frau? Das war es, was Mademoiselle Chanel vervollkommnen sollte. Sie sollte die Großserie in der Produktion des Kostüms mit dem Adelsprädikat versehen. Deshalb hat sie, ohne es zu wissen, ihre Gewohnheiten in der Rue Cambon wiederaufgenommen.

Man muß es einmal so betrachten ... Zuweilen errechnet ein Radfahrer, daß er die Erde tausendmal umrundete, indem er millionenfach ins Pedal trat. Oder ein Flieger entdeckt, daß er, wenn er die geflogenen Kilometer addiert, bereits den Kosmos mit Stationen auf der Venus und auf dem Saturn nach allen Richtungen durchquert hat. Oder aber ein Schwimmer ist bei der harten Ausbildung durch seinen kalifornischen Trainer bis ans Kap der Guten Hoffnung gekrault oder sogar noch darüber hinaus. Wie viele Schritte dürfte wohl Mademoiselle Chanel zwischen ihrem *Haus* und ihrer Wohnung zurückgelegt haben? Sie sagte:

»Das Ritz ist wie mein Zuhause. Es ist das erste Hotel, in dem ich gewohnt habe. Wenn ich in meiner Wohnung in der Rue du Faubourg St-Honoré ein Fest gab, bin ich danach für drei Tage ins Ritz gegangen. Ich kann die Tage nach einem Fest nicht ertragen. Die Dienstboten sind schlechter Laune. Für sie war es kein Fest, sie sind nur müde. Das Haus ist schmutzig. Man muß alles erst wieder in Ordnung bringen. Ich zog es vor wegzugehen.«

Ich möchte mich in sie hineinversetzen, als sie sich an jenem Tag aus ihrer Wohnung im Ritz zur Wiedereröffnung, zum Comeback in das Haus Chanel begab. Es war der 5. Februar 1954, sechs Monate vor ihrem einundsiebzigsten Geburtstag. Den 5. Februar hatte sie sich wegen ihres Parfüms ausgesucht. Was würde sie vorführen? »Sie findet die

gegenwärtige Mode zu kompliziert, sie sieht alles einfach, ureinfach, sie geht mit ihrer Zeit«, verkündete der *Figaro*.

Sie hielt sich in ihrem Salon mit den Löwen, den Kristallen, dem aus den Nebeln aufgetauchten Eber in ihrer Umwelt aus Gold und Lack und inmitten der Blumen auf, die mit vollen Armen hereingetragen wurden. Sie war mit ihren Schatten und ihren Phantomen zusammen.

»Wir sind alle ein wenig bewegt«, las man in der *Aurore*, »es ist eine ganze Vergangenheit, fast eine Epoche, zu deren Wiederauferstehen nach vierzehn Jahren der Stille man uns eingeladen hat. Man hat ein wenig das Gefühl, als beträte man das Schloß Dornröschens.«

Wer kümmerte sich damals in Frankreich um Mademoiselle Chanel? Zur gleichen Zeit saß General Eisenhower im Weißen Haus. Ich selber war aus Berlin zurückgekehrt. Die Flüchtlinge aus dem Osten strömten in die westlichen Sektoren. Meiner Zeitung hatte ich telefonisch durchgegeben: »Man erwartet, daß die Verbindungen zwischen Ost und West bald unterbrochen werden. Alle (aus dem Osten), die zu flüchten wagen oder es können, nehmen die letzten Chancen des Übertritts wahr. ›Es ist schön, frei zu sein‹, hat mir ein Mann in einem Auffanglager, in dem er mittellos gelandet war, erklärt.«

Mademoiselle Chanel horchte auf die wirren Laute im Salon:

»Wer ist gekommen?«

Man antwortete ihr:

»Alle.«

Werden die Namen dieser den Ton angebenden Schicht den jungen Leuten heute noch etwas sagen? Mapie de Toulouse-Lautrec, Maurice van Mappès, Boris Kochno, die Gräfin Pastré und Sophie (bald oder bereits:) Litvak. Da es keine Stühle mehr gab, ließ sich Carmel Snow, Chefredakteurin von *Harper's Bazaar*, die als die Diktatorin der Mode in den Vereinigten Staaten bezeichnet wurde, auf der Treppe neben Philippe de Croisset nieder, dem Sohn von Francis, der ersten (platonischen) Liebschaft Cocos. Die Frau des Präsidenten der Republik war allerdings nicht anwesend, wie es bei Mme. Pompidou bei der *posthumen* Kollektion Cocos der Fall war.

Ehrfürchtige Stille breitete sich aus, als das erste Modell auf *der Bühne* erschien, »ein schwarzes Paletotkostüm, Rock weder gerade noch weit, eine kleine weiße Bluse«, so lautete die Beschreibung in *Aurore*.

Weiter war zu lesen: »... andere Kostüme folgten ihm, etwas eintönige Wollstoffe von ärmlichem Schwarz, ohne jede Freude, mit tristen Imprimés vermählt. Die Mannequins haben die Figur von 1930, ohne Brüste, ohne Taille, ohne Hüften. Die am Gürtel gefältelten Kleider mit Ballonärmeln und rundem Ausschnitt rufen nichts weiter hervor als die flüchtige Erinnerung an eine Epoche, die man schlecht unterzubringen vermag, vielleicht 1929–1930. Es ist die Atmosphäre der alten Kollektionen, die Paris außer Fassung brachten und die jeder hier gesucht hatte. Es ist aber nichts mehr davon übrig, nichts weiter als Mannequins, die an Zuschauern vorbeidefilieren, die sich nicht zum Beifall entschließen können. Ein etwas melancholischer Rückblick, melancholisch wie alle Rückblicke.«

Monsieur Boussac interessierte sich bereits für *Aurore* und unterstützte Dior. Sagt man zuviel, wenn man behauptet, daß der Reporter dieser Zeitung eine vorgefaßte Meinung hatte? Keineswegs. Er gab einer fast allgemeinen Ansicht Ausdruck.

Combat brachte die Überschrift: *Bei Coco Chanel im Kuhdorf von 1930.* Der sehr pariserische Chronist des *Combat* hieß Lucien François. Sein Sachverständnis war anerkannt. Man freute sich nicht sehr, wenn man ihn sah; aber man sah ihn überall. Er war gefürchtet. Eine Art Orakel. Ich muß hier seinen Bericht, einen echten Beitrag zu einer Anthologie, zitieren:

»Die feine Gesellschaft von Paris, verschmolzen mit der edlen Blüte der Aufkäufer, drängte sich auf der schimmernden Treppe, die aus der Boutique Chanel, Rue Cambon, in den großen Salon führt, in dem 1925 die Privilegierten der Gesellschaft defilierten. Nichts hat sich hier verändert. Weder die berühmten Wandschirme von Koromandel noch die Spiele der Spiegel. So wie der Florentiner Ruggieri in einander gegenüberliegenden Spiegeln für Maria de Medici die Zukunft zu erkennen suchte, würde man in diesen hier, die fünfzehn Jahre blind geblieben waren, die Zukunft der Eleganz sich abzeichnen sehen? So lautete die Frage, die sich Mme. Lopez-Williams, die Gräfin Pastré und Mapie Toulouse-Lautrec unter anderen stellten, alte Kundinnen der Chanel, die zu ihrer sensationellen Rückkehr zugelassen worden waren. Sensationell, das gewiß ... Daß diese kleine, unermüdliche, stolze und despotische Person, die eine Epoche mit ihrer Pranke gezeichnet

hat, um sich dann rund fünfzehn Jahre lang ihres Ruhms zu entledigen, mit siebzig Jahren wieder in den Ring stieg, ist schon Grund genug für eine Sensation. Aber von ihren entzauberten Lippen waren grausame Worte zu vernehmen, die geeignet waren, eine perverse Neugier hochzupeitschen. Während Leute, die für gewöhnlich gut informiert waren, einander zuraunten, sie eröffne ihr Haus von neuem, um zu der Werbung ihrer Parfüms beizutragen, beeilte sich die Chanel, dies zu dementieren, denn es handele sich lediglich um ihre Revolte gegen den schlechten Geschmack der zeitgenössischen Pariser Couturiers. Dies zwinge sie, aus ihrer glücklichen Zurückgezogenheit herauszutreten. Und die Adleraugen dieser durch kosmetische Chirurgie ausgebesserten Kassandra funkelten ...

Man würde ja schon noch sehen!

Man hat es gesehen, die einen sehr schlecht, obwohl sie allen Anlaß hatten, gut zu sehen. Die anderen sehr gut, obwohl es besser gewesen wäre, wenn sie es nicht so deutlich gesehen hätten. Die einen waren die Beobachter der größten Zeitungen der Welt, die irgendwo in der Menge verloren waren. Die anderen waren die ausländischen Aufkäufer, die schon vorher und auf die einfache Verheißung der alten Pranke hin die gesamte Kollektion gekauft hatten. (...) Die Journalisten sind mit großer Trauer im Herzen nach Hause zurückgekehrt und die Aufkäufer von ernsthaften Befürchtungen bedrängt. Vom ersten Kleid an hatte man begriffen, daß der Stil Chanel vergangenen Zeiten angehört. Innerhalb von fünfzehn Jahren hatte sich die Mode entwickelt. Neue Materialien und noch nicht dagewesene Erfindungen verlangen neue Verfahren, die die Gewohnheiten des Auges verändert haben. Gleichzeitig hatte die Chanel in der Legende einen Platz gefunden, durch die Erinnerung idealisiert, und dies in einem Ausmaß, daß man vergessen hatte, wie bereits 1938 ihr Ansehen eine tödliche Verletzung erhalten hatte.

Was soll man von Spitzenchiffons halten, die in Musselinchiffons eingearbeitet sind? Was von den formlosen Hemdkleidern, mit kleinen kontrastierenden schrägen Streifen besetzt, die man auf dem Dorf nicht mehr tragen würde? ... Das sind nicht einmal Kleider von 1938! Das sind Gespenster von Kleidern von 1930.

Mademoiselle Chanel hat sich nicht darum gekümmert, daß es für

diejenigen, die im Leben stehen, schwierig ist. Wie sollte sie nicht noch grausamer denen gegenüber sein, die nur dem Vergessen leben?

Gestern war Ganz-Paris hier, um die große Nummer der Dompteuse zu sehen. Sie hat sich nicht gezeigt. In den Spielen der Zukunft hat man die Zukunft nicht erblickt, jedoch ein enttäuschendes Spiegelbild der Vergangenheit, in der eine anmaßende, kleine schwarze Gestalt mit großen Schritten entschwand.«

Bei der Wiedergabe dieses Textes kann man an den Journalisten und dem Journalismus nur noch zweifeln. Man las ihn, diesen Lucien François. Er war der Neffe des Schriftstellers t'Serstevens. Man behandelte ihn wie ein rohes Ei. Die Couturiers setzten ihn auf die besten Plätze. Man fürchtete sein Urteil. In einem Buch, das er 1961 veröffentlichte, erkannte er Mademoiselle Chanel an: Niemand habe wie sie teil am guten Ruf von Paris, räumte er ein. Er fügte hinzu: Indem sie ihre Krallen zeigte, habe sie allen ihr Zeichen aufgedrückt. Sein Urteil war aber trotz allem nicht besser geworden. Es folgen einige Beispiele: »Als sie ihre kleinen Cardigans und ihre Jerseyfutterale, die so kühn entblößten, sehr teuer verkaufte, hat sie die ganze Welt dem Snobismus der Ärmlichkeit unterworfen ... sie war damals (1925) eine reizende Person, schwarzhaarig, herrisch, mit der Anmut eines Naturkindes, ihre Stirn und ihre Augenbrauen wie die eines eigensinnigen Jungen, die die Rehaugen Lügen straften, und das in einer Weise, daß sie, ich weiß nicht wie, das Aussehen eines unsexuellen Jungen hatte ... Sie hatte begriffen, daß die Homosexuellen, indem sie ihr Reich in den ältesten Behausungen gründeten, wo Paris die Traditionen seines Geistes ebenso siegreich fortsetzt wie im *Bœuf sur le Toit,* nicht nur Einfluß auf die Sitten der Zeit, sondern auch auf ihre Ästhetik ausübten ...«

Kommen wir noch einmal auf ihre Rückkehr zurück, über die er so glänzend geschrieben hatte, so bezeichnete er sie sieben Jahre später als ein historisches Ereignis und machte aus ihr »ein siebzigjähriges Kind, das heimgefunden hatte«. Er schickte Coco sein Buch mit einer überschwenglichen Widmung. Sie behauptete, es weggeworfen zu haben, ohne es zu öffnen. Man kann annehmen, daß sie das, was sie betraf, überflogen hat.

In *Paris-Presse* zog Simon Baron eine Bilanz: Die Kollektion besteht aus hundertdreißig Modellen, vom kleinen, ganz einfachen Jer-

seykostüm bis zum Kleid aus weißen Spitzen, zweifarbig, weiß und rot, rot und schwarz, und reizenden Mannequins.

In der gleichen Zeitung erinnerte man in einem umfassenden Bericht daran, daß der Verleger Grasset Coco den Beinamen *la Grande Mademoiselle* gegeben hatte. »Sie ist noch immer eine Persönlichkeit«, stellte die Berichterstatterin fest.

Aurore zerpflückte die Margerite. »Ihnen werden die Schulmädchenmäntel *ein wenig* gefallen, *sehr* die Girlanden aus künstlichen Blumen auf den Musselinkleidern, *über alle Maßen* die Abendkostüme aus golddurchwirktem Stoff und *gar nicht* die plissierten Kragen wie 1925.«

Die englischen Journalisten zeigten kaum größere Begeisterung. *Chanel Paris dress show a fiasco*, so lautete die Überschrift im *Daily Express,* und sie berichteten, daß die Leute, als sie nach der Vorführung der Kollektion aus dem Haus Chanel hinaustraten, sich nicht anzusehen wagten, verwirrt von dem Schauspiel, das ihnen gerade geboten worden war. Sie fragten sich schmerzlich: Ist so etwas möglich? Haben wir wirklich ganz richtig gesehen, was wir soeben gesehen haben? Warum hat die arme Chanel solchen Wert darauf gelegt, so etwas vorzuführen? Nach Ansicht der *Daily Mail* war es ein Durchfall.

Nach der Kollektion hat Coco niemand empfangen. Während der Vorführung hat man ihre Gestalt, die der einer niedergedrückten Zigeunerin ähnelte, nicht in den Spiegeln des Treppenhauses erblickt.

»Mademoiselle ist müde«, sagte man, als man die Neugierigen, die sich zu ihrer Wohnung drängten, um auf ihrem Gesicht die Zeichen der Demütigung und der Niederlage abzulesen, abwies.

In solchen Augenblicken wird einem die Grausamkeit von Paris bewußt. Hat man Coco Chanel während ihrer ersten Regierungszeit zwischen den beiden Kriegen geliebt? Bei ihrer Rückkehr hatte sie so ziemlich alle gegen sich. Man spottete: Was wollte sie eigentlich, *diese Alte*? In gewissen Kreisen der Haute Couture nannte man sie die Alte.

»Hat sie denn nicht genug Geld, um glücklich und zurückgezogen zu leben? Warum taucht sie auf, um uns Schwierigkeiten zu machen? Sie hat doch nichts mehr zu sagen! Was versteht sie von der Jugend?«

Sie hörte das alles, sie erriet, daß man über sie lachte und sie für »außerhalb stehend« hielt. Sie sagte:

»Mein Lieber, als ich von der Jugend habe reden hören, bin ich auf meinen Hintern gefallen. Das ist ja das Schlimmste, das ist die Dekadenz. Sobald man von der Jugend spricht, hat man sie eingebüßt. Die Jugend ist eine Frage der Gesundheit, des Tages, des Augenblicks. Wenn ich mich nicht langweile, wenn ich mit jemandem zusammen bin, der mich versteht, warum sollte ich mir da Sorgen darum machen, ein junges Aussehen zu haben? Darauf pfeife ich! Ich bin überhaupt nicht mehr jung, aber warum sollte mich das daran hindern, mich in Gesellschaft eines Menschen glücklich zu fühlen, der mich nicht langweilt?«

Und dann kam dieses wunderbare, bereits zitierte Wort:

»Die Jugend, das ist etwas ganz Neues. Wer hat vor zwanzig Jahren von so etwas gesprochen?«

Wann wurde ihr bewußt, daß sie nicht mehr jung war? Im Jahr 1939, so sagte sie. In Wirklichkeit sprach sie vom Krieg:

»Der Gedanke war mir noch nicht gekommen, daß ich altern könnte. Stets hatte ich intelligente, angenehme Menschen um mich, Freunde. Und plötzlich sah ich mich allein, von all denen getrennt, die ich liebte. Alles, was ich liebte, war auf der anderen Seite des Wassers. Und um mich herum Menschen, die abscheulich zynisch waren und nur noch davon redeten, von der Jugend. Ich mußte mich unbedingt der Wirklichkeit stellen: Ich war nicht mehr jung.«

Wieder einmal ließ sie in ihren Monologen zwei Augenblicke in ihrem Leben zusammenrücken, und diesmal handelte es sich ganz offensichtlich um das Schließen und Wiedereröffnen des Hauses Chanel. Die Zyniker, die nur die Jugend auf der Zunge trugen, waren die Feinde ihres Comeback. Sie lachten über ihre Schlappe, während sie hinter verriegelten Türen zum erstenmal die Einsamkeit erlebte.

In Wirklichkeit war sie in ihrem geächteten Salon nicht völlig allein, einige enge Freunde, Hervé und Gérard Mille und Maggie van Zuylen beglückwünschten sie zu den bevorstehenden Siegen. An diesem Tag wollte sie sie nicht anhören. Das Schicksal hatte ihr von neuem ihren kleinen schwarzen Waisenhauskittel angezogen. Das ironische Gelächter von Paris weckte das Echo des schallenden Gelächters Etienne

Balsans. Und dann verbarg sich noch immer in dem gleichen Salon hinter den Wandschirmen von Koromandel der Schatten von Spatz. Die Jahre der Besetzung lagen nicht so weit zurück. Sie entdeckte, was alles sie aus dem Weg räumen mußte, um ihren Platz auf dem Gipfel wieder einzunehmen und ihr Alter, ihr Geld, ihre Erfolge und den Winterschlaf der dunklen Jahre in Gesellschaft des Deutschen in Vergessenheit geraten zu lassen, mit dem sie englisch gesprochen hatte: *You don't look very happy, my dear. Something wrong?*

Trotz ihrer Verwirrung völlig Herr ihrer selbst, fand sie eine erste Erklärung:

»Mein Name bedeutet den jungen Leuten nichts mehr.«

Was nun ihre Kundinnen betraf, die *ehemaligen,* so fürchteten sie, sich dadurch älter zu machen, daß sie den Weg in die Rue Cambon wieder einschlugen.

Diese beiden Erklärungen hätten genügt, um eine andere, als Mademoiselle Chanel es war, zu Boden zu drücken. Konnte sie eine Niederlage anerkennen, die es *den anderen* erlaubte, auf dem Schlachtfeld ihr Lager aufzuschlagen?

Es war eine Tatsache, daß die Homosexualität zwischen der Vorkriegszeit und Cocos Rückkehr den Weg in die Öffentlichkeit gefunden hatte, um nicht zu sagen, daß sie institutionalisiert war. Man verbarg sie nicht mehr. Man trug sie zur Schau, und insbesondere in der Haute Couture. Für Coco war dies ein Grund mehr, den Kampf aufzunehmen.

»Jedem seine Arbeit«, erklärte sie. »Ich verbringe ganze Nachmittage mit fast nackten Frauen in einer Kabine. Kann ein Mann einen solchen Beruf ausüben? Kleider anfassen, für Frauen arbeiten? Ich bin naiv genug, um mir denken zu können, daß dies unmöglich ist. Diejenigen, die es tun, sind also keine Männer.«

Jedoch schienen die Couturiers, die im Rampenlicht standen, keineswegs entschlossen, ihren Platz Mademoiselle Chanel zu überlassen.

Man kann sich vorstellen, daß sie vor dem Krieg den Konkurrenten, die talentiert genug waren, dem Haus Chanel zu schaden, keinerlei Sympathie entgegenbrachte, aber trotzdem fand sie sich mit der Tatsache ihres Daseins ab. Damals hielt sie es für normal, gegen anerkannte, akzeptierte Gegner zu kämpfen. Aber nun, als es um ihre »Rück-

kehr« ging! Sie sah sich von Usurpatoren umstellt. Es war so ähnlich, als hätte man von einem Raimu auf dem Gipfel seines Ruhms verlangt, versuchsweise mit Anfängern einen Film zu drehen. Sie sagte:

»Es hat mich jemand besucht, ein Herr, um mich um Rat zu fragen. Er wußte nicht mehr, ob er seine Frau und seine Kinder noch immer liebte oder ob er sein Leben mit einem jungen Mann neu aufbauen sollte. Solche Leute werfe ich hinaus. Die erzählen einem von ihren Komplexen. Was soll das sein? Ich bin Komplexen gegenüber allergisch. Das sind neue Worte. *Früher* hatte niemand Komplexe. So etwas nannte man Laster. Ich mag die lasterhaften Menschen mehr als die mit Komplexen. Die hat es immer gegeben, diese Leute, bei denen es ungewöhnlicher Komplikationen bedarf, um die einfachsten Dinge zu tun. Man wußte es, man erriet es. Aber man sprach nicht davon. Jetzt redet man die ganze Zeit davon. Es wird zu einer Krankheit! Wie soll man Menschen heilen, die nicht wissen, ob sie Männer oder Frauen lieben?«

Sie empörte sich über Komplexe und Homosexualität, weil diese mit den Schwierigkeiten ihrer Rückkehr verbunden waren. Jedoch hielt sie sich in den wesentlichen Punkten ihrer Einwände gegenüber den Couturiers an das Fachliche in ihrem Beruf. Die Männer wissen nicht, wie sich Frauen bewegen, das war ihre Meinung. Eins ihrer Mannequins, das das Kleid eines Modeschöpfers vorführte, hatte zur Garderobiere gesagt: »Ich kann die Arme nicht heben.«

»Dafür ist das Kleid auch nicht gemacht«, hatte man ihr geantwortet.

»Ein richtig gearbeitetes Kleid muß es einem ermöglichen, zu gehen, zu tanzen und sogar in den Sattel zu steigen!« So lautete Cocos heftiger Protest. Sie erzählte:

»Ich habe neulich eine Jacke angezogen, das Jackett einer Dame, das ein Couturier gemacht hatte. Ein Ärmel fiel mir bis dorthin. Ich hatte keine Schultern mehr, ich hatte überhaupt nichts mehr, ich war eingelaufen, man mußte mich suchen, ich war nicht mehr zu sehen, und von hinten ähnelte ich einem verhungerten Bettler. Es war zum Totlachen.«

Der Erfolg sollte sich von den Vereinigten Staaten her einstellen, wie für Vadim oder für B.B., denn es war auch die Epoche: *Und Gott erschuf das Weib.* Der Vergleich würde sie hochfahren lassen. Er erlaubt es jedoch, einen Markstein in der Nachkriegszeit zu setzen: Es genügte schon nicht mehr, Paris zu beeindrucken, man brauchte nun die Weihe von New York. Aber die Couturiers wollten es nicht wahrhaben.

»Sie nehmen sich sehr ernst«, meinte Coco spöttisch, »sie halten sich für unersetzlich.«

Innerhalb von sechs Monaten wurde Amerika *chanelisiert.* Die Aufkäufer, die man bemitleidete, weil sie blindlings der sicheren Hand der Chanel vertraut hatten, rauchten nun dickere Zigarren als Darryl E. Zanuck.

Nach *Vogue* und *Harper's Bazaar* begrüßte *Life* die neue Herrschaft der *Grande Mademoiselle* und widmete ihr vier Seiten:

»Die Frau, die sich hinter dem berühmtesten Parfüm der Welt verbirgt, dem *No. 5,* ist vielleicht ein wenig zu früh zurückgekehrt, aber schon beeinflußt sie alles. Mit einundsiebzig Jahren bedeutet sie nicht nur eine Mode, sondern eine Revolution.«

Dieses Urteil wurde nach der dritten Kollektion Chanel gefällt. Innerhalb eines Jahres hatte sie in der dritten Runde durch K.o. gesiegt.

Aber nicht ohne Zittern. Nicht ohne die Niederlage befürchtet zu haben, wie aus einem unveröffentlichten Dokument hervorgeht, das weiter unten angeführt wird. Das hinderte sie jedoch nicht daran, sich folgendermaßen zu äußern:

»Ich bin logisch, ich handle logisch. Man muß die Leute anziehen. Aber man führt ihnen albernes Zeug vor, groteske Auswüchse, in denen man weder gehen noch laufen kann. Die Amerikanerinnen haben sie noch vor den Französinnen abgelehnt, weil sie praktischer veranlagt sind. Deswegen hat sich Amerika sofort für Chanel ausgesprochen. Das Leben in Amerika ist nicht amüsant, aber man ist praktisch. Man wohnt außerhalb der Städte, jeden Abend fährt man aufs Land hinaus. Man läßt den Wagen an der Stadtgrenze stehen. Alle gehen, alle laufen, es ist ein anderes Leben. Die Amerikanerinnen lieben den Wechsel. Sie sind sauber, gut gewaschen. Das verleiht New York einen Anstrich von Wohlhabenheit, einer Stadt, die von abstoßender Schmutzigkeit ist. Aber alles existiert für die Frauen, man beschützt

sie. Für mich besteht der Luxus darin, gut gearbeitete Kleider zu haben und daß man ein Kostüm fünf Jahre lang tragen kann, weil es gut sitzt. Die alten Kostüme, die gebrauchten Sachen, sind mein Traum. In Amerika wirft man alles weg. Nichts ist solide. Man wäscht nicht, man läßt reinigen. Ich habe dort ein Kleid zum Reinigen gegeben. Ein Knopf ist mir davon geblieben. Das ist Amerika, das Gegenteil des Luxus. *Cheap*. In meinen Augen entsetzlich.«

Dennoch war es dieses Amerika des *cheap,* des Billigen, das den Stil Chanel durchsetzte, zunächst einmal weil er sich für die Maschinen, die die Kostüme in Serien zuschnitten, eignete, und auch weil es, um diese Kostüme vom Fließband aufzuwerten, die aus den Parfüms, und vor allem der *No. 5*, geborene Legende Chanel gab.

Ein Journalist befragte Marylin Monroe, Milch und Honig des Filmgeschäfts, den Stern Hollywoods:

»Was ziehen Sie am Morgen an?«

»Einen Rock und einen Pullover.«

»Und am Nachmittag?«

»Einen anderen Rock und einen anderen Pullover.«

»Und am Abend?«

»Das gleiche, aus Seide.«

»Und in der Nacht?«

»Fünf Tropfen Chanel *No. 5*.«

Das ist eine altbekannte Geschichte.

Weniger bekannt ist, daß sich die Hersteller von Pyjamas und Nachthemden ruiniert glaubten. Als eine Art Wiedergutmachung erlangten sie von Marylin, daß sie ihren roten Mund auf ein weißes Gewebe drückte, von dem sie Tausende von Kilometern in Nachtgewänder für Männer und Frauen verwandelten.

Niemand hatte die kommerzielle Bedeutung ihrer Legende besser erfaßt als Mademoiselle Chanel. Denn, das muß man zugeben: Marylin hätte von keinem anderen Parfüm sprechen können, ohne daß man ihr den Vorwurf gemacht hätte, mit dem Parfümhersteller unter einer Decke zu stecken. Sie nannte Chanel aus einer weiblichen Solidarität

heraus, wie sie auch ein Geheimnis verraten hätte, um den Männern zu gefallen. Wie sie auch die Wirksamkeit eines Liebesmittels beschworen hätte. Diese Wirkung schuldete die *No. 5* nur beiläufig ihrem Rezept. Sie war auf Coco selber zurückzuführen, auf das, was sie für die Frauen der ganzen Welt verkörperte. Sie zweifelte nicht daran, und das ist auch der Grund, warum sie es so schwer ertrug, daß ihre Teilhaber ihren Gewinn daraus schlugen. Auch war sie sich der natürlichen Verbindung bewußt, die zwischen ihrem Stil und ihren Parfüms bestand. Niemals würde man ein *poor girl* sein, wenn man ganz adrett im Chanel und mit *No. 5* parfümiert auftrat. Sie war zutiefst davon überzeugt, durch diese Verbindung Stil und Parfüm etwas ganz Neues geschaffen zu haben, und dies nicht etwa nur für zweitausend Privilegierte.

In Frankreich vollzog sich die Chanelisierung langsamer. Coco blieb, freiwillig oder nicht, außerhalb des Pariser Wirbels. Man ging zu den Faths nach Corbeville, um dort den *square dance* zu tanzen, und es waren die beiden Christian, Dior und Bérard, die die Aufmerksamkeit der Journalisten der Klatschspalten in Anspruch nahmen. Man muß dabei hinzufügen, daß die angeblich Pariser Journalisten, die aus dem Ei der Befreiung hervorgegangen waren, eigentlich noch immer nur das kannten, an dessen Zustandekommen sie beteiligt gewesen waren: eine Rinde oder, noch genauer, eine provisorische Kruste; den wirklichen Geschmack des Inneren der Frucht, oder die Eiterstellen der Wunden, kannten sie nicht.

»Welche Zeit«, seufzte Coco. Dann verbesserte sie sich:

»Ich habe nicht das geringste Recht, sie zu kritisieren, es ist nicht die meine. Die meine ist vergangen. Ich beurteile diese Epoche mit Augen, die nicht die der Menschen sind, die in ihr leben. Statt von Augen sollte ich lieber vom Herzen sprechen. Zuweilen fühle ich mich allem gegenüber, was mich umgibt, so fremd. Wofür leben die Menschen dieser Epoche? Ich verstehe sie nicht. Ich bin eine, die sich verspätet hat, die übriggeblieben ist. Mein Geist hängt mit dieser Epoche nicht mehr zusammen.«

Wohin führte sie eine solche Zerknirschung? Zu jener großartigen Schlußfolgerung: »Ich bin mir durchaus darüber im klaren, daß alle Welt überholt ist.«

Daß alle Welt *verloren* ist, hätte sie sagen können, um damit zu verstehen zu geben, sie sei weder dümmer noch *älter* als alle Welt. Sie sagte seufzend:

»Wie langweilig, diese Menschen, die sich den Anschein von Intelligenz geben wollen!«

In jedem Augenblick, bei jedem ihrer Worte fühlte man sich versucht abzuschweifen. In ihrem Monolog verteilte sie sich, splitterte sie sich auf wie Quecksilber unter dem Finger, während es doch Metall, rundlich, unversehrt und in den vervielfachten Kügelchen ganz bleibt. Ihr Comeback, in Frankreich langwierig und schwierig, machte ihr Freude, ohne sie zu beschwichtigen:

»Es ist mir etwas gelungen, als ich meinen Platz auf dem Gipfel wieder einnahm. Jetzt kennt mich das Volk. Wenn ich auf den Flohmarkt gehe, sagen mir alle Leute guten Tag. Menschen treten auf mich zu und umarmen mich. Ich lasse es geschehen, es kostet nichts und es macht Spaß, wie Picasso sagt.«

Hatte sie nach ihrer ersten Kollektion Pulver gerochen? Wenn sie auch niemals am Erfolg gezweifelt hatte, so hatte sie doch trotzdem an eine andere Art der Rückkehr gedacht, auf einem eher kommerziellen Gebiet. Am 30. September 1953 beauftragte sie René de Chambrun, ihrer Freundin, Carmel Snow, Chefredakteurin von *Harper's Bazaar,* den folgenden Brief in New York zu überbringen:

»Meine liebe Carmel,

während des Sommers bin ich zu der Überzeugung gelangt, es würde amüsant sein, mich wieder an meine Arbeit zu machen, die doch mein ganzes Leben ist. Ich habe es Ihnen gewiß schon gesagt, daß ich mich eines Tages daranmachen würde, einen neuen Stil zu entwickeln, einer neuen Lebensweise angepaßt, und ich den geeigneten Zeitpunkt abwartete. Ich habe das Gefühl, daß dieser Augenblick gekommen *ist.*

Die so widersprüchliche Atmosphäre des heutigen Paris, wo immer mehr Frauen an den Vorführungen der Kollektionen teilnehmen, ohne die Mittel zu haben, sich Kleider zu kaufen, bringt mich dazu, etwas völlig anderes zu unternehmen.

Eins meiner Hauptziele ist natürlich der Großabsatz in den Vereinigten Staaten durch Einschalten eines Herstellers, und zwar auf der Basis der *Gewinnbeteiligung*. Ich bin sicher, daß das, was ich vorhabe, in der ganzen Welt großen Widerhall finden wird.

Meine erste Kollektion wird am 1. November fertig sein. Meiner Ansicht nach wäre es unklug, mehr davon zu reden, bevor ich ein Angebot des *top wholesale manufacturer* (des geeignetsten amerikanischen Herstellers), an den Sie denken, erhalten habe. Für ihn wäre es wahrscheinlich am besten, nach Paris zu kommen. Natürlich wäre mir nichts lieber, als Sie zur gleichen Zeit mit ihm hier zu sehen. Im Augenblick habe ich nicht die Absicht, die Kollektion in Amerika selber vorzustellen, aber das könnte sich später machen lassen.

As ever,
Gabrielle Chanel«

Dieses schon ziemlich weit gediehene Projekt gab den Gerüchten Nahrung, denen zufolge Mademoiselle Chanel anläßlich ihrer Rückkehr eine »atomare Konfektion« lancieren würde. Sie sollte es durch das erwähnte Schreiben schaffen. Das Projekt hatte für sie den Vorteil, Pierre Wertheimer zu beunruhigen. So vorteilhaft der mit ihm geschlossene Vertrag auch war, vermochte er doch Coco nicht völlig zufriedenzustellen. Zusammen mit einem amerikanischen Konfektionsbetrieb hätte sie gleichzeitig mit den am Fließband hergestellten Kostümen ihre Serie der Parfüms *Mademoiselle* vertreiben können. Dazu hatte sie das Recht.

Man kann sich vorstellen, wie sie diese neue Situation zu ihrem Vorteil ausnutzte. Pierre Wertheimer hatte sich bereit gefunden, ihre Rückkehr in die Rue Cambon zu finanzieren. Coco warf ihm vor, ihr zu Anfang nicht genügend Mittel zur Verfügung zu stellen. Als er von ihrem Plan hörte, zeigte er sich sogleich sehr großzügig. Coco erreichte bei

ihm, daß alle ihre Unkosten durch die Firma *Parfums Chanel* gedeckt würden, ebenso sollten ihre Dienstboten bezahlt und ihr die Steuern in voller Höhe zurückerstattet werden. Niemand auf der ganzen Welt hat jemals solche Bedingungen erlangt. Darüber hinaus brachte sie es sogar so weit, ihre durch den Vertrag von 1947 anerkannten Vorrechte in die Waagschale zu werfen. So erhielt sie eine beträchtliche Abstandszahlung dafür, daß sie auf die Herstellung der Serie der Parfüms *Mademoiselle* verzichtete. Auf die gleiche Weise verzichtete sie später gegen gesunde Dollar auf ihre schweizerische Hausmacht: Man wird sich noch erinnern, daß die Parfüms, die aus der klassischen Serie, in der Schweiz ausschließlich zu ihrem Profit vertrieben wurden.

Löschten nun diese Geldsiege über Pierre Wertheimer den Groll vergangener Zeiten aus? Pierre Wertheimer wünschte sich eine offizielle Versöhnung, zum Beispiel einen in aller Öffentlichkeit beim Rennen ausgetauschten Kuß. Oder aber, daß Coco eine Einladung zu einer Kreuzfahrt an Bord seiner Jacht annähme. Am Abend eines arbeitsreichen Lebens war dies einer seiner Träume, ein anderer, das Derby zu gewinnen. Und tatsächlich sollte doch sein Pferd Vimy den Sieg in Epsom davontragen, unerwartet und dafür um so glorreicher. Für den nächsten Tag hatte sich Pierre Wertheimer bei Coco in der Rue Cambon zu einer Art privaten Beratung, an der auch René de Chambrun teilnehmen sollte, angesagt.

Als er in der Rue Cambon eintraf, meldete ihn der Pförtner der Mademoiselle mit den Worten:

»Es ist Monsieur Pierre.«

Er beeilte sich, die Treppe hinaufzusteigen, zweifellos ein wenig schneller, als er es sich eigentlich gewünscht hätte, aber er hatte das Gefühl, daß man ihn mit einer Stoppuhr verfolgte. Hätte er sich Zeit gelassen, so hätte Coco ihn gefragt:

»Fehlt Ihnen etwas?«

Natürlich wußte sie, daß er soeben in Epsom gesiegt hatte. Sie hatte sogar geglaubt, daß das Feiern eines so großartigen Sieges ihn in London zurückhalten würde. Aber sie ließ die Zeitungen, in denen es stand, verschwinden.

»Wie schlecht Sie aussehen!« rief sie zur Begrüßung Pierre Wertheimers.

Er erbleichte, breitete dann aber die Arme aus:

»Umarmen Sie mich nicht?«

»Warum denn?«

»Das Derby! Wissen Sie es denn nicht? Ich habe das Derby gewonnen!«

»Und da haben Sie mich nicht angerufen?« fragte Coco entrüstet.

Nicht sehr einfach, die *Grande Mademoiselle*, und für alle, die sie beherrschte, unzugänglich.

Sie war stolz auf die Chanelisierung der Straße.

15

Cocos Schmuck: »Vermögen, die nichts wert sind«

»Was habe ich nicht alles in meinem Leben gemacht«, bemerkte sie, »sogar eine Zeitung!« Selbstverständlich schrieb sie, aus verschiedenen Gründen, gewissen Schöpfungen größere Bedeutung zu. So den Parfüms, die ihr das Geld für ihre Unabhängigkeit einbrachten. Auch dem Schmuck, der ihr erlaubte, indem sie das Echte mit dem Falschen vermischte, in gewisser Weise mit ihrem Leben zu spielen, wobei sie das Wirkliche und das Imaginäre im Licht auffunkeln ließ – dadurch bewies sie, daß sich das Künstliche mit dem Echten verschmelzen läßt.

Sie sagte:

»Ich mache mir nichts aus Schmuckstücken. Sie bringen einem im Leben nichts ein, sie tragen nicht zur Lebensfreude bei. Im allgemeinen legen die Frauen großen Wert darauf. Man gibt sie ihnen nicht. Ich selber habe überhaupt keinen Wert auf sie gelegt, und man hat mir viele geschenkt. Immer mußte ich sagen:

›Nein, danke! Ich habe genügend Schmuck! Was soll ich damit anfangen?‹«

Sie sagte:

»Ich bin mit Kolliers, Ketten, Anstecknadeln, Ohrringen und Steinen aller Farben behängt, so daß man mich nicht versteht, wenn ich behaupte, keinen Schmuck zu lieben. Was ich nicht liebe, ist der Stein um des Steins willen, der dicke Diamantbrocken, der Karaffenstöpsel, der eine Referenz darstellt, ein äußeres Zeichen des Reichtums des Gatten oder des Geliebten der Frau, die ihn trägt. Ich liebe auch nicht das Schmuckstück um des Schmuckstücks willen, den Clip aus Brillanten und die Perlenreihe-in-Anführungsstrichen, die man aus dem Safe hervorholt, um sie am Abend vorzuführen, und die man danach in den Safe zurücklegt, wobei sie sehr häufig einer Aktiengesellschaft gehört. Dies alles sind Schmuckstücke-die-man-in-Krisenzeiten-verkaufen-kann. Schmuckstücke für die Reichen. Ich mag sie nicht.«

Sie sagte:

»Schmuckstücke braucht man viele. Wenn sie echt sind, ist es Angabe und schlechter Geschmack. Die, die ich mache, sind sehr unecht und sehr schön. Sie sind sogar schöner als die echten.«

Sie sagte:

»Die Schmuckstücke charakterisieren eine Epoche. Ich sähe es gern, daß die meine durch den Chanelschmuck charakterisiert würde. Sie wird es sein! Ich denke an alle diese Frauen, die dank des Chanelschmucks ganze Vermögen mit sich herumtragen, die nichts wert sind. Ich habe eins meiner Mannequins gefragt, ob es eine Vorstellung davon hätte, wieviel das, was sie um den Hals trug, wert sei, wäre es echt:

›Keine Ahnung, Mademoiselle.‹

›Sechshundert oder siebenhundert Millionen.‹

Es waren Smaragde, *ganz dicke*. Bei der Herstellung falschen Schmucks nimmt man immer ganz dicke. Das war rund zwanzigtausend Francs wert.«

Sie sagte:
»Wissen Sie, wie die Juweliere Schmuckstücke aus Gold mit Brillanten nennen? Kriegsschmuck! Gold, Gold und Steine, die man faßt, die man faßt und die funkeln ...! Man fürchtet, sie anzuhauchen, aus Angst, das alles könnte sich auflösen.«

Sie sagte:
»Der Schmuck ist ein Ornament. Die Sachen, die ich mache, sind sehr hübsch. Manche sind so schön, daß es mir selber den Atem verschlägt. Das ist eine Pracht, völlig byzantinisch. Warum wird alles, was ich anfasse, byzantinisch?«

Sie sagte:
»In welcher Hinsicht wäre ich verändert, wenn ich alle meine Schmuckstücke ablegte?«

Sie sagte:
»Ich hänge nicht an einem Schmuck, ebensowenig wie an einem Haus. Wenn ich ein Haus verlasse, bin ich endgültig weggegangen. Aber dieser kleine Ring ist mein Talisman. Ich bin im Monat August geboren. Mein Talisman sind das Gold und der Topas.«

Sie sagte:
»Auf der Straße sollte man nur Unechtes tragen. Die echten Schmuckstücke legt man zu Hause an, um sich – von Zeit zu Zeit – eine Freude zu machen.«

Um ihre Schmuckstücke zu entwerfen, ließ sie sich in ihrem Salon nieder. Auf der Kante ihres Diwans hockend, knetete sie eine Plastilinkugel, die man für Kaugummi hätte halten können. Vor ihr, auf dem chinesischen, sehr niedrigen Tisch, in Schachteln oder kleinen Schalen, Steine in allen Größen und Formen, die sie ihrer Phantasie folgend in den flach gepreßten Kaugummi hineindrückte. Sie bediente sich dabei echter oder falscher Steine, wobei sie nur den Effekt berücksichtigte, den sie in ihrer Zusammensetzung hervorriefen. Sie besaß prächtige Smaragde und sehr schöne, sehr seltene Rubine, aber sie liebte genauso die rosa Rubine aus Siam, helle Saphire aus Ceylon, die sehr teuer waren, und Topase. »Es gibt nichts Hübscheres als einen Topas«, erklärte sie, »dieses vergoldete Wasser.«

Der Herzog von Westminster hatte ihr einen Schmuck aus Smaragden, von Brillanten eingefaßt, geschenkt: Ring, Ohrringe, Armband und Kollier, und in Etuis, denen des großen Schmucks ähnlich, zwei ganz gleiche Armbänder mit indischen Smaragden, taubenblutroten Rubinen und Saphiren aus Kaschmir. Zuweilen zog sie sie über ihre Handgelenke:

»An mir sieht das lächerlich aus«, erklärte sie.

Wieder schloß sie die Etuis:

»Ich werde das alles auseinandernehmen müssen.«

Das tat sie, und die Steine gesellten sich zu denen, die die Schachteln und kleinen Schalen füllten, mit denen sie spielte, um ihre Schmuckstücke zu kreieren.

Gern hätte sie die Schatzkammer in München wiedergesehen, wo sie Schmuck aus der Renaissance und aus Byzanz bewundert hatte, insbesondere byzantinische, mit großen Steinen besetzte Kreuze. Während sie sie beschrieb, fiel ihr eine andere Reise ein, nach Ravenna, wo sie das Mausoleum der West-Kaiserin Galla Placidia besucht hatte.

Sie sagte:

»Ich habe mir falsche Perlenketten gemacht, um nicht die meinen zu tragen. Man hat mich hübsch damit gefunden. Da habe ich mir gesagt: Alle Frauen sollten so etwas tragen können, um sich zur Geltung zu bringen. Ich habe Leute gesucht und gefunden, um so etwas in Massen herzustellen. Immer habe ich die Leute gefunden, die ich suchte.«

Sie sagte:

»Ich habe ganze Vermögen mit den Perlen und ganze Vermögen mit dem Schmuck verdient. Ich hätte Milliarden, wenn ich all das auf die Seite gelegt hätte.«

(Sie hatte also auch Sinn für Humor.)

16

»Die Franzosen lieben mich nicht«

Ehrungen? Coco lehnte sie ab. Berichtigung: Sie lehnte Auszeichnungen ab, die man anderen vor ihr zuerkannt hatte. »Man will mich mit allen zusammen auf Maulwurfshügel stellen.« Soll das heißen, daß sie von ihrem Land und seinen Vertretern nicht die offizielle Anerkennung erwartete, die Frankreich (ihrer Auffassung nach) ihr schuldete? Wenn sie auch einen solchen Sieg erhoffte, so hat sie doch niemals etwas unternommen, um ihn zu erringen.

Als Mademoiselle Chanel ihr Comeback gelang, waren die Modeschöpfer von Angst und Sorge erfüllt, sie könnten kopiert werden. Auf die gleiche (rührende) Art und Weise, um einmal bei diesen abgedroschenen Mythen zu bleiben, tut man so, als fürchtete man die Spione, die aus der Kälte wie aus der Wärme kommen, um die Geheimnisse der nationalen Verteidigung, die keine Existenzgrundlage mehr haben, aufzudecken. Um gerecht zu sein, muß anerkannt werden, daß es damals einigen Schlauköpfen noch immer gelang, einen Kragen von Jacques Fath, eine Manschette von Balmain oder ein langes Kleid

von Dior zu einem guten Preis zu verkaufen, was anderen Schlauköpfen ermöglichte, Kopien herauszubringen, bevor die Kundinnen der Couturiers hatten beliefert werden können. Um wie viele Kopien handelte es sich dabei? Eine lächerliche Zahl, die niemand mehr interessiert, wo es sich jetzt darum handelt, ganze Industriezweige zu versorgen, deren Fließbänder auch in der Nacht nicht ruhen. Was würde es nützen, sich ein Geheimnis anzueignen, dessen Ausbeutung erst dann möglich wurde, wenn alle Welt es kannte?

Die Modespione sind also verschwunden. In der Wirtschaft hat man es mit Tatsachen zu tun. Es ist zu kostspielig, sie zu leugnen. Man kann immerhin keine Spione unterhalten, um zu beweisen, daß die Mode noch immer existiert, wie man es auch bei der nationalen Verteidigung macht (auf diesem Gebiet gibt es keine Gestehungskosten).

Auf Ersuchen von Madame Vionnet hatte Mademoiselle Chanel früher einmal der Gewerbekammer der Haute Couture angehört. Ironisch fügte sie hinzu: »... zum Schutz der Saisonberufe. Sie haben respektvoll mit mir zu reden, ich gehöre den Saisonberufen an.«

Trotz allem hatte Madame Vionnets Schritt sie damals gerührt. In Kreisen der Haute Couture war sie nicht sehr beliebt. Sie sagte:

»Die Couturiers nahmen mich nicht ernst, und sie hatten recht. Ich verstand nichts von diesem Beruf. Anfänglich ließ ich meine Modistinnen an meinen Kleidern arbeiten. Ich hatte keine Ahnung, daß es dafür Facharbeiterinnen gab. Aber das war insofern sehr gut, weil ich alles selber gelernt habe, was man wissen mußte, denn ich war doch gezwungen, es meinen Modistinnen zu erklären. Im übrigen ist das alles nicht so kompliziert. Die Mode ist wie die Architektur; vor allem eine Frage der Proportionen. Am schwierigsten zu verwirklichen wäre ein gut proportioniertes Kleid für jede beliebige Frau, ein Kleid, das fünf verschiedene Frauen tragen könnten, ohne daß man merkt, es handelt sich um dasselbe Kleid.«

Sie sagte auch:

»Die Haute Couture ist ein Gewerbe und keine Kunst. Wir arbeiten nicht vom Geist getrieben, sondern wir sind Lieferanten. Wir hängen unsere Kleider auch nicht bei Ausstellungen an einem besonders günstigen Platz auf. Wir verkaufen sie. Um so besser, wenn man die meinen kopiert. Ideen sind dazu da, sich auszubreiten.«

Dennoch kam es vor, daß sie sich bitter darüber beklagte, ausgebeutet zu werden, insbesondere von den Frauenzeitschriften, die ihren Leserinnen Chanels ganz nach Belieben zum Kopieren anboten!

Als an einem Sonntagmorgen ihre Mitarbeiterin Lilou Grumbach ihre Einkäufe auf dem Markt machte, hörte sie jemanden ausrufen:

»Kauft meine kleinen Chanels zu fünfzig Francs! Nur nicht drängen! Es gibt für alle genug!«

Mademoiselle Chanel bemerkte dazu entzückt:

»Das Zeug ging weg wie frisches Gemüse, im übrigen wurde gleich daneben Gemüse verkauft.«

Lilou brachte eins dieser kleinen Chanels zu fünfzig Francs mit, aus grobem weißem Leinen mit einer Litze am Saum, eine Art geflochtenen Zopfes, der Mademoiselle Chanel auf den Gedanken brachte, Raffiabast spinnen zu lassen. »Die Straße interessiert mich mehr als die Salons«, behauptete sie bei solchen Gelegenheiten.

Sie sagte:

»Die französische Mode gab es, als man sie in Frankreich für die Französinnen kopierte. Einige Personen machten sie, und man kopierte sie in Kopierwerkstätten. Eines schönen Tages hat dann ein Herr, um die Ehrenlegion zu erhalten, beschlossen, das alles zu ändern, und so hat man eine Gewerbekammer gegründet, um die Interessen der (mögen sie es mir verzeihen!) armseligen französischen Couturiers zu schützen. Einige übten ihren Beruf gut aus und verdienten Geld, wenn sie auch kein Vermögen machten.«

Jetzt, im zeitlichen Abstand, berührt mich in dieser Äußerung die Anspielung auf die Ehrenlegion seltsam, von einem Herrn angestrebt, der ... usw. In der Dunkelheit, in der sich Coco verbarg, wirft auch der kleinste Blitz Licht auf das Unerwartete. Dürstete sie etwa nach Ehrungen? Ja und nein. Das Kreuz, das Rote Band interessierten sie nicht. Vor dem Krieg hatte ihr Paul Reynaud die Ehrenlegion angeboten. Ach, andere trugen sie schon und insbesondere Madame Paquin. Man konnte sie immerhin doch nicht im ersten Anlauf zum Kommandeur ernennen, wie einen Botschafter oder ausländischen Staatsmann.

Sie sprach mir von ihrer erwachenden Berühmtheit und sagte:

»Ich lebte mit Engländern zusammen, die einem keine Komplimente machen, die einem nicht ständig sagen, man sei reizend und geistreich. Davon spricht man nicht. Es ist wie ein Verhängnis in meinem Leben: Ich gefalle den Engländern, die ich gern mag, und den Amerikanern, die ich weniger mag. Die Franzosen lieben mich nicht, dagegen ist nichts zu machen.«

Die beiden Äußerungen waren miteinander verknüpft. Es begann mit dem »Herrn«, der, um die Auszeichnung der Ehrenlegion zu erhalten, eine Kammer gründete, die im Gegensatz zu den eigentlichen Interessen der Französinnen stand (sie profitieren nicht mehr von der für sie geschaffenen Mode), und man gelangte zu einer verkannten Chanel, die Talent hat, aber von der man nicht spricht, weil die Franzosen (gewisse Franzosen) sie nicht lieben. Man muß also schon die Gedankenverbindung, die sich bei ihr vollzog, klarstellen: In Frankreich wurde man ihr nicht gerecht, und das ärgerte sie!

Aus einer anderen Bemerkung, die sie eines Tages über Brigitte Bardot machte, löse ich diesen Seufzer aus:

»Und sich vorzustellen, daß so etwas Frankreich im Ausland repräsentiert!«

Ich höre sie auch noch, wie sie mit ungewohntem Nachdruck von einem Abendessen im Elysee-Palast sprach:

»Ich befand mich beim Präsidenten der Republik! Beim Präsidenten der Republik fühlt man sich nicht zu Hause. Selbst wenn er zu Ihren Freunden gehört, bleibt er der Präsident. Dienstboten sind da ...«

Man sah sie immer so selbstsicher! Auch bettelnd, das stimmt, um Freundschaft, um Gesellschaft bettelnd. Aber war es vorstellbar, daß sie nach Ehrungen hungerte oder dürstete? War es dabei nicht das einzige, was sie mit der Liebe ihres Lebens hätte teilen können: mit dem Haus Chanel? Sie hatte sich als *Monument* sehen wollen. Wer fand sich zur Enthüllung, zur Einweihung ein? Man hatte kürzlich die Stühle, auf die sie sich setzte, fotografiert. Sie sagte:

»Ich bin zu einem Objekt geworden.«

Zuweilen schrieben ihr Schneiderinnen:

»Wir haben nicht die Mittel, Ihre Modelle zu kaufen, Mademoiselle, würden Sie es uns erlauben, an einer Vorführung teilzunehmen, um die Kollektion zu sehen?«

Nach Lust und Laune lud sie einige von ihnen ein. Sie empfing gleichfalls eine Gruppe von Nonnen, die Mädchen in einer Werkschule in der Provinz im Nähen unterrichteten. Waisenkinder? Die Mannequins deuteten vor den Nonnen einen Knicks an.

»Ich dachte an die Kleinen, die im Chanel aus ihrer Schule hinaustreten würden«, murmelte Coco.

Wie geheimnisvoll war doch dieses Geheimnisvolle, hinter dem sie sich verbarg!

1957 brach sie mit der Kammer der Haute Couture:

»Herr Präsident,

ich habe die Ehre, Ihnen als Präsident der Gewerbekammer der Pariser Haute Couture meinen Austritt bekanntzugeben, den Sie gewünscht haben, aber den Sie infolge von Bedenken, für die ich Ihnen danke, von mir zu verlangen gezögert haben.

Auf diese Weise ist der Konflikt beseitigt, durch den ich in Gegensatz zu Ihrer Kammer geraten bin.

Ich bitte Sie ...«

Der Konflikt war die Folge von Eigenmächtigkeiten, die sie sich gegenüber einer Bestimmung herausnahm, der zufolge sich die Couturiers verpflichteten, Modelle zur Veröffentlichung erst zu einem von der Kammer festgesetzten Datum fotografieren zu lassen. Das hat im Grunde Mademoiselle Chanel nicht besonders gestört. In Wirklichkeit war die Sache so, daß dieser Bruch ihr ihre königliche Einsamkeit sicherte. Niemand konnte mit mehr Verachtung von den Couturiers sprechen als sie. Wenn sie sich dazu herabließ, ein Talent bei dem einen oder anderen – wenigstens teilweise! – anzuerkennen, so geschah es, indem sie es auf sich bezog: Er war so klug gewesen, sie zu kopieren.

»Vielleicht bringe ich mich um ein großes Vergnügen, indem ich nicht mit diesen Menschen (den Couturiers) verkehre«, meinte sie spöttisch. »Immerhin wäre ich vielleicht in der Lage, ihnen Ratschläge zu geben!«

Sie hatte auf dem Tisch vor dem Diwan ein halbgeöffnetes Päckchen liegen: Ein Couturier hatte ihr sein neues Parfüm geschickt. Sie sagte:

»Was soll man davon halten, wenn ein solcher Herr mir einen Flakon in einem mit so scheußlichen Bändern zusammengebundenen Dings schickt, der noch dazu einen solchen Pestgeruch ausströmt, den man nicht mehr loswird! Denn das Zeug haftet einem an. Wenn man damit parfümiert ist, verrät man sich schon auf Entfernung. Ein Geruch nach alten, verfaulten Früchten, bei dem man Kopfschmerzen bekommt. Was kann ich diesem Herrn antworten? Schicke ich ihm einen Flakon vom Parfüm Chanel, so heißt das: ›Riechen Sie mal daran, und Sie werden entdecken, was ein wirkliches Parfüm ist.‹ Das kann ich doch nicht tun! So verzichte ich darauf.«

Und abschließend:

»Mit diesen Leuten habe ich nicht den richtigen Ton gefunden!«

Sie hatte auch nicht oft und nicht lange nach ihm gesucht. Zuweilen empfand sie Balenciaga gegenüber eine gewisse Zärtlichkeit. Bei einem Essen erzählte sie mir, Balenciaga habe sie innerhalb weniger Tage drei- oder viermal angerufen.

»Wenn er noch einmal anruft«, rief sie lachend, »dann bestimmt, weil er um meine Hand anhalten will!«

»Wie alt ist er?«

»Es lohnt nicht die Mühe, da nachzurechnen!« winkte Coco ab.

Die Modeschöpfer aus der Zeit ihrer Rückkehr stellte sie nicht mit denen aus ihrer Anfangszeit auf die gleiche Stufe; von ihnen sprach sie zuweilen mit Rührung (einem Mann ähnlich, der auf seine Regimentskameraden zu sprechen kommt). »Ich habe es in Mode gebracht«, behauptete sie, »die Couturiers zur Mode zu machen. Vor mir waren sie es ganz und gar nicht. Monsieur Doucet hat man nicht gegrüßt, dabei war er ein bemerkenswerter Mann und ein leidenschaftlicher Kunstliebhaber, man braucht nur das Museum Doucet zu besuchen, um sich davon zu überzeugen. Er hat niemals auch nur die geringste gesellschaftliche Stellung eingenommen.«

Kam das Verdienst für diese Entwicklung ihr zu? Zwischen 1914 und 1919 haben sich viele Dinge verändert, die heute sehr alltäglich erscheinen. Sie sprach der *feinen Gesellschaft* die gleiche Bedeutung zu, die eine praktizierende Katholikin ihrer Zeit noch dem Paradies und der Hölle zuerkannte. Zu sein oder nicht zu sein! »Ich bin niemals den Menschen der Gesellschaft nachgelaufen«, sagte sie.

Das mag, wenn man so will, richtig sein. Sie hätte es nicht mehr ertragen, wie in Royallieu von oben her behandelt zu werden. Aus diesem Grund ging sie sozusagen niemals *zu den anderen*.

»Ein ungeschriebenes Gesetz der Gesellschaft forderte, daß man nicht mit seinen Lieferanten verkehrte.«

Das sagte sie, als sie zwei Geschichten erzählte, die, wie sie hinzufügte, ihr zu denken gegeben hatten. Zu einem Fest bei Maurice de Rothschild hatte man versehentlich den großen Juwelier Cartier eingeladen, den man mit dem belgischen Botschafter, Baron Cartier de Marchienne, verwechselt hatte. Als die Cartiers gemeldet wurden, erklärte ihnen Rothschild ohne Umschweife mit jener penetranten Überheblichkeit, über die sich auch seine Freunde einig waren, es läge ein Irrtum vor, er empfänge nicht seine Lieferanten. »... selbstverständlich«, fügte er hinzu, »falls es Sie interessiert, einen Gang durch die Salons zu machen, um sich die Bilder und Möbel anzusehen ...«

Die Cartiers drehten auf der Stelle um. Natürlich, fügte Coco hinzu.

Noch jemand aus der Familie der Rothschild, die Frau des Barons Henri, bat Coco einmal, bei ihr vorbeizukommen, um sich »die Haufen aus der Mode gekommener Schmuckstücke« anzusehen:

»Sie werden mir Ratschläge geben«, sagte sie zu ihr, »Sie werden mir raten, was sich daraus machen läßt.«

Sie hatte in den Anfangszeiten des Hauses Chanel zu seinem Ruf beigetragen. Coco beugte sich also über die Schmuckstücke, die im kleinen Salon der Baronin auf einem Samtteppich ausgebreitet waren. Man ließ dann einen Herrn im Gehrock eintreten, den großen Juwelier Cartier, den sie bei dieser Gelegenheit kennenlernte. Er wurde wie ein Untergebener behandelt.

»Wie ein offensichtlich überlegener Untergebener«, sagte Coco.

Außergewöhnlich bleibt, daß sie sich ihr ganzes Leben lang hartnäckig darauf versteifte, eine »überlegene Gleichheit« zu erobern und

zu verteidigen, die man ihr gar nicht mehr absprach. Man könnte sogar sagen: was heute eine Selbstverständlichkeit ist. Es gelang ihr nicht, ihren schwarzen Waisenhauskittel auszuziehen. War sie die Tochter ihres Talents, ihrer Genialität? Sie entstammte einer erzbürgerlichen Epoche, einer Epoche der Unbeweglichkeit, in der diese noch nicht genügten. Vor allem nicht bei einer Frau. Jedoch wurde das Geld zu einer Abstammungsurkunde. Je neueren Datums es war, desto mehr brauchte man davon. Das erklärt auch, warum Coco bis zu ihrem letzten Atemzug nicht darauf verzichtet hat, welches zu verdienen. Während sie ständig wiederholte, sie habe es nicht nötig, ließ sie dennoch nicht einen Centime auf dem Tisch liegen.

Sie war niemals beim Anprobieren der Kundinnen anwesend, machte nur bei einigen Freundinnen eine Ausnahme. Dafür überwachte sie das der Schauspielerinnen wie Ingrid Bergman, Jeanne Moreau, Delphine Seyrig oder Romy Schneider, die größten, deren Geld sie nicht annahm.

»Ich werde mich doch nicht von Frauen bezahlen lassen, vor denen ich niederknie, wenn man den Saum des Rockes kürzen muß.«

Danach rieb sie sich, nach Hause zurückgekehrt, die Knie:

»Wie ermüdend, fast wäre ich zusammengeklappt, wie mich diese Menschen gelangweilt haben!«

Sie empfing Brigitte Bardot nach außen hin mit allen Zeichen der Herzlichkeit, aber *das ergab nichts*. B.B. wollte ein Kleid für einen Galaabend in Belgien haben, wo man ihr einen Preis übergeben wollte. Sie hatte den Wunsch, in einem schwarzen Seidenmusselinkleid aufzutreten, wie Delphine Seyrig es in *Marienbad* getragen hatte.

»Man erwartet Sie dort wie die Sonne«, bemerkte Coco, »und da wollen Sie in Trauer erscheinen?«

»Sie können sich meines Namens für Ihre Werbung bedienen«, gab ihr Brigitte Bardot zu verstehen.

»Ich bedauere sie«, seufzte Coco, wenn sie von ihr sprach. »Sie kann nicht mehr ausgehen, sie kann nicht einmal mehr in einem Restaurant essen. Sie trägt Perücken und Brillen, damit man sie nicht erkennt.«

In einer Umschreibung der Bibel (Unheil über den, durch den das Unglück herbeigeführt wird) fügte sie hinzu:

»Wenn man eine skandalöse Sache angefangen hat wie sie ...«

Wie sehr beunruhigte sie dieser »Skandal Bardot« in ihrem Unbewußtsein, denn er erinnerte sie an den »Skandal Coco«, dessen sich zu entsinnen sie sich weigerte!

Sie riet Brigitte, sich in ihren dreißiger Jahren des wirksamsten Sex-Appeals zu bedienen: der Schamhaftigkeit.

Sie fand sich bereit, sich zum Ehrenmitglied der Jean-Nicot-Gesellschaft für die großen Verdienste, die sie sich um die Sache des Tabaks erworben hatte, ernennen zu lassen.

Nicht ohne Stolz zeigte sie mir ihre Medaille, auch ein wenig beunruhigt, weil sie ihren Direktor entsandt hatte, um sie an ihrer Stelle entgegenzunehmen.

»Ich hätte mich doch hinbemühen sollen«, bemerkte sie, »es waren Minister da.«

Man glaubt, daß sie gleichfalls den Oscar der Mode annahm, der von Stanley Marcus aus Dallas gestiftet wurde. Tatsächlich erklärte sie sich einverstanden, sich im September 1957 zum fünfzigjährigen Jubiläum des Marcus-Unternehmens nach Dallas zu begeben. Eine Expedition, die sie amüsiert und geärgert hatte. Sie sagte:

»Ich kannte nicht die arglistigen Gepflogenheiten dieses Monsieur Marcus. Er hatte allen seinen *buyers* befohlen, sich bei ihm zu versammeln. Große Attraktion: Ich habe Mademoiselle Chanel bei mir. Die *buyers* sind jene Leute, die Modelle kaufen. Ich habe Tausende von Händen drücken müssen. Sie sind alle gleich: Schafe.«

Wie hatte Stanley Marcus Coco dazu bewegen können, zu ihm zu kommen? Für sie kam es nicht in Frage, den Oscar der Mode entgegenzunehmen, da Christian Dior ihn schon erhalten hatte und auch Hélène Lazareff.

Im Frühjahr 1957 aß er mit Mademoiselle Chanel im Schloß Lagrange, aus dem René de Chambrun (sein Anwalt ebenso wie der Cocos) ein Museum der franko-amerikanischen Freundschaft gemacht hat, Lafa-

yette, Washington und allen Helden des Unabhängigkeitskrieges geweiht. In einem Salon sieht man unter anderen Plakaten aus jener Zeit eins aus Seide, auf dem eine Aufführung des *Hamlet* angekündigt wird, in der Hauptrolle der englische Talma, der berühmte Schauspieler Macready. Über seinem Namen, auch über dem Namen des Verfassers, Shakespeare, steht in Großbuchstaben zu lesen:

IN ANWESENHEIT VON GENERAL LAFAYETTE

In Anwesenheit von General Lafayette. René de Chambrun flüsterte Stanley Marcus zu:

»Wenn Sie Mademoiselle Chanel nach Dallas locken wollen, müssen Sie ihr dieses Plakat zeigen und ihr sagen, daß ...«

»Verstanden!« antwortete Stanley Marcus.

Er zog Coco mit sich vor dieses Plakat:

»So werde auch ich mein fünfzigjähriges Jubiläum ankündigen:

IN ANWESENHEIT VON MADEMOISELLE CHANEL«

»Einverstanden«, antwortete Coco.

Man hatte ihr eine besondere Überraschung anläßlich eines in der Nacht im Garten gegebenen Empfangs vorbehalten. Ein ausgefallenes, jungvermähltes Paar erschien plötzlich im Schnittpunkt mehrerer Scheinwerfer: ein junger Stier, dem man einen Frack übergezogen und einen Zylinder zwischen den Hörnern befestigt hatte, und eine junge Kuh in weißem Chanel mit einem langen Schleier. Sie brach in Lachen aus. Was für Aussichten! Sie erzählte:

»Das alles in erdrückender Hitze. Die Schlafzimmer sind eisig. Wegen ihrer Klimaanlage habe ich mich sofort erkältet. Es ist alles so gut geregelt, daß man nichts abstellen kann. Ich hatte fünf Fernsehapparate. Ich benutzte den im Badezimmer. Man zeigt Filme und Werbesendungen, und man weiß niemals, wo man sich eigentlich befindet, denn die Reklame ähnelt den Filmen. Das geht alles ineinander über, es ist scheußlich.«

Gern wäre sie »dem guten Mann, der die Bibel liest«, begegnet, Bill Graham (der auf der Liste der bekanntesten Amerikaner gleich hinter Nixon steht). Ein Direktor von *Chanel Inc.* versuchte, sie zu einer der Versammlungen zu bringen. Wir mußten darauf verzichten, alles war ringsum blockiert, erzählte Coco sehr beeindruckt. Sie sagte:

»Das ist ein sehr intelligenter Mensch. Er lebt in seiner Zeit, und er

macht sie den Leuten verständlich, indem er ihnen sagt: Seht mich an, ich lächle, ich habe schöne Zähne, ich lasse sie mir richten, um ein schönes Lächeln zu haben, weil man den Leuten nichts beibringen kann, wenn man mies aussieht. Er spielt Golf aus dem gleichen Grund: Seht, ich bin modern, ich bin nicht deshalb, weil ich euch von der Bibel spreche, ein alter Knacker.«

Sie sah mich an: »Warum lachen Sie?«

Bezüglich der Reise nach Dallas noch dieses Aufseufzen:

»Man wird mich nicht mehr dabei ertappen, den Star zu spielen.«

17

Cocos Einsamkeit

Bis auf einige seltene Ausnahmen liebte sie ihre Mannequins nicht. Was fand sie in der täglichen Begegnung mit den Mannequins von sich selber wieder? Einen Grund mehr, allein zu bleiben.

Sie sagte:

»Ein Mannequin ist wie eine Uhr. Die Uhr zeigt die Stunde an. Das Mannequin soll das Kleid *anzeigen*, das man ihm über die Schultern zieht.«

Es war interessant, sie ihren *Mädchen* gegenübergestellt zu sehen und sie von ihnen reden zu hören, denn sie stand sich selber in ihrem damaligen Alter gegenüber.

»Sie sind schön«, murmelte sie, »deshalb können sie diesen Beruf ausüben; wären sie intelligent, könnten sie es nicht mehr.«

Ihr eigenes Leben und ihre Entscheidung – in zwei Sätzen. Zuweilen konnte sie sie nicht leiden:

»Die sind geldgierig«, murrte sie, »die denken nur ans Geld, sie pfei-

fen auf dich ebenso wie auf das Jahr 1940. Sie kommen hier aufgedonnert wie Dienstmädchen an und gehen wie Damen weg.«

Manchmal war sie nachsichtig:

»Ich glaube trotz allem, daß sie ein klein wenig Bewunderung für mich übrig haben, das ist die nette Seite an ihnen. Sie lauern auf meine alten Kostüme. Je abgetragener sie sind, desto geschmeichelter scheinen sie zu sein, wenn sie sie bekommen. Marie-Hélène hat mich schon zehnmal gefragt: ›Werden Sie dieses Kostüm nicht verkaufen, Mademoiselle, ich würde es so gern haben.‹ Und zehnmal habe ich antworten müssen: ›Ich kann es dir nicht geben, Marie-Hélène, ich habe kein anderes in dieser Art.‹«

Einige Jahre hindurch (um 1960 herum) schien sich in ihrer Kabine der Gotha zu versammeln. Sie duzte alle, Mimi, Gräfin d'Arcangues, die Prinzessinnen und die allerdurchlauchtesten Fürstinnen wie Odile de Croy. Sie sagte:

»Sie langweilen mich. Ihre Mütter und ihre Großmütter hatten eine andere Beschäftigung: die Liebe. Die Männer ihrer Umgebung arbeiten nicht. Sie standen stets für die Liebe zur Verfügung, so wie die Helden Bernsteins. Wem könnte man heute so zeitraubende Leidenschaften inspirieren? Also telefonieren diese Mädchen untereinander, um sich Dummheiten zu sagen: Wenn man mal zu Chanel ginge? Dort wird man Freundinnen treffen, und dann läßt man sich anziehen.«

Und Coco fügte hinzu:

»Sie kommen zu einer Kollektion, dann bleiben sie, und die Liebe ist noch immer nicht da.«

Die Liebe ... Die Liebe ist nicht da, man mußte es sie sagen hören, sie, die beim Rendezvous der Liebe wegen ihres Hauses stets abgesagt hatte.

Sie interessierte sich für die Liebesabenteuer ihrer Mädchen, indem sie Gereiztheit vorspielte. Eine schöne Spanierin hatte sich auf ein kompliziertes Abenteuer mit einem verheirateten Mann (das ginge noch) und ohne Vermögen (so etwas! Sie ist verrückt!) eingelassen. »Was würdest du tun, du Dummkopf, wenn er dich sitzenließe?«

»Ich würde in ein Kloster eintreten, Mademoiselle!«

Das Kloster, mit zwanzig Jahren, in der Zeit, in der man schön ist ... In Moulins war ihr dieser Gedanke niemals gekommen. Durch ihre

Mannequins erlebte sie von neuem Moulins und Compiègne. Diese Mädchen verfügten über Trümpfe, die sie gehabt hatte. Aber sie bedienten sich ihrer schlecht. Sie machten nichts aus ihnen. Sie waren dumm, sie verlangten nach Glück, sie liebten, sie wollten geliebt werden. In Cocos tiefstem Innern protestierte etwas: Doch nicht das! Muß man nicht verrückt sein, um das Glück dem Geld vorzuziehen? Verzeihung, berichtigen wir: der Unabhängigkeit! Arm bleiben, Gefangene des Glücks, wenn man dieses einträgliche Kapital besitzt: die Schönheit! Das Glück oder das Kloster, welch geistige Verwirrung. »Nehmt euch reiche Liebhaber«, sagte sie zu ihren Mannequins, jedoch ohne sie sehr zu drängen; sie mochte sie nicht alle. Indem sie sie auf den Weg stieß, den sie gewählt hatte, entlastete sie sich selber. Alle diese schönen Mädchen haben getan, was ich getan habe, oder sie tun es, oder sie werden es tun. Woraufhin sie sich von diesen schönen Mädchen trennte. Ich – ich habe etwas anderes getan, ich habe etwas Besseres getan, keine von ihnen wird das schaffen, was ich geschafft habe. Also! … Also hatte sie, Coco, nicht das getan, wozu sie ihre Mannequins ermutigte. Die Armen konnten nichts weiter tun als bestenfalls das, sich für Geld zur Versteigerung zu stellen. Sie sagte:

»Die Frauen haben keinen Ehrgeiz mehr. Sie verlangen nur nach Geld. Das ist nicht dasselbe! Der Ehrgeiz, etwas zu lernen … Das interessiert sie nicht, mit Ausnahme der Amerikanerinnen, die einem ständig Fragen stellen:

›Was halten Sie von diesem Maler?‹

›Nichts!‹

›Sagen Sie mir, ob Sie ihn mögen?‹

›Er ist mir völlig gleichgültig!‹

›Welche Schriftsteller lieben Sie?‹

Wie langweilig! Bei einer Amerikanerin hört das nicht auf, sie will sich bilden, das ist lästig, aber es ist rührend. Aus diesem Grund gelingt es ihnen noch immer, Europäer zu heiraten, denen es Spaß macht, ihnen etwas beizubringen. Aber das wird immer seltener. Die Franzosen werden wie die Amerikaner, sie interessieren sich nur noch für die Kleider der Frauen, sie gehen dorthin, wo man sie sieht, die Zeit will es so. Warum finden sich die Frauen mit alldem ab?

›Wir leben wie Kameraden‹, hat mir ein Mädchen gesagt.

›Und das genügt dir, dein Leben mit einem Kameraden zu verbringen?‹

Was für eine traurige Existenz! Es ist das Ende von vielem. Die Frauen bekommen Ohrfeigen, und sie nehmen sie hin. Ich hätte wie ein Schloßhund geheult, wenn man so mit mir geredet hätte, wie die jungen Männer heute mit den Mädchen reden.

Und immer sind es die Frauen, die *anfangen*! Warum den Männern nachlaufen? Warum nicht sie kommen lassen? Die Frauen werden verrückt. Die Männer leben auf ihre Kosten. Die Frauen arbeiten, sie zahlen! Es ist zum Totlachen. Die Frauen entwickeln sich zu Ungeheuern. Sie wollen Männer sein. Was für armselige Männer! Sie sind Opfer. Und sie beklagen sich ... Die arbeiten sich ab, die klappern mit den Absätzen, die schlagen mit den Türen. Sie wissen nicht mehr, was es bedeutet, geliebt zu werden. Den Männern gegenüber interessieren sie sich mehr für deren Bügelfalte als für sich selber. Diesen Männern hätte ich nicht erlaubt, meine Schuhe zu wichsen. Sie sind nicht einmal fähig, Dummheiten für eine Frau zu machen.

Die Frauen treiben auf ihr Unglück zu. Arbeiten, immer arbeiten, immer laufen, keine Kinder machen, weil einen das im Leben zurückwirft, dem Geld nachjagen, immer mit dem Anspruch, alles besser zu machen als die Männer ... Bald wird man von ihnen verlangen, alles zu tun, da sie widerstandsfähiger sind als die Männer. Die Chinesen wissen das genau. Und die Russen! Haben Sie es gesehen? (Man hatte soeben erfahren, daß eine Kosmonautin die Erde umkreiste.) Die Russen haben eine Frau dort hinaufbefördert! Die Frau ist widerstandsfähig gegen alles. Stellen Sie sich einen Mann vor, der gerade ein Kind bekommt! Er würde sich davon nicht erholen. Ein Mann ist mit einer Stirnhöhlenerkältung verloren.«

War sie sich dessen bewußt, daß sie zu einem großen Teil für die Entwicklung der Lebensweise der Frauen verantwortlich war? Ganz und gar nicht. Ihr Fall erschien ihr nicht exemplarisch, sondern einzigartig. Was konnten die Unglücklichen erhoffen, die ihre Augen zu ihr erhoben?

»Kennen Sie Frauen, die nicht einem Job nachlaufen?«

Es war die Zeit der Pfennigabsätze. Sie hörte dieses Geräusch in ihrem Kopf dröhnen.

»Am Abend kommen sie abgehetzt nach Hause, und dann muß das Essen gekocht werden, und diese Idiotinnen halten sich für glücklicher als ihre Mütter.«

Die Schlußfolgerung:

»Heute ist der Mann die Bienenkönigin.«

Wie bei allen kam es auch bei ihr vor, daß sie sich fragte: Hatte ich recht, die Unabhängigkeit zu wählen? Das Haus Chanel? Habe ich richtig gehandelt, keine Frau zu werden? Denn sie wußte es, daß sie keine war, daß sie niemals eine Frau gewesen war.

Niemals hat sie zum Abschluß der Vorführung ihrer Kollektion ein Brautkleid gezeigt. Vielleicht weil es bei den anderen Couturiers zum guten Ton gehörte und sie es ablehnte, sie nachzuahmen. Wahrscheinlicher, weil sie die Ehe aus dem für sie gültigen Gesetz ausschloß.

Sie hatte ihr Haus geheiratet, das ihr manchmal leer erschien, vor allem gegen Ende ihres Daseins, als sie in ihrer Einsamkeit versank, während sie vor dem Maître d'hôtel, der ihren Teller wechselte, ohne daß sie etwas angerührt hatte, einen Monolog hielt. Ein Lächeln glitt über ihr Gesicht:

»Das Leben mit einem Gefährten ist trotz allem etwas anderes als die Einsamkeit. Wie erschreckend ist es doch, allein zu sein!«

Um sich davon zu überzeugen, daß sie sich in ihrer Wahl nicht geirrt hatte, legte sie es erbittert darauf an, die Paare, die um sie her gut zusammenhielten, zu entzweien. In den zahllosen Vorwürfen, die sie an ihre engste Mitarbeiterin, Lilou Grumbach, richtete, mit der sie sich ständig überwarf, aber ohne die sie nicht sein konnte, kehrte stets das gleiche wieder, mit zunehmender Gereiztheit formuliert: Warum hatten Lilou und ihr Mann zwei Kinder adoptiert? Unbewußt empfand sie es wie eine Herausforderung. Eine Ehe, die hielt, Kinder... Alles, was sie nicht erhalten hatte und zu verachten vorgab.

Aus einer ersten Ehe mit einer holländischen Schönheit hatte ihr

Neffe Pallasse zwei Töchter. Die ältere trug ihren Namen, Gabrielle; Coco nannte sie Tiny, sie war ihre Vertraute, ihre Freundin, und sie war es, der sie ihre getragenen Kleider schenkte. Sie war mit dem Maler Labrunie verheiratet und glückliche Mutter von zwei Kindern, die Coco vergötterte, obwohl sie murrend erklärte:

»Ich habe zu Tiny gesagt: Meine Kleine, deine Kinder wirst du mir zeigen, sobald sie sauber sind, sobald sie laufen können, denn für mich, das weißt du, die Schnuller, die Rülpser, das Gesabbere ...«

Und sie fügte hinzu:

»Ich habe sie gesehen, als sie drei Jahre und zwei Jahre alt waren, zwei richtige kleine Männer mit kurzen Haaren, amerikanischen Hosen, ohne allen Aufwand, das hat mir große Freude gemacht.«

Alle diese Worte, die man ohne besondere Reaktion aufnahm, hätten bestimmt einen sehr bewegenden Klang gehabt, hätte man gewußt, daß Coco alles getan hatte, um selber ein Kind vom Herzog von Westminster zu bekommen. Vielleicht auch von einem anderen?

Man konnte nicht erwarten, daß sie zugab, ihr Leben verpatzt zu haben, da sie es nicht verstanden hatte, den Gefährten gegen die Einsamkeit, der ihr zuweilen fehlte, an sich zu fesseln. Sie sagte:

»Die Männer sind nicht so *stark*, wie man glaubt. Die Frauen sind bösartiger und schlauer, sie sind imstande, alles einzukassieren. Sie sind auch zur Gemeinheit fähig – und zuweilen sogar zur Freundlichkeit. Die Männer sind viel naiver als die Frauen und viel verwundbarer.«

Ich hätte sie über dieses Thema der Männer noch mehr befragen sollen. Sie hätte meine Fragen nicht beantwortet.

An diesem Abend sagte sie:

»Ich mache eine optimistische Kollektion. Die Menschen sind beunruhigt, besorgt. Ich lasse mit Blumen arbeiten; ich verwende alles, was ich nur kann, um das Heiterste, das Amüsanteste zu finden. Leider folgen mir im Haus nicht alle. Ich arbeite von Disziplinlosigkeit umgeben, mit müden Mannequins. In was für einem Ton antwortet man mir! Ich hätte nicht gedacht, mir eines Tages bieten zu lassen, daß

man mir in diesem Ton antwortet … Denn ich kapituliere mit einer Geduld, die mir fremd war. Ich liebe es nicht, in Disziplinlosigkeit zu leben. Solange ich arbeite, hat sich noch niemand über meinen Kopf hinweggesetzt.«

Sie wurde von einem Konflikt mit Marie-Hélène Arnaud in Anspruch genommen, sie war sehr schön, eine Wiederverkörperung der reizenden Davelli, deren Gesicht mit den ersten Triumphen verbunden blieb.

»Man war gerade dabei, sie zugrunde zu richten, als ich mich ihrer annahm«, behauptete Coco, wobei sie auf die Anfänge Marie-Hélènes als Covergirl anspielte. »In den Zeitschriften wird man ausgenutzt und dann wieder ausgespien. Ich war also für sie ein guter Geist. Ich habe mich ihr ein wenig angeschlossen.«

Zweifellos hatte Coco die Kunst des Untertreibens von den Engländern gelernt. Tatsächlich konnte sie Marie-Hélène nicht mehr entbehren, und es war nur natürlich, daß man anfing, sich vorzustellen, sie sähe in ihr ihre Erbin. Ihr Vater erhielt den Posten eines Direktors im Haus Chanel. Von Wertheimers Seite, in der hohen Geschäftsleitung der *Parfums Chanel,* mußte man sich um Cocos Nachfolge sehr wohl Gedanken machen. Das alles spielte sich um die Jahre 1960, 1961 herum ab. Sie ging auf ihre achtzig Jahre zu.

»Marie-Hélène hat genug davon, Mannequin zu sein«, bemerkte Coco an diesem Abend. »Ich verstehe sie. Aber vielleicht hat sie unrecht.«

In drei Sätzen war alles gesagt: Diese Kleine bildet sich also ein, sie sei fähig, mich zu ersetzen. Nicht jede, die es will, ist eine Chanel.

Dieses eine Mal, als eins ihrer Mannequins jenen Ehrgeiz zeigte, den sie von der Schönheit verlangte, fühlte sich Coco herausgefordert.

»Meine Tochter kann mehr als das, was sie tut«, hatte ihr eines Tages Monsieur Arnaud, der Vater, gesagt.

»Ich, die ich Mademoiselle Chanel bin«, knurrte Coco, »öffne ohne weiteres die Toilettentür, wenn ich Licht auf den Toiletten sehe, um festzustellen, ob man auch gezogen hat, und ich fühle mich dadurch nicht entehrt.«

Wenn sie Marie-Hélène für das Haus Chanel nötig gehabt hätte, so hätte sie kapituliert. Aber was hatte sie dem Haus Chanel zu geben? Sie erhielt alles von ihm. »Man lädt sie überall ein, um mir Freude zu machen«, war Cocos Ansicht.

Ihr Streit mit Marie Hélène Arnaud, ein geringfügiger Zwischenfall, gewinnt für die Kenntnis von Mademoiselle Chanel in dem Maße an Bedeutung, in dem er das Abwehrverhalten offenbart, das sich einstellte, sobald Coco ihr Haus in Gefahr glaubte.

Ständig erschien sie vor ihrem eigenen Tribunal, nicht etwa um sich zu verurteilen, sondern um sich zu rechtfertigen (was dennoch stillschweigend eine Verurteilung in sich schloß). Wenn sie ihre Monologe führte, sprach sie im Namen des Staatsanwalts, des Rechtsanwalts und des Vorsitzenden des Gerichtshofs.

Was konnte der Staatsanwalt der reizenden Marie-Hélène vorwerfen?

Vor der Abreise zum Wintersport hatte sich Marie-Hélène über Coco gebeugt:

»Was wird aus Ihnen ohne mich werden, Mademoiselle?«

Das Verbrechen der Majestätsbeleidigung: Aber mein armes, liebes Kind, halten Sie sich wirklich für so wichtig, daß Ihre Abwesenheit Mademoiselle Chanel in Verlegenheit bringen könnte? Sie wird Sie leicht entbehren können.

Der Staatsanwalt Chanel nahm zur Anklage Stellung:

»Was bilden sich *die* eigentlich ein? Daß ich durch *sie* existiere?«

Der Wechsel des Fürworts war zweifellos von Bedeutung, *die*, das bezog sich auf die beiden Arnauds, den Vater und die Tochter, die es nach ihrem Thron gelüstete (wie Coco glaubte), und *sie*, das war der Lockvogel, die unentbehrliche Marie-Hélène.

»Bei mir«, murrte Coco, »verfangen diese Tricks nicht. Marie-Hélène hatte in meinem Leben nicht die Bedeutung, daß ihre Abreise eine Katastrophe dargestellt hätte.«

Danach ließ sie den Rechtsanwalt Chanel sprechen, nicht etwa zu Marie-Hélènes Verteidigung, sondern zu der ihren; denn der Bruch mit Marie-Hélène kostete sie etwas, sie erlegte ihn sich für das Haus auf.

»Ich habe ihr vieles beigebracht«, erklärte sie. »Sie tat mir leid, wenn sie spät am Abend zu ihren Eltern am anderen Ende von Neuilly zurückkehren mußte. Ich habe zu ihr gesagt: Nimm dir ein Zimmer im Hotel, Rue Cambon. Es gefällt mir auch nicht, daß du ganz allein in deinem kleinen Restaurant ißt; das finde ich gar nicht lustig. Komm zu mir, ich bin immer allein, oder aber ich esse mit Freunden, die sich freuen werden, dich zu sehen.«

Und der Anwalt Chanel unterstrich:

»Ich bringe den Leuten gern etwas bei, ich liebe es, ihnen Sachen zu erklären. Wenn man nicht gleich etwas begreift, werde ich nicht ungeduldig. Ich würde eine gute Lehrerin abgeben. Im übrigen hat mir Marie-Hélène voller Interesse zugehört. Ich glaube, daß sie ein wenig Zuneigung mir gegenüber empfand.«

Und der Vorsitzende Chanel erklärte scharf:

»Seit einiger Zeit hat sie sich groß aufgespielt, weil man ihr einen Floh ins Ohr gesetzt hatte, und das kurz vor der Kollektion.«

Kurz vor der Kollektion! Das bedeutete zweifellos die Verurteilung ohne Anerkennung mildernder Umstände. In dem Augenblick, in dem man sie brauchte.

Der Staatsanwalt nahm die Gereiztheit des Vorsitzenden wahr, um seinen Angriff wiederaufzunehmen:

»Sie hat zu mir gesagt: Mademoiselle, ich werde heute abend gern mit Ihnen essen, aber ich werde gleich danach aufbrechen, da ich ausgehen möchte.«

Hat sich denn die Arme eingebildet, Mademoiselle Chanel habe sie nötig?

»Ich habe ihr gesagt: Meine Kleine, komm nur nicht zu mir, um mir einen Gefallen zu tun. Ich lade dich ein, damit du dich nicht langweilst. Mir wäre es viel lieber, du kommst nicht, denn dann könnte ich in mein Hotel zurückkehren und in meinem Bett essen. Ich werde Haferbrei essen, das ist alles, was ich mag.«

Sie versuchte, sich davon zu überzeugen, daß sie recht gehabt hatte, mit Marie-Hélène zu brechen. Aber es wollte ihr nicht gelingen. Es gelang ihr ebensowenig, wie ihr Verhalten gegenüber anderen Freunden zu billigen, die sie ungerecht behandelte, da sie nur in einer gewissen, beziehungslosen Einsamkeit herrschen konnte. Für die Bedeutung, die sie sich selber zuschrieb, brauchte sie gähnende Leere um sich her. Dennoch fühlte sie sich von dieser Leere eisig berührt.

»Marie-Hélène hat also während einiger Jahre so gelebt, zusammen mit meinen Dienstboten, die zu ihr sagten: Sie müssen mit Mademoiselle essen, sonst ißt sie nichts.«

Kann man häßlicher von einem Menschen reden, für den man eine große Zuneigung verspürt hat?

Das Haus Chanel durfte man nicht anrühren, *ihren Knochen*; da reagierte sie wie eine Bulldogge. Sie war nicht mehr fähig, von irgend jemand etwas anzunehmen. Um sich davon zu überzeugen, daß sie nicht allein auf der Welt stand, verlangte sie, man sollte von ihr abhängig sein.

»Da Marie-Hélène kein Mannequin mehr sein will, wird es eine andere sein. Immer lassen sich alle ersetzen.«

Alle, mit Ausnahme von Mademoiselle Chanel. Sie hatte bereits eine Nachfolgerin für sie gefunden:

»Eine Kleine von siebzehn Jahren, und sie ist wie eine Vitamintablette, das sieht man ihr an. Sie ist so froh, bei Chanel zu arbeiten, daß sie die ganze Zeit über lächelt, und das bringt die Leute zum Lachen. Die andere (Marie-Hélène) hatte man zu sehr beweihräuchert, zu einem großen Teil, um mir damit eine Freude zu machen. Diese wird in einem Jahr die anderen in den Schatten stellen. Im Augenblick ist sie noch tot vor Schüchternheit. Sie verstand nicht zu gehen. Sie wackelte mit ihrem Hintern und zog ihren Bauch ein. Ich habe zu ihr gesagt: ›Gehen Sie, als ob Sie tanzten, beim Tanzen ziehen Sie doch den Bauch nicht ein.‹ Ich werde ihr beibringen, wie man geht.«

Sie schritt auf und ab, als ob sie das Kostüm mit den schwarzen Stiefeln, die sie trug, vorführte.

»Ich habe sie bereits verändert. Sie macht die erforderlichen Bewegungen. Ich bin es, die diesen Mädchen alles beibringt. Und ich sage ihnen: Seid vor allem fröhlich! Die Amerikanerinnen sind fabelhaft, sie lächeln unaufhörlich. In New York habe ich jemand, eine junge Frau, im Fernsehen eine Kinderlähmungsepidemie ankündigen sehen, und sie hat mit allen ihren Zähnen gelächelt. Dort drüben gibt es gute Zahnärzte.«

Sie blieb stehen:

»Ich würde genauso müde werden wie alle anderen, wenn ich ständig auf den Beinen wäre. Ich stütze mich auf das Becken, das ist nicht so schwierig. Ich werde es der Kleinen beibringen. Da ich es kann, wird sie es auch können.«

Nach der Periode des »blauen Blutes«, der des Gotha, schlug in Cocos Kabine die Stunde der Deutschen: »Ich liebe sehr diese großen Deutschen«, sagte sie, »weil sie von Natur richtig gehen. Sie schieben erst ihren Schenkel vor, wie die Wilden; die Wade und der Fuß folgen. Die Französinnen und die Engländerinnen tun das Gegenteil, sie stoßen erst mit dem Fuß vor, und das ist alles andere als graziös.«

Die Mannequins trugen große Handtaschen über die Schultern gehängt.

»Ich habe wissen wollen, was sie da hineintun«, sagte Coco lachend, »ich habe hineingesehen: nichts! Und jetzt hängen sie sich noch dazu einen Fotoapparat um den Hals.«

»Mademoiselle«, verkündete ihr eine von ihnen triumphierend, »es ist beschlossene Sache, ich mache mein Philo-Studium.«

»Ich würde dir glauben, wenn du mir sagtest: Mademoiselle, ich werde Philosophie studieren.«

Eine Spanierin ließ sie vor das Arbeitsgericht zitieren:

»Dabei versicherte sie mir, daß sie mich vergötterte. Ich habe zu ihr gesagt: Du wirst vielleicht etwas vor dem Arbeitsgericht durchsetzen, das wünsche ich dir, aber für das Haus Chanel arbeitest du nicht mehr.«

Nach der Vorführung einer Kollektion ließ sie mich in die Kabine eintreten, wo man Champagner trank. Niedergeschlagen, denn es waren keine guten Zeiten.

»Man darf die Kleider nicht so vorführen, als wären sie das heilige Altarsakrament«, murmelte Coco.

Und da stand sie nun, ein leeres Glas in der Hand, und machte in ihrer kleinen Uniform den Mannequins etwas vor, die keineswegs wie gebannt dastanden, sondern völlig gleichgültig.

Egozentrisch, wie sie war, übertrieb sie ihre Konflikte mit den Mannequins oder gewisse, wahrscheinlich berechtigte Widerstände innerhalb ihres Personals.

»Alles ist trotzdem gut gelaufen, weil ich doppelt soviel gearbeitet habe. Ich habe mir gesagt: Wenn es Dinge gibt, die diese Leute beschäftigen, na schön, nichts zu machen, misch dich nicht ein, du hast deine Kollektion zu einem Ende zu bringen. Du wirst dich nicht vom Zorn hinreißen lassen. Du wirst Geduld haben. Ich bin eine Biene. Das gehört zu meinem Tierkreiszeichen: der Löwe, die Sonne. In diesem Zeichen sind die Frauen treu, mutig und sehr arbeitsam. Sie lassen sich nicht so leicht unterkriegen. Das ist mein Charakter. Ich bin eine Biene, unter dem Zeichen des Löwen geboren.«

18

Coco: die Operettenheldin

Manche großen Männer gehen eine Straße entlang, die ihren Namen trägt. Andere können ihre Statue betrachten. Coco Chanel hätte auf einer Bühne am Broadway ihr märchenhaftes Leben gesungen hören können. Allerdings nicht ihr wirkliches Leben. War es ihr gelungen, zu vergessen, was sie störte? Da ich zu spät darauf verfallen war, habe ich sie nicht mehr danach fragen können.

Man kann sich den Empfang vorstellen, der ihr in New York zuteil geworden wäre, wenn sie sich einverstanden erklärt hätte, bei der Premiere von *Coco*, der nach ihrem Leben gezeichneten Operette, zu erscheinen.

Dieser Plan nahm seine Gestalt am Tisch der Brüder Mille an, in der Rue de Varenne, die ein Treffpunkt des internationalen Ganz-Paris in der »Zeit nach der Befreiung« war. Die Rue de Varenne gehörte damals noch nicht dem Ministerpräsidenten, sondern Hervé und Gérard Mille, bei denen alles erschien, was Talent, einen Namen, Geld oder überhaupt alles hatte, was, dauerhaft oder nicht, für die Zeitungen von

Bedeutung war. Es handelte sich nicht um einen Salon in dem Sinn, in dem Proust ihn verstanden hatte, aber Proust hätte dort einen außergewöhnlich guten Weidegrund gefunden, mit Helden, die nicht nur den Eingeweihten erkennbar waren, sondern allen, denn es handelte sich um Menschen wie Brigitte Bardot, Marlon Brando, Jean Cocteau, Peter Brook, Juliette Gréco, Marie Bell, Jean Genêt, Simone Berriau, um alle italienischen Prinzen und zahlreiche Männer aus der Politik, von denen ich nur Jacques Chaban-Delmas zitieren werde, denn als er sich von den beiden Brüdern verabschiedete, machte er ihnen ein seltsames Kompliment, der eine sei der beste Journalist, der andere der beste Dekorateur – wobei er wohlgemerkt Gérard zum Journalisten und Hervé zum Dekorateur machte. Hervé Mille schien damals eine Art grauer Eminenz der Presse zu sein, ohne den man keine Redaktion aufbauen konnte.

Zwischen der Rue de Varenne der Brüder Mille nach der Befreiung und der Rue Cambon Cocos nach dem Ersten Weltkrieg fehlte es nicht an Vergleichspunkten. Fangen wir mit der durch die Dekoration geschaffenen Atmosphäre an. Gérard Mille, der Dekorateur, verheimlichte nicht, was er seiner lieben Coco schuldete. Die Wandschirme von Koromandel, die Spiegelanordnungen, die den Räumen eine magische Dimension verliehen, das blankgeriebene Holzwerk der alten Sessel, die Verwendung von Gegenständen in dem magischen, durch die Spiegel geschaffenen Raum, die man bis dahin für Inneneinrichtungen als übertrieben empfunden hatte, so die chinesischen Porzellangefäße, die venezianischen Mohren oder Hirschkühe, so groß wie in meinen Wäldern um Münster (im Elsaß), das alles, in der Rue Cambon eingeführt, fand sich in der Rue de Varenne wieder.

Wie viele Karrieren in Presse, Politik, Film, Gesang, Theater und Literatur haben in der Rue de Varenne begonnen? Nicht zu reden von den Liebschaften und Freundschaften, die sich dort bildeten. Vadim schlug dort sein Lager auf, als er keinen Sou mehr hatte. Dorthin führte er Brigitte zum Abendessen, um ihre Eltern zu beruhigen, die anriefen: Ja, ja, Ihre Tochter ist bei uns, und wir werden sie gegen Mitternacht heimschicken. Man hörte auch einmal Gérard Mille vor Zorn ersticken, als er entdeckte, daß ihm kein Smoking mehr zum Ausgehen blieb, obwohl er ein halbes Dutzend besaß. Aber an diesem Abend er-

schienen Christian Marquand und einige andere mit schwarzer Schleife bei einer Generalprobe; sie hatten den Schrank geleert. Annabel, noch nicht Buffet, sorgte für den Blumenschmuck in den Vasen.

Coco fühlte sich in der Rue de Varenne zu Hause. Dort begegnete sie dem Produzenten Frederic Brisson, der entschlossen war, sie in jeder nur möglichen Form zu kaufen: Autobiographie, Theaterstück oder *musical comedy,* und dann noch ein Film, um das Ganze zu krönen. Sie wollte weder vom Buch noch vom autobiographischen Film etwas wissen. Man hätte in ihrer Vergangenheit herumgewühlt und »ihre Wahrheit«, die sie mit solcher Sorgfalt begraben hatte, wiederentdeckt.

Warum aber kein Musical, das im Prinzip der Phantasie keine Schranken setzt? Man schmückt ein Thema aus, und wenn sich aus diesem Stück hinterher ein Film ergibt, geschieht das gleiche wie bei *My fair lady,* man verbleibt in einer imaginären, sozusagen märchenhaften Atmosphäre der Verwandlung.

Der Vertrag wurde wenigstens für ein Musical abgeschlossen. Frederic Brisson dachte für die Hauptrolle an seine Frau; alles andere wäre auch überraschend gewesen, denn warum sollten Schauspielerinnen Produzenten heiraten, wenn es sich nicht darum handelte, sich ihre Jugend zu bewahren? Es war Rosalind Russell, die Coco *vulgär* fand. »Ein großes Pferd«, sagte sie. Da sie ihre Urteile nicht für sich behielt, erschien auch dieses bald in der amerikanischen Presse. Rosalind Russell hatte inzwischen bereits auf die Rolle verzichtet, denn sie fand, es gäbe keine geistige Verwandtschaft zwischen ihr und Mademoiselle Chanel. Indessen stand das Musical, weil sie anfänglich für dieses vorgesehen, wenn sie nicht überhaupt Anlaß dieses Projekts war, weiterhin im Zeichen ihres Typs. Die Operette baute sich um Cocos Rückkehr im Jahre 1954 herum auf, weil, was das Alter betraf, eine junge Fünfzigerin auf der Bühne zu Rosalind Russell paßte. Coco hätte es vorgezogen, sich in ihren Anfängen im Jahre 1913 zu sehen, als sie als arme, kleine Unschuldige zum erstenmal bei Maxim aß. Sie sah Audrey Hepburn in ihrer Rolle in Deauville, in Armenonville, bei den Rennen, umgeben von Kokottenkleidern und Uniformen und Automobilen aus dem Museum. Was sie erhielt, war eine geniale Katherine Hepburn, in der sie sich jedoch nicht wiedererkannte. Alan Lerner hielt sich an

das Thema eines Textbuchs, das Rosalind Russell auf den Leib geschrieben war:

»Coco«, so erklärte er, »ist eine Frau, die ihrer Unabhängigkeit alles geopfert hat und, nachdem sie sie erkämpft hatte, sie mit dem unmäßig hohen Preis ihrer Einsamkeit bezahlt.«

Das war nicht schlecht beobachtet.

»Das ist das Thema für eine Tragödie«, meinte Hervé Mille.

»Dann wird es eben eine *musical tragedy*«, erwiderte Alan Lerner lachend.

1965 machte er sich an die Arbeit, denn man hatte fast zehn Jahre gebraucht, um Coco zu überzeugen und damit René de Chambrun die Rechte, die sie sich vorbehielt, aushandelte. Schon bald, es war im Frühling 1966, kam Brisson zusammen mit Alan Lerner und Previn, dem Komponisten, nach Paris. Sie wohnten im Hotel Meurice und luden Coco zu einer »Vorführung« der Operette ein, wobei Lerner alle Melodien, von Previn auf dem Klavier begleitet, halblaut vorsang.

Woran dachte Coco? Ihr Leben zog sehr schematisiert, in harmlosen Bildern an ihr vorbei, aber trotzdem erinnerte sie dies alles an so vieles. Zu Anfang sah sie ihren Vater über ihre Wiege gebeugt, der einen Kosenamen für sie suchte und schließlich auf Coco verfiel. Danach war es die Großmutter, die diesen Kosenamen Coco, Coco wiederholte, aber voraussagte, sie würde Ruhm und Reichtum kennenlernen, jedoch immer allein bleiben.

Allein. Tränen flossen Coco über das Gesicht. Nur wenige Menschen haben sie jemals weinen sehen.

Zur Premiere der Operette ist sie nicht erschienen. Das Stück trug zu ihrem Ruhm bei und diente den Interessen des Hauses, aber dennoch konnte sie es im Grunde ihres Herzens nicht billigen. Dann ärgerten sie zwei Dinge über alle Maßen. Zunächst einmal das Textbuch.

Nach Alan Lerners Darstellung wurde Coco bei ihrem Comeback, nach dem Rückschlag mit der ersten Kollektion, durch das Talent einer amerikanischen Modellzeichnerin gerettet, die nicht nur ihre Kreationen verjüngte, sondern ihr auch die Kundschaft der Vereinigten Staaten zuführte. Was wahrscheinlich einen Schlaganfall bei ihr ausgelöst hätte, wenn sie das vor dem begeisterten Publikum des Broadway hätte *schlucken* müssen.

Der zweite Grund für ihr ablehnendes Verhalten (jedoch sekundärer Natur) bezog sich auf die von Cecil Beaton entworfenen Kostüme, mehr als hundert Kleider »à la Chanel«, über die sie zuweilen voller Gereiztheit sprach:

»Amerikanerinnen, die ich nicht kenne, kommen im Ritz auf mich zu: Sie sind doch Mademoiselle Chanel? Wir haben die Operette gesehen. Warum haben Sie die Kostüme nicht selber entworfen? Da hätten wir doch zumindest etwas zum Ansehen gehabt.«

In ihrem Urteil faßte sie die Operette auf ihre Weise zusammen:

»*Ich* tue nicht viel, *ich* bleibe sitzen, und das alles zieht an mir vorbei. Man hat *mir* Melodien vorgesungen, die mir gefallen haben.«

Sie hatte die Absicht, zusammen mit der Operette ein neues Parfüm zu lancieren; sie dachte daran, es *Coco* zu nennen, wie die Operette. Sie sagte:

»Ich habe es vor zwanzig Jahren gemacht und habe es gerade wiedergefunden.«

Sie hielt mir ihr Taschentuch unter die Nase:

»Was halten Sie davon?«

»Es riecht frisch.«

»Und haftet!« sagte sie. »Solche Parfüms stellt man nicht mehr her. Dieses Parfüm gehört mir. Warum sollte ich es *ihnen* geben?«

Sie berechnete die Gewinne aus einem neuen Parfüm, das sich allein zu ihrem Nutzen ebenso gut verkaufen lassen würde wie die *No. 5*. In den letzten Jahren ihres Lebens wurde ihr die Vorstellung, andere könnten sie ausnützen, unerträglich. »Man beutet mich aus, ich bin ein Objekt geworden«, murmelte sie.

Sie weigerte sich, Papiere zu unterschreiben, die man ihr vorlegte, sie zog alles in Zweifel, was die Operette und was auch andere Angelegenheiten betraf. Plötzlich mißtraute sie allen, sogar ihrem Trainer, der ihr vorschlug, ihren Stall zur Hälfte zu übernehmen. Warum? Bestimmt hatte er dabei einen Hintergedanken:

»Ich sehe es kommen; ich hatte eine junge Stute nach England geschickt, um sie decken zu lassen. Sie hat zwei Fohlen geworfen, von denen eins bestimmt sehr schön ist, denn man ist schon an mich herangetreten, um es zu kaufen. Warum sollte ich die Hälfte davon meinem Trainer überlassen?«

»Er wird Ihnen den *Grand Prix* einbringen.«

»Er hat nichts für die Transporte der Stute nach England bezahlt, wo sie zweimal war, und mich hat es jedesmal eine Million gekostet, oder vielmehr zwei Millionen, denn es wurde in Pfunden bezahlt.«

Denn es wurde in Pfunden bezahlt. Dieses Argument ist offensichtlich, um den Preis zu verdoppeln, nicht zu widerlegen. Sie brach schließlich in Lachen aus. Es war nicht ernst gemeint:

»Ich habe gelernt, vorsichtig zu sein. Ich muß mich selber verteidigen, ganz allein. Und das jetzige Leben ist von einer Härte! Wenn ich sehe, was die jungen Leute heute beschäftigt! Wäre ich in dieser Zeit geboren, würde ich mich, glaube ich, umbringen. Nein! Das glaube ich nicht, denn ich bin vernünftig. Wäre ich in dieser Zeit geboren, wäre ich anders. Aber das alles ist so frivol! Zu meiner Zeit war man jung, man war nicht frivol.«

Warum nach New York gehen? Sie sagte:

»... Das Reisen ist so kompliziert. Überall sind so viele Menschen. Auf meinem Diwan mache ich meine schönsten Reisen.«

Man wird mich nicht wieder dabei ertappen, den Star zu spielen. In der Rue Cambon war sie die souveräne Herrscherin über die Einsamkeit.

Foto Luc Fournol – Jours de France

Sie sagte zu mir . . .

So entsinne ich mich ihrer (sagt Marcel Haedrich), auf ihrem Diwan sitzend, komisch und temperamentvoll. Dieses Lächeln löschte ihr Alter aus. »Wenn ich mich langweile, bin ich tausend Jahre alt, aber warum sollte ich mich um mein Alter sorgen, wenn ich mich in Gesellschaft eines Freundes wohl fühle?« Es kam jedoch vor, daß sie seufzte: »Glauben Sie etwa, es ist amüsant, ständig hören zu müssen, daß man nicht mehr zwanzig ist?« Seit ihrer Jugend hatte sich ihre Figur nicht verändert. Sie sagte: »Schneiden Sie mir den Kopf ab, dann bin ich noch dreizehn.«

Sie hat den Sommer in Südfrankreich in Mode gebracht

An die Riviera ging mar im Winter. Im Sommer war es die Normandie, die Gegend von Deauville. Im September war es die Baskische Küste. Man mußte ebenso verrückt sein wie die Bohe miens vom Montparnasse, um sich auf den Stränden von Juan les-Pins oder Saint-Tropez braten zu lasser Coco kehrte diese Strömung um. Ganz Paris eilte zur Villa la Pausa, ihrem Haus in Roquebrune, inmitten von Olivenbäumen und Jasmin. Man sieht sie hier in Hosen mit der Herzogin de Gramont und François Victor-Hugo. Es ist Jean Godebski, ein Neffe vor Misia Sert, der ihr, wäh rend sie majestätisch ir ihrem Bett ruht, die Hand küßt. Hinter ihm seine Frau, eine geborene Mimi de Bernis.

Fotos Roger Schall

Signiert: Chanel

Coco zeichnete nicht ihre Modelle. Sie komponierte sie an ihren Mannequins. Stets lehnte sie es ab, Entwürfe von Modezeichnern zu kaufen. Diese fünf Modelle für das *Centre de Documentation du Costume* hat sie »autorisiert«. Eine Seltenheit.

Centre de Documentation du Costume, Paris
Klischees Ed. R. Laffont

Chanel

Chanel

Chanel

Foto Horvat – Magnum

1954:
Die Rückkehr

Sehr wenigen Weltmeistern ist das gelungen, was man ein »Comeback« nennt, das heißt, eine triumphale Rückkehr, um den Jüngeren, die glaubten, an ihre Stelle zu treten, Titel und Krone wieder zu entreißen. Als Coco Chanel 1954 diesen schweren Schritt versuchte, war sie 71 Jahre alt. Der Sieg war schwierig, aber um so schöner. Dieses Foto, das während einer Anprobe aufgenommen wurde, veranschaulicht die Unterwürfigkeit, mit der sich die Grande Mademoiselle den Forderungen der Arbeit hingab. Während der Schlacht (gemeint ist die Kollektion) ihr Schatten auf der Treppe ...

Fotos Willy Rizzo – Paris-Match

Auf dem Höhepunkt des Ruhms
die Bescheidenheit der Arbeiterin

Sie entwarf ihre Kleider auf ihren Mannequins, sie meißelte sie mit ihren Scherenschnitten heraus, um sie zu vereinfachen. Sie formte sie mit Nadeln um. Sie fragte sich: Wer wird diese Arbeit machen, wenn ich nicht mehr da bin? Die Kostüme sind alte Freunde, sagte sie. Man muß sie lange behalten. Man darf sie nicht häufig wechseln. Die Frauen, die glauben, im Wechsel läge das Glück, irren sich.

Rue Cambon, Salon der Verzauberung

Sie sagte: Meine schönsten Reisen habe ich auf meinem Diwan gemacht. Am Abend eines Kollektionserfolges traf Marcel Haedrich sie in diesem Salon unter ihrem Hut eingeschlafen an: Berühmtheit bedeutet Einsamkeit, murmelt sie, während sie sich aufrichtete. Von ihren Mannequins aus ihrer erfolgreichsten Periode umgeben, als die Welt durch eine Art magischer Osmose *chanelisiert* war; sie sitzt inmitten dieser strahlenden Geschöpfe, und da hatte sie ihr Alter, ihre Schönheit und ihren Charme.

Fotos Willy Rizzo – Paris-Match

Sie kleidete die Geschichte ein

Wenn ihr etwas fehlte, so könnte man meinen, war es der Umstand, Madame de Gaulle nicht eingekleidet zu haben. Obwohl sie dies niemals auch nur mit einem Wort erwähnt hat! Madame Pompidou, langjährige Freundin und Kundin, trug anläßlich des Trauergottesdienstes für den General de Gaulle in Notre-Dame ein Chanel. Coco wich nicht von ihrem Fernsehgerät. »Wenn sich meine Frau bei Ihnen anzieht, bin ich beruhigt«, vertraute ihr Staatspräsident Pompidou nach einem Essen im Elysée an. Auf den anderen Fotos in Chanel: Jackie Kennedy nach der Ermordung des Präsidenten Kennedy in Dallas, Prinzessin Paola und Königin Fabiola.

Foto U.S.I.S.

Foto Camera Press – Holmès-Lebel

Foto Pierre d'Otreppe – Holmès-Lebel

Foto C. Gibey – Paris-Match

Gesehen von . . .

Privatsammlung

Sem

Privatsammlung

Don

Cecil Beaton

Christian Bérard

Sammlung Boris Kochno

Jean Cocteau

Noch zu ihren Lebzeiten der Mythos Chanel am Broadway

Wieder die berühmte Treppe, aber diesmal am Broadway, für das Bühnenbild von COCO errichtet, das Musical, das Coco autorisiert hatte, weil es der Phantasie entsprang, ein Traumleben. Cocos Rolle: ein Triumph für Katherine Hepburn.

Fotos Cecil Beaton – Parimage

19

Ein Komplott gegen Coco

Was ist ein Komplott gegen einen Thron? Während allem Anschein nach niemand Coco die Herrschaft über ihr Haus streitig machte, bereitete man insgeheim ihre Vertreibung vor. Die »yéyé«-Mode verursachte den Couturiers Schwindelanfälle. Weil sie sie in Bausch und Bogen ablehnte, dachte man daran, sie zu verdrängen. Niemals hat die Presse von diesem Komplott gegen Coco Chanel gesprochen, das sie im Keim erstickte.

Wenn man Lilou Grumbach fragte, worin genau ihre Funktionen bei Mademoiselle Chanel bestanden, antwortete sie lachend, das hätte sie auch gern einmal erklärt bekommen. Niemand hat während der letzten sechs oder sieben Jahren von Cocos Leben mehr Zeit mit ihr verbracht als sie. Ich kannte sie durch ihren Bruder, Christian Marquand, einen Freund Vadims, eine der existentialistischen Persönlichkeiten aus dem *Tabou*. Ich habe seine ersten Schritte im Theater gefördert, wo er unter der Fuchtel von Michel de Ré in einem Stück arbeitete, das ich zu einem Teil *finanziert* hatte. Es wurden, um es zu inszenieren, 90000

Francs der Jahre 1946 oder 1947 gebraucht. Ich habe ein Drittel gegeben, Hervé Mille ein weiteres Drittel. Den Rest erwarteten wir von einem belgischen Milliardär, der sich nicht dazu entschließen konnte, zu seiner Brieftasche zu greifen:

»Das ist etwas ganz Unsinniges!« stöhnte er.

»Aber die Gesichter der jungen Leute und der Mädchen, die mitspielen? Finden Sie nicht, daß sie etwas Besonderes sind?«

Es war Vadim, es war Juliette Gréco.

»Sie kennen ihre Rollen nicht«, grollte der Milliardär.

Um ihn zu binden, streckte ich seinen Anteil vor, den er mir zurückzahlte. Der arme Mann, der unendlich reich war, sollte ganz allein in einem Hotelzimmer sterben, ohne etwas von seinem Geld mitzunehmen, mit dem er nichts anzufangen wußte.

Grundsätzlich kümmerte sich Lilou Grumbach bei Chanel um die Beziehungen zur Presse und die Öffentlichkeitsarbeit, aber immer unter Cocos Aufsicht, was darauf hinausläuft, daß sie nicht viel tat, außer viel anwesend zu sein. Sie mußte dasein, um Coco zuzuhören, um mit ihr zu Mittag zu essen, um sie am Abend ins Ritz zu begleiten und sie am Morgen abzuholen. Coco konnte nicht ohne sie sein. Und dennoch warf sie sie ständig hinaus:

»Jetzt ist Schluß«, erklärte sie, »ich will keine Dilettanten mehr um mich sehen. Die Arbeit ist etwas Ernstes. Keiner versteht mehr zu arbeiten. Im Haus Chanel ist das Wichtige die Arbeit.«

Nicht einmal Lilou könnte sagen, wie oft sie weggegangen und wie oft sie zurückgekehrt ist.

Ein Nachmittag im Jahr 1968 nach der Vorführung der Winterkollektion.

Die Mannequins führten die Modelle vor rund zwanzig Kundinnen vor, als Lilou völlig verblüfft einen Maler auf der Spiegeltreppe erblickte, einen Arbeiter in Arbeitskleidung, in Jacke und Hose aus weißem Leinen, der in aller Ruhe mit einem Eimer Farbe in der einen und mit Pinseln in der anderen Hand die Stufen hinaufstieg. Was hatte er da zu suchen?

Diese Frage stellte sich Lilou. Der Maler durchquerte bereits den Salon und streifte ein vor Entsetzen erstarrtes Mannequin, ging dann auf die Wand am anderen Ende zu und löste sich buchstäblich auf. Es war, als könnte er durch Mauern verschwinden.

In Wirklichkeit hatte man kurz vorher eine Türöffnung in die Wand geschlagen, um einen Durchgang zum Nachbarhaus zu schaffen, wo die Direktion der *Parfums Chanel* und der *Parfums Bourjois* einen jungen Couturier unterbrachte. Es handelte sich nicht mehr darum, einen Nachfolger für Mademoiselle ins Auge zu fassen, sondern sie auszuschalten.

Die Krise war vorauszusehen. Was das Geschäft anging, stand das Haus Chanel weiterhin auf festen Füßen. Ziemlich überall auf der Welt blieben die Frauen, die Geld hatten, dem Stil Chanel treu.

»Es werden weniger Bestellungen abgelehnt als üblich«, gestand Coco.

Immer wieder diese Kunst der Untertreibung. In ihren Werkstätten wurde gearbeitet. Wenn man sich den Spaß gemacht hätte, sich im Ritz oder im George V. die Chanels im Verhältnis zu den übrigen Kleidern herauszusuchen, so hätten diese Zahlen einen vernünftigen Börsianer nicht dazu veranlaßt, den Kurs absinken zu lassen. Ich wiederhole es, das neue Chanel behauptete sich gut; aber trotz allem gewannen andere Werte auf dem Markt an Punkten. Chanel stand in der Welt der Mode, die nach Neuem hungerte, nicht allein.

Jahre hindurch hatte Coco, wenn sie in der Stadt zu Abend aß, nur Chanelkleider gesehen. Nun war ihre Zahl geringer. Für einen Empfang ließ eine Gastgeberin ihr Chanel durch ihr Stubenmädchen verkürzen. Trotzdem mußte man lächeln und die ausgestreckte Hand drücken.

»Wenn ich solche Knie hätte, würde ich sie nicht zeigen«, seufzte Coco.

Sie litt. Niemand verstand es besser als sie, den Wind auszunutzen. Jetzt aber wehte er nicht mehr für sie.

Und nun das! Durch Zufall entdecken müssen, daß die eigenen Freunde, die eigenen Mitarbeiter, die Menschen, von denen man annimmt, man hätte ihr Glück gemacht, nicht nur das Vertrauen zu einem verloren haben, sondern sogar gegen einen arbeiten. Ganz im geheimen.

Coco zog mich durch die in die Mauer geschlagene Bresche mit sich, um mir nicht etwa Gänge zu zeigen, wie die französischen Soldaten sie unter die uneinnehmbaren Schützengräben des Feindes vorgetrieben hatten, sondern folgendes: eine riesige Werkstatt mit kleinen Tischen für Nähmaschinen, verglaste kleine Zellen für die Direktricen und ein Büro für den »Meister«, eingestellt, um sie zu ersetzen und endlich *miniberockte* Chanels allen zu liefern, die sie haben wollten.

»Schon seit einiger Zeit versucht man mich durch Schmeicheleien dazu zu bewegen, wegzugehen«, murmelte Coco. »Sie sind sich nicht über die Katastrophe im klaren, was das bedeuten würde. Ich beschäftige vierhundert Personen. Wenn ich zumachte, wäre es genauso, wie wenn man eine Automobilfabrik schlösse.«

In ihren Augen besaßen Renault und Citroën noch immer die handwerklichen Dimensionen jener Werkstätten, aus denen ihre ersten Autos hervorgegangen waren.

Ich sah sie an: Sie zog sich vor meinen Augen zusammen. Der eiserne Vorhang des Alters senkte sich über ihr Gesicht; von ihr blieben nur die Augen. Es kam vor, daß ich sie nur verärgert, zuweilen nur voller Gereiztheit ertragen konnte. Soviel Inkonsequenz, so egozentrisch; die Kolliers, die großen Schmuckstücke, die Ringe an den mageren Fingern – die Ausstattung Chanel; die Monologe, dieses typische Chanelgerede, die Urteile und die Verurteilungen ohne jede Berufung; ihre insektenhafte Seite, Rückenschild und Zangen. Aber an diesem Tag! Völlig ruhig, wie es schien, gefühllos dem Schlag gegenüber, den man ihr versetzte, behielt sie ihre Brille auf der Nasenspitze, um noch einmal das Werk zu betrachten, das dazu dienen sollte, die Festung Chanel einzuschließen.

Man hat von dieser Geschichte, die in vielen Zeitungen große Schlagzeilen ergeben hätte, nicht gesprochen, und dies nicht nur in Paris. Ist es schwer, sich vorzustellen, was Coco in ihrem Herzen empfand? Was in ihrem Kopf vorging?

Man wollte ihr ihr Haus nehmen, ihr Kind! *Das einzige, was ich selber geschaffen habe.*

»Es ist ein Kriminalroman«, brummte sie.

In Wirklichkeit durchlebte sie eine Episode aus einem Roman von Pierre Decourcelle, *Deux gosses*, die Entführung Fanfans, den Ramon

de Montlaur Limace anvertraut, damit dieser elende Kerl aus dem kleinen aristokratischen Engel einen Untermenschen seines Schlages macht.

»Hier ist das Kind!« (das Haus Chanel) – sagte Ramon mit dumpfer Stimme. »Er ist wirklich süß, Bürger. Aber, auf meine Ehre, er ähnelt Ihnen.«

Es schmerzte sie, und ich verstand sie nur um so besser, weil ich die gleichen Qualen durchgemacht hatte. Auch mir hatte man ein Kind genommen, um es vom rechten Weg abzubringen. Eine Zeitung. Sie gehörte mir nicht, wie das Haus Chanel Coco gehörte. Außerdem verfügte sie über größere Abwehrmöglichkeiten als ich. Das hinderte jedoch nicht, daß ich mit ihr und für sie litt. Konnte sie, nachdem sie so viele Schlachten gewonnen hatte, die letzte verlieren?

Es blieben ihr noch drei Jahre zu leben, sechs Kollektionen, um zu beweisen, daß sie noch immer – und ständig – recht hatte, daß sie den Titel der Weltmeisterschaft behielt. Man wollte sie in Pension schicken, für sie und in ihrem Namen erbärmliche Rückzugsgefechte liefern, während sie einen vollständigen Sieg voraussah. Sie zuckte die Achseln und sagte mit ihrem Lächeln, das am ehesten einem Zähnefletschen ähnelte: »Gehen wir arbeiten!«

Indomitable, sagen die Engländer, und das trifft zweifellos noch besser für Mademoiselle Chanel zu als das Wort unbezähmbar, denn in ihm liegt auch noch ein Anflug von Vornehmheit.

Schon seit mehreren Jahren kümmerte ich mich nicht mehr um *Marie-Claire.* Schwierige Jahre für Coco Chanel, in denen die Mode, in Umkehrung des traditionellen Kreislaufs, anstatt aus den Salons (der Haute Couture) auf die Straße hinabzusteigen, von der Straße (und aus der Carnaby Street) in die Salons emporstieg. Das hinderte mich nicht, Coco immer häufiger zu sehen. Sie faszinierte mich, ohne daß ich recht wußte, warum. Als sie mir die ohne ihr Wissen eingerichtete Werkstatt zeigte, die sich an ihre eigenen Werkstätten anschloß, sich an ihr Haus lehnte, unter dem Dach, das irgendwie ihren Namen trug, glaubte ich, sie endlich zu durchschauen. Sie war also verwundbar wie alle anderen auch; sie litt, es tat ihr weh. Im Grunde war sie menschlich, eine Frau, sie, der jede Gemütsregung fremd zu sein schien, stets von Kopf bis Fuß gewappnet.

Es gelang mir nicht, mich davon zu überzeugen, daß man *gewagt hatte, ihr das anzutun*. Ich hatte sie für unantastbar gehalten. Was konnte man gegen sie ausrichten? Ihre Gewinnbeteiligungen herabsetzen, ihr etwas weniger Geld geben?

Man griff ihre Königswürde an, man wollte ihr das Zepter und ihre Krone entreißen. Oh! Man mußte doch ohne weiteres zugeben, daß ihre Herrschaft gefährdet war. Sie verlor an Boden und an Bedeutung. Die Presse beschäftigte sie schon nicht mehr. Ich wiederhole es: Wenn Chanel auch einen soliden Wert auf der geschäftlichen Ebene darstellte, wenn das Modehaus, auch abgebremst, einen starken Motor für die Werbung und den Vertrieb der Parfüms abgab, so war es doch nicht weniger deutlich, daß Chanel keine Zugkraft mehr besaß, wie man in der Presse sagt. Warum sollte eine Modejournalistin die Information, die Nachricht (und sogar die Neuheit) ausgerechnet in der Rue Cambon suchen? Dort fand man alle sechs Monate die gleichen vollendeten Kostüme, sogar noch vollendeter; aber was ergab das auf den Fotos oder in den Überschriften? Der Minirock, das fast Nackte waren es, von denen sich die Sonderausgaben nährten, sie waren es, die das Element des Schocks in die Kollektionen hineintrugen.

»Bei mir wird man das Knie nicht zeigen«, wiederholte Coco. »Das Knie ist ein Gelenk.«

Sie hob eine fast mumifizierte Hand, ließ den Zeigefinger spielen, krümmte ihn, streckte ihn, krümmte ihn von neuem:

»Finden Sie, daß man so etwas zeigen sollte, ein Gelenk? Ein Knie? Ein häßliches Knie?«

Sie fügte sogar noch hinzu:

»Ein *altes* Knie ... alt ... ein altes Knie.«

Sie klammerte sich an ich weiß nicht was Unsichtbarem jenseits von mir fest, oder was entdeckte sie vielleicht auf dem Grund meiner Augen? Ich fühlte sehr genau, daß sie den Halt verlor. Wieso? Und worin versank sie? Ich kannte sie weniger gut als jetzt, wo ich endlich begreife, was sie mir anvertraute.

»Glauben Sie etwa, es ist amüsant, ständig hören zu müssen, daß man nicht mehr zwanzig ist?«

Sie zog an den Enden eines roten Tuches, das sie sich um den Hals gebunden hatte. Ihr *alter* Hals.

»Ich weiß es nur allzu gut, daß ich keine zwanzig mehr bin. Ich würde mich mit vierzig Jahren zufriedengeben.«

Mit zwei Äußerungen, mit zwei Sätzen hatte sie sich völlig preisgegeben: *Gehen wir arbeiten* und *Ich bin keine zwanzig mehr, leider*. Sie nahm balzacsche Dimensionen an.

Zuerst eine verschämte Waise, die sich weigerte, es zu sein. Wie viele kleine Mädchen wissen mit sechs Jahren, daß sie Coco Chanel sein werden und am Tag ihres Todes ihr Name in den Zeitungen der ganzen Welt auf der ersten Seite stehen wird? Warum hat sich Coco keine Erinnerung an eine Gefährtin aus dem Waisenhaus bewahrt? Alle Gesichter aus dieser Zeit ausgelöscht. Ihren ersten Sieg trug sie über ihre Kindheit davon, als sie sich auflehnte. *Ich bin keine Waise!* Sie hatte sich ein Haus erbaut, ein schönes Haus, sie hatte sich in ihren Träumen einen Vater geschaffen, der nach Amerika gegangen war, und sie hatte sich strenge, jedoch würdevolle Tanten gegeben. Dies alles hat sie sich nicht in einer einzigen Stunde der Träumerei zugelegt. Ihr ganzes Leben hindurch hat sie gekämpft, um ihrer Fiktion den richtigen Platz zu sichern und sie zu bewahren. Eine Fiktion, die durchzusetzen schwierig war. Man mußte sie einer Realität aufzwingen, die ihre Spuren hinterlassen hatte. Welche Bildung hatte sie? Sie sagte: »Es kommt vor, daß ich mich frage, ob ich überhaupt lesen und schreiben gelernt habe.«

Es ist schade, daß man von ihrer Kindheit so wenig weiß. Coco mit zehn Jahren, mit fünfzehn Jahren... »Ich hatte einen abscheulichen Geschmack.«

Sie sagte es, ohne selber daran zu glauben. Wie es sich auch verhalten mag, ihren souveränen Geschmack hat sie sich ganz allein gebildet, indem sie anfing, sich über ihre Lage als armes Kind, als Waise im schwarzen Kittel zu erheben.

Den zweiten Sieg errang sie in Royallieu. Was war sie? Ein hübsches Mädchen aus der Provinz, von einem Offizier, den sie zum Lachen brachte, nach Paris gebracht. Und der sie aushielt. Weniger reich ausgestattet als seine eigentliche Mätresse, eine berühmte Kokotte, Emilienne d'Alençon.

Was wurde aus den kleinen Waisenmädchen im schwarzen Kittel? Was wurde aus den hübschen Näherinnen aus Moulins und von woanders, die sich die Komplimente der schneidigen Offiziere anhörten?

Was wurde aus den Kokotten?

Während Coco ihre Chancen erhöhte, sich zugrunde zu richten, triumphierte sie trotzdem nochmals über die anderen und sich selber, und wie sie sich aus ihrer Armut erhoben hatte, befreite sie sich aus ihrer Lage eines hübschen Mädchens, das sich einige Frühlingsjahre hindurch hatte aushalten lassen.

Als sie ihr erstes Geschäft im Zwischenstock eines Hauses eröffnete, wo sie Hüte machte, wer hätte damals geglaubt, daß drei Jahre später die Pariser Gesellschaft, ja sogar die feine Gesellschaft überall auf der Welt (der *Jet set* der damaligen Zeit) sich bei ihr in ihrem Haus am Faubourg St-Honoré und in ihrer Villa in Roquebrune drängen würde? Es wurde ihr dritter Sieg, durch den sie auf eine Art Thron der Mode gelangte, der von den äußersten Enden der Welt her noch sichtbar war. Sie wurde zur Königin, zur anerkannten Kaiserin der Eleganz und des guten Geschmacks. Mit ihrem schmalen Gesicht, so ganz anders als die anderen, verkörperte sie Paris. Sie war Paris, so wie Sarah Bernhardt das Theater gewesen war.

Bereits eine fabelhafte Karriere, die sie ganz allein bewältigt hatte, indem sie sich allem anpaßte. Indem sie sich entwickelte. »Niemand hat mir etwas beigebracht. Ich habe immer alles ganz allein gelernt«, sagte sie.

Was blieb ihr noch zu erobern? Ein Herzog, einer der reichsten Männer der Erde. Es war Westminster und ihr vierter Sieg. Gefolgt von einem fünften gegenüber dem Geld, gegenüber den Geschäften und gegenüber den Beherrschern des französischen Reiches der Parfümerie, über die sie durch List und durch ihren bäuerischen Starrsinn siegte und so die höchstbezahlte Geschäftsführerin der Welt wurde.

Dann sollte sie an eins der schwierigsten, nur ganz selten erreichten Ziele gelangen: ein Comeback. Mit einundsiebzig Jahren sollte sie, als man sie bereits für zu alt, überholt und altmodisch hielt, das Zepter der Mode zurückerobern, das sie bei Ausbruch des Krieges aus eigenem Entschluß vorübergehend aus der Hand gelegt hatte.

Und nun wurde der in so langen Kämpfen eroberte Ruhm erneut in

Frage gestellt, und zwar durch diesen Schlag, den man gegen sie zu führen versuchte, durch dieses von den Ihren angezettelte Komplott, die sie im Ruhestand sehen wollten.

Der Kollektion, die Coco im Jahre 1968 soeben vorgestellt hatte, war ein Achtungserfolg beschieden, den man damals ihren Bemühungen schuldig zu sein glaubte. Dennoch war sie der Ansicht, ihr sei ein großer Wurf gelungen.

»Man kann nicht ständig etwas Neues machen«, hatte sie zu mir gesagt, »aber diesmal revolutioniere ich alles, und ich tue es nicht für einige verrückte Frauen, ich tue es für alle.«

Am Vortag des großen Ereignisses aß ich mit ihr zu Mittag. Sie lehnte es ab, auch nur die kleinste Einzelheit ihres Geheimnisses preiszugeben.

»Mein Lieber, ich mag Sie sehr, aber heute werden Sie nichts zu sehen bekommen. Kommen Sie morgen mit Ihrem *Dings* zurück.«

Das *Dings*: ein Tonbandgerät, dessen sich die Rundfunkreporter bedienten.

»Ich werde, wenn Sie es von mir verlangen, in Ihren Kasten sprechen.«

Nun war bei ihr keine Rede mehr davon, die Journalisten zu verjagen. Sie hielt sie am Arm zurück und bedachte alle Menschen, die ihr dienlich sein konnten, mit einem Lächeln. Sie beantwortete alle Fragen:

»Was essen Sie morgens, Mademoiselle?«

»Eine Kamelie.«

»Und am Abend?«

»Eine Hortensie.«

»Das bringt die Amerikaner zum Lachen«, erklärte sie deprimiert. »Ich antworte ihnen, um ihnen einen Gefallen zu tun. Ich will kein Star sein. Diese Zeit hat zwei entsetzliche Dinge hervorgebracht, die Stars und die Mannequins. Ich bin das Gegenteil von alldem, ich will ein ruhiges Leben führen und essen, wann ich Hunger habe.«

Laureen Bacall war bei der Kollektion zugegen, die in der Hitze eines Dampfbads vorgeführt wurde. Das revolutionäre Neue, womit Coco rechnete, um verlorenen Boden zurückzugewinnen? Während damals alle Couturiers ihre Kleider verkürzten, spielte sie die Chanel-Scham-

haftigkeit: unter dem Rock, der knapp über dem Knie aufhörte, eine Hose bis unter das Knie. Für die Kostüme aus schottischer Wolle wirkte das schwer. Dafür war es für die Abendkleider aus bunten, fröhlichen Stoffen etwas Wunderbares: eine Kleidung für persische Prinzen.

»Persische Prinzen?« fragte eins dieser alten Streitrosse, die die Kollektionen abklappern, spöttisch.

Eine Streitstute, sollte ich lieber sagen. Eine nette Frau, aber eins dieser Ungeheuer von Paris, die alles zersetzen, weil sie nichts anderes verstehen, als gerade dort aufzutauchen, wo sie besser nicht wären, diese so pariserischen Ungeheuer, die von Geburt an eine Umlaufbahn um die Gesellschaft eingeschlagen haben. Ich höre sie noch lachen, im übrigen gar nicht einmal bösartig, ganz einfach mit jener Unbekümmertheit, die ihr erlaubte, bei Chanel, wo man Kleider für die Frauen vorführte, ihren Platz gefunden zu haben.

»Können Sie sich mich darin vorstellen?« fragte sie mich mit ihrer rauhen Stimme. »Ich würde bestimmt wie ein alter persischer Haudegen aussehen.«

Ein anderes Ungeheuer des gleichen Schlages, jedoch aus New York, machte die Bemerkung, ich sei »von Coco völlig einer Gehirnwäsche unterworfen worden«. Sie sprach in einer Mischung von Französisch und Englisch, eine Art »Franglisch«, wobei sie sich einen von einer Batterie betriebenen Miniaturventilator vor ihr rotes Gesicht hielt.

»Ich komme her, weil Coco eine alte Dame ist«, erklärte sie mir.

Aus Respekt! In Paris bekommt man Dinge zu hören, die einen nachdenklich machen können. Man muß einmal eine Premiere der Haute Couture gesehen haben. Ich saß in der Nähe eines halbgeöffneten Fensters im Hinterhalt, um doch noch etwas Luft von der Straße einzuatmen, und betrachtete die so seltsame Fauna, die sich zweimal jährlich in den Salons versammelt. Auffällig ist das Fehlen der Jugend; man sollte meinen, daß eine darauf spezialisierte Journalistin, um von einer Kollektion zu berichten, tausend Jahre alt sein müßte. Denn um bei der Wahrheit zu bleiben, so sind diese Geschöpfe, die Vestalinnen der Mode, nicht älter als andere Frauen ihres Alters: Sie haben nur überhaupt kein Alter mehr, sie haben auch kein Geschlecht, sie besitzen nichts mehr von dem, was – zuweilen – die Männer interessiert. In ihrer

Gewichtigkeit ruhend, haben diese Wichtigen eine besondere Art, einander zu erkennen, ohne sich zu sehen; sie orientieren sich an ihren Stühlen: Sieh einer an, im vorigen Jahr war mir die da weniger nah. Diese kleinen Fische sind entwaffnend in ihrem Übereifer und ihrer Zanksucht und so gekleidet, wie man es nirgends ist; sie zeigen noch ihre Schenkel oberhalb der Strümpfe, während die Mädchen im entlegensten Dorf bereits Strumpfhosen tragen.

Was konnten diese Kreaturen von Mademoiselle Chanel wissen? Einige Schauspielerinnen beobachteten Laureen Bacall. Es waren auch einige befreundete Damen aus der guten Gesellschaft gekommen, die ihre langen Haare schüttelten; sie kamen in Courrèges oder Cardin. Von der einen sollte Coco mir sagen:

»Reich, ja, sie ist sehr reich, aber trotzdem nicht glücklich, denn sie hält sich für schön, benimmt sich so, als sei sie es, und ist es doch nicht.«

Ich entdeckte sie ganz oben auf der Spiegeltreppe, auf einer Stufe zusammengekauert.

»Ich weiß sofort, wenn eine Kollektion geht.«

Sie wußte also doch schon, daß ihre Revolution gescheitert war. Hosen unter kaum verkürzten Röcken, während man woanders schon die Nabel zeigte ... Sie wandte dem Raum den Rücken, aber in den Spiegeln sah sie alles: die Mannequins, die aus ihrer Verborgenheit hervortraten und die Nummer des im Scheinwerferlicht offenbarten Modells schwenkten, die Vestalinnen, die auf ihren Stühlen hin und her rückten, und auch die leeren Stühle. Sie schickte mir eine Nachricht, ich sollte nicht länger Beifall klatschen.

Ich wußte, was sie von diesen Geschöpfen hielt, die sich dort versammelt hatten, um über sie zu Gericht zu sitzen, und deren Urteil sie, was verblüffend ist, von vornherein hinnahm. Nebenan, im Nachbarhaus, riß man Trennwände ein. Ich hörte ihre heisere Stimme:

»Glauben Sie etwa, es ist amüsant, ständig hören zu müssen, daß man nicht mehr zwanzig ist?«

Was erhoffte sie sich noch? Welchen Sieg konnte sie denn noch erringen?

Einen einzigen: bevor sie starb, beweisen, daß sie die Jüngste blieb. Durch ihre Arbeit.

Es war mir beklommen zumut, als ich nach der Kollektion zu ihr hinaufging. Was sollte ich ihr sagen? Man drängte sich nicht, um sie zu beglückwünschen. Sie, die die falschen Taschen, die Knopflöcher ohne Knöpfe ablehnte, schlug zum erstenmal etwas vor, was keine Funktion hatte: eine Hose unter einem Rock aus schottischem Wollstoff, und das im Zeitalter der Zentralheizung. Ihre »Revolution« verriet ihre Verwirrung.

Sie lächelte, während sie meine Hand festhielt:

»Ich bin sehr zufrieden. Wie Sie sehen, sind nicht viele Leute da, aber die, die heraufgekommen sind, verstehen etwas von guter Arbeit. Man macht mir keine Komplimente mehr, um nett zu mir zu sein. Man beglückwünscht mich zu meiner Arbeit, und sie ist für mich das einzige, was zählt.«

20

»Ich erhalte einen Schlag nach dem anderen ...«

Die schwierigen Jahre. Die Geschäfte des Hauses gingen – wenn auch etwas weniger gut –, der Name hatte noch immer seinen Glanz, aber der Wind der Mode wehte von woanders her. Coco dachte häufiger an den Tod. Sie bereitete sich eine Zuflucht in der Schweiz vor und ordnete ihre Geldangelegenheiten. Wie alle alternden Despoten suchte sie in den ersten Anfangserfolgen die Rezepte für neue Siege. Denn wenn sie auch immer häufiger davon sprach, aufzugeben, gruppierte sie doch nur ihre Streitkräfte um, damit sie bis zum Ende des Sturms durchhielten. Es war rührend zu sehen, wie sie alle ihre Waffen einsetzte, um ihrer Herrschaft bis zum endgültigen Sieg Dauer zu verleihen.

Verzichten, kapitulieren, sich zurückziehen? Sie sprach davon, ohne daran zu denken:

»Warum übe ich diesen widerlichen Beruf noch aus? Sehr oft habe ich Lust, alles hinzuwerfen.«

Sie behauptete es bereits in der Zeit ihrer Triumphe, als man sie mit Komplimenten überschüttete. Man widersprach:

»Das haben Sie schon das letzte Mal gesagt. Ein Glück, daß ...«
Sie zuckte lächelnd die Achseln:

»Was würde ich tun, wenn ich nicht mehr arbeitete? Ich würde mich so sehr langweilen.«

Mit einer starken Betonung auf *lang;* ich würde mich so sehr LANGweilen. Dennoch sprach sie häufiger von einem Haus, das sie in Lausanne gekauft hatte:

»Nein, ganz gewiß nicht am Seeufer, das ist scheußlich mit all den Schwänen, die stinken. Die Wasserhühner krepieren. Das Wasser ist faulig. Ich werde auf der Höhe wohnen, im *Signal*, in einem kleinen Haus, das *Signal* heißt. In der heutigen Zeit kann man nicht mehr in einem Haus leben, in dem man mehr als zwei Dienstboten braucht. Ich möchte etwas Kleines, ein Nest, wo ich meine Ruhe habe, um zu sterben. Es ist ein sehr behagliches Haus; was das Wasser und die Heizung betrifft, brauche ich nichts mehr zu installieren. Ich habe drei Badezimmer und eine Dusche, ohne von meinem Badezimmer zu reden. Im Innern werde ich die Wände mit lackierten Sachen bedecken; da ich in der Schweiz bin, werde ich das Äußere im Stil eines Chalets herrichten.«

Die Aussicht?

»Ich sehe nur meinen Garten. Zehn Meter vom Haus entfernt entdeckt man eine herrliche Landschaft. Auf jeden Fall verbringt man doch sein Leben im Zimmer, nicht wahr?«

Sie zeigte mir ein Bett und Sessel aus Schmiedeeisen, vom Bruder des Bildhauers Giacometti angefertigte wunderbare Stücke:

»Alles wird sehr einfach sein, dort werde ich keine Umstände machen. Das Haus wird nur Freunden offenstehen. In der Schweiz werde ich mich nicht damit amüsieren, Empfänge zu geben. Dabei gibt es dort Leute, die es glauben. Mademoiselle Chanel wird dies tun und dann das ... Sie irren sich.«

Giacometti, der Handwerker, der die Möbel angefertigt hatte, befand sich im Krankenhaus nach einem bösen nächtlichen Sturz auf der Straße; man hatte ihn nicht sofort aufgefunden.

»Er ist ein richtiger Künstler«, erklärte Coco. »Er wagt es nicht, einen um Geld zu bitten.«

Jemand war dagewesen, um das Bett und die Sessel zu fotografieren.

»Dadurch habe ich einen ganzen Vormittag verloren«, beklagte sich Coco. »Ganz fabelhaft, was dieser Giacometti macht. Meinetwegen werden die Bilder aufgenommen. Ich werde ein Gegenstand, ich auch. Dabei habe ich keine Zeit mehr zu verschenken.«

Die Zuflucht in der Schweiz? Das Nest, in dem sie auf den Tod warten würde?

»Ich muß an meine Kollektion denken«, sagte sie, »denn in ihr liegt die Zukunft.«

Konnte sie die Mode im Stich lassen, während sie der einzige Verwahrer ihrer großen Geheimnisse war? Zu meiner Überraschung hörte ich sie sich auf die höheren Interessen Frankreichs berufen. Wenn es sich nur um sie gehandelt hätte ... Warum gegen die ganze Welt kämpfen? »Ich könnte aufhören. Ich brauche nichts. Meine Gewinnanteile an den Parfüms erhalte ich in der Schweiz. Ich werde doch immerhin keine neunzig Prozent an Steuern zahlen. Ich arbeite nicht für den Staat.« Nicht für den Staat, aber für Frankreich.

Sie erinnerte mich an Sacha Guitry, an den, den ich in der Zeit seiner Ungnade gekannt habe, als er fieberhaft *60 jours de prison* schrieb, um Rechenschaft abzulegen, und der sich immer wieder die Frage stellte:

»Warum kommt *man* nicht, um sich bei mir zu entschuldigen, denn wenn trotz allem jemand dem Land von jeher gedient hat ...«

Als man an seiner Tür klingelte, um ihn nach Drancy zu bringen, erwartete er wennschon nicht de Gaulle, so doch zumindest einen der Seinen. Was konnte man ihm vorwerfen, während er das Kapital von Paris in der Zeit der Besetzung verwaltet und nur mit *den* Deutschen verkehrt hatte, die imstande waren, ihm zu helfen, da es sich doch darum handelte, ein Talent, eine Intelligenz, einen Teil des Rufes und des Ruhms von Paris, von Frankreich zu retten! Das war Sachas Art zu leiden.

Wenn sich Cocos Wiederkäuen auch in seiner Form unterschied, ähnelte es doch nichtsdestoweniger dem Sachas, den Paris und dieses Frankreich, das er auf seine Weise, mit seinen Waffen verteidigte, im Stich gelassen und verleugnet hatten; diese Waffen waren auch die Cocos. Sie fand sich mit dem vorübergehenden Zustand der Ungnade ab, aber sie konnte ihn nicht anerkennen. Sie verstand nicht, daß man nicht kam und sie anflehte:

»Liebe Mademoiselle Chanel, bleiben Sie bei uns, es ist nicht möglich, daß Sie darauf verzichten könnten, den Luxus Frankreichs bis zu den äußersten Grenzen der Erde erstrahlen zu lassen. Wir beschwören Sie, diese Elenden zu vernichten, die mit ihren Boutiquen die Verrücktheit der Zeit ausbeuten, der Mode schaden und der Bekehrung der Massen durch den Stil Chanel entgegenwirken.«

Eines Tages vertraute sie mir an:

»Die Amerikaner haben drei Modehäuser aufgekauft. Warum sucht denn niemand den Minister auf, um ihm zu sagen: ›Monsieur, es ist eine große Sache, die mit der Haute Couture das Weite sucht‹?«

Sie verriet die lebhafteste Unruhe, wenn sie von der italienischen Mode sprach. Sie hatte nicht unrecht. Das Licht kam nicht mehr nur aus Paris. Weil, so erklärte es Coco, *man* den Leuchtturm der Rue Cambon verhüllte, *man* seine Ausstrahlung herabsetzte. Wer? Ihre Feinde. Der Gedanke streifte sie nicht, daß das Chanel langweilen könnte.

»Ich habe mit einem Mann darüber gesprochen, der diese Probleme genau kennt«, erklärte sie. »Er hat mir gesagt: ›Liebe Mademoiselle, Italien ist deswegen sehr schwerwiegend, weil die Sache sehr ernst ist. Die italienischen Fabriken schließen nicht alle im Monat August, wenn man Stoffe braucht, um die Bestellungen auszuführen.‹«

Sie durchblätterte amerikanische Zeitschriften, *Harper's Bazaar, Vogue, Life*. Ihr Mund verzog sich, wenn sie sich über in Rom aufgenommene Modefotos beugte.

»Die Amerikaner würden verstehen, was es bedeutet, wenn Chanel schließt.«

Kapitulieren? Sie dachte nicht mehr daran. Vor italienischen Modeschöpfern!

Schon seit langem blieb sie, wenn sie die Spiegeltreppe hinaufstieg, zum Atemholen stehen, stets auf derselben Stufe.

»Wir kennen sie gut, diese Stufe«, sagte Madame Raymonde, eine ihrer Direktricen.

Jetzt legte Coco zwei Atempausen ein. Sie aß nicht mehr.

»Dabei hat mich meine Leber nie gestört«, sagte sie. »Ich weiß nicht einmal, wo sie sich befindet. Aber man kann an der Leber sterben, ohne jemals unter ihr gelitten zu haben, nicht wahr?«

Sie trank keinen Wein mehr. Sie tauchte ihre Lippen in den Kaffee:

»Finden Sie ihn nicht bitter?«

»Ganz und gar nicht.«

»Es ist besser, ich trinke keinen, da ich jedenfalls ihn bitter finde.«

In dem Maße, in dem sie die (relative) Schlappe bei den letzten Kollektionen erkannte und vor allem den Reinfall mit den Hosen unter den Röcken, schrieb sie diese den Journalisten zu – und ihrem Pressedienst, der in Wirklichkeit nur bestand, damit sie ihre schlechte Laune an ihm auslassen konnte.

»Niemand hat von Chanel gesprochen«, beschwerte sie sich. »Sie sollten sich zusammen mit mir darum kümmern.«

Von Zeit zu Zeit kehrte sie zu »unserm« Buch zurück.

»Beim Ordnen meiner Papiere habe ich den Brief wiedergefunden, den Sie mir geschrieben haben, um mich dazu zu bewegen, mein Leben zu erzählen. Seit Jahren verlangt man es von mir. Vielleicht werden wir es machen.«

Wie hätte ich sie dazu überreden können, die ganze wunderbare Wirklichkeit ihrer Kindheit zu beichten, von der ich noch nichts ahnte, als wir diesen Plan faßten? Oder wie sie dazu bringen, von Moulins und Royallieu zu erzählen?

»Als kleines Mädchen habe ich viel über die Torheiten des Daseins nachgedacht«, sagte sie. »Man hat mir nicht den lieben langen Tag immer wieder erzählt, daß ich hübsch sei. Ich hielt mich nicht für hübsch, und es war mir gleichgültig.«

Wie hätte ich damals, als ich ihre Wahrheit noch nicht kannte, begreifen können, daß die Arbeit, in die sie sich stürzte, ihr als Alibi diente, wobei sie ihrem Phantasieleben einen Anschein von Wirklichkeit verlieh?

Warum ein Komplott gegen ihre Herrschaft? Um sie von ihrem Thron zu verjagen? Sie brachte es vereinfacht auf diese Formel: Wenn sich Chanel nicht hält, gibt es keine Haute Couture mehr. Sie seufzte: »Die Frauenzeitschriften haben die Haute Couture umgebracht. Sie sind jetzt nichts weiter mehr als Apotheken. Dort spricht man nicht mehr von Mode, sondern erklärt einem, wie man keine Kinder bekommt.«

Sie fragte mich voller Boshaftigkeit:

»Sollte man keine mehr machen wie früher?«

Und dann:

»Ich kenne eine junge Frau, die die Pille nimmt; sie hat dort zugelegt (die Hände auf der Brust), sie ist überall dick geworden, sie bekommt ihr gar nicht. Ich habe sie gefragt: Wie haben Sie es *früher* gemacht? Da haben Sie auch keine Kinder bekommen.«

Und sie seufzte:

»Aber so ist es, man will nicht mehr aufstehen, man will im Bett bleiben. Und alle Zeitungen reden nur noch davon, von der Pille, von der Pille. Sie lassen die Menschen auch durch ihre Zeichenserien verdummen. Mein Stubenmädchen liest alle diese Geschichten. Glauben Sie, daß dadurch ihr Gehirn in Gang gesetzt wird?«

(Was würde Pierre Decourcelle in Zeichenserien ergeben? Seine Romane ließen Cocos Gehirn noch lange Zeit, nachdem sie sie gelesen hatte, arbeiten.)

Sie trug einen runden Filzhut, hellbeige, ich würde ihn für einen bretonischen halten, wenn sie, als sie ihn auf ihren allzu schwarzen Löckchen zurechtrückte ...

»... man sollte meinen, es ist ein bretonischer Hut.«

Sie zuckte die Achseln. Alles, was man über sie schrieb, war lächerlich:

»Man sagt, ich sei klein. Ich bin eins fünfundsechzig.«

Das vernichtende Urteil:

»Alles, was man über mich in den Zeitungen erzählt, ist immer falsch.«

Man könnte lächeln und sich dabei denken:

Nicht mehr falsch als das, was Sie von sich selber erzählt haben, und dabei war es Ihre eigene Wahrheit, die Sie sich erfunden haben.

Nach unseren Gesprächen vor dem Tonband hatte ich ihr einen Text vorgelegt, eine so gut wie wörtliche Übertragung ihrer Worte, und damit selbstverständlich auch die Geschichte ihres ersten Kleides: ein Prinzeßkleid, sich anschmiegend *(an was?)*, violett, veilchenblaue Dessous und der Hut mit der künstlichen Glyzinie:

»Aber niemals, niemals ...«

Sie bäumte sich auf wie eine junge Stute vor dem Heckenhindernis.

Ich führte sie zum Hindernis zurück:

»Dabei sind Sie es, die alle diese Einzelheiten angegeben hat. Es ist zudem eine wunderbare Geschichte.«

Coco wird in der Furcht gestorben sein, man könnte sie *bloßgestellt* haben.

»*Sie* alle werden alles mögliche über mich schreiben«, murmelte sie.

Und dennoch vertraute sie mir soviel an, damit ich alles sammelte, um es mir zu erlauben, sie in ihrer »wahren Wahrheit« wiederzufinden.

Eine andere Erklärung für ihre vorübergehenden Schwierigkeiten: Sie war in ihrer Arbeit zu allein.

»Ohne die anderen kann man nichts tun. Ich werde aufhören. Man findet niemand mehr. Man ist gelähmt. Die Menschen sehen nicht mehr, was man für sie tut. Und die Frauen sind verrückt. Man sagt zu ihnen: grüne Bohnen, und schon werden sie zu grünen Bohnen. Ihr werdet das Kaiserreich sein! Schon schreien sie: ›Es lebe der Kaiser!‹ Seid Dreiecke, seid Rauten … Das alles werden sie. Jetzt zeigt man ihren Nabel. Es ist nicht gerade das, was das Beste an ihnen ist. Ich habe es in einer Zeitschrift gesehen: eine Hose unterhalb des Nabels mit einer Bluse, die über ihm aufhört. Der Nabel ist etwas so Kostbares, nicht wahr? Man muß ihn in eine Vitrine legen, um ihn zu bewundern.«

Sie kam auf ein Foto von Jane Fonda zu sprechen. »Ein Krater, dieser Nabel von Jane Fonda«, stieß sie hervor.

»Wer hat denn solche riesigen Sachen? Man sollte meinen, er sei da, damit man eine Kerze hineinsteckt. Bald werden die Frauen ihren Hintern zeigen.«

Ein Wort, dessen sie sich sonst niemals bediente: der Hintern. Sie gelangte an die Grenze dessen, was sie zu ertragen vermochte.

»Das alles lähmt mich«, stöhnte sie. »Ach! Die ganze Zeit über erhalte ich einen Schlag nach dem anderen.«

In ihren Geständnissen hatte sie etwas Rührendes an sich.

»Ich kann nicht alles machen, allein, ganz allein. Ich sage es *ihnen:* Wenn ihr mir nicht helft, tue ich nichts mehr.«

Wem sagte sie es? Sie alterte, ihr Alter holte sie ein. Entlang den Falten, die die Nasenflügel mit den Mundwinkeln verbanden, bildete sich eine Art Tasche, mehr oder weniger sichtbar, je nach der Heftigkeit ihrer inneren Qualen mehr oder weniger geschwollen.

»Ohne die anderen kann man nichts ausrichten. Man muß verstehen, Schluß zu machen. Die Haute Couture ist zum Teufel. Ich bin von Menschen umgeben, die nur daran denken, Geld zu verdienen, ohne es eigentlich verdient zu haben. Gestern war frei zum Tag der Arbeit (der 1. Mai). Donnerstag wird wieder geschlossen, wegen Himmelfahrt. Ich habe gesagt: Gut, wenn ihr nicht arbeiten wollt, wird eben nicht gearbeitet, aber ich werde euch alle als Nichtstuer beschimpfen.«

Sie zog an ihren Fingern:

»Wenn nicht gearbeitet wird, muß ich trotzdem zahlen. Und dazu noch die Sozialversicherungen. Das geht in die Millionen.«

Wohlgemerkt, diese Probleme konnten ihr nichts anhaben. Sie brauchte sich wegen der Verwaltung oder in bezug auf die Verbindlichkeiten des Hauses Chanel nicht die geringsten Sorgen zu machen.

»Am Himmelfahrtstag wurde immer gearbeitet. Am Freitag denken alle nur daran, um sechs Uhr wegzugehen. Man arbeitet ohne Freude.«

Über ihre eigenen Qualen hinaus lud sie sich auch noch Lasten der Verwaltung auf, weil sie nicht mehr dessen sicher war, was sie tat.

»Eine Kollektion«, so erklärte sie mir, »die muß man finden.«

Sie bohrte mir einen Zeigefinger in den Brustkorb:

»Mein Lieber, ich muß alles sehen.«

Wer hätte ihr zur Seite treten können?

»Man sagte mir: Wenn Sie keine *stylists* empfangen, wird die Sache nicht mehr laufen. Ich frage: *stylists,* was ist denn das?«

Sie erwartete keine Antwort:

»Anscheinend sind es junge Frauen, die aus Amerika oder von woanders kommen, um kleine Modegeheimnisse zu verkaufen. Kann man sich so etwas vorstellen? Die ganze Welt wird verrückt.«

Bei ihr, im Haus Chanel, ging alles über sie. Nichts konnte ohne sie erdacht und noch weniger ohne sie getan werden. Je mehr sie an Boden verlor, desto mehr klammerte sie sich an das, was ihr verblieb, und das mit einer immer anspruchsvolleren Autorität, der man sich schlechtgelaunt unterwarf, ohne sie anzuerkennen, wobei man sie dennoch an-

erkannte. *Sie dreht durch, die Alte.* Das las man in den Augen. Man könnte auch sagen: Das *hörte* man aus den Augen heraus. Coco hörte selbstverständlich nichts, blieb unverändert, ebenso selbstsicher, schärfer. *Ich weiß, daß ich recht habe.* Marschall Joffre aß und schlief gut vor der Marneschlacht. Coco, ich habe es schon erwähnt, aß nicht sehr viel. Ihr Schlaf war gestört. Sie fiel aus ihrem Bett:

»Ich habe mir wieder vier Rippen gebrochen.«

Einige Tage früher war sie im Badezimmer hingefallen und hatte sich am Bein verletzt. Eine Schürfwunde an der Nase. Sie behandelte sich selber:

»Wenn man einen Arzt ruft, macht er gleich Röntgenaufnahmen. Ich verstehe mich glücklicherweise auf den Dienst als Krankenschwester.«

Sie hatte die Hautfetzen auf ihrer Nase einander genähert, um sie wieder anzudrücken.

»Sehr genau«, erklärte sie und wiederholte die Bewegungen, »so, ein Ende an das andere, auf den Millimeter genau.«

Wenn sie längere Zeit saß, wurde ihr Bein steif. Sie stand auf und bog das Knie:

»Der Kniescheibe fehlt nichts, sehen Sie, ich kann auf dem Bein stehen, das könnte ich nicht, hätte ich einen Bruch. Im Ritz hat mich eine amerikanische Freundin gefragt, ob ich Hüftschmerzen hätte. Diese Idiotin hat geglaubt, ich hätte einen Schenkelhalsbruch.«

Dem Schmerz gegenüber blieb sie hart, wie die Bäuerinnen in der Zeit, in der man den Arzt nur kommen ließ, um einen Todesfall festzustellen, und als die Sozialversicherung noch nicht für die Kosten jedes Schnupfens aufkam.

»Man darf nicht auf sich hören«, erklärte Coco, als sie von ihren gebrochenen Rippen (waren sie es wirklich?) sprach. »Ich bin noch einmal aus meinem Bett gefallen. Um mich aufzuhalten, hat man den Tisch gegen das Bett gestellt, aber das genügt nicht mehr. Ich werde meine Roßhaarmatratze auf den Boden legen lassen, so werde ich zumindest nicht mehr von sehr hoch herunterfallen.«

Sie litt unter ihrer Arthritis. Es kam vor, daß sie im Schlaf aufschrie. »Manchmal«, sagte sie, »schlafe ich stehend oder sitzend ein, und dann falle ich von meinem Stuhl: Peng!«

Lachend rieb sie sich den Kopf. Man weiß, daß sie eine Schlafwand-

lerin war. Schon mit sechs Jahren führte ihr Vater sie ins Bett zurück, wenn sie *ausstieg*.

»Sehr sanft, um mich nicht zu wecken«, erzählte Coco. »Ich hatte große Angst. Ich streckte die Hand aus und schrie: *Er* ist da! Dort, in der Dunkelheit! Nein, nein, antwortete mein Vater, hab keine Angst, *er* ist nicht böse, *er* wird dir nichts tun.«

Von Zeit zu Zeit sprach sie von ihrem Vater. Sie behauptete, er hätte Schweinefleisch nicht leiden können und ihr verboten, davon zu essen.

Sie beugte sich über ihre Vergangenheit:

»Die Jahreszeiten waren früher kälter. In der Auvergne, bei meinen Tanten, ging man zuweilen drei oder vier Monate nicht hinaus.«

Ganze Monate ohne hinauszugehen, in der Auvergne, weil der Schnee die Häuser blockierte... Welchem mehr oder weniger russischen Roman entlieh sie diese Erinnerung? Wenn sie ihre Kindheit heraufbeschwor, spielte sich diese stets in einer Umwelt von Schnee und Kälte ab. Niemals das kleinste Bild des Frühlings, das Wiedererwachen der Natur, die Bäume und die Knospen, die Quellen trägen Wassers, die dann sprudelnd die wieder grünenden Wiesen durchzogen, die Wiesen mit ihren Blüten aus klebrigem Gold. Auch niemals etwas von den Sommern in der Auvergne, die so wechselhaft sind und von einer nach Heu duftenden Hitze in Kälte umschlagen, während der Regen von den Schieferplatten des Daches herabrinnt. Nichts von der Ernte. Niemals eine Anspielung auf das Leben, auf den Schlag der Drosseln und die Liebe in der Natur. Stets eine von Schnee bedeckte Landschaft und der Herdwinkel.

Die *anderen*?

Ist es schwierig, sie mitzuempfinden, die Angst einer Schöpferin, die bekämpft wird? Cardin. Courrèges. Vor allem Courrèges. Sie witterte die Geburt eines Stils, der der neuen Zeit näher war als der ihre.

»Er scheint mich zu bewundern«, sagte sie.

Eine Freundin (hm!) hatte sich bei Courrèges beklagt, 5000 Francs für ein Chanelkostüm zahlen zu müssen. Dabei ein einfaches *Erzeugnis*; ist das noch Haute Couture, wenn man seine Modelle nicht ändert?

»Ich finde«, soll Courrèges (nach Coco) geantwortet haben, »daß Sie sehr unrecht haben, sich über diesen Preis zu beschweren. Ich könnte Ihnen nicht für 5000 Francs das gleiche geben wie Mademoiselle Chanel, die Talent und Erfahrung besitzt. Neben ihr existiere ich nicht.«

Als ich Coco diese Worte Courrèges' wiedergeben hörte, konnte ich nicht anders als lachen. Auch sie lachte.

»Bleiben Sie, wie Sie sind«, sagte sie zu mir.

Sie richtete sich auf:

»Die Futter, sie sind das Geheimnis, die Futter und der Schnitt. Courrèges füttert nichts.«

Sie seufzte:

»Die als alte kleine Mädchen verkleideten Frauen ...«

Und noch folgendes:

»Was wollen Sie, wenn sie sich so gern lächerlich machen! Vielleicht in einem utopischen Film, für ein Ballett.«

Und schließlich:

»Die Jungen könnte man dazu überreden, sich die Knie zu bedecken. Aber die Alten!«

Das Geld. Von ihm sprach sie immer häufiger. Und dennoch:

»Man nimmt es nicht mit, und das Fegefeuer beginnt.«

Da sie häufig wiederholte, daß sie in bezug auf ihre alten Tage nichts zu befürchten habe, fragte man sich, warum sie so häufig den Eindruck erweckte, nur noch an das Geld zu denken. Ich habe es allzu spät verstanden: Als sie sich bedroht fühlte, nahm sie instinktiv zu den Abwehrmaßnahmen früherer Zeiten ihre Zuflucht. Um ihre Unabhängigkeit zu gewährleisten, häufte sie ihr Geld auf.

»Es geht niemand etwas an, was ich mit meinem Geld mache«, sagte sie.

Nach dem Tod Pierre Wertheimers glaubte sie, sie könnte den ungewöhnlichen Vertrag, den sie mit ihm geschlossen hatte, zu ihren Gunsten ändern.

»Nach vierzig Jahren«, so meinte sie, »haben die *Parfums Chanel* nicht ihre volle Verkaufskapazität erreicht.«

Würde der Sohn Wertheimers die Dinge so zu behandeln verstehen, wie Coco es sich wünschte? Ja, nein, ihre Ansicht wechselte von einem Tag zum andern. Sie wurde ungeduldig. Sie dachte laut:

»Man muß das Unternehmen verkaufen.«

»Mit Ihnen?« fragte ich sie, um sie zu einem Lächeln zu bringen.

»Sie verstehen überhaupt nichts«, erwiderte sie, »Sie verstehen kein Geld zu verdienen.«

Sie bot mir eine Stellung in ihren Parfümunternehmen an. Seitdem ich *Marie-Claire* verlassen hatte, kam es vor, daß mein Schicksal sie beunruhigte.

»Was treiben Sie? Vorträge im Rundfunk?«

Es war der Anfang meiner Sendungen auf »Europa 1«. Ich sprach am Sonntag früh um neun Uhr.

»Wenn Sie es mir gesagt hätten, hätte ich Ihnen zugehört. Hatten Sie Angst, mich zu wecken? Sie haben immer Angst. Sind wir Freunde? Kann ich Ihnen helfen? Sie kehren doch nicht gleich wieder ins Elsaß zurück, um noch ein Buch zu schreiben? Man darf sich nicht in Vergessenheit geraten lassen. Man muß auf dem Toboggan bleiben. Der Toboggan ist das Fahrzeug für die Leute, von denen man spricht. Man muß sich vorn hinsetzen und darf sich nicht verdrängen lassen.«

Was ihre Parfüms betraf, so träumte sie davon, Pierre Berger Yves Saint-Laurent abzujagen; er würde es verstehen, Geld herauszuholen.

»Mit dem Drittel dessen, was Sie haben, mit einem Zehntel davon wäre ich zufrieden«, erklärte ihr ein Vertreter, der sie habgierig fand.

Sie musterte ihn von oben bis unten: »Wie heißen Sie? Wer kennt Sie? Ich bin Mademoiselle Chanel, mich kennt man auf der ganzen Welt.«

Sie zögerte, ihr neues Parfüm zu lancieren, das sie *Coco* nennen wollte. Schon seit langem dachte sie daran, es in den Handel zu bringen, vor allem in den Vereinigten Staaten, sobald die Operette *Coco* am Broadway liefe. »Aber dann«, so überlegte sie, »hätte ich Anspruch auf *mehr*, da die Operette eine gewaltige Werbewirksamheit haben wird, die mir zu verdanken ist, mir allein.« Den gleichen Ton hatte sie nach der Wiedereröffnung des Modehauses angeschlagen. Damals hatte sich der Verkauf der Parfüms sehr schnell verdreifacht. Ohne bezahlte Werbung, da man von ihr, der Chanel, in allen Zeitungen der Welt redete. Und das alles umsonst. Mußte sie nicht dafür ein *Entgelt* erhalten? Man schädigte sie, man bestahl sie. Da sie für die in Deutschland verkauften Parfüms nichts erhielt, lehnte sie es ab, deutsche Journalisten zu empfangen.

Ich pfeife aufs Geld – sie wiederholte es weiterhin und glaubte auch selber daran. Sie häufte Geld auf, um ihre Verteidigungskraft zu erhöhen, wie auch ein Ritter seinen Bergfried verstärkt hätte. Sie wirkte dadurch von Jahr zu Jahr habgieriger, mißtraute allem und allen. Warum sollte sie darauf eingehen, einen Film mit Reichenbach zu machen? Die Amerikaner würden ihr für dasselbe sehr viel mehr bieten. Dabei hatte dieser Plan sie zunächst verlockt. Wie schade, daß er nicht hat verwirklicht werden können! Wir hätten ein Meisterwerk über die lebende Coco, so wie Reichenbachs Rubinstein.

Der Jockei Yves Saint-Martin hatte Coco zu seiner Hochzeit eingeladen. »*Mein* Jockei«, sagte sie. Reichenbach war mit seinen Kameras und Mikrofonen ebenfalls mit von der Partie.

»Das war eine richtige ländliche Hochzeit«, erzählte Coco. »Man hat nur mich gesehen und nur mich gehört. Ein junger Kerl hatte ganz in meiner Nähe eins dieser Dinger aufgestellt, die man, glaube ich, ein Mikrofon nennt. Ich habe geredet und geredet, ich habe sonstwas gesagt, und das hat alles aufgenommen. Man hat mich sogar singen hören.«

Aber was soll's:

»Reichenbach ist sehr nett und macht sehr schöne Sachen. Wegen seines Films wollte er drei oder vier Wochen mit mir zusammen bleiben. Die Amerikaner hätten mir für dasselbe eine Million Dollar geboten. Warum hätte ich François Reichenbach eine Million Dollar schenken sollen?«

Ich gebe diese so charakteristische Schlußfolgerung hier wieder, weil sie bei ihr häufig auftauchte: Ich werde zu einem Gegenstand. Man zieht Geld aus mir heraus. Das ist Geld, das mir zusteht. Was ich damit anfangen würde? Das ist meine Sache.

Was nun Reichenbach betraf, so hatte eine andere Befürchtung als die, geschädigt zu werden, sie dazu gebracht, auf den Film zu verzichten.

»Ich würde schutzlos dastehen, auf der Leinwand würde man eine alte Frau sehen, noch älter, als ich es bin.«

Mehr oder weniger bewußt stellte sie eine Verbindung zwischen ihrem Alter und ihrem Geld her. Je älter sie wurde, desto mehr Geld brauchte sie, um ihre Unabhängigkeit zu gewährleisten. »Ihr« Buch sollte in den Vereinigten Staaten erscheinen. Gern hätte sie es selber geschrieben. Sie versuchte es, sie schrieb.

»Es ist schwierig, ich kann wohl eine Geschichte erzählen, aber das besagt nicht, daß ich ein Buch zu schreiben verstände, selbst wenn ich die Zeit dazu hätte.«

Alles, was man aus ihr herausschlug, erhöhte ihren Preis. Jacques Chazot, den sie gern mochte, bewog sie dazu, im Fernsehen zu erscheinen. Sie *überschlug,* wieviel das ausmachte: viel, viel! Sie war nicht ohne Grund der Ansicht, daß das kleinste Krümchen Chanel einen ungeheuren kommerziellen Wert darstellte. In Wirklichkeit diente das Geld, ihr Geld, dazu, einen Maßstab für ihre Kraft und die Macht des Hauses Chanel zu bilden. Im übrigen:

»Das Geld macht die Frauen dumm«, sagte sie. »Eine arme Frau, die reich wird, verblödet gleichzeitig. Das Geld nimmt ihr jeden Geschmack. Sie denkt nur noch an dieses Geld.«

Sie fügte hinzu: »Das Geld läßt die Männer nicht verdummen.«

»Glauben Sie das wirklich?«

Nein, sie glaubte es nicht. Sie kannte die Zerstörungen, die das Geld anrichtet, und sogar bei sich selber. Um sich zu verteidigen, und das war seltsam, ließ sie ihren Unmut an den Bürgern aus, die sich alle darin einig waren, ihr Geld zu retten.

»Sie haben sich stets gegen mich zusammengetan«, erklärte sie.

Offenbar dachte sie an ihre Anfänge, als sie sich *gegen* die Reichen durchsetzte, die gleichfalls die Moral in Händen hielten. Man sah sie noch von oben an. Und wer wagte es, sie durch eine Lorgnette so scharf ins Auge zu fassen? Hausbackene Frauen, nicht einmal hübsch, die in einem Waisenhaus untergegangen, die niemals aus Moulins herausgekommen wären. Auch gegen *diese Menschen* wollte sie ihr Geld haben, die Waffe der Verachtung. Belanglose Erinnerungen stiegen in ihr auf. Sie sprach von der Mutter von Jean Cocteau, einer kleinbürgerlichen Frau, die keine Empfänge geben konnte, wie Coco zischend erklärte, und von einer Schwester des Dichters, »die in beengten Verhältnissen lebte«.

»Sie sind doch mit Jean befreundet, warum machen Sie mir da nicht einige Modelle?« verlangte sie von Coco.

Seit wie vielen Jahren hatte ihr das schon im Magen gelegen?

»*Sie* wollen alles umsonst haben, diese Leute. Wenn ich etwas mache, so will ich auch, daß es mir etwas einbringt.«

Sie ahmte einen sehr reichen Freund nach, der ihre Nippsachen bewunderte:

»Das werde ich gern mitnehmen und das auch noch ...«

»Gar nichts werden Sie mitnehmen, mein Lieber«, erwiderte sie ihm.

Sie betrachtete ihre Nippsachen:

»Ich gebe diese Dinge lieber zu Lebzeiten weg«, sagte sie, »denn *nachher* ... Man weiß nicht, was dann aus alldem wird.«

Sie senkte ihren Blick auf ihre Hände, die gefaltet auf dem Saum ihres Rockes lagen. *Nachher*. Der Tod.

Seit ihrer Rückkehr in die Rue Cambon ging sie verhältnismäßig selten aus. Sie erklärte voller Koketterie, sie habe nichts anzuziehen.

»Es blieb mir ein blaues Kostüm, mit dem ich, mein Gott, überall hingehen konnte. Ich habe es einer Freundin geschenkt. Sie konnte es kaum fassen: Wirklich, Sie geben es mir? Ich habe zu ihr gesagt: Nehmen Sie es, ich werde dann nirgends mehr hingehen, denn ich kann doch nicht zu Leuten zum Abendessen gehen, wie ich da bin (in hellbeigem Chanel, mit Blau und Rot abgesetzt). Man würde glauben, ich wollte den anderen Gästen eine Lektion erteilen.«

Georges Cravenne, ihr großer Freund, bemühte sich, sie in ein gewisses hektisches Treiben, das er veranstaltete, hineinzuziehen:

»Was er braucht, sind Lokomotiven«, erklärte Coco. »Lokomotiven sind Leute, die ihre Nächte in Nachtlokalen verbringen, in die ich niemals gehe. Aber wenn ich mich bei einem Gesellschaftsabend zeige, sagen sich die Leute: Wenn Mademoiselle Chanel da ist, muß das doch etwas sein. Gehe ich nicht hin, sagen sich die Leute: Sie weiß, was man zu tun hat, bleiben wir also zu Hause. Aber ich lasse mich nicht mehr drängen. ›Sie werden das Flugzeug nehmen, Sie werden in dem und dem Hotel untergebracht sein, Sie werden dies oder das tun.‹ Ich sage zu Georges: ›Und wenn ich das nicht mag? Und wieso soll ich alles tun, was Sie von mir verlangen? Um Monsieur Preminger, der mir völlig gleichgültig ist, einen Gefallen zu erweisen?‹ Dann sagt dieser gute Georges zu mir: ›Still! Still!‹«

Es machte ihr Spaß, zu einer Art *enfant terrible* zu werden, das alles

mögliche sagt. Ihre Erklärungen im Fernsehen, Antworten auf Fragen von Jacques Chazot, brachten ihr eine Unzahl von Briefen ein. Man stimmte ihr zu, daß sie die Schamlosigkeit der Mode und die Verrücktheit der Frauen angriff. Sie fand es ganz natürlich, immer wieder in Orakeln zu sprechen. Nach einem der *New York Herald Tribune* gewährten Interview fragte sie mich:

»Vielleicht bin ich zu weit gegangen?«

Sie gab eine Salve spitzer Pfeile auf Frauen ab, von denen es hieß, sie wären die elegantesten, insbesondere auf Jackie Kennedy.

»Pah, hat man sich einmal entschlossen, die Wahrheit zu sagen, muß man damit auch bis ans Ende gehen.«

Wer fand Gnade vor ihren Augen? Georges Cravenne flehte sie an, sich an einem Komitee zu beteiligen, das man gebildet hatte, um den achtzigsten Geburtstag von Maurice Chevalier zu feiern:

»Jemand, der singt: ›Ganz kleine Füßchen hatte sie‹! Wie blödsinnig!«

Die jungen Schauspielerinnen waren schmutzig wie alte Kämme: »Gehen Sie sich waschen, und ich werde sehen, ob ich Ihnen einen Hosenanzug leihen kann.«

Ich sah Coco an: »Und sie gingen sich waschen?«

»Natürlich.«

Sie warf Cravenne vor, seine Feste im Ausland zu organisieren, in Tunesien, in Irland. Und Paris? Die Ausländer langweilten sich dort zu Tode. Man hatte sie vergessen. Die Pariser Saison bestand nicht mehr. Es gibt nur noch einen Ball, den Karim veranstaltet, der nicht einmal Franzose ist. Warum sollten sich unter diesen Bedingungen die Frauen noch anziehen? Im Haus Chanel, dem es im übrigen gutgeht, müßte man rund hundert Arbeiterinnen entlassen.

Die Reichen müssen die Armen arbeiten lassen. Diese Vorstellung bewahrte sie sich bis ans Ende. Gleichzeitig berichtete sie von einer Äußerung einem Minister gegenüber:

»Ich habe zu ihm gesagt: Unsere Politik ist grundschlecht. Es ist doch immerhin entsetzlich, sich Menschen vorzustellen, die ihre Bedürfnisse in Außentoiletten erledigen müssen, auf dem Hof, gemeinsam für mehrere Familien. Am Morgen, sehen Sie das vor sich?«

Seltsame Überlegung, ganz offensichtlich mit lang zurückliegenden Erinnerungen verbunden.

»Bevor wir den Kosmos erforschen«, sagte sie auch, »warten wir lieber ab, daß alle Leute Toiletten haben.«

Sie fragte mich:

»Warum träumen Sie davon, Gegenden aufzusuchen, in die man alles erst hinschaffen muß, sogar die Luft, die man atmet?«

»Glauben Sie nicht, daß es andere Planeten gibt, wie den unseren, wo Leute in diesem Augenblick genauso reden wie wir?«

Sie schüttelte den Kopf: »Nein. Man muß auf der Erde bleiben, hier sind wir geboren. Sehen Sie sich das scheußliche Wetter an, das wir haben.«

»Ich hoffe, daß die Wahlen de Gaulle und seine Bande hinwegfegen.«

Dieser Ausruf verriet eine Enttäuschung. Es stand ihr von Rechts wegen zu, die Fünfte Republik anzuziehen, das war im Grunde ihres Herzens ihre Ansicht. Für sie, die ständig so sehr auf Bestätigungen bedacht war, hätte Madame de Gaulle im Chanel soviel bedeutet wie der Segen des Kardinals von Paris. Natürlich wäre sie, mit dem Kopf auf dem Richtblock, nicht damit einverstanden gewesen. Sie gab ihrer antigaullistischen Einstellung eine verschwommene soziale Grundlage:

»Die Franzosen können nicht mehr von ihren Einkünften leben. Alles, was in die Staatskasse kommt, dient der Fassade, dem Prestige. Welchem Prestige, mein Gott?«

Ich erinnerte sie einmal daran, daß Millionen von Franzosen weniger als 300 oder 500 Francs im Monat (je nach dem Jahr) verdienten. In der Gegend von Deauville hatte sie Campingplätze gesehen.

»Wie es scheint, legt man für diese Leute eine Art von Gräben an, wie für die Soldaten? Es hat angefangen zu regnen. Ich dachte: Wie entsetzlich, in diesen Gräben muß doch alles hochsteigen.«

Nur selten stieß sie bis zu derartigen sozialen Überlegungen vor. Ihre Welt lag am entgegengesetzten Pol. Für die de Gaulles existierte kein Luxus. Oh! Sie wollte ihre Vornehmheit, ihr Auftreten nicht in Zweifel ziehen, und auf diesem Weg hätten sie zueinander finden können. War es Madame de Gaulle nicht Frankreich schuldig, sich zu *chanelisieren*?

Wenn de Gaulle sie in den Elysee-Palast eingeladen hätte, wäre sie wie ein kleines Mädchen mit klopfendem Herzen hingegangen. Oder wenn Madame de Gaulle darum gebeten hätte, sich ihre Kostüme anzusehen ... Sie wäre selber bei den Proben anwesend gewesen, mit ebensoviel Freude (wenn nicht noch mehr) wie bei Madame Pompidou.

Madame Pompidou bestellte sich Kleider bei Chanel, noch bevor ihr Mann es zum Ministerpräsidenten gebracht hatte. Es kam bereits vor, daß sie sich bei den gleichen Abendgesellschaften trafen. Es war ganz natürlich, daß Coco ins Matignon und ins Elysee eingeladen wurde. Nach einem Abendessen im Matignon hatte sie, als die Rede auf Madame Pompidou kam, folgende Prophezeiung ausgesprochen: »Sie wird noch ihren Mann verlieren. Sie hat nicht die geringste Lust, Präsidentin der Republik zu werden. Das liebt sie nicht.«

Cardin nahm an diesem Essen teil: »Er sagte nichts, er betrachtete alles mit einem traurigen Blick.«

Wenn Coco dem einen oder anderen ihrer Feinde, den Couturiers, begegnete, fand sie sie ein paar Tage lang fast reizend, bescheiden und fühlte sich von ihnen bewundert; sie gestand ihnen sogar ein gewisses Talent zu:

»Ich glaube, ich könnte ihnen gute Ratschläge geben«, meinte sie lachend.

Im Elysee fragte Präsident Pompidou sie, ob sie wiederkäme. »Er ist sehr höflich«, sagte sie, »sehr intelligent, und er weiß, was er will.«

»Nein, ich werde nicht wiederkommen, ich freue mich sehr, Ihr Haus gesehen zu haben, aber es gefällt mir nicht.«

Sie erzählte das alles von lustigen Einfällen begleitet, eine Mischung dessen, was sich tatsächlich zugetragen hatte und was sie dem Präsidenten gern gesagt hätte. Auf jeden Fall entsprach ihr Bericht dem, woran sie sich zu erinnern beschlossen hatte. Sie erklärte also dem Präsidenten, es ständen ihm auf dem Möbelspeicher wunderbare Stücke zur Verfügung und daß er sich, bevor er sich auf eine offizielle Reise in die Vereinigten Staaten begäbe (von wo er zurückgekehrt war), mit seinem Botschafter über das dort herrschende Klima hätte beraten sollen.

»*Sie* (Madame Pompidou), die sehr lebhaft ist, hätte am liebsten auf die Leute (die Demonstranten in Chikago) eingeschlagen, sie hätte

ihren Mann gedrängt, sich zu schlagen; da habe ich zu ihr gesagt: Meine Liebe, er hätte auf einen Boxer treffen können, und da hätten Sie großen Ärger bekommen.«

Ich gebe hier einen Monolog, den man kindisch finden wird, nur wieder, weil er das königliche Bewußtsein verrät, das Coco für Mademoiselle Chanel entwickelt hatte. Wenn sie von ihren Geschäften sprach, sprach sie von einem Reich. Ihre imperialen Pflichten verlangten von ihr, den Leuten an den richtigen Stellen die Wahrheit zu sagen.

»Sie sind keine Freundin des Regimes«, bemerkte Joxe, damals Staatsminister.

»Man hätte Algerien behalten müssen«, erklärte Coco. »Warum es diesen Leuten geben?«

Und dann fuhr sie mit folgendem bewunderungswürdigen Kommentar über de Gaulle fort:

»Man hätte ihn notfalls als Präsidenten nehmen können. Da hätte er Ratschläge gegeben. Aber man durfte ihm nicht die Macht überlassen.«

Mendès-France (so sagte sie) erklärte ihr, daß allein de Gaulle gewisse Entscheidungen (über die Dekolonialisierung) treffen könne und er auf einige Jahre hinaus notwendig sei.

»Er wird sich festklammern!« stieß Coco hervor.

Couve de Murville mochte sie gern:

»Er ist mit das Seriöseste, was wir haben. Er ist Protestant. Die Engländer sind keine wirklichen Protestanten, aber sie sind Gentlemen, und die Gentlemen sind fast Protestanten.«

Sie hatte Proust gekannt:

»Er hielt seine Hände so, dort gefaltet (auf dem Geschlechtsteil). Eine weibliche Geste. Er war eine Frau. Er hatte zurechtgemachte Augen.«

Mit einigen Worten beschrieb sie eine Schauspielerin (in der Rue Cambon in Ungnade):

»Sie hat sich völlig verändert. Ihre Backenknochen treten hervor.

Sie kennt nur noch das Geld und das Vergnügen. Wenn sie ein Stück spielt, fängt sie mit dem Autor an, denn sie hat einen gewissen Sinn für die Rangordnung. Sie ist sehr mutig.«

Ein Couturier:

»... seine Gestalt, die eines spanischen Bettlers, in einer alten Jacke fröstelnd.«

Sie beurteilte sich folgendermaßen:

»Ich bin schüchtern. Die Schüchternen sprechen viel, weil sie die Stille nicht ertragen. Ich bin stets bereit, irgendeine Dummheit zu äußern, um ein Schweigen auszufüllen. Ich gehe, ich gehe von einer Sache zur anderen, um es dem Schweigen nicht zu erlauben, sich auszubreiten. Wenn die Leute kein Vergnügen an meiner Gesellschaft finden, spüre ich das sofort. Ich habe eine nervöse Influenz. Ich spreche heftig. Ich weiß, daß ich unerträglich bin.«

Sie seufzte:

»Warum wollen die Menschen nicht mehr bei sich zu Hause bleiben? Nicht einmal die Jungverheirateten. Jeden Tag muß man ausgehen, sich zeigen, dem Ereignis nachlaufen. Jeden Tag muß einem irgend etwas passiert sein. Immerhin sind wir doch zivilisierte Menschen? Umhertraben, laufen, ein Sandwich herunterschlingen, warum finden sich die Leute damit ab? Weil sie sich langweilen.«

Sie entwarf Skizzen des Pariser Lebens:

»Monsieur Untel, ein Milliardär, hat uns darauf aufmerksam gemacht, daß er die Kleider seiner Frau nicht mehr bezahlen wird. Sie hatte vier gekauft. Er hat sie uns sehr korrekt bezahlt, aber als sie wiederkam, habe ich ihr sagen müssen:

›Meine Liebe, jetzt ist Schluß.‹

›Das können Sie doch einer Frau wie mir nicht antun!‹

›Eine Frau wie du, meine Liebe ... Was bist du denn? Man gibt dir eine Million im Monat, um dich anzuziehen, und da machst du noch

Schulden? Du wärst verrückt, dich scheiden zu lassen. Du hast mir gesagt, daß du kein Privatvermögen besitzt.‹«

Eine andere Skizze: Sie hat einer Pariserin aus den ersten Kreisen, die vorübergehend in Bedrängnis war, denn ihr Milliardär war abwesend, zwei Kleider gegeben. Aber als er zurückgekommen war: »... sofort ist sie erschienen, um zwei andere Kleider zu bestellen, was ich sehr nett gefunden habe. Mein Lieber, Sie kennen nicht die Niederträchtigkeit der Frauen. Es kommt vor, daß ich einigen, die nicht soviel Geld haben, besondere Preise einräume, na schön! Dann sehe ich sie in Balenciaga wieder, weil er sehr teuer ist und alle Welt es weiß; man will sich also mit etwas sehr Teurem auf der Haut zeigen.«

Über eine Herzogin: »Sie hat niemals ein Kleid bezahlt. Wenn sie mich bäte, sie anzuziehen, würde ich sagen: Einverstanden, unter der Bedingung, daß Sie es niemand sagen.«

Über eine sehr reiche Kundin, mit der sie sehr befreundet war: »Wenn du noch einmal die Verkäuferin nach dem Preis eines Modells fragst, werde ich dich nicht mehr anziehen.«

Über eine andere gleichfalls sehr reiche Kundin, noch eine große Freundin von ihr: »Sie bildet sich ein, ich sei wütend, weil sie Kleider bei Courrèges kauft. Ich habe ihr gesagt: Meine Kleine, nehmen wir an, du hättest dreißig Kleider im Jahr bei mir gekauft und nähmst jetzt nicht ein einziges mehr, was würde das wohl deiner Meinung nach dem Haus Chanel ausmachen? Je mehr Kleider man verkauft, desto mehr Geld verliert man.« Dieses Wort über die Anerkennung in bezug auf Menschen, denen sie viel Geld gab: »Ich verlange keine Anerkennung, aber die Undankbarkeit ist auch etwas Entsetzliches.«

Über Wissenschaftler: »Das sind uneigennützige Geschöpfe. Sie spielen ein furchtbares Schachspiel.«

Über eine Bridgespielerin (Gelegenheitsspielerin): »Jedesmal, wenn jemand erscheint, hebt sie den Kopf und fragt dann: ›Was haben Sie gesagt, Karo 2?‹ Das Ganze endet mit einem Scheck, den sie unterschreibt.«

Über jemand, der sie um Geld bat: »Meine Kleine, es gibt viele Menschen, die, ohne Tennis zu spielen und ohne zu reiten, leben.«

Über eine Hausfrau: »Bei ihr ist es nicht sehr gepflegt, weil sie nichts selber zahlt.«

Erinnerung an eine Italienreise mit einer »großen, sehr schönen« Freundin. Auch Freunde sind dabei, die italienische Männer zum Trinken einladen: »Ich wußte, daß diese Männer es darauf anlegten, uns an den Strand mitzunehmen. Meine Freundin war groß und stark, aber ich, so klein und zart ... Wir haben ohne Schwierigkeiten ins Hotel zurückkehren können. Meine Freundin hat mich gefragt: ›Hättest du es vorgezogen, zu sterben oder es über dich ergehen zu lassen?‹ Ich hätte trotz allem nicht sterben wollen.«

Erinnerungen an die Flagstad: »Als sie starb, hat niemand von ihr gesprochen, dabei war sie die größte Sängerin dieser Zeit. Sie hat mit fünfundvierzig Jahren angefangen. Ein Deutscher hat zu ihr gesagt: Sie haben eine wunderbare Stimme, ich werde Ihnen alles beibringen. Die Französinnen singen von dorther ...«

Sie legte ihre Hände auf den Magen und sang mit großer Mimik.

»Man muß singen, wie man spricht, es muß vom Mund ausgehen, um natürlich zu bleiben.«

Sie sprach von einem von der Flagstad gegebenen Konzert: »Sie hatte mit etwas sehr Schwierigem angefangen, etwas, das man eher als Zugabe singt, ohne Wirkung. Sie hatte einen tiefen Ton verpatzt, den sie nicht getroffen hat. Sie hat sich unterbrochen und mit einer Geste des Unwillens die Bühne verlassen, um ein Glas Champagner zu trinken. Unter donnerndem Beifall ist sie zurückgekehrt.«

Eine Schauspielerin schlug ihr vor, sie mit nach London zu nehmen, um sich das Gesicht liften zu lassen: »Sie werden zwanzig Jahre weniger haben.«

»Aber ich würde mich so sehr schämen, zwanzig Jahre weniger zu haben, alle Welt weiß, was ich getan habe (nicht etwa: Alle Welt kennt mein Alter). Ich habe genügend Falten, aber ich würde es vorziehen, mir noch einige machen anstatt sie mir wegnehmen zu lassen. Man wird sich vorbeugen, um die Narben zu entdecken. Dabei hätte ich es sehr nötig, mich aufbessern zu lassen. Sobald ich ein Kilo verliere, entleert sich mein Hals.«

21

Coco bei der Arbeit

Ein Zeichen großen Vertrauens und eine große Vergünstigung, so habe ich die Einladung verstanden, bei Cocos Arbeit anwesend zu sein, als sie sie mir endlich, nach einem Mittagessen, über den Tisch hinweg zurief.

Während der schwierigen Jahre sah ich Coco häufiger. Durch *Argus* erhielt sie einen Artikel, den ich über die Erscheinungen geschrieben hatte, die soviel Unruhe in die Haute Couture brachten.

»Das hat keine Bedeutung mehr«, erklärte sie mir, »ich werde mich an meine letzte Kollektion machen; sie wird die Synthese von allem sein, was ich gemacht habe.«

Sie ließ die Litze ihres Kostüms zwischen Daumen und Zeigefinger hin und her gleiten.

»Ich trage dieses Kostüm seit zehn Jahren. Ich liebe die alten Stoffe, die nicht aufzutragen sind.«

Sie streichelte den Wollstoff; ebenso hätte sie einen Hund streicheln können. Eine (offensichtlich falsche) Vorahnung warnte mich: Es

wird die letzte Kollektion sein, wahrhaftig, diesmal meint sie es ernst. Ich sah sie ratlos. Sie fragte einen Journalisten von *Woman's Wear:*

»Wird es Ihrer Ansicht nach lang oder kurz sein?«

Sie schien seiner Antwort Bedeutung beizumessen. *Woman's Wear* hatte soeben eine von der Konfektionsindustrie bezahlte Reklameseite veröffentlicht, auf der nichts weiter als quer über die Seite dieser Satz gedruckt stand: *We love Coco*; das o von *love* war durch ein Herz ersetzt. Die Frau des Journalisten war im Minirock in die Rue Cambon zum Abendessen gekommen. Heldenhaft, und Coco hielt ihr die beiden Kolliers, die sie trug, hin:

»Welches wollen Sie?«

Die junge Frau hatte das längere gewählt.

Mir schien, ich müßte Chanels letzte Kollektion aus der Nähe verfolgen (so wie Joinville den heiligen Ludwig begleitete!). Schließlich handelte es sich ja auch hier um eine Art Kreuzzug, für das Schöne, für das Vollkommene. »Eine Kollektion muß man finden«, sagte mir Coco. »Ich suche das Thema. Wir werden darüber reden. Sie werden verstehen, wie *so etwas kommt*. Sie werden vieles lernen.«

An einem Samstag befand sie sich in der Rue Cambon. Sie hatte ihre ganze Belegschaft zusammengeholt.

»Ich komme immer, wenn ich von *ihnen* verlange, daß sie arbeiten. Sie wissen, daß ich da bin. Wenn *sie* mich nach etwas fragen müssen, brauchen *sie* nur zu kommen.«

Eine kurze Stille:

»Aber niemand kommt, niemals. Ich bleibe allein, und das ist ärgerlich, denn indem man über sie redet, geschehen die Dinge. Was soll ich also tun?«

Sie war verstört, unruhig; wenn auch ihrer selbst sicher, das versteht sich von allein.

»In diesen Zeiten, in denen wir leben«, sagte sie, »muß man sich ruhig verhalten, um eine gute Kollektion zu machen.«

Mit einem Seufzer:

»Alles ist altmodisch.«

Der Anfang einer Selbstkritik?

»Man kopiert nur noch«, sagte sie.

Sie sollte das Thema während der folgenden Tage wiederaufnehmen:

»Man muß bei sich zu Hause bleiben. Man muß etwas sehr Gutes machen. *Sie* wollen alles umstürzen, aber *sie* wissen nicht mehr, was sie tun sollen. Um die Mode zu ändern, genügt es nicht, die Kleider kürzer zu machen.«

Sie zögerte, sie suchte nach Worten, sie sprach mit sich selber:

»Ich glaube nicht, daß man für den Tag zu den langen Kleidern zurückkehren kann (sie dachte an ihre Winterkollektion). Das alles paßt nicht mehr zu dem Leben, das man führt. Paris ist verstopft; diese Verstopfungen sind einkalkuliert, denn man muß doch Autos verkaufen, und dann erfährt man, daß es jeden Sonntag hundert Tote gibt. Das macht mir angst. Man kann nicht mehr ausgehen. Ich sage mir: Bleib zu Hause. Na schön, so wird man eben leben, auf seinem Maulwurfshaufen.«

Sie behauptete, daß die *yéyé*-Mode von bedeutenden Kapitalien gefördert würde; darüber hinaus sei sie Nutznießerin einer erheblichen, kostenlosen Reklame, und das verdanke sie den Sängerinnen und den jungen Schauspielerinnen.

»Früher wären diese Mädchen auf dem Bürgersteig auf und ab gegangen, heute aber sitzen sie ganz oben.«

Wieder befielen sie ihre Zweifel:

»Warum sollte ich weitermachen, wenn es nicht geht?«

Sie trug große Perlen an den Ohren. Sie gab sich Träumereien hin und erinnerte sich an eine Reise nach Kalifornien, eine Nacht in Monterey. *It happened in Monterey.* Der Balkon ihres Zimmers ging auf den mondbeschienenen Pazifik hinaus. Ein Schwarzer sang. Sie sagte: ein Neger.

»Er wiederholte stets die gleiche Melodie. Ich habe ihn gebeten, zu mir zu kommen und für mich zu singen. Es war wunderbar. Am nächsten Tag habe ich große Mengen von Cowboysachen in den Geschäften gekauft, ich habe alles nachgemacht, aber besser, und habe damit ein Vermögen verdient.«

Sie suchte also eine neue Silhouette für die neue Frau.

»Bis jetzt«, bemerkte ich, »haben Sie nicht das Bedürfnis verspürt, etwas Neues zu machen.«

Sie furchte die Stirn. Was wollte ich ihr damit zu verstehen geben? Ich ließ nicht locker:

»Sie haben festgestellt, daß alles altmodisch ist.«

Sie wich mir aus:

»Ich kann nicht alles allein machen.«

Ein großes Glas Wasser auf dem niedrigen Tisch vor ihrem Diwan. Auf einer Untertasse eine Tablette. Eine Schachtel mit weißen Pfefferminzplätzchen: »Wohlriechender Atem, erfrischter Mund.«

»*Sie* verstehen nichts, *sie* haben keine Phantasie. Ich kann nicht nähen, ich verstehe es, Nadeln zu stecken.«

Die Hände in der Taille. Sie löste sie leicht von der Taille, beide Händen in der gleichen Bewegung.

»Wenn ich ein bißchen Weite geben wollte?«

Fand sie ihre Silhouette? War ihr die Eingebung gekommen? Ohne auf meine Fragen zu antworten, zeigte sie mir ihre Hände, ihre gekrümmten Finger:

»Alle Gelenke sind geschwollen, sehen Sie?«

Sie zählte:

»Eins, zwei, drei ... sieben, acht, neun.«

Sie ließ die Fingerspitzen die Daumen berühren, wie die Spinnerinnen es über dem Spinnrad tun.

»Die Innenseite der Finger habe ich mir bewahrt. Für meine Entwürfe brauche ich nichts anderes. Ich war früher sehr geschickt, ich konnte mit meinen Händen machen, was ich wollte.«

Sie hob eine kleine Brieftasche hoch, mit einer vergoldeten Medaille geschmückt, die ein Tierkreiszeichen wiedergab:

»Ein Handwerker sollte mir hundert Stück davon für Weihnachten machen. Ich werde sie nicht kriegen. Man kann nichts mehr bekommen. Dabei ist es leicht herzustellen. Das Ganze bedeckt man mit einem kleinen Goldblatt. Das Gold trägt man mit einem Pinsel auf.«

Sie vollführte die Bewegungen, sie strich mit dem Pinsel hin und her.

»Was habe ich alles erfunden!«

Sie rührte mich, aufgespalten zwischen der Vergangenheit, als alles gelang, und dieser Kollektion, die sie machen mußte, dieser neuen Frau, die sie finden mußte. Konnte sie mit Chanel brechen? Eine Kollektion machen, die nicht mehr für sie wäre? Sich in das Spiel der *anderen* werfen?

»Was *sie* machen, könnte ich besser machen als *sie*.«

Sie betrachtete die vergoldete Brieftasche, hauchte sie an und rieb sie mit einem Zipfel ihres Kostüms ab. Dann:

»Man muß die Silhouette ändern. Sie darf nicht mehr flach und gerade sein. Die Mode stellt die Illusion dar, daß eine andere Frau geboren wurde, die ihrer Zeit entspricht.«

Sie sah mich an, als wäre ich ein Prüfer, der eher zu fürchten sei, und sie eine verängstigte Kandidatin beim Abitur. Sie suchte in meinem Gesicht nach Andeutungen, bevor sie auf die Fragen antwortete, die sie sich selber stellte.

»Ich überlege zuviel«, gestand sie.

Sie schlief schlecht. Sie erwachte, und in ihrem Kopf war das *revolutionäre Kleid,* das sie suchte.

»Es erscheint mir bereits altmodisch. Immerhin besteht die Mode ja nicht aus der Länge der Röcke? Ich werde doch keine Röcke bis hier machen?«

Eine Hand auf dem Bauch.

»Gürtelröcke!«

Die Fabrikanten zeigten ihr phantastische Stoffe.

»Sie machen sie für mich, weil ich sie zu verwenden verstehe. Diese schönen Stoffe werden für die braven Bürgerinnen gemacht, die Geld und gutes Auftreten haben. Für die Mädchen braucht man Sachen, die weniger teuer kommen.«

Sie verbarg nicht ihre Ratlosigkeit:

»Welche Ausschweifung, diese *yéyé*-Mode!«

Die Inspiration?

»Man darf nicht zu schnell vorgehen, sonst macht man Sachen, die sofort altmodisch sind.«

Während sie noch an ihre Kollektion dachte, schnitt sie zehn andere, entferntere Themen an, so den Urlaub, alle wollten im August verreisen, gerade wenn das Haus alle brauchte. Und Nasser?

»Der vierte Weltkrieg hat bereits begonnen, nicht wahr?«

Auch die Operette *Coco.* Ein Reporter hatte geschrieben: Rosalind Russell, vierundfünfzig Jahre, wird Mademoiselle Chanel, vierundachtzig Jahre, darstellen.

»Mir ist das gleichgültig«, erklärte Coco aufmuckend, »man könnte ebensogut erzählen, daß ich hundert Jahre alt bin, aber wie angenehm

ist es für diese Dame (Rosalind Russell) zu lesen, daß man sie nimmt, die erst vierundfünfzig ist, um mich mit vierundachtzig Jahren darzustellen.«

Und das führte sie zu folgender Klage:

»Ich habe die ganze Presse gegen mich.«

Damit kehrte sie zu ihrer einzigen Besorgnis zurück:

»Diese Länge! (der Minirock) Man sagt mir, das sei zu Ende?« Sie sah mich fragend an, nicht mehr, als sei ich der Prüfer beim Examen, sondern Gottvater selber, der imstande war, das Ende des Minirocks aus irgendeinem guten oder schlechten Grund anzuordnen.

»Der zieht nicht mehr, nicht wahr?«

»Oh! Doch, man sieht ihn immer mehr.«

»Bald werden die Frauen nackt auf die Straße gehen.«

Sie lachte verbittert:

»Dann wissen Sie gleich, woran Sie sind. Welcher Exhibitionismus! Man tut alles nur Mögliche, um drei oder vier Leute in Staunen zu versetzen.«

»Die Männer werden die Frauen bekommen, die sie verdienen.«

Sie jonglierte mit Zahlen:

»Eine Kollektion kostet 350 Millionen. Wenn etwas wie dies (sie zog an ihrem Kostüm) das Atelier verläßt, einfach nur aus Leinen genäht, noch vor jeder Probe, kommt es bereits auf 200000 Francs. (Sie hat stets nur von alten Francs gesprochen.) Ich könnte Ihnen ein Kostüm zeigen, das ich fünfunddreißigmal von neuem habe anfangen lassen. Aber liegt nicht gerade darin der Luxus? Kleider zu tragen, die unverwüstlich sind?« Sie zeigte mir ein Foto von sich, das während des Krieges aufgenommen wurde:

»Man könnte es heute aufnehmen«, sagte sie. »Ich ging anders frisiert, aber ich könnte die Jacke wieder anziehen. Eine Kundin aus dem Norden hat mir ein Kostüm gebracht, das vor dem Krieg für eine ihrer Tanten zugeschnitten wurde, von der sie es soeben geerbt hatte. Es paßt ihr. Heute (sie zuckte die Achseln) muß man Schocks austeilen! Man zeigt also seinen Nabel. Der Beruf ist beim Teufel.«

Ihre Klage schlug eine andere Richtung ein:

»Immerhin, welcher Prestigeverlust für Frankreich. Die Zeitschriften haben die Mode umgebracht. Man vergißt, daß es 45 000 Näherinnen gibt, die davon leben. Die Politik dieses Landes ist sinnlos geworden. Man stellt Bomben her! Glauben Sie, daß man damit die Chinesen aufhält? Ach! Die Frauen werden sich gut amüsieren. Dank der Pille werden sie keine Kinder mehr bekommen, und das alles wird arbeiten, das alles wird traben und dabei mit den Absätzen klappern.«

Und die Inspiration? Das revolutionäre Modell, das man unbedingt finden mußte, um die Frau zu erneuern? Der neue Stil, der noch zu definieren war? Unaufhörlich kam ich darauf zurück.

»*Man* hilft mir nicht. Niemand zeigt Phantasie.«

Hätte sie andere Ideen als die ihren akzeptiert? Die ihr nicht kamen. Oder eher, die zurückkehrten: die gleichen.

»Ich sage *ihnen*: Was wir brauchen, ist Perfektion. Wenn ihr keine Perfektion mitbringt, was bringt ihr dann? Nichts. Denn ihr habt niemals etwas erfunden, nicht einmal einen Saum. Alles kommt von mir. Immer ist alles von mir gekommen. Ich habe zwei Kostüme, und ich bin immer gut angezogen. Das ist es, Chanel.«

Der Grund war fast selbstverständlich:

»Ich bin die Sklavin meines Stils.«

Noch kämpfte sie; ein Kampf um der Ehre willen, um sich selber einzureden, daß, wenn sie nur wollte ... Man teilte ihr mit, daß Cardin kürzte.

»Um so besser. Da haben wir was zu lachen. Ich habe ein großes Weibsbild gesehen, das die Beine bis dorthin (hoch oben) zeigte. Nicht häßlich. Völlig nichtssagend. Ich dachte: Mein Mädchen, wenn du einen Idioten findest, der dich heiratet! Wenn ich eine Tochter hätte, müßte sie schon sehr gut geformte Knie haben, damit ich ihr erlaubte, sie zu zeigen.«

Zaghaft versuchte ich, ihr zu erklären, daß diese Mode, die sie mit *yéyé* bezeichnete, gerade die der ersten Generation von Töchtern ohne Mütter sei, von Töchtern, die sich anzogen, ohne jemals die Mutter um Rat zu fragen, und die darüber hinaus Wert darauf legten, ihre Emanzipation nach außen hin deutlich zu zeigen. Sie aber verfolgte weiter ihren Gedanken:

»Auf hundert gibt es nicht eine Frau, die hübsche Knie hat.«

Sie berichtigte den prozentualen Anteil:

»Dabei bin ich großzügig. In Amerika machen *sie* Knie aus Kunststoff, die man unter die Strümpfe gleiten läßt. Bald wird alles aus Kunststoff sein.

Ich habe nichts Häßlicheres gesehen als diese kurzen Röcke. Man sollte meinen, die Frauen würden weinen, damit man ihnen noch ein bißchen Stoff schenkt.«

Sie häufte das alles auf wie Sandsäcke auf den Deichen eines Hochwasser führenden Flusses, gegen die Überflutung des schlechten Geschmacks.

»Wäre ich nicht gewisse Verpflichtungen eingegangen, würde ich das Haus schließen, ich würde weggehen. Aber da ich meine Unternehmen stets bis zu einem Ende bringe ...«

Ein Seufzen, ein Achselzucken:

»Mir ist völlig gleichgültig, was man davon sagen wird, ich werde mein Bestes getan haben.«

Es war Juli geworden. Die Kollektion machte gute Fortschritte, war klassisch, erz-Chanel.

»Jedesmal, wenn ich etwas anderes machen will, frage ich mich: Würdest du es anziehen? Nein, ich könnte nichts anderes als Chanel tragen.«

Sie schätzte ihre Risiken ab.

»Das Modegeschäft geht schlecht. Man schließt die Werkstätten. Das Haus Chanel geht gut, aber wir lehnen schließlich weniger Bestellungen ab als üblich. Molyneux hat mich gefragt, was er tun sollte.«

Sie riet ihm, etwas von der Stange zu machen:

»Was wollen Sie, mein Lieber (hatte sie zu ihm gesagt), andere haben das alles schon vor Ihnen durchgemacht! Die Leute sehen in Ihnen alte Kamellen, und es ist zu Ende.«

Sehen in Ihnen ... Das war nicht allein auf Molyneux gemünzt. Man verstand: Man hält euch alle für alte Kamellen. Sie wehrte sich gegen die Zeit, wie ein im Netz gefangener Gladiator gegen den Tod ankämpfte. Sie zupfte an der blauen und roten Litze, die ihr Kostüm säumte:

»Ich habe das, die Bordüren, und ich werde noch welche hinzufügen,

denn das bin ich. Ich werde nicht auf das verzichten, was meinen Stil ausmacht, während ich die Sachen von der Stange zu 90 % beeinflusse.«

Die Atmosphäre des Hauses wurde düster.

»Wenn Mademoiselle gegen fünf Uhr herunterkommt, bricht eine Panik aus«, vertraute mir eine Direktrice an.

Für sie und ihre Kolleginnen war es das Ende des Nachmittags. Sie wollten nach Hause gehen. Coco kam vom Essen und von ihren Schwätzereien. »Konnte sie denn nicht *normal* arbeiten?« fragten sich ihre männlichen und weiblichen Mitarbeiter. Man organisierte einen Schichtdienst: »Bleibst du heute abend da? Viel Vergnügen.«

»Es scheint, daß sie bei ihrem Eintreten ein einziges Lächeln war?«

Sie sagte zu mir:

»Ich habe einen neuen Schneider eingestellt. Ich habe ihm gesagt: Machen Sie etwas, um mir zu zeigen, worauf Sie sich verstehen. Ich habe ihn in Ruhe gelassen. Überall hat er Taschen und Sachen hingesetzt. Er hat sogar in dem, was er mir zeigen wollte, einen Anflug von Originalität verraten. Aber die Grundlage war nicht da. Damit war nichts anzufangen. Ich habe zu ihm gesagt: Mein Freund, wir haben Arme, man muß sie bewegen können. Das hat er nicht verstanden. Die Couturiers machen Kleider, in denen man sich nicht rühren kann. Sie erklären einem in aller Ruhe, dafür wären sie nicht geschaffen. Ich bekomme Angst, wenn ich so etwas höre. Was wird, wenn niemand mehr so denkt wie ich? Ich habe es meinen Mädchen (ihren Mannequins) gesagt:

›Ich werde sterben. Hört mir zu. Ich bringe euch etwas sehr Wichtiges bei. Macht keine so dummen Gesichter!‹«

Es kam der Augenblick, in dem sie mir sagte:

»Bleiben Sie heute abend bei uns, Sie werden uns beim Arbeiten zusehen.«

Sie trug ein beiges Kostüm.

»Ich bin in Reisekleidung«, erklärte sie, »weil ich kein anderes Kostüm mehr anziehen kann. Ich habe nur noch beige Schuhe.«

Kaum saß sie in dem großen Vorführungssalon, kauerte sich ein junger Mann mit einem Anflug eines Schnurrbarts über der Lippe zu ihren Füßen nieder und machte sich an die Arbeit, mehrere Pappschachteln zu öffnen. Er brachte blaue Schuhe für Coco mit, die anzuprobieren sie sich aber weigerte:

»Wie scheußlich! Das sitzt viel zu tief, das ist häßlich, es ist schwerfällig. Nehmen Sie einen meiner alten Schuhe, und arbeiten Sie sie nach.«

»Jawohl, Mademoiselle«, sagte der junge Mann.

»Sie werden es dort ansetzen lassen und dann ...«

»Jawohl, Mademoiselle.«

»Ja, Mademoiselle, jawohl, Mademoiselle«, während der langen Arbeitssitzung sollte ich nichts weiter mehr hören. Die Zuschneider, die Direktricen: »Ja, Mademoiselle; jawohl, Mademoiselle.« Ein sehr schlecht behandelter Zuschneider lehnte sich ein wenig auf. Coco machte ihn fertig:

»Sie zeigen mir eine Anprobe, die nicht für mich ist, es ist eine Anprobe aus dem Atelier. Sehen Sie her: Das *kommt* von dort. Hier haben Sie eine Wulst. Wenn Sie folgendes machten ...«

Ihre knöcherigen Hände auf dem Stoff. Die an ihm reißen. Ergibt nach. Ihre Hände schlagen ein Ende über das andere, ein Stück Stoff über das andere, streichen darüber hin wie über ein Taschentuch, das man faltet, glätten, bügeln.

Diese Arbeit des Änderns und des neuen Zusammensetzens vollzieht sich an einem Mannequin, das sich nicht rührt. Die Augen ins Leere gerichtet, der Blick ganz nah, sehr fern, man weiß es nicht. Ich dachte an den Blick eines Pferdes, das man beschlägt. Zuweilen ein

Lächeln, das wie ein Lichtschimmer auf einem Wasser über das Gesicht gleitet, zuweilen verschlossen.

Am Boden Stoffbahnen. Kolliers, die an der Lehne eines Stuhls hängen – wie die Nudeln, die meine Tante Marie am Sonntagmorgen vor dem Konfirmationsessen trocknen ließ. Bänder, Federn, Knöpfe, Nadeln, das alles in Cocos Reichweite, der man alles zeigt, jetzt Strümpfe:

»Das sind die Strümpfe, die beim Waschen rot werden, hat Ihr Stubenmädchen gesagt, Mademoiselle. Die werden wir nicht mehr kaufen.«

Coco bleibt verblüffend ruhig, sie spricht mit gleichmäßiger Stimme, ohne jede Erregung – wenigstens nach außen.

»Ich gehe nicht hinunter, wenn ich das Gefühl habe, nervös zu sein«, sagte sie. »Ich würde *sie* am Arbeiten hindern.«

Sie bespricht sich mit einem Zuschneider, ein lächelnder, rundlicher Mann, der es versteht, ihre Falten wegzuzaubern. Als sein erstes Modell auf dem Podium erscheint, wirft er sich Coco zu Füßen:

»Ich habe es schon gesehen! Es ist zu lang!«

»Jage ich Ihnen etwa Angst ein?« fragt sie lachend.

Sie macht dem Mannequin ein Zeichen, näher zu treten. Noch immer im Sitzen trennt sie die Nähte auf, reißt. Dieses Geräusch: Krrr! Krrr!

»Mit Jersey ist sehr schwierig zu arbeiten, es ist ein magerer Stoff. Das weiß ich, wie Sie sich denken können. Mit Jersey habe ich angefangen.«

Kaum hat sie einen Saum verändert, verlängert, verkürzt, eine Schulter versetzt, schickt sie das Mannequin wieder auf das Podium zum Ausgang zur Kabine hin:

»Dort sehen nämlich die Kundinnen das Kleid.«

Jetzt setzt sie dem »verfluchten« Zuschneider noch weiter zu:

»Warum haben Sie Perkal genommen? Nur um Zeit zu verlieren! Ich habe Sachverständige kommen lassen, um herauszufinden, warum alles so teuer wird. Ich hätte sie nicht gebraucht, das weiß ich, es liegt daran, daß Sie bei den Anproben Sachen vorführen, die nicht fertig sind. Bei den Kundinnen machen Sie genau dasselbe. Sie benutzen Perkal, wo man groben Köper verwenden sollte. Damit bringt man es auf fünf Anproben, während drei genügen könnten.«

Sie streicht mit der Hand über die Brust des Mannequins:

»Dieses Modell sollte flach sein, und sehen Sie sich das an! Sie, die keine Brust hat, bei ihr sieht man die Brust!«

Der Blick des Mannequins »weidet«. Hat sie überhaupt gehört? Man spricht von ihrer Brust. Aber sie hat keine Brust. Was denkt sie darüber? Denkt sie wirklich? Wie es scheint, nicht in diesem Augenblick. Bestimmt irre ich mich. Innerlich muß sie toben: Arme Alte, meine Brust, daß ich nicht lache, du solltest dich lieber um die deine kümmern, die meine, da kenne ich Männer, die sie so, wie sie ist, sehr hübsch finden ... und so weiter.

»Und ich finde es unerträglich, daß man die Hüfte sieht«, sagt Coco. »Und schauen Sie mal, da hinten, wie sich die Jacke da wirft!«

Sie streicht mit den Händen über das Gesäß des Mannequins. Die Hand gleitet langsam:

»Das hier muß fallen.«

Sie nimmt ein Metermaß und überprüft die Breite des Plastrons: 15, nicht ganz 15, fast 15.

»Man muß Stoff *zugeben*. Das können Sie nicht, weil nichts da ist!«

»Doch«, widerspricht der Schneider, »er ist da!«

Sie, sehr schroff: »Nein, da ist nichts.«

Es erscheint Bettina, gebräunt, und ich erkenne sie nicht sofort. Sie probiert ein Organdykleid für einen Empfang des Barons de Redé an:

»Worauf es ankommt«, erklärte Coco, »ist das erfolgreiche erste Auftreten bei einem Ball. Ich will, daß Sie wie ein ernst zu nehmendes junges Mädchen aussehen, während die anderen Verrückten in Minikleidern oder in Sachen mit Schleppe erscheinen.«

Sie fügt noch einen Organdyvolant auf den Schultern und blaue Bänder auf dem Kleid hinzu. Sie probiert Schmuckstücke, Perlen, Brillanten:

»Man sollte begreifen, daß die Schmuckstücke zum Schmücken da sind und nicht ein Vermögen darstellen, das man mit sich herumträgt.«

»Vor allem heutzutage«, sagt Bettina.

»Schon immer«, sagt Coco.

Das Wetter in Saint-Tropez, von wo Bettina kommt?

»Schlecht.«

»Um so besser«, sagt Coco. »Seitdem sich alle diese Leute an den Stränden zeigen, ist Frankreich zum Teufel.«

»Ich liebe die einsamen Strände, wenn die Leute nicht da sind«, sagt Bettina.

»Kommen Sie morgen wieder«, sagt Coco zu Bettina.

Die Arbeit geht weiter.

»Stecken Sie Ihre Haare hoch«, sagt Coco zu einem Mannequin.

Während sie mich ansieht, stellt sie sich die Frage:

»Warum wollen sie eigentlich ihr Gesicht hinter den Haaren verstekken? Ein Gesicht ist etwas Schönes.«

Zum Mannequin gewandt:

»Sie sind sehr hübsch ohne Ihre Haare, Sie haben eine Stirn, eine Nase, ein Kinn.«

Lächeln des Mannequins: Danke, Mademoiselle, und *rede du nur*.

Wie das Band des Großordens Chanel trug Coco die Schere an einem Band um den Hals.

Als 1964 durch eine Ausstellung im Louvre das zweihundertjährige Jubiläum der Kristallfabrik von Baccarat gefeiert wurde, nahm sie (auf eine Anregung ihres Anwalts René de Chambrun hin) die Aufforderung an, einen großen Kelch zu dekorieren. Kristall liebte sie leidenschaftlich. Als Motiv für den Kelch wählte sie ihre Schere. Sie war von der Gravur mit der Fräse, die ihren Entwurf wiedergab, begeistert.

»Bei der Aufschrift«, sagte sie zu René de Chambrun, »muß man angeben, daß meine ganze Kunst, die einzige, darin bestanden hat, mich meiner Schere zu bedienen, um wegzuschneiden, um zu vereinfachen, während die anderen immer etwas hinzugefügt haben.«

Sie sprach von diesem Jubiläumskelch, als sie das letzte Mal mit René de Chambrun zu Mittag aß.

»Ich würde ihn gern noch einmal sehen«, sagte sie zu ihm.

Er ließ ihn sofort aus dem Museum von Baccarat kommen und traf eine Verabredung mit ihr. Für den nächsten oder übernächsten Tag nach ihrem Tod.

Ich schließe die Augen. Das Bild, das ich mir von Coco bewahren werde: wie sie ihre Kleider mit Nadeln *absteckt*. Wobei sie ab und zu einen Schrei ausstößt: Autsch! Was ist? Sie zeigt ihre Hand vor, eine Nadel in einem Gelenk.

»Ich steche mich häufig. Ich spüre nichts. Nur wenn es den Knochen trifft.«

Sie packte einen majestätischen Futterstoff, um einen Mantel daraus zu machen.

»Ich will eine strahlende Kollektion. Die anderen mißbrauchen das Schwarz. Das Land hat es nicht verdient, daß man es Trauer tragen läßt.«

Sie öffnete die Jacke ihres Kostüms:

»Riechen Sie mal, es ist mein neues Parfüm. Man versteht nicht mehr, Parfüms zu machen, man versteht überhaupt nichts mehr.«

Die Stunden verstrichen. Die Nacht rückte vor. Sie verzehrte einen kleinen Imbiß mit Rotwein. Sie sagte:

»Die Kollektion ist etwas Ursprüngliches, denn sie ist die Zukunft...«

Sie war damals achtzig Jahre alt. Es waren nur noch einige Wochen bis zu ihrem Geburtstag. Zu dem ihr zu gratulieren nicht in Frage kam.

Sie hat kein größeres Glück kennengelernt als das ihrer Arbeit.

Sie sagte:

»Die Leute erzählen einem von ihrem kleinen Glück, aber wie entsetzlich das ist! Ein kleines Glück, ein kleines Unglück. Wenn eins meiner Mannequins mir von seinen kleinen Unglücksfällen erzählt, sage ich: Mein armes Mädchen, meine Liebe, ich wünsche dir, daß dir ein großes Unglück widerfährt, das wird dir sehr guttun, denn du weißt noch nicht, was Unglück ist.«

Sie fügte nicht hinzu: Du hast also auch keine Ahnung vom Glück, aber das verstand sich von selber. Wie sie *ergründen*? Hätte ich sie unterbrochen, hätte sie meine Frage nicht gehört. Im übrigen mußte Coco sie sich während der Stunden ihrer Schlaflosigkeit selber stellen. Aus diesem Grund fürchtete sie, die den Schlaf so notwendig brauchte, den Augenblick, in dem sie sich ihm überließ. *Noch eine Minute, mein Henker*. Sie redete und redete. Die Angst vor der Stille, erklärte sie, die tiefe Furcht der Schüchternen. Mein. Solange sie sprach, existierte sie, so wie sie sich selber erschuf. In ihrem stillen Schlaf wurde sie *zur*

anderen, die lebend zu begraben sie niemals aufhörte, die durch die Nacht irrte, der sie zweifellos im Winkel einer schlaflosen Stunde begegnete, und die unter Stöhnen einigen einfachen, verlorenen Stunden des Glücks nachtrauerte.

SIE SAGTE …

Ich bin gegen eine Mode, die nicht von Dauer ist. Das ist meine männliche Seite. Ich kann mir nicht vorstellen, daß man seine Kleider wegwirft, nur weil es Frühling geworden ist.

Ich liebe nur alte Kleider. Niemals gehe ich in einem neuen Kleid aus, ich habe zu große Angst, etwas könnte platzen.

Die alten Kleidungsstücke sind alte Freunde.

Ich liebe Kleider wie die Bücher, um sie anzufassen, um sie zu berühren.

Die Frauen wollen sich verändern. Sie irren. Ich bin für das Glück. Das Glück liegt darin, sich nicht zu verändern.

Die Eleganz besteht nicht darin, ein neues Kleid anzuziehen. Man ist elegant, weil man elegant ist, das neue Kleid trägt nichts dazu bei. Man kann mit einem Rock und einem Pullover, beide gut gewählt, elegant sein. Es wäre ein Unglück, wenn man sich bei Chanel anziehen müßte, um elegant zu sein. Und dermaßen begrenzt.

Früher hatte jedes Haus seinen Stil. Ich habe den meinen geschaffen. Ich kann nicht aus ihm heraus.

Ich kann mir nicht etwas über die Haut ziehen, was ich nicht selber herstellen würde. Und ich würde nichts herstellen, was ich mir nicht über die Haut ziehen könnte.

Ich stelle mir immer die gleiche Frage: Könnte ich, ganz ehrlich, das Ding tragen? Tatsächlich brauche ich mir diese Frage nicht einmal mehr zu stellen. Bei mir hat sie sich zu einem Instinkt entwickelt.

Es gibt keine Mode mehr. Man hat sie für einige hundert Personen gemacht. Ich entwickle einen Stil für die ganze Welt. In den Geschäften sieht man: »Stil Chanel«. Von den anderen findet man nichts Vergleichbares.

Ich bin die Sklavin meines Stils.

Chanel wird nicht altmodisch. Ein Stil wird so lange nicht altmodisch, wie er sich seiner Zeit angleicht. Wenn Unvereinbarkeit zwischen der Mode und einem gewissen Geisteszustand herrscht, ist es niemals die Mode, die siegt.

Wenn ich die Kostüme ansehe, die hinausgehen, denke ich: Werden sich die, die sie kaufen, über den kleinen Fehler beschweren, den ich ganz allein sehe? Nein. Dennoch nehme ich auseinander und setze wieder zusammen, um es besser zu machen.

Ich bin bei meiner Arbeit peinlich genau. Das ist eine Krankheit.

Ich habe stets alles mit Leidenschaft gemacht.

Ich übe einen Beruf aus, den niemand mehr kennt.

Ach! Könnte man doch den Menschen eine gewisse Unbekümmertheit beibringen, von der man sich niemals trennen sollte ...

Man begeistert sich nicht für die Mode, sondern für diejenigen, die sie machen, einige einzelne Persönlichkeiten.

Die Haute Couture ist kein Kunsthandwerk, sie ist ein Gewerbe, das abzuwürgen man im Begriff steht.

Ich mache eine optimistische Kollektion, weil alles so schlecht geht.

Warum sieht man mich so sehr darauf erpicht, die Schulter an ihren Platz zu rücken? Die Frauen haben schön abgerundete Schultern, die sie ein wenig vorziehen, das rührt mich, und ich sage: Das soll man nicht verstecken! Dann wird einem erklärt: Die Schulter ist auf dem Rücken ... Ich habe noch keine Frauen mit der Schulter auf dem Rücken gesehen.

Man muß sich bewegen können, ohne daß das Kostüm hochrutscht. Man muß sich herabbeugen können. Man muß Golf spielen können. Man muß sogar in dem Kostüm, das man trägt, in den Sattel steigen können. Es ist klar, daß das, was ich da sage, für die Leute, die die Mode machen, chinesisch ist. Sie denken nur daran, in Erstaunen zu versetzen. Wen?

Ich finde mich in dem, was ich mache, sehr begrenzt. Also muß es gepflegt sein, der Stoff muß schön sein. Soviel wie möglich muß ich ein wenig Geschmack zeigen, und ich darf nicht zuviel wechseln. Man würde behaupten, ich machte nicht mehr meine Kleider.

Man gewöhnt sich an die Häßlichkeit, niemals an die Nachlässigkeit.

Was heißt das eigentlich, eine junge Mode? Daß man sich wie ein kleines Mädchen anzieht? Ich kenne nichts, was einen älter macht.

Die Mode ist wie die Architektur, sie ist eine Frage der Proportionen.

Eine Frau von achtzig Jahren darf kein Kleid tragen, das einem Mädchen von zwanzig Jahren nicht steht.

Die Neuheit! Man kann nicht ständig Neuheiten hervorbringen. Ich will Klassisches machen. Ich habe eine Handtasche, die man laufend verkauft. Man drängt mich, eine andere herauszubringen. Warum? Ich habe die gleiche seit zwanzig Jahren, ich kenne sie, ich weiß, wo ich mein Geld und alles übrige hintue.

Manche Frauen wollen in ihren Kleidern eingezwängt sein. Niemals! Ich will, daß man in meine Kleider hineinsteigt und auf alles übrige pfeift.

Wenn ich mit einem schwierigen Stoff gearbeitet habe, lasse ich ihn tagelang,

ohne ihn anzusehen, in einem Winkel reifen. Ich habe, ohne mich zu irren, mit seltsamen Tweeds gearbeitet, weil ich es vermieden habe, sie anzusehen. Nach einiger Zeit habe ich sie entdeckt.

Nur wenige Menschen haben einen Sinn für Farben.

Gewisse Frauen, dumme Frauen, versuchen die Männer zu beeindrucken, indem sie sich exzentrisch anziehen. Sie erschrecken sie; die Männer lieben nicht das Exzentrische. Sie mögen es gern, daß man sich nach ihrer Frau umsieht, weil sie hübsch ist, aber wenn sie exzentrisch ist, stört es sie; sie schämen sich. Ich würde ja auch nicht mit einem Mann in grünem Smoking ausgehen. Die Männer, die durch die Kleidung auffallen wollen, sind geistig verkrüppelt.

Die Frauen können jede Lächerlichkeit ertragen. Ich spreche von einigen Frauen. Ich spreche nicht von der Straße. Ein lächerlicher Mann ist erledigt, es sei denn, er hätte Geist.

Das Gegenteil des Luxus ist nicht die Ärmlichkeit.

Die Hüte und die Länge der Kleider sind es, die altmodisch werden.

Die kurzen Kleider werden weniger leicht altmodisch als die langen.

Die Frauen glauben, Beine, die sie nicht sehr hübsch finden, mit einem längeren Rock zu verbessern. Dadurch wird nichts verbessert.

Nichts ist von dem Augenblick an häßlich, in dem es lebendig ist. Es gibt Frauen, die zu mir sagen: »Ich habe ein wenig dicke Beine ...« Ich frage sie: »Tragen sie Sie? Das ist entscheidend. Die Beine tragen Sie, man selber trägt sie nicht. Denken Sie nicht mehr daran, das ist es nicht, was glücklich macht.«

Eine Frau hat mich gefragt:
»Was muß ich tun, um abzumagern?«
»Sind Sie gesund?«
»Ja.«
»Wie gehen die Geschäfte Ihres Mannes?«

»Gut.«
»Warum wollen Sie da abmagern?«

Die Menschen verstehen nicht zu leben. Man bringt es ihnen nicht bei.

Ich kann arbeiten. Ich kann mir eine Disziplin auferlegen. Aber wenn ich keine Lust habe, etwas zu tun, können nichts und niemand mich dazu bringen.

Eine Frau, die etwas Helles trägt, gerät nicht leicht in schlechte Laune.

Nichts wird schneller altmodisch als ein langes, sehr tief ausgeschnittenes Kleid.

Eine Frau mit sehr guter Figur kann auf dem Land Hosen tragen, niemals am Abend, in der Stadt.

Eine Mode, die man nicht kopieren kann, ist eine »Salonmode«.

Der Hut ist nicht für die Straße. Er wird sich niemals demokratisieren lassen. In manche Häuser kann man nicht ohne Hut gehen. Immer muß man einen Hut aufsetzen, um mit Leuten zu Mittag zu essen, die man wenig kennt. Man zeigt sich von der vorteilhaften Seite.

Ich liebe die Hüte, die die Hälfte des Gesichts verdecken.

Nichts schadet der Schönheit einer Frau mehr als die Haare vor ihrem Gesicht.

Auch auf dem Gebiet der Mode sind es nur die Dummköpfe, die ihre Ansicht nicht ändern.

Die Farbe? Die, die Ihnen steht.

Um unersetzbar zu sein, muß man sich von anderen unterscheiden.

22

Coco entdeckt »die einfachen Leute«

Ihre Einsamkeit wurde niederdrückender. Warum sollte man Coco Chanels Launen ertragen, wenn sie ihre Gesetze der Welt der Mode nicht mehr aufzwang? Die Schatten um ihren Tisch warfen das Echo ihrer Monologe nicht zurück.

Aus dieser Zeit stammt die Beförderung ihres Maître d'hôtel, François Mironet, eines normannischen Bauernsohns aus Cabourg, eines dicken Mannes, dessen Gestalt an einen Mönch aus München (den Erfinder des Starkbiers, das nach dem Fasching ausgeschenkt wird) erinnerte. Ich hatte bemerkt, daß sie ihm, während er in weißer Jacke und mit weißen Handschuhen servierte, zahlreiche Fragen stellte. Sie bediente sich seiner wie eines Notizbuches. Dabei ließ sie ihr Gedächtnis nur selten im Stich.

Eines schönen Tages wurde der Dienst von einem anderen versehen.

»François kümmert sich jetzt um den Schmuck«, erklärte Coco.

Sie hatte ihn beauftragt, ein Schmuckstück zu reinigen, das in dem

Durcheinander der Hinterlassenschaft einer verstorbenen Mitarbeiterin aufgefunden worden war. Als Coco zu François in das Zimmer trat, um festzustellen, ob er seine Sache gut gemacht hatte, sah sie ihn über drei Kolliers gebeugt:

»Haben Sie diese Kolliers bearbeitet?«

Sie ahmte den bescheidenen, schüchternen, errötenden François nach:

»Ja, Mademoiselle, so etwas macht mir Spaß.«

»Aber das haben Sie sehr gut gemacht, François! Nur weiter so!«

Und sie sagte erklärend:

»Ich wußte, seitdem er mir erlaubt hatte, seine Wohnung anzusehen, daß er viel Geschmack hatte.«

Eine Wohnung, die sie für ihn hatte einbauen lassen.

»Das Gesetz verpflichtete mich dazu«, sagte sie.

Eines Abends ... Welch ungewöhnliche Szene! Sie aß zu Abend. Allein, Rue Cambon. Immer häufiger war sie allein. *Ich kann nicht essen, wenn ich allein bin, wenn ich niemand mir gegenüber habe, mit dem ich sprechen kann.*

»François ...«

»Mademoiselle ...«

»Ziehen Sie Ihre Handschuhe und Ihre weiße Jacke aus, und setzen Sie sich.«

Das hat sich einige Jahre vor ihrem Tod zugetragen. In New York stand man vor der Aufführung der Operette *Coco.* Sie verdiente haufenweise Geld.

»Ziehen Sie Ihre Handschuhe aus, François.«

Sie saß allein bei Tisch, hatte keine Lust zu essen, mußte unbedingt sprechen, denn es war ihr nichts weiter geblieben, um zu existieren: essen, indem man redet, reden, indem man ißt. In dem Bemühen, Tag um Tag ihr Leben zu beerdigen, hatte sie sich schließlich in der Leere festgerannt.

»Ziehen Sie Ihre Handschuhe aus, François, ziehen Sie eine andere Jacke an, setzen Sie sich.«

Und sie gab mir die folgende umwerfende Erklärung:

»Ich brauchte nicht zwei Maîtres d'hôtel.«

Von da an sah man François an ihrer Seite, bereit, sie zu stützen, wenn

sie die Treppe hinaufging, im großen Salon, wenn sie ihre Kollektionen vorbereitete, hinter ihr sitzend. Schweigend reichte er ihr hin und wieder ein Glas Wasser mit einer Tablette zum Schlucken. Ihr Gesellschafter. Er begleitete sie nach Lausanne. Er aß mit ihr auf der Reise; dann im Ritz.

»Wird Monsieur François uns die Ehre erweisen, mit uns zu speisen?«

»Nicht heute abend, Mademoiselle, ich habe zu arbeiten.«

Ich war zum Essen da, das war der Grund ...

Er hielt zwei Kolliers in der Hand, beide gleich, echte und falsche Rubine. Coco irrte sich, als sie auf die echten deuten wollte. Sie lächelte:

»Es ist also das andere Kollier, das mir jemand vor sehr langer Zeit geschenkt hat, jemand, der nicht das geringste Recht dazu besaß, mir ein solches Geschenk zu machen, aber er hat zu mir gesagt: Es war eben eine Gelegenheit, ich habe es gekauft, um es Ihnen zu schenken, Sie können es nicht zurückweisen.«

Dann zu François gewandt:

»Ich habe mich also nicht geziert, ich habe es angenommen.«

Es war im März 1970. Ich hatte sie mehrere Wochen lang nicht gesehen, und sie hatte es mir vorgeworfen; aber sie ließ es nicht an mir aus.

»Es tut mir gut, mit Ihnen zu sprechen«, sagte sie zu mir. »Lassen Sie mich nicht mehr so lange im Stich.«

Sie bettelte.

»Lassen Sie mich nicht mehr fallen.«

Als wollte sie mich füttern, beschwor sie ihre Anfangsjahre mit größerer Genauigkeit als jemals zuvor herauf:

»Für meine Hüte hatte man mir eine Modistin genannt; ich habe sie genommen. Acht Tage später verstand ich mehr davon als sie, denn ich wollte es wissen. Ich lernte leidenschaftlich gern. Ich bringe auch gern anderen bei, was ich weiß. Ich habe mein Leben damit verbracht, und ich tue es noch mit François, der mir zuhört. Die Leute *von unten* hören mir nicht zu, und so haben sie nichts von dem behalten, was ich sie so gern gelehrt hätte.«

Sie sprach von ihrem ersten Kleid:

»Ein altes Jerseykleid, das ich vorn geöffnet habe, um es nicht über den Kopf ziehen zu müssen.«

Sie ahmte sich nach, schnitt zu, schlüpfte in die Ärmel des offenen Jerseykleids und knöpfte es zu:

»Dort habe ich ein Band angenäht.«

Sie hielt die Bordüre ihrer Jacke zwischen Zeigefinger und Daumen, die sie auf der Litze von oben nach unten gleiten ließ. Es war ihr Leben, das ihr zwischen Zeigefinger und Daumen entglitt.

»Ich habe einen kleinen Kragen aufgesetzt und dort einen Knoten.«

Sie setzte sich einen flachen Strohhut auf den Kopf:

»Die Formen habe ich in den Galeries Lafayette gekauft, zuerst eine, dann habe ich sechs genommen und dann zwölf. Ich hatte großen Erfolg. Ich ging mit bekannten Leuten aus. Man sah mich. Alle Welt war begeistert: Wo haben Sie diesen Hut her? Wer hat dieses Kleid gemacht?«

Sie lachte, durchlebte noch einmal und ohne jede Unruhe die Stunden des Glücks.

»Aber ich werde Ihnen dieses Kleid verkaufen, wenn es Ihnen gefällt!«

»Für wieviel? Zu welchem Preis verkaufen Sie es mir?«

»Ich weiß es nicht. Ich muß mich erst erkundigen.«

So einfach hatte sich alles abgespielt. Sie lächelte, sie strich die Säume ihres Rocks auf den Knien glatt.

»Ich habe sofort zehn, zwanzig Kleider verkauft und eine Unzahl von Hüten. Sehen Sie, mein Lieber, ich habe mein Vermögen auf einem alten Jerseykleid aufgebaut.«

Wiedererscheinen von François in Hemdsärmeln, mit offenem Kragen und schiefer Krawatte, einen Wanst über dem Gürtel. Er möchte weggehen:

»Soll ich Sie morgen anrufen, Mademoiselle? Gegen halb zwölf?«

»Sie kommen ins Ritz herüber, François, und bei schönem Wetter gehen wir in der Gegend von Saint-Germain essen.«

Er entfernt sich, lächelnd, Beruhigung ausstrahlend und auch selber durch meine Anwesenheit beruhigt. *Sie* bleibt nicht allein zurück.

»Finden Sie, daß er dick geworden ist?« fragt Coco und deutet mit einer Handbewegung den Wanst oberhalb des Gürtels an. »Er wird

auf drei Tage in die Schweiz fahren und drei Kilo verlieren. Da geht es weg (sie berührt ihr Gesicht), vor allem da und nur ein wenig von da (vom Wanst).«

Sie leiht ihm Bücher:

»Er liest sie, wenn er sie nicht läse, würde er zu mir sagen: Mademoiselle, ich brauche Ihre Bücher nicht, ich lese sie nicht. Ach, wie beruhigend sind doch diese einfachen Menschen, die das sind, was sie sind, natürlich, so gar nicht wie die Pariser, alle diese Lügner, alle diese Lumpen aus Paris!«

François' Frau kannte sie nicht. Gern hätte sie seine Mutter kennengelernt:

»Man hat mir erzählt, daß er ihr so ähnelt.«

Sie hatte kürzlich eine Wohnung (eine andere) in einem noch in Bau befindlichen Haus mit ihm besichtigt. Nichts mehr zu verkaufen, alles schon besetzt, von Amerikanern. Wie schade! Mit einem kleinen Auto hätte François nicht mehr als zehn Minuten bis zur Rue Cambon gebraucht:

»Ich habe zu François gesagt: Ich hätte Ihnen ein wenig Geld vorgeschossen, das Sie mir zurückgegeben hätten oder auch nicht.«

An einem Sonntag betritt sie zusammen mit François die Rennbahn von Saint-Cloud. Um sich auszuruhen. Um sich auf die Böschung ins Gras zu setzen. Die Sonne scheint, Frühlingsluft.

»Ich wollte nicht, daß man mich sieht, ich war ganz und gar nicht für ein Rennen angezogen, aber die Leute haben *Dinger* (Ferngläser), um ihrem Pferd zu folgen, und man hat mich gesehen, und alle haben gesagt: Mademoiselle Chanel ist da! Und schon jagen die Pferde vorbei! Ich erkannte meine Farben. Ich, die ich nicht einmal wußte, daß mein Pferd im Rennen war. Und es hat gewonnen. Natürlich haben alle geglaubt, ich sei deswegen gekommen, während ich nur da war, um zu atmen. Zu François hatte ich gesagt: Da schönes Wetter ist...«

Sie spielte bei der Dreierwette mit. Setzte nicht hoch. Drei Francs, ein wenig mehr, wenn sie mehrere Kombinationen versuchte.

»Der Portier des Ritz spielt für mich. Noch ein Vorteil des Hotels.«

Die Rennen, die Pferde: Royallieu, Balsan, sie mit zwanzig Jahren:

»Sie wissen es wahrscheinlich nicht, aber die Pferde müssen viel bewegt werden. Es gab also Stallburschen, die die Pferde bewegten. Alle

wollten sie Jockeis werden. Ich habe ihnen das Reiten beigebracht. Einer von ihnen hatte Angst. Er weinte. Ich habe zu ihm gesagt: Hör auf zu weinen, ich werde dir das Reiten beibringen, du wirst überhaupt keine Angst haben, du wirst alles begreifen, ich bringe dir das Galoppieren bei, und deine Mama wird sehr froh sein.«

Ich hatte das Gefühl, als spräche sie mit einem kleinen Jungen, den sie gern gehabt hätte. Ein ganz kleines Gesicht, die Augen noch tiefer in den Höhlen, glänzend, bettelnd, ihre Stimme ein wenig heiser:

»Was wird aus mir? Was könnte ich tun? Wie Sie wissen, gehe ich überhaupt nicht mehr aus. Alle bitten mich um Geld, die Leute glauben, ich existiere nur, um Geld zu geben. Des Abends, in meinem Bett, frage ich mich: Warum benimmst du dich wie eine Irre? Warum wirfst du nicht das alles hin? Warum verläßt du nicht dieses Land, wo du zuviel Arbeit hast?«

Selbstverständlich bereitete sie eine neue Kollektion vor.

»Mit den Kleidern bin ich beinah fertig, denn das geht von ganz allein, da behilft man sich mit Nadeln. Aber die Kostüme, die sind eine Konstruktion. Und das nennen *sie* die *kleinen* Chanelkostüme. Das ärgert mich!«

Schweigend hinter ihr sitzend, reichte ihr François eine Vitamintablette.

»Das muß ich schlucken, sonst wache ich nachts mit Krämpfen auf, und da muß ich ganz schnell aus dem Bett aufstehen.«

Sie nahm sich alle Modelle von neuem vor. Krr! Krr! Die Nähte aufreißen, verlängern, um einen knappen Zentimeter verkürzen.

»Das verändert alles, Mademoiselle!«

Sie hob die Augen. Sie ließ Stoff wieder ansetzen.

»Das sieht zu ärmlich aus«, erklärte sie, »nach Boutique.«

Alle diese Boutiquen, die überall in Paris eröffnet wurden.

»Für den Winter braucht man Pelz. Damit mag ich nicht knausern. Es ist teuer, aber er gehört dazu.«

Wieder verbohrte sie sich ins Geld.

»Es ist besser, zuviel davon zu haben, als nicht genug. Und man muß immer ein bißchen übrig behalten, um sich zu amüsieren.«

Noch einmal formulierte sie die grundlegende Wahrheit ihrer Existenz: Man hat niemals zuviel Geld, um unabhängig zu bleiben. Sie

bewies es noch immer, indem sie alle, die sie verdrängen wollten, in Schach hielt.

Während dieser mageren Jahre waren es nicht mehr ihre geistigen Fähigkeiten, die sie beschützten. Sie konnte sie dank ihrer Milliarden in der Schweiz durchstehen; die Schweiz – ihre Zitadelle; welche Artillerie hätte sie aus ihr vertreiben können? »Da ich dieses Geld habe, habe ich recht.« Die gleiche Überzeugung nährt auch die eigensinnigen Vorstellungen so vieler anderer Milliardäre.

In ihren Monologen verlor sie sich häufig; aber wie hätte ich nicht zusammenzucken können, als sie eines Abends vom Geld auf diese Frauen überging, die gewisse Kunden des Ritz auf ihr Zimmer kommen lassen!

»Das ist ekelhaft.«

Sie ahmte den Portier nach, der in das Zimmer des Gastes eintrat, um diese Kreaturen zu verjagen:

»Madame, Sie müssen gehen, Sie befinden sich im Ritz.«

Welcher Sinnesänderung entsprang die Empörung, der sie da Ausdruck gab?

»Ich – ich würde die Männer, die diese Frauen kommen lassen, vor die Tür setzen.«

Daraufhin, nach einem solchen Ausruf, kann man nur noch tiefsinnig werden. Wem gab sie, wenn sie ganz mit sich allein war, *wirklich allein,* die Verantwortung für ihre Verstellungskünste? An wem hatte es gelegen, daß sie nicht sie selber hatte bleiben wollen? Man denkt an Balsan, an Moulins, an Royallieu. Aber davor? Wenn Mademoiselle Chanel, wie ich es glaube, noch auf lange Zeit hinaus alle jene Leute interessieren wird, die das Geheimnisvolle reizt, wird man nach und nach jene Kreise des Schattens einengen, die ihre Kindheit umgeben. Wird sich dabei *eine* Wahrheit herausschälen?

Man muß sich ihre Worte ins Gedächtnis zurückrufen:

»Die Menschen, um die sich eine Legende rankt, sind auch selber diese Legende.«

Um ihrer Legende willen hatte sie die Männer vor die Tür ihres Le-

bens gesetzt, denen sie, zu dem einen oder anderen Zeitpunkt, aus dem einen oder anderen Grund, manchmal war es das Geld, manchmal waren es sinnliche Begierden, irgend etwas verdankte. Sie wollte sich nur an die erinnern, denen sie etwas *gegeben* hatte, und unter ihnen der reichste von allen, der Herzog von Westminster, von dem sie sich ohne jede Berechnung, in völliger Uneigennützigkeit hatte lieben lassen können, und so körperlich es auch gewesen sein mochte, sie selber blieb vollkommen klar. »Ihr Geschlechtsteil hatte sie im Kopf«, behauptet einer ihrer Liebhaber.

Eines Tages sagte sie zu mir:

»Ich liebe Ihr Buch über Moses sehr, weil nichts Sexuelles darin vorkommt.«

Was uns zum Lachen brachte, uns beide.

23

Endgültiger Sieg: der Triumph über das Grab hinaus

Wie viele Frauen haben die gesamte Welt in Trauer gekleidet? Zweifellos weniger beweint als eine Sarah Bernhardt, wird Coco Chanel eine realere, konkretere Erinnerung an sich hinterlassen. Sie wird Kostüm und Stil und Länge und Geschmack und Schmuck und Parfüm bedeuten. Sie wird mit ihrem Gesicht einer Epoche, mit diesem ungewöhnlichen Gesicht einer rebellischen Waise, die die Anmut eines Rehs besaß, ohne den Griff der Krallen eines Adlers zu lockern, weiterexistieren.

Sie ist an einem Sonntagabend, am 10. Januar 1971, im Ritz gestorben. Von ihrem Stubenmädchen entkleidet, wollte sie sich zu Bett legen. Ein Tod nach Art de Gaulles, gerade noch Zeit genug, einen Schrei der Auflehnung auszustoßen: »So lassen sie einen also krepieren!«

Sie hatte mehr als nur einen Zug mit de Gaulle gemein, der genau auf den Tag zwei Monate vor ihr verschieden war. Sie wies ihre Vergangenheit zurück, wie er die Niederlage verwarf; und sie verband mit Chanel eine *bestimmte Idee*, der alles andere untergeordnet wurde.

Schon seit einiger Zeit verbreitete sich das Gerücht von ihrem Tod in den Redaktionsräumen. Ich rief sie an; ich sah sie nun noch häufiger. Wenn wir miteinander zu Mittag aßen, hatte sie nichts von einer Todkranken an sich. Ihr Appetit kehrte wieder. Mit funkelnden Augen leerte sie zwei oder drei Gläser elsässischen Weins.

»Kommen Sie morgen wieder? Ich werde pünktlich sein, ich weiß, daß Sie nicht warten können. Sie können gehen, wann Sie wollen. Und denken Sie über den Vorschlag nach, den ich Ihnen kürzlich gemacht habe.«

Nichts Geringeres, als mit ihr das Haus Chanel zu leiten. Was antworten? In Wirklichkeit war es ihr Wunsch, ich sollte ihr dabei helfen, ihren Sieg zu verkünden. Denn noch einmal triumphierte sie. Ihre Länge setzte sich durch. Außer dem Stil Chanel gab es von jetzt an auch die Länge Chanel. Im Vergleich zum vergangenen Jahr stieg der Absatz in Paris um 30 Prozent. Ein kleines schwarzes, ureinfaches Kleid eroberte die Welt. Man sollte es von Marlene Dietrich und von Cathérine Deneuve getragen fotografieren. In New York wurde das Chanel bei einer von *Woman's Wear* auf Verlangen der Fabrikanten der Third Avenue, denen die Maximode Millionen von Dollar gekostet hatte, improvisierten Gallup-Umfrage bestätigt. »Was wir haben wollen, ist Chanel!« riefen die Amerikanerinnen. Coco holte den Ausschnitt aus *Woman's Wear* über die Gallup-Umfrage aus ihrer Handtasche, entfaltete ihn und setzte sich ihre Brille auf:

»Warum sagen *sie* es nicht hier, in Frankreich?«

Sie – das waren viele Menschen auf einmal, ihre Feinde, alle, die sie hatten beiseite drängen wollen, die Journalisten, die Zeitschriften, die die Mode umbrachten, und die Boutiquen, die ihr Paris *verseuchten*.

Nicht sehr geliebt. Warum? War ihr Triumph nicht der Frankreichs? Also auch der der Französinnen?

Hat sich de Gaulle niemals Fragen der gleichen Art gestellt? *Sie* jubeln mir zu, *sie* verstecken sich hinter mir, *sie* blähen sich mit der Luft auf, die ich *von mir gebe*. Aber die Zuneigung, die Liebe? Man könnte annehmen, daß er sich nichts daraus machte, wenn man ihn so zurückhaltend, so *erhaben* sah. Aber ist das so sicher?

Die Zuneigung erfordert einen Wärmeaustausch durch einen ständig genährten Kreislauf, und zumeist erwärmt man sich selber, ohne sich

dessen bewußt zu werden. Welche Kälte breitet sich daher aus, wenn man die Pumpe nicht versorgt!

»Eine große Karriere«, das war Napoleons Ansicht, »ein großer Erfolg werden aus der Begegnung einer Persönlichkeit mit dem Glück geboren.«

Welcher Glücksfall? Für de Gaulle die Katastrophe von 1940, ohne die ... Für Coco die Niederlagen von Moulins?

Als sich das Stubenmädchen über Coco beugte, die soeben gestorben war, sah sie ihr Gesicht von Tränen bedeckt.

Ein Sonntagabend im Hotel Ritz. Ganz allein mit ihrem Stubenmädchen. Sie, deren Name am nächsten Tag auf der ersten Seite aller großen Zeitungen der Welt stehen sollte.

Ihre beiden Großnichten eilten herbei, ebenso wie Lilou und François, die nicht zugegen waren, als sie die Dimension wechselte. Oft spielten sie miteinander Karten, während sie darauf warteten, daß Mademoiselle einschlief.

»Es beruhigte sie, uns in der Nähe zu wissen, aber es hinderte sie auch am Einschlafen«, sagte François.

Was war eigentlich das Hotel Ritz für Coco? Ihr Zuhause, wie sie behauptete. In Wirklichkeit eine Festung aus Zahlen, die ihre Unabhängigkeit gewährleistete. Eine einsame Insel, von einem Meer des Geldes umspült.

Ihr Appartement: ein Schlafzimmer, ein Salon und ein Badezimmer, aber das alles liliputanisch; vielleicht hatte man, wenn man dort eintrat, dieses Gefühl, weil man alles in Beziehung zur Rue Cambon setzte. Im Vergleich zur Rue Cambon war dies alles nichts; das waren nicht einmal Klosterzellen. Farblos, kraftlos. Am Tag nach ihrem Tod roch es dort nach Krankenhaus. Die Familie besetzte dieses *no-woman's-land*. *Coco wünschte, daß ... Sie wollte nicht dies und nicht das ...* Wer konnte sich schmeicheln, ihren Willen für die Zeit *danach* zu kennen, bei ihr, die in der Ewigkeit Chanel lebte?

Zu François und Lilou hatte sie gesagt: Wenn ich sterbe, bringt mich in die Schweiz. Setzt mich hinten im Wagen zwischen euch beide. Wenn man euch an der Grenze fragt, sagt ihr: Es ist Mademoiselle Chanel, sie ist geistesschwach, beachten Sie sie nicht.

Was stellte die Schweiz bei einer solchen Äußerung dar? Eine Art

Paradies des Geldes. Selbst *danach* behielt in der Schweiz das Geld seine Macht, es bot Einsamkeit, Unabhängigkeit und Abstand. In Lausanne nimmt sie auf dem Friedhof den Platz von vier Toten ein. Stets ist eine Einöde um sie her, um sie vor Klagen und Gewissensbissen zu schützen.

Sie schlief also hinter dieser *verbotenen* Tür des Hotel Ritz, von ihren beiden Großnichten bewacht. Niemand durfte sie als Tote sehen:

»Du wirst mein Wachhund sein«, hatte sie von Tiny verlangt. »Das wird nicht leicht sein.«

Sie sprach nur wenig von ihrer Familie, aber sie liebte sie, denn eine Familie existiert wie Gott, wie eine Kirche, wie eine andere Dimension, wie ein Glaube, in dem man, sogar im Waisenhaus, zu jener Zeit aufgezogen wurde.

Man kann Mademoiselle Chanel nicht verstehen, ohne sie in ihre Zeit zu versetzen, die noch die der *Herkunft* dank eines *Namens* oder dank des *Geldes* war. Das Zeitalter der Privilegierten, des Noch-göttlichen-Rechts. Vielleicht darf man alles, was sie über sich selber erfand, gar nicht woanders suchen als in den Konventionen ihrer Epoche, der sie sich anzupassen suchte; um sich in ihr niederzulassen; um aus ihr emporzusteigen; um die Chanel in der Welt eines Proust zu werden. Mußte man nicht, um dorthin zu gelangen, die Kindheit, die Jugendjahre auslöschen? Alles, was sich heute auflehnt, war für sie nicht annehmbar; allzu demütigend. Man wurde bereits Milliardär, nachdem man mit dem Verkauf von Zeitungen begonnen hatte, aber das war noch kein Vorbild.

Wußte sie, daß ihre Stunde nahte? Wie sollte man sonst ihre Ungeduld erklären, die sie verriet, dieses ungeduldige Drängen nach Revanche, nach dem Triumph? Einen Tag oder zwei Tage vor Weihnachten sagte sie mir, sie würde ihre Kollektion in vier Tagen vorstellen:

»Doch, mein Lieber! Die Amerikaner haben es verlangt, und da man ihnen nichts abschlagen kann ... Mir ist es gleichgültig, ich bin bereit.«

Sie hatte mir vorgeschlagen, nach meiner Sendung am Abend vorbeizukommen, um mir ihre neuen Modelle zu zeigen. Sie tat es mit einer

solchen Selbstsicherheit, daß ich mich, nachdem ich sie verlassen hatte, bei ihren Direktricen erkundigte.

»Nein, nichts ist vorverlegt, die Kollektion wie üblich gegen Ende Januar.« Man sagte es mir und gab mir dabei zu verstehen: Sie, der sie so gut kennt, Sie wissen doch, wie sie zur Zeit redet.

In ihrem Kopf stand ihr Triumph bereits fest. Sie konnte ihn in vier Tagen oder auch in fünf Wochen feiern.

Als ich an diesem Abend gegen sieben Uhr zurückkam, lag das Haus im Halbdunkel in Schlaf gesunken. Jedoch erwartete mich Coco zum Essen. François sollte Spielzeug für seine Kinder kaufen.

Im Ritz hielt man für Mademoiselle Chanel einen Tisch *am Rande,* in der Halle, angrenzend an den Speisesaal, reserviert. Sie sah, wer kam. Man sah sie auch. Was ihr ganz und gar nicht mißfiel. Die Neugier, die sie weckte, bereicherte das Haus Chanel; für Chanel nahm sie es hin, ein Monument zu sein, das die Neugierigsten unter den Frauen aus der Nähe betrachteten. *Coco, it's Coco Chanel.* Das wurde auch auf deutsch und auf spanisch gesagt.

Die Genugtuung, die ihr Madame de Gaulle versagte, indem sie die Chanels unbeachtet ließ, gewährte ihr Madame Pompidou, als sie zur Totenmesse für den General im Chanel in Notre-Dame erschien. Sie genoß diesen Triumph auf ihre Weise, dank ihres Hochmuts bescheiden:

»Achtzig Persönlichkeiten, erschienen aus allen Teilen der Welt, das ist eine Chance für Paris, denn die Geschäfte gehen nicht so gut. Das Haus Chanel braucht sich nicht zu beklagen. Ich habe alles viermal gesehen, das ermüdet mich. Die Engländer altern schlecht, sie trinken zuviel. Ich, die ich alle kannte, denn sie kamen zu mir, wenn ich mir etwas erklären lassen mußte, ich habe sie nicht wiedererkannt.«

Ich bereitete ihr ein weiteres Vergnügen, als ich, zwei Tage vor ihrem Tod, eine Sendung ihrer Revanche widmete: »Mademoiselle Chanel geht siegreich aus dem gegen ihren Stil geführten Krieg hervor. Sie führt auch ihre Länge zum Triumph, die der Vernunft, die es erlaubt, sich anständig hinzusetzen.«

Marc Bohan hatte soeben zugegeben: »Am Ende hat doch *sie* recht behalten.«

Denn wenn man von Coco redete, war man dahin gelangt, von ihr nur noch als »sie« zu sprechen.

Sie arbeitete im großen Salon am Abstecken ihrer Modelle an den Mannequins, als man ihr ein Transistorgerät brachte, um meine Sendung zu hören, die sie noch niemals gehört hatte.

Als man mich im Redaktionsraum fragte:

»Ist *sie* tot?«

... da hat mich wahrhaftig die Frage nicht überrascht. Bei ihrem Alter... Als ich sie wiedersah, erschien sie mir unsterblich. Fröhlich, lebhaft lieferte sie mir ihre Kommentare zu allem, was es auch sein mochte, mit einer stets gleichbleibenden, erschöpfenden Intensität. Sie imitierte den einen oder anderen ihrer letzten Freunde, zum Beispiel Jacques Chazot. Sie stand vom Tisch auf, hob ein Bein, dann das andere und grüßte wie Chazot, indem sie ihren flachen Hut zog. Zum erstenmal sah ich sie ohne Hut mit einer weißen, störenden Strähne zwischen den flach gedrückten Löckchen, die noch immer rabenschwarz waren. Sie schrumpfte ein. Ihre Augen verschlangen ihr Gesicht; zuweilen sehe ich sie als einen indianischen Schrumpfkopf vor mir, ein ganz kleiner Kopf mit riesigen Augen, die unzählige Fragen stellen. Zu Lilou und François sagte sie:

»Wenn ich tot bin, macht mir keine Dummheiten, denn ich werde dableiben, in eurer Nähe, in einer anderen Dimension.«

Ich bin nur noch auf eins neugierig: auf den Tod. Das sagte sie. Wem? Das sind Worte, Äußerungen der Persönlichkeit, die wir alle sind. Was wird aus dieser Persönlichkeit, wenn uns der Tod an die Hand nimmt?

Coco brachte den Toten rituelle Achtung entgegen. Ob sie sie nun mehr oder weniger liebte, für sie wurden sie zu etwas Besonderem, vielleicht ihr endlich nah. Sie zeigte ihnen gegenüber eine größere Vertrautheit, sie nahm sich ihnen gegenüber die Freiheiten einer Bäuerin heraus. Sie berührte sie ohne Scheu, um einen Rosenkranz um ihre Hände zu winden oder um ihr kaltes Gesicht zu schminken.

Warum der Friedhof in Lausanne?

»Ich habe stets Sicherheit gebraucht. In der Schweiz kann man diese Sicherheit bekommen.«

Nach dem Abschied in der Kirche La Madeleine kehrten die Mannequins, die Arbeiterinnen langsam in die Rue Cambon zurück, wo sich die Atmosphäre verändert hatte: Die Stille und die Unruhe traten an die Stelle der Furcht. Man beweinte Mademoiselle aufrichtig. Sie war soeben in eine andere Größenordnung hinübergewechselt. Man entdeckte sie in der ungeheuren Leere, die sie zurückließ. Was mich betraf, so sollte ich sie noch kennenlernen.